## 总 主 编 简 介

朱崇实，1982年2月毕业于厦门大学经济系，获经济学学士学位；1990年5月毕业于南斯拉夫贝尔格莱德大学国际经济系，获经济学博士学位。现为厦门大学校长、厦门大学法学院教授、经济法学专业博士生导师，兼任中国法学会经济法研究会副会长。主要著作9部（含合著），发表论文40余篇。主持或参与国家级、部省级科研课题10项，科研成果先后获“孙冶方经济科学奖”、“国家首届人文社科优秀成果奖”和“福建省社会科学优秀成果奖”等。

## 执行总主编简介

朱福惠，湖南娄底人，1961年7月生。武汉大学法学博士，现为厦门大学法学院教授，宪法与行政法专业硕士生、博士生导师，厦门大学社科处处长、中国法学会宪法学研究会常务理事、中国比较法学会理事。主要学术成果有：《宪法与制度创新》(法律出版社2000年版)，《宪法至上——法治之本》(法律出版社2000年版)，《宪法学专论》(与刘连泰、周刚志合著，科学出版社2007年版)，《宪法学原理》(主编，中信出版社2005年版)。

## 主 编 简 介

陈晓明，安徽人，毕业于加拿大渥太华大学，现为厦门大学法学院副院长，教授，中国法学会刑法学研究会理事，福建省法学会刑法专业委员会主任。曾独著、合著或主编《修复性司法的理论与实践》、《理论刑法学专论》、《刑法总论》、《刑法分论》、《外国刑法专论》和《刑法案例精解（上）》等学术著作多部，并在《法学研究》、《政法论坛》、《中外法学》、《法学》、《法令月刊》（台湾）、*International Journal of Offender Therapy and Comparative Criminology(SSCI)*、*Policing and Society* 和 *Journal for Juvenile Justice and Detention Sevices* 等国内外重要学术期刊发表学术论文数十篇。

本书配有课件，请需要的教师与我社联系。电话：0592-2181253

高等学校**法学精品**教材系列

朱崇实 总主编

# 刑法总论

（第二版）

# Criminal Law


陈晓明 / 主 编

童伟华 史振郭 / 副主编

撰稿人（按章节顺序）

陈晓明 李晓龙 郭敏峰

郑金火 童伟华 吴文平

王 玲 史振郭



厦门大学出版社

XIAMEN UNIVERSITY PRESS

GAODENG FAXUEYUAN'XIAO JINGPIN JIAOCAI XILIE

# 高等学校法学精品教材系列编委会



厦门大学出版社

# 总 序

中国的改革开放要求建立一个法治社会。与这样的一个宏伟目标相适应，自 1979 年以来中国的法学教育蓬勃发展，截至 2006 年，全国已经成立了法律院校 600 多所，在读大学生数十万人(尚不包括大中专及夜大、成人教育的学生人数)。应该承认，我国法学教育在迅速发展的同时也存在教育质量参差不齐、不能完全适应社会发展需要等方面的问题。因而，积极推进教学方式改革，促进法学课程体系的完善，努力培养"宽口径、厚基础"的复合型法律人才，已经成为法学教育界的共识。为达成此种目的，法学教育中的课程建设及其相关的教材编写，在当前法学教育大调整的格局中显得尤其重要。基于上述考虑，我们特组织福建省各高等法律院校的主要学术骨干编写了这套教材，各部教材的主编均是福建省高等学校法学院的主要学科带头人。例如，《国际经济法》主编廖益新教授、《民法总论》主编蒋月教授、《环境法》主编陈泉生教授、《宪法学》主编朱福惠教授、《刑法总论》主编陈晓明教授和《法理学》主编宋方青教授等，都是在本学科领域颇有建树，得到同行认可并深受学生喜爱的优秀教师。其他参与教材编写的也都是教学第一线的中青年骨干教师，具有良好的法学教育背景，许多人兼通中西法学。由于众多优秀教师参与编写，使这套教材的质量有了可靠的保障。

厦门大学法学院在编写这套教材中发挥了积极的作用。厦门大学是国内最早开设法科的高校之一，从事法学教育已经有八十多年的历史。改革开放以来，法学院在 1986 年即获得博士学位授予权，2006 年获得法学博士授权一级学科，现设有国际法、经济法、民商法、宪法与行政法、诉讼法、法理学和刑法学七个博士点，拥有法学博士后流动站。国际法是国家重点学科，民商法、经济法、宪法与行政法是福建省重点学科。在学科建设取得重大成就的同时，法学院适应我国法制发展的需要，为国家和社会培养了大批优秀的法律人才，成为我国重要的法学研究和人才培养的基地。为了推动我国法学教育事业的发展，厦门大学法学院联合福建省各主要高校的法学院系编写了这套教材，其目的在于整合福建省高校法学教学资源，加强各高校法学教师的联系，总结教学经验，为福建省乃至全国的法学教育作出更多有益的贡献。

这套教材具有如下几个特色：

第一，依据法学本科教育的特点和规律，吸收我国法学理论界近年来最新的、较为成熟的研究成果。我们认为，本科教学以培养初级法律人才为直接的教育目标，因而必须注重基本概念、基本原理与基本制度的讲解与传授，而不能一味求新求奇，更不能以个别专家的学术观点取代理论界已经形成的共识。我国处于社会转型时期，改革开放事业日新月异的发展，国家的法律制度的变革十分迅速，法学理论的发展更有"一日千里"之势。为了确保本科教育的培养质量，我们在教材内容的甄选方面，努力做到既注重基本知识、理论共识，又注意吸纳理论界近年来最新的、较为成熟的研究成果。

第二，依据法律人的思维范式编撰教学内容，寓"德育"于法律知识教育之中。如前所述，法学教育的总目标在于培养社会主义法治国家的"治国之才"。新时代的法律人才不仅应当具备扎实的法学知识理论功底，而且还应当具有牢固的法律信仰和优秀的道德品质。法律人所具有的这种独特的信仰和道德，与其独特的知识背景和思维范式联系在一起，共同构成法律人所特有的人文精神。如欲培养法律人的道德品质，空洞的道德说教无济于事。唯有依据法律人独特的思维范式、将公平正义的法律理念融汇在教学内容中，学生才能在学习的过程中逐渐自觉地确立法律信仰，法律道德的培养才能初具成效。基于这种认识，我们依据法律人的思维范式编撰教学内容，力图寓"德育"于法律知识教育之中。

第三，依据当代中国社会对于法律人才的要求，努力建构完善的课程体系与教学内容体系。要培养合格的法律人才，建构完善的法学课程体系至关重要。我们根据本科教学的要求，首先组织编写十四门核心课程的教材，对法学上的基本概念和基本原理作了较为清晰的阐释。除此之外，还组织编写了房地产法、证券法、公证与律师制度和知识产权法等与市场经济发展密切相关的法学教材。希望我们这一套教材能够为本科法学教材体系的发展作出微薄的贡献。

由于我们的水平有限，缺点和错误在所难免，敬请读者批评指正。

2007年8月1日

# 前言

刑法学是教育部法学教学指导委员会确立的核心课程之一。本教材在借鉴和吸收国内众多的刑法学教材有益经验基础上，在结构体系、思想内容、编写风格方面都有所创新，力求精解原理、联系实际、关注前沿，使读者对刑法的基本理念、基本理论和基本制度有比较全面、准确地了解和掌握。本教材具有以下几个特点：

一是强调基础性。本教材以本科生为主要适用对象，因此注重基础知识的完整性和准确性，以此帮助读者更好地把握刑法学各种理论的内在联系和逻辑关系，从而达到融会贯通、真正理解和掌握刑法学理论体系的目的。

二是突出时代性。本书一方面力图吸纳刑法理论的最新发展成果，另一方面也力图反映刑事法治的最新进展，力求使读者能够立足前沿，把握最新立法、司法和学术动态，从而更好地为改革开放，建设社会主义法治国家服务。

三是重视实践性。刑法学是一个实践性很强的学科，因而本教材注重理论联系实际，旨在使学生通过学习，不仅能够准确而深刻地理解和掌握刑法学的基本概念和基本理论，而且善于运用刑法理论解决实践中的问题，进而提高自己发现问题、分析问题和解决问题的能力。

四是兼顾学术性。本教材不限于对现有刑法规范的诠释，也不限于对现有刑法理论的介绍，对刑法理论中现存的一些重点、难点以及争议性较大的问题进行了有理有据的分析和研判，进而提出了一些新见解，使得本教材思想更为丰富、内容更为广泛、观点也较为新颖，融知识性和实用性于一体。

为了使本教材更加贴近现实生活和司法实践以及提高教材的实用性，在此次修订过程中，我们在相关章节中增加了引例和司法考试真题链接等内容。案例以及分析由厦门大学法学院郭浩、刘敏溪和张晶提供和整理。

本书由陈晓明担任主编，童伟华和史振郭担任副主编。作者来自本省多所法律院校，均具有丰富的刑法学教学经验，具体的写作分工如下（以撰写章节先后为序）：

陈晓明，厦门大学法学院教授、副院长，撰写第一、二、十六章。

李晓龙，厦门大学法学院讲师，撰写第三、四、十五章。

郭敏峰，福建江夏学院副教授，撰写第五章。

郑金火，厦门大学法学院讲师，撰写第六、七章。

童伟华，海南大学法学院副教授，撰写第八、九、十章。

吴文平，福建警察学院副教授，撰写第十一、十二、十三章。

王　玲，福州大学法学院副教授，撰写第十四章。

史振郭，福建师范大学法学院教授，刑法教研室主任，撰写第十七、十八、十九章。

由于水平和能力所限，因此在内容深浅是否适度、详略是否得当以及探讨是否充分等方面的疏漏和错误在所难免，敬请读者批评指正。

陈晓明　谨识

2011 年 3 月 20 日

# 目 录

总序

前言

## 第一篇 绪 论

第一章 刑法概说……………………………………………………………………(3)
第一节 刑法的本质和分类……………………………………………………(3)
第二节 刑法的目的与机能……………………………………………………(7)
第三节 刑法的创制 …………………………………………………………(10)
第四节 刑法体系、规范和解释………………………………………………(12)
司法考试真题链接 ……………………………………………………………(17)

第二章 刑法学派 ……………………………………………………………(18)
第一节 启蒙主义的刑法思想 ………………………………………………(18)
第二节 刑事古典学派 ………………………………………………………(22)
第三节 刑事实证学派 ………………………………………………………(26)

第三章 刑法基本原则 ………………………………………………………(31)
第一节 刑法基本原则概述 …………………………………………………(31)
第二节 罪刑法定原则 ………………………………………………………(33)
第三节 罪刑均衡原则 ………………………………………………………(42)
第四节 刑法平等原则 ………………………………………………………(47)
司法考试真题链接 ……………………………………………………………(52)

第四章 刑法的效力 …………………………………………………………(54)
第一节 刑法的空间效力 ……………………………………………………(54)
第二节 刑法的时间效力 ……………………………………………………(59)
司法考试真题链接 ……………………………………………………………(63)

# 第二篇　犯罪论


**第五章　犯罪概说** …………………………………………………… (67)

第一节　犯罪的概念 ………………………………………………… (67)

第二节　犯罪的分类 ………………………………………………… (72)

**第六章　犯罪构成概说** ……………………………………………… (75)

第一节　犯罪构成理论的历史沿革 ………………………………… (75)

第二节　犯罪构成概述 ……………………………………………… (83)

第三节　犯罪构成要件 ……………………………………………… (87)

第四节　犯罪构成的意义 …………………………………………… (93)

司法考试真题链接 …………………………………………………… (95)

**第七章　犯罪构成客体要件** ………………………………………… (97)

第一节　犯罪构成客体要件概述 …………………………………… (97)

第二节　犯罪客体的种类……………………………………………… (102)

**第八章　犯罪构成客观要件**………………………………………… (106)

第一节　犯罪构成客观要件概述……………………………………… (106)

第二节　实行行为……………………………………………………… (108)

第三节　行为对象……………………………………………………… (117)

第四节　构成要件结果………………………………………………… (121)

第五节　刑法因果关系………………………………………………… (125)

第六节　犯罪构成客观要件其他要素………………………………… (137)

司法考试真题链接……………………………………………………… (138)

**第九章　犯罪构成主体要件**………………………………………… (140)

第一节　犯罪构成主体要件概述……………………………………… (140)

第二节　刑事责任能力………………………………………………… (142)

第三节　刑事责任能力的构成要素…………………………………… (145)

第四节　犯罪构成要件身份…………………………………………… (152)

第五节　单位犯罪主体要件…………………………………………… (155)

司法考试真题链接……………………………………………………… (160)

**第十章 犯罪构成主观要件**……(162)
第一节 犯罪构成主观要件概述……(162)
第二节 犯罪故意……(164)
第三节 犯罪过失……(171)
第四节 其他犯罪构成主观要件要素……(178)
第五节 认识错误……(182)
第六节 期待可能性……(187)
第七节 排除犯罪性的主观事由……(191)
司法考试真题链接……(193)

**第十一章 正当化事由**……(195)
第一节 正当化事由概述……(195)
第二节 正当防卫……(198)
第三节 紧急避险……(213)
第四节 其他正当化事由……(217)
司法考试真题链接……(224)

**第十二章 故意犯罪停止形态**……(227)
第一节 故意犯罪停止形态概述……(227)
第二节 犯罪既遂……(229)
第三节 犯罪预备……(232)
第四节 犯罪未遂……(235)
第五节 犯罪中止……(240)
司法考试真题链接……(244)

**第十三章 共同犯罪**……(246)
第一节 共同犯罪概述……(246)
第二节 共同犯罪的形式……(249)
第三节 共同犯罪人的种类及其刑事责任……(254)
第四节 共犯中的其他问题……(261)
司法考试真题链接……(263)

**第十四章 罪数形态**……(264)
第一节 罪数形态概述……(264)
第二节 一罪的类型……(269)
第三节 数罪的认定……(280)

司法考试真题链接……(282)

# 第三篇 刑事责任论

第十五章 刑事责任……(287)
第一节 刑事责任概述……(287)
第二节 刑事责任的根据……(292)
第三节 刑事责任的实现……(298)

第十六章 刑罚概说……(303)
第一节 刑罚的本质……(303)
第二节 刑罚的功能……(307)
第三节 刑罚的目的……(310)
第四节 刑罚的体系和种类……(316)
第五节 主 刑……(318)
第六节 附加刑……(324)
第七节 非刑罚处理方法……(329)
司法考试真题链接……(330)

第十七章 刑罚的裁量……(331)
第一节 刑罚裁量概述……(331)
第二节 刑罚量刑情节……(334)
第三节 累犯……(338)
第四节 自首和立功……(341)
第五节 数罪并罚……(347)
第六节 缓刑……(353)
司法考试真题链接……(357)

第十八章 刑罚的执行……(359)
第一节 刑罚执行概述……(359)
第二节 减刑……(362)
第三节 假释……(365)
司法考试真题链接……(368)

**第十九章　刑罚的消灭** ……………………………………………… (370)
第一节　刑罚消灭概述 ……………………………………………… (370)
第二节　时效 ……………………………………………… (371)
第三节　赦免 ……………………………………………… (374)

# 第一篇 绪论

LAW

# 第一章　刑法概说

## 第一节　刑法的本质和分类

### 一、刑法的概念

刑法是规定犯罪及其法律后果的法律规范的统称。具体来说，刑法是规定国家在何种条件下，什么范围内，对何种行为可以追究刑事责任的法律。其包含两方面内容：

(1)刑法是规定犯罪的法律。现代法治国家均以成文法将犯罪的种类和构成要件详加规定，因此犯罪就成为刑法的主要内容。

(2)刑法是规定犯罪法律后果的法律。刑法不仅规定犯罪，而且明确规定犯罪的法律后果和犯罪人承担法律后果的方式。犯罪的法律后果是刑事责任，刑罚则是承担刑事责任的最主要表现形式。不过，现代西方国家对犯罪的制裁并不以传统的刑罚为限，为防范犯罪而设立的保安处分也被纳入刑罚范畴。我国刑法目前只规定了刑罚，而没有规定保安处分。

刑法与其他部门法相比，在调整范围、调整对象、调整手段等方面均有不同，主要表现在：

1. 范围的广泛性

刑法要保护所有受到犯罪侵害的社会关系(法益)[①]。犯罪的复杂性决定了其侵害社会关系的广泛性，这些社会关系涉及社会生活的各个领域，既涉及经济基础，也涉及上层建筑。而其他部门法如民法、行政法等所保护和调整的只是某一方面的社会关系。如民法调整的只是一定范围内平等主体之间的财产关系和人身关系；经济法调整的只是一定范围内的经济关系。而且其他部门法所调整的社会关

① 法益，一般理解是指生活利益，无论个人、社会和国家在社会共同生活中均会拥有。凡以法律手段加以保护的生活利益，即称为“法益”。

系，往往还借助刑法来加以保护和调整。

2.内容的不完整性

刑法只是社会规范体系中的一部分，并非社会规范的全部，不应当介入民众社会生活的所有角落。刑罚惩罚的对象，应限于损害重大法益的行为，并非一切不法行为均须以刑罚加以制裁。所以，应将那些虽有社会危险性或危害性，但程度较低的不法行为排除在刑事法律之外，以其他规范来加以调整。就是说，刑法只是众多的社会调整方式中的一种，刑法的规制范围，并非及于全部不法行为，运用刑罚手段仅限于维持社会秩序、保护重大法益所必要的最小范围之内，“刑法不是唯一的甚至也不是主要的对付犯罪的工具”①。

3.惩罚的严厉性

刑罚是整个法律体系中最为严厉的惩罚方法。其他的法律措施虽然也带有一定的强制性和惩罚性，但都远远不及刑罚来得严厉。因为刑罚不仅可以剥夺犯罪分子的财产权利与政治权利，而且可以剥夺犯罪分子的人身自由，甚至生命。但是，惩罚本身并不是刑罚的目的，而只是达到其目的手段。应当指出的是，在现代法治国家，宽和、轻缓、人道已成为刑罚的发展方向。如果能够用较轻的刑罚手段抑制犯罪和保护合法权益时，就无需动用较重的刑罚；如果运用刑罚所产生的负面效应过大时，也不宜采用；如果其负面效应比犯罪产生的负面效应还要大时，就更不能采用。边沁曾指出，立法者如果希望鼓励一个民族具有人性，那么他自己应该首先树立榜样。……因为温和的法律能够使一个民族的生活方式具有人性，政府的精神会在公民中得到尊重②。况且，即使是罪犯，也应给予他们重返社会的希望和机会，为其营造宽容的社会氛围。

4.最后手段性

刑法是保护法益的最后手段，只有当其他法律不能充分保护法益时，才可适用刑法的保护。因为刑罚本身也会产生很大副作用，其扮演的角色，应像汽车备用轮胎一样，最好备而不用。而且刑法并非万能，不可能对所有的不法行为毫无遗漏的加以规范，其他的规范如道德、宗教、习俗等仍应发挥作用。如美国法哲学家博登海默所言：“虽然在有组织的社会的历史上，法律作为人际关系的调节器一直发挥着巨大的和决定性的作用，但在任何这样的社会中，仅仅依凭法律这一社会控制力量显然是不够的。实际上，还存在一些能够指导或引导人们行为的其他工具，这些工具在实现社会目标的过程中用以补充或部分替代法律手段，这些工具包括权力、

---

① [法]安塞尔：《从社会防护运动角度看西方国家刑事政策的新发展》，王立宪译，载《中外法学》1989年第2期。

② [英]边沁：《立法理论——刑法典原理》，孙力等译，中国人民公安大学出版社1993年版，第151页。

行政、道德和习惯。”[①]刑法仅具最后防卫手段性质，是抗制违法行为的最后一道防线，只有在其他法律手段无效时，才可动用刑法手段。所以，刑法实际是一种保障性规范。

## 二、刑法的性质

1. 国内法

根据法律效力所及范围的不同，法律可以分为国内法和国际法。任何一国刑法均由其本国立法机构所制定，其效力只能及于本国主权范围之内，并以国家公权力保证施行，所以是国内法。

2. 公法

根据法律关系内容的不同，法律可以分为公法和私法。前者是规范全体和个体之间的关系，后者则是规范个体与个体之间的关系。刑法为规范刑罚权主体（国家）和犯罪主体行为（行为人）之间法律关系的法律，是国家对犯罪者行使刑罚权的准绳，具有权力服从性质，所以是公法。

3. 实体法

根据法律规定内容性质的不同，法律可以分为实体法和程序法。前者是规定权利义务实质内容的法律，后者则是规定实体内容运用程序的法律。刑法是规定犯罪行为的法律要件及其法律效果等实质内涵的法律，而不是规定对犯罪追诉方法或程序的法律，所以是实体法。

4. 强行法

根据法律效果刚性程度的不同，法律可以分为强行法与任意法。前者是不论个人的意思均需适用的法律，而后者则是可依当事人的意思而变更适用方法的法律。刑法通常是以国家强制力保证施行的法律，其中只有极少部分可由个人自由选择，如自诉案件，因而是强行法。

5. 司法法

基于三权分立的原理，法律可分为立法法、司法法和行政法。宪法属于立法法范畴，而刑法是国家的裁判规范，是法院定罪量刑的基本依据，因而属于司法法范畴。司法法的指导原理是法的安定性。刑法的安定性表现在刑法是制定法，习惯法不能成为刑法渊源。这主要是防止刑罚权的恣意和滥用，以保证国民对自己行为后果的可预测性。

---

① [美]博登海默：《法理学——法律哲学与法律方法》，邓正来译，中国政法大学出版社1999年版，第357页。

## 三、刑法的分类

1. 广义刑法和狭义刑法

这是依法律规范表现形式的不同而划分的。广义刑法是指规定犯罪和刑罚的法律规范的总和。通常包括四种形式:(1)刑法典,即法典形式的刑法。如《中华人民共和国刑法》;(2)单行刑法,是指针对某种或者某一类犯罪而制定的单行的刑事法律;如 1998 年 12 月 29 日全国人大常委会《关于惩治骗购外汇、逃汇和非法买卖外汇的决定》等;(3)刑法修正案,是指立法机关对刑法典条文所作的修正和补充。(4)附属刑法,是指散见于其他非刑事法律中有关犯罪与刑罚的规定。如《中华人民共和国海关法》中关于走私罪的规定。狭义刑法专指国家立法机关以法典形式公布施行的刑法。如我国现行刑法典。一般来说,狭义刑法是广义刑法的主体和基础,单行刑法和刑法修正案以及散见于其他法律中的附属刑法规范是刑法典的补充与修正。

2. 普通刑法和特别刑法

这是根据刑法适用对象、范围以及适用顺序的不同而划分的。普通刑法是指广泛适用于一般人、一般事,适用于平时并且其效力及于全国各地的常典。简单地说就是一国对在其主权范围内犯罪,不分人、地、时、事均可适用的刑法。如我国现行刑法典。特别刑法则是依人、地、时、事的不同,只适用于特定范围的刑罚。如我国在 20 世纪 50 年代制定的《惩治反革命条例》、《惩治贪污条例》等。普通刑法属于原则法,特别刑法属于例外法,依据例外法排斥原则法的法理,当两者发生竞合的时候,应依特别法优于普通法的原则处理。

3. 单一刑法和附属刑法

这是依法规的性质和体例的不同而划分的。单一刑法,又称形式刑法,是指单纯规定犯罪和刑罚的法律。如我国现行刑法典。附属刑法,又称实质刑法,是指在以民商事项或行政事项为主体的法律中附带规定的刑法条款。如我国《森林法》、《食品卫生法》、《海关法》等民事、经济法规或行政法规中均有此类条款。

4. 完备刑法和空白刑法

这是依刑法对犯罪的规定是否完整为标准而划分的。完备刑法是指对犯罪的构成要件明确完整地加以规定的法律。我国现行刑法对绝大多数犯罪的规定均属此类。空白刑法是指刑法条文本身不规定犯罪构成要件的一部或全部,其构成要件的禁止内容,授权或委托其他法律或行政规章而定。由此而形成了完全空白刑法和部分空白刑法之分。此类条款主要规定在我国刑法分则第三章“破坏社会主义市场经济秩序罪”中,如走私罪等等。

## 第二节　刑法的目的与机能

### 一、刑法的目的

刑法目的就是国家制定、运用和执行刑法所追求的价值目标。刑法目的并不是一成不变，它会随着社会的发展而改变。任何一部刑法的目的都会打上它所处时代和所处社会的烙印。

1. 关于刑法目的的理论争论

关于刑法目的是什么，曾经在理论界存在激烈的争论。争论的焦点在于刑法是要保护法益还是要维护社会的伦理秩序。前者认为刑法不是维护伦理秩序，而只能是保护法益，因为国家不应干预个人的内心，应尽可能地尊重个人不同的价值观。后者则主张刑法的目的在于社会伦理规范的维持，偏重个人的社会义务，希望通过刑法的执行，以维护世道人心。

两种争论实际上反映了不同的价值取向。在现代法治社会，由于法益的明确性和固定性，为判定犯罪与否提供了一个简便而具体的标准。因而前种观点越来越得到各国理论和实务界的认同。所以，对法益是否造成侵害或危险就成为判断一个行为是否有处罚必要的基本依据。而伦理则有抽象性和不确定性，无法为认定犯罪提供一个明确标准。单纯以伦理作为判定基准必将导致犯罪的扩大化，从而危及对个人基本权利的保障。所以，德国刑法学家费尔巴哈在倡导“法治国”时就提出要严格区分法律与伦理的界限，犯罪不是违反伦理而是违反法律，立法者应当尊重良心的自由，法律不是伦理的审判者。

但是，刑法不宜过分介入社会伦理或个人道德领域并不意味着法律和伦理能够截然分开，法律是最低限度的道德，两者根本无法绝对分离，任何犯罪行为必定严重地违反和损害社会的伦理价值。正是在这个意义上，日本学者大谷实将实质的犯罪定义为“违反社会伦理规范并对法益造成了侵害或危害的行为”①。当然，并非违反伦理就一定构成犯罪，就要受到刑罚处罚，“被规定为犯罪的应该是违反社会伦理规范的行为中有必要通过刑罚制裁来强制国民遵守的上升为刑法规范的社会伦理规范的那一部分行为”②。法律权威的正当性正是因为遵守法律是人的一种道德义务，法律就是要确立一种多数人认同的基本伦理价值观。刑法的效力就在于它包融了道德标准，如它不能体现这种标准，必定会削弱法律在道德上的权威性，同时也削弱了它所支持的社会。法律和道德的关系如此密切，是因为两者在

---

① ［日］大谷实：《刑事政策学》，黎宏译，法律出版社 2000 年版，第 25 页。

② ［日］大冢仁：《犯罪论的基本问题》，冯军译，中国政法大学出版社 1993 年版，第 19 页。

共同推行公认的行为标准，没有这些标准，人类社会将难以存续，两者彼此互补，构成社会生活的经纬。英国法官德富林勋爵曾指出，一个社会假如对政治、道德和伦理没有共同的理想和目标，这个社会将很难生存。任何人均无法创造一个对好与坏毫无共识的社会。而即便有了共识，当共识丧失时，社会便会解体。因为，社会并不是靠物质条件而结合在一起，而是依靠看不见的共同思想。假使这一个纽带过于松散，社会的组成分子将会飘忽不定。而一个共同的道德则是这个纽带的一部分。这一个纽带是社会为维系其生存必须付出的代价①。

刑法作为一种重要的社会调控手段，旨在借助于规范社会参与者的行为，以及借此所形成的井然秩序，促成人类的全面发展。刑法规范，虽然重在维护社会秩序，但也是对一定伦理秩序的维持。所以，判断一个行为是否应成立犯罪以及是否应受到刑罚处罚，应先视其对社会是否造成危害或危险，并以此作为认定犯罪的最低限度，然后，再视其是否严重违反伦理。如果行为对社会既有危害或危险，又严重违反伦理秩序，则该行为就具备了惩罚的必要性。在刑罚的运用是在别无他法、作为最后手段的情况下，则更具备了正当性。

2.我国刑法的目的

我国《刑法》第1条明确规定了制定刑法的目的，即“为了惩罚犯罪，保护人民，根据宪法，结合我国同犯罪作斗争的具体经验及实际情况，制定本法”。根据该规定，刑法制定的目的在于惩罚犯罪，保护人民。这是由我国刑法的性质决定的，与刑法的任务一致。

宪法是制定刑法的法律根据。宪法作为国家根本大法，是众法之母。这就意味着，刑法的规定必须是宪法精神的具体化、法律化。我国《宪法》规定，“中华人民共和国的一切权力属于人民”（第2条），人民是我们“国家的主人”（前言）。在我们这个国家中，法律只能是人民利益的集中体现，保护人民的利益是我们国家最基本的职能。因此，“保护人民”，自然是我国制定和适用刑法都必须遵循的最基本的价值目标。这里的“保护人民”，实际上既包括保护作为我国人民根本利益集中体现的国家利益和社会利益，也包括所有受到我国法律保护的个人利益。

“惩罚犯罪”是刑罚的客观属性，是刑法实现价值目标的主要手段。也就是说，“保护人民”这一的价值追求，必须通过正确地发挥刑法“惩罚犯罪”这一功能才能实现。而且，“惩罚犯罪”不但必须服务于“保护人民”这一基本目的，而且必须以“保护人民”的范围和需要为限度。否则，刑法不但起不到保护人民的作用，反而可能会伤害人民自身。因此，在确定犯罪的范围时，在考虑和决定刑法应保护何种利益的时候，应当既要考虑打击犯罪的需要，又要考虑保障人权的需要，在保护利益和维护人权之间寻找平衡点。

① 转引自许春金：《犯罪学》，台湾三民书局2000年版，第567页。

## 二、刑法的机能

1. 价值评判机能

价值评判机能是指刑法对犯罪作善与恶、是与非的社会公共判断，它表明社会对这种行为持否定的态度，从而也就为国家进行干预提供了理由。可以说，法律权威的正当性正是建立在其之上的。刑法评判的基础是伦理价值，刑法以基本的社会伦理作为自身的根据和支撑，具有伦理的品性。刑法正是以这种伦理品性为根据对犯罪行为作出评价的。对犯罪的惩罚，同时也是对道德的伸张。

2. 规制机能

刑法规制机能就是刑法规范人的行为的机能。刑法实质上是一个行为规范，规定某种行为的无价值性，也就是告诉人们什么可以做，什么不可以做，从而为人们的行为划定一个界限。在这个界限以内，人们可以自由地行事，不受干涉；如果逾越这个界限，则必须承担相应的后果。在现代法治国家，只有刑法预先就犯罪与刑罚的关系予以规定，才能对一定行为进行评判，并进而科以刑罚。从表面上看，刑法是在限制自由，而从深层次上看，刑法实际上是在为更多的人创造自由。刑法的一个重要任务就是防止灾难或不幸，透过灾难或不幸的避免，从而使更多的自由得以实现。

3. 保障机能

刑法的保障机能，是指刑法通过罪与刑的明定，限制国家刑罚权的发动，保障无罪的人不受刑事追究以及犯罪的人不受法外追究的机能。刑法对人权的保障有着特殊的意义，因为，在整个法律体系中，刑法的严厉性是最大的，事关对公民的生杀予夺。在封建社会以前，刑法只有保护机能的极度发挥而无保障机能的生存之地，罪刑擅断成为刑法运用的重要特点。资产阶级革命胜利以后，这种状况得以改变，特别是刑法法定主义的确立，更使得刑法的这 机能得以成分发挥。刑法首先是对犯罪人权利的保障，他只应受刑法规定的刑罚的处罚，不受刑法规定以外的刑罚的不当处罚，在此意义上，德国著名刑法学家李斯特将其称之为“犯罪人大宪章”。不仅如此，刑法还通过限制国家刑罚权的发动或滥用，使善良公民的自由和权利得到了保障，因而它又可被视为善良公民的大宪章。此外，对受刑人来说，国家只能强迫其承担成文法规定的责任，对其他权利仍应予以保护，因此它也是受刑人的大宪章。

4. 保护机能

刑法保护机能，就是指刑法通过规定对某些行为给予刑罚处罚，从而保护一定的法益。法益，就是指刑法所保护的生活利益，在我国理论界通常称之为社会关系（客体）。任何犯罪都必然是对刑法保护法益的损害，而保护国家、社会和个人的生活上利益是刑法的重要任务。刑法运用刑罚手段惩罚犯罪，就会对法益（社会关系)起到重要的保障作用。我国《刑法》第 13 条对于我国刑法保护的法益的范围，作了概括性的规定，主要包括国家安全、公共安全、市场经济秩序、社会管理秩序、公民的人身权利、民主权利和其他权利以及公有、集体和个人财产权利。国外则通常分为个人法益、社会法益和国家法益三部分。

5.预防机能

刑法具有预防犯罪的机能，它一般透过两种方式来实现：一是采用罪刑法定，明确罪与刑的内容，保证民众对自己行为后果的预测性，从而发挥刑罚威慑效果，使民众远离犯罪；另一方式是通过施以刑罚，对犯罪人进行矫治，促使其再社会化，从而顺利回归社会，重新做人。可见，预防机能包括了一般预防机能和特别预防机能。

## 第三节 刑法的创制

### 一、民国时期

我国现代意义上的刑法创制始于民国。1912 年，民国政府公布了第一部刑法，即《暂行新刑律》。这部刑法是由清朝末期沈家本主导制定的《大清新刑律》删改而来，主要沿袭了德国和日本的立法例。

北洋军阀政府主政时期，也就是 1912 年至 1927 年，曾经进行过三次刑法修正草案的研拟：第一次是在 1915 年，由“法典编纂会”酌情采用清末各省签注修正，交法制局会同司法部、大理院核议，此次修订因黎元洪发动政变而夭折。第二次是在 1918 年，由“修订法律馆”将前次草案修正后提交议会审议，因种种原因议会未有审议。第三次是在 1919 年，“修订法律馆”再次将《刑法第二次修正案》修改后提交议会审议，此案称为《改定刑法第二次修正案》，但因担心西南各省不同意而搁置。

1927 年国民政府迁都南京后即要求司法部修订法律。司法部便以前述《改定刑法第二次修正案》为蓝本，稍加修改后提交国民政府批准。该法即是《中华民国刑法》(现称旧刑法)，于 1928 年 3 月 10 日公布并在同年 7 月 1 日施行。该法被认为是民国第一部真正意义上的刑法典。1935 年 1 月 1 日，国民政府又将上述旧刑法修订后公布，于同年 7 月 1 日生效。该法即新刑法，一直施行到 1949 年。现在的台湾省仍在沿用这部刑法典。

### 二、共和国时期

1.刑法的制定

早在建国初期，国家就先后制定并颁布了一些单行刑事法规，如 1951 年的《中华人民共和国惩治反革命条例》、《妨害国家货币治罪暂行条例》,1952 年的《中华人民共和国惩治贪污条例》等。这些单行刑事法规在建国初期为维护新生的政权和正常的经济秩序起了重大的作用。

刑法典最初的起草准备工作,是由前中央人民政府法制委员会主持进行的。从 1950 年至 1954 年 9 月,法制委员会起草了两个文本,一个是《中华人民共和国刑法大纲草案》,共 157 条;另一个是《中华人民共和国刑法指导原则草案(初稿)》,共 76 条。这两个草案一直是在草创阶段,始终没有进入立法程序。

1954 年 9 月第一届全国人民代表大会召开以后,刑法典的起草工作改由全国人大常委会办公厅法律室负责。从 1954 年 10 月至 1956 年 11 月,法律室共写出 13 稿。党的八大以后,至 1957 年 6 月 28 日,已草拟出 22 稿。这个文本经第一届全国人大第四次会议通过准备公布试行。但由于 1957 年"反右"斗争的开始而被迫停止。从 1962 年 5 月开始,全国人大常委会办公厅法律室在有关部门的协同下,对刑法草案第 22 稿又进行了全面的修改。经过多次的重大修改和征求意见,到 1963 年 10 月 9 日写出第 33 稿。

1979 年 3 月,全国人大常委会法制委员会以刑法草案第 33 稿为基础,在征求了最高人民法院、最高人民检察院、公安部和中央其他有关部门的意见后,对草案作了较大的修改,并提交第五届全国人民代表大会第二次会议进行审议,最后于 1979 年 7 月 1 日获得一致通过,7 月 6 日正式公布,1980 年 1 月 1 日起施行,至此,新中国第一部刑法典正式诞生。

2. 刑法的完善

1979 年《中华人民共和国刑法》的颁布施行是我国刑事法治建设的里程碑,在打击犯罪,保护人民,保障社会主义建设事业顺利进行方面发挥了巨大作用。但是,由于受制定该部刑法典当时的政治、经济、文化及社会治安形势的限制,特别是自 20 世纪 80 年代改革开放以后,我国社会各个领域都发生翻天覆地的变化,刑法越来越不适应社会现实的需要。虽然最高立法机关在 1981 年至 1995 年间先后通过 24 部单行刑法,并在 107 部经济、民事、行政、军事、环境与资源保护、社会保障等方面的法律中附设刑事条款(附属刑法),对 1979 年刑法典进行了较大幅度的修改补充,但内容上的不统一,体例上的零乱仍然无法有效地发挥出刑法的社会调整功能。因此,从 1982 年起,最高立法机关开始了修改刑法典工作,历时 15 年,最终经第八届全国人民代表大会第五次会议于 1997 年 3 月 14 日通过了修订的《中华人民共和国刑法》。这部刑法典于 1997 年 10 月 1 日起施行①。

修订的刑法包括总则、分则、附则三部分,共 15 章,将 1979 年刑法的 192 个条文,增加到 452 个条文。修订的刑法首先确立了罪刑法定原则、适用刑法人人平等原则和罪责刑相适应原则,并废止了 1979 年刑法中的类推制度,这是我国刑事法

---

① 高铭暄、马克昌:《刑法学》,北京大学出版社、高等教育出版社 2000 年版,第 12～13 页。

制建设发展到新的高度的重要标志，对无论是刑事立法还是刑事司法，都具有重要的导向和制约作用。其次，修订的刑法吸收了 1979 年刑法实施以后 17 年来由全国人大常委会作出的有关刑法的修改补充规定和决定的部分内容，特别是根据我国社会主义市场经济条件下刑法保护市场经济健康发展和维护国家社会安定的实际需要，大量增加了新的罪种，由 1979 年刑法的 130 个罪名扩充到修订后刑法的 413 个罪名。最后，修订的刑法还借鉴国外的立法经验，在与国际接轨上或者顺应世界刑法改革潮流上作出了新的规定。如对我国公民的域外管辖权的规定（见第 7 条）以及普遍管辖权原则的确立等等（见第 9 条）。此外，罚金刑的适用范围也大为扩展。这些都进一步反映出我国刑法的时代特点。

自 1997 年《中华人民共和国刑法》进行全面修订以来，全国人大常委会为适应经济、社会发展和惩罚犯罪的需要，针对司法工作中遇到的一些新情况、新问题，对修订后的刑法又进行了一系列的修改、补充和解释，先后制定并通过了 7 个刑法修正案以及多个决定和立法解释。这些对刑法的修改、补充和解释、解答，主要内容集中在维护正常的市场经济秩序、社会治安秩序、惩治腐败犯罪、保护公民权利等方面。它们不仅使得一些犯罪的犯罪构成要件更加明确，而且增加了 21 个罪名并同时修改了 27 个罪名，从而使我国刑法规定的罪名总数从原有的 413 个增加到 434 个。这些改变适应了社会不断发展变化的实际需要，反映了经济基础变化对上层建筑的客观要求，成为司法机关办理刑事案件的重要法律依据。

## 第四节　刑法体系、规范和解释

### 一、刑法体系

刑法的体系就是指刑法的组成和结构。我国现行刑法包括总则、分则和附则三个部分。在整个刑法结构中，根据法律规范的性质和内容的不同，有次序地划分为章、节、条、款、项等层次。

刑法的第一编是总则，分设五章，即刑法的任务、基本原则和适用范围、犯罪、刑罚、刑罚的具体运用以及其他规定，共 101 条。刑法总则是关于犯罪、刑事责任和刑罚适用的原则性规范，是定罪量刑必须遵守的共同准则。第二编是分则，分设十章，即危害国家安全罪，危害公共安全罪，破坏社会主义市场经济秩序罪，侵犯公民人身权利、民主权利罪，侵犯财产罪，妨害社会管理秩序罪，危害国防利益罪，贪污贿赂罪，渎职罪和军人违反职责罪，共 350 条。刑法分则是关于犯罪和刑罚的具体性规范，是确定犯罪性质和刑法轻重的具体标准。刑法除总则分则两编外，第三部分为附则，只有一个条文，规定修订后刑法实施的时间和修订后刑法与刑法实施前全国人大常委会制定的单行刑法的关系。

刑法结构分为总则和分则两部分的历史并不长。早期的刑法通常只有具体犯罪的规定,后来人们逐步发现了犯罪和刑法的一般规律,在对这些规律进行抽象概括以后就形成了今天刑法总则的内容。人类历史上第一部将刑法分为总则和分则两部分的刑法典是 1810 年的《法兰西刑法典》(拿破仑刑法典),我国第一部则是清朝末期于 1910 年制定的《大清新刑律》。

刑法总则规定的是关于犯罪和刑罚的共性问题,刑法分则则是关于犯罪和刑罚的个性问题,两者的关系是一般与特殊、抽象与具体的关系,相辅相成,共同组成了我国刑法规范的结构体系。总则对分则具有指导作用,分则是总则所确定的原理原则的具体体现。没有总则规范,分则规范就无法理解和应用,反之,没有分则规范,总则规范就无法贯彻和实现。总之,只有把总则和分则紧密地结合起来研究,才能正确地认定犯罪、确定责任和适用刑罚。

## 二、刑法规范

我国刑法的具体规范在刑法典中都是以条文的形式表现的。“条”虽然分列在各有关的编、章、节之下,但全部采用统一的顺序号码编号,从第 1 条到 452 条,不受编、章、节的限制。这主要是基于系统化的目的,以保证查阅方便和引用准确。“条”之下又分“款”和“项”。“款”在刑法规范中没有明示,而是以自然段的方式表现。也就是说在一个法条内,有几个自然段就有几款。从我国刑法来看,有的条文只有一款,如《刑法》第 1 条、第 2 条、第 3 条等,有的则有数款,如《刑法》第 6 条、第 347 条等。“项”则在款下,通常以(一)、(二)、(三)等基数号码加括弧方式表示。在法律文书中引用法律条文时,如有款项,应明确指出引用的是某条、某款、某项。

一个条文的同一款中包含有两层或两层以上意思的,在学理上称之为前段、后段,或者前段、中段、后段,或者第一段、第二段……如《刑法》第 67 条第 1 款规定:“犯罪以后自动投案,如实供述自己的罪行的,是自首。对于自首的犯罪分子,可以从轻或者减轻处罚。其中,犯罪较轻的,可以免除处罚。”这个条文就包含三层意思,用句号隔开。在具有这种结构的条款当中,如有用“但是”这个连接词来表示转折关系的,则从“但是”开始的这段文字,学理上称之为“但书”。

我国刑法条文中的“但书”,从内容上看,大致有三种情况:一是表示对前段的补充情况。如《刑法》第 13 条在规定了犯罪之后,又以“但书”指出:“情节显著轻微危害不大的,不认为是犯罪。”这是对前段犯罪定义的补充说明,对于划清罪与非罪的界限具有十分重要的意义。二是表示对前段的例外情况。如《刑法》第 65 条的前段在规定了累犯的构成条件后,后段紧接着又作了“过失犯罪除外”的规定。就是说,过失犯罪不存在累犯问题。三是表示对前段的限制情况。如《刑法》第 73 条第 2 款规定:“有期徒刑的缓刑考验期为原判刑期以上五年以下,但是不能少于一年。”这里,“但书”对有期徒刑缓刑考验期的底线作了限制性的规定。

## 三、刑法的解释

刑法的解释就是对于刑法规范含义的阐明。任何一部法律，由于条文规范的高度概括性和现实生活的多变性，再加上语言的多义性，而往往带有抽象性和滞后性的特点，刑法也不例外。刑法规范的真正含义，往往需要通过刑法解释阐明或赋予新的内涵。只有正确地了解刑法规范的真实含义，才能正确地加以适用。因此，刑法解释对于避免歧义，弥补刑法规范中的漏洞，使刑法规范适应复杂多变的客观情况，维护刑法的稳定性，具有重要作用。可见，作为阐明刑法规范确切含义的刑法解释虽然具有一定的从属性，但其社会意义却极为重大。

刑法的解释，可以从不同方面进行分类，主要有以下两种分类：

### （一）立法解释、司法解释和学理解释

按解释的效力分类，刑法的解释可分为立法解释、司法解释和学理解释。其中前两者通称为有权解释。

1. 立法解释

立法解释，就是由最高立法机关即全国人大及其常委会为明确刑法规范的含义所作的解释，或者为解决最高人民法院和最高人民检察院有关刑法的原则性分歧而进行的解释。根据《中华人民共和国立法法》第 42 条的规定："法律解释权属于全国人民代表大会常务委员会。法律有以下情况之一的，由全国人民代表大会常务委员会解释：（一）法律的规定需要进一步明确具体含义的；（二）法律制定后出现新的情况，需要明确法律适用依据的。"全国人大常委会是国家立法机关的常设机构，所以全国人大常委会的解释，是立法权力的延伸，同刑法规范本身一样，具有普遍的约束力，属于刑事立法的范畴。

刑法的立法解释包括以下三种情况：

(1)在刑法中用条文对有关刑法术语所作的解释。例如，《刑法》第 91 条到第 99 条对"公共财产"、"公民私人所有的财产"、"国家工作人员"、"司法工作人员"、"重伤"、"违反国家规定"、"首要分子"、"告诉才处理"、"以上、以下、以内"等术语所作的解释或界定。此外，《刑法》第 357 条、第 367 条分别对"毒品"、"淫秽物品"的含义所作的解释也属此范围。

(2)由国家立法机关在法律的起草说明或修订说明中所作的解释，例如，1997 年 3 月 6 日，全国人大常委会副委员长所作的《关于中华人民共和国刑法修订草案的说明》。它经国家立法机关讨论确定，并在公布该项法律时同时公布，也就具有了法律效力。应当指出，国家立法机关的立法起草说明或者修订法律说明中所作的解释必须是与国家立法机关通过的法律的内容相一致且具有解释作用的内容。

(3)刑法在施行中如发生歧义，由全国人大常委会进行解释。依照《中华人民

共和国宪法》第 67 条第 4 项和《立法法》第 42 条的规定，解释法律是属于全国人大常委会行使的职权之一。此种解释与被解释的法律规范本身具有同等的效力。例如，2000 年 4 月 29 日，全国人大常委会通过的《关于刑法第九十三条第二款的解释》，就村民委员会等村基层组织人员管理公共事务工作是否属于刑法典第 93 条第 2 款规定的“其他依照法律从事公务的人员”所作的解释。又如，2002 年 4 月 28 日九届全国人大常委会第二十七次会议通过的《关于中华人民共和国刑法第三百八十四条第一款的解释》，明确了哪些情形属于挪用公款罪的“归个人使用”范围。

2. 司法解释

司法解释，就是由最高司法机关对刑法的含义所作的解释。在我国，有权进行司法解释的是最高人民法院和最高人民检察院。1979 年 7 月 1 日第五届全国人民代表大会第二次会议通过的《中华人民共和国人民法院组织法》第 33 条规定：“最高人民法院对于在审判过程中如何具体应用法律、法令的问题，进行解释。”1981 年 6 月 10 日第五届全国人大常委会第十九次会议通过的《关于加强法律解释工作的决议》规定：“凡属于法院审判工作中具体应用法律、法令的问题，由最高人民法院进行解释。凡属于检察院检察工作中具体应用法律、法令的问题，由最高人民检察院进行解释。最高人民法院和最高人民检察院的解释如果有原则性的分歧，报请全国人民代表大会常务委员会解释或决定。”由此可见，我国司法解释的范围只限于审判工作和检察工作中如何具体运用刑法规范的问题，解释的效力只限于全国的审判工作和检察工作。刑法的司法解释通常以解答、解释、规定、公告、意见、标准、通知、批复等形式公布。

1997 刑法施行后，最高人民法院和最高人民检察院分别就审判工作和检察工作中具体应用刑法的问题作了一些司法解释。如最高人民法院 1997 年 9 月 25 日《关于适用刑法时间效力规定若干问题的解释》，1997 年 12 月 9 日《关于执行〈中华人民共和国刑法〉确定罪名的规定》等等；又如最高人民检察院 1997 年 10 月 6 日《关于检察工作中具体适用修订刑法第十二条若干问题的通知》，1997 年 12 月 25 日《关于适用刑法分则规定的犯罪的罪名的意见》，1999 年 8 月 6 日《关于人民检察院直接受理立案侦查案件立案标准的规定(试行)》等等。此外，为加强协调，避免矛盾，还有最高人民法院和最高人民检察院共同作出的解释，如最高人民法院、最高人民检察院于 2004 年 12 月 8 日发布的《关于办理侵犯知识产权刑事案件具体应用法律若干问题的解释》，2007 年 5 月 9 日发布的《关于办理与盗窃、抢劫、诈骗、抢夺机动车相关刑事案件具体应用法律若干问题的解释》等等。这些司法解释对于统一司法机关的认识，加强办案工作，提高审判工作和检察工作质量，起着重要的指导作用。

刑法的司法解释与刑法的立法解释在解释主体、解释内容和解释效力等方面均有显著不同。首先，前者的解释主体是最高司法机关，后者的解释主体则是最高立法机关。其次，解释的内容不同，前者是根据《人民法院组织法》、《人民检察院组织法》和人大常委会《关于加强法律解释工作的决议》主要对司法工作中具体应用法律、法令的问题进行解释,它必须忠实于立法原意,不得创设新的规范或设立新的罪名;而后者是根据《立法法》对刑法条文本身需进一步明确具体含义的内容以及刑法制定后出现新的情况,需要明确适用法律依据的情况进行解释。最后,从效力上看,前者只对本司法系统有效,即最高人民法院的解释只对全国的审判工作具有约束力,最高人民检察院的解释只对全国的检察工作具有约束力;而后者具有通行全国的效力。

3. 学理解释

学理解释,就是由国家宣传机构、社会组织、教学科研单位或者专家学者从学理上对刑法含义所作的解释。如刑法教科书、专著、论文、案例分析以及对刑法典的注释等,都属于学理解释。学理解释在法律上没有约束力,因而是无效解释。学理解释伴随着法制建设的进程,正日益繁荣。正确的学理解释,有助于理解刑法规范的含义,对于司法实践和立法工作都具有参考价值,对于提高广大干部和群众的法律意识和法学水平,对于促进刑法科学的发展,具有重要的作用。同时,它还往往成为立法解释和司法解释的先导和基础。

### (二)文理解释和论理解释

按解释的方法分类,刑法的解释可分为文理解释和论理解释。

1. 文理解释

文理解释,是就法律条文用语的通常意义,来解释刑法规定的法律意义,包括对单词、概念、术语等所作的解释。《刑法》第 91 条至第 99 条的解释,如果从解释方法的角度看,当属文理解释。例如,对"司法工作人员"、"重伤"、"首要分子"等所作的专门解释。其主要特点是按照刑法规范字面上的含义严格解释,既不扩大,也不缩小。

2. 论理解释

论理解释是按照立法精神,遵从论理的法则和推理的方法所作的解释。其主要特点是,从条文的内部结构关系及条与条之间的相互联系上,探求立法的意图,阐明立法的精神。

论理解释又分为当然解释、扩张解释、限制解释和反面解释。

(1)当然解释是指刑法规定虽未明示某一事项,但依规范目的、事物属性和形式逻辑,将该事项当然包含在该规范适用范围之内的解释。如《刑法》第 201 条规定"因偷税被税务机关给予二次行政处罚又偷税的",构成偷税罪;那么,因偷税被给予三次、四次行政处罚(假如新刑法施行前后有这种情况)又偷税的,认为更应构成偷税罪,这就是当然解释。当然解释有正意的,如上例;也可以有反意的,如《刑法》第 50 条前段规定,判处死缓在缓期执行期间,如果没有故意犯罪,"2 年期满以后,减为无期徒刑"。据此,没有满 2 年的不得减为无期徒刑。这也属于当然解释。

(2)扩张解释是指刑法规范的字面含义过于狭窄,不足以表达该规范的完整内涵,于是扩张其字面含义,使其符合立法原意的解释方法。扩张解释不同于类推解释,但两者往往难于区分。扩张解释通常被认为是对法律条文表示内容的直接认识,而类推解释则通常被认为是对法律条文所表示内容的间接认识。在刑事法领域,"禁止类推解释,容许扩张解释"的原则得到一致公认,但如何区分两者则存有争议。目前,较为多数人认可的区分标准是:①解释是否在原来法条文义或立法原意的可能意思范围内。②解释是否保证一般人对法条的预测可能性。如果答案是肯定的,属扩张解释;反之,则属类推解释。

(3)限制解释,又称缩小解释,是指刑法规范的字面意义过于宽泛,于是限制其字面意义,使其符合立法原意的解释方法。限制解释以刑法规定的字面含义过于宽泛为前提,其要义在于限制刑法规定的字面意义,保留其核心部分,剔除其边缘部分。

(4)反面解释是指从刑法规范的反面立场可以推定的解释。例如,我国刑法规定不满十六岁的人犯罪一般不予刑罚处罚(法定的八种罪行除外),相反,年满十六岁的人犯罪即要受到刑罚处罚。又如某些犯罪需要发生在公共场所才能构成,反之,非发生在公共场所就不能构成。

## 司法考试真题链接

1. 根据《刑法》第111条的规定,为境外的机构、组织、人员非法提供国家秘密或者情报的,构成犯罪。司法解释将其中的"情报"解释为"关系国家安全和利益、尚未公开或者依照有关规定不应公开的事项"。这一解释属于下列何种解释?(2008年司法考试真题)

A. 补正解释　　B. 当然解释

C. 反对解释　　D. 缩小解释

2. 关于刑法解释的说法,下列哪一选项是正确的?(2009年司法考试真题)

A. 将盗窃罪对象的"公私财物"解释为"他人的财物",属于缩小解释

B. 将《刑法》第一百七十一条出售假币罪中的"出售"解释为"购买和销售",属于当然解释

C. 对随身携带枪支等国家禁止个人携带的器械以外的其他器械进行抢夺的,解释为以抢劫罪定罪,属于扩张解释

D. 将信用卡诈骗罪中的"信用卡"解释为"具有消费支付、信用贷款、转账结算、存取现金等全部功能或者部分功能的电子支付卡",属于类推解释

# 第二章 刑法学派

## 第一节 启蒙主义的刑法思想

### 一、启蒙主义(the Enlightenment Philosophy)的代表人物

自16世纪开始,到18世纪发展到高峰,欧洲的封建制度渐趋瓦解,逐步摆脱了封建的残酷统治,一批代表新生资产阶级利益的思想家著书立说,大力抨击阻碍资本主义发展的封建专制制度,鼓吹民主、自由、平等、天赋人权的思想,呼唤人们从中世纪封建专制和教会权威束缚下解放出来,致使启蒙思想学说兴起,人权观念日盛,刑事司法人道化和理性化运动展开。这一段时期的代表人物主要有荷兰的格劳秀斯、英国的霍布斯和洛克、法国的伏尔泰、孟德斯鸠和卢梭等人。

胡果·格劳秀斯(Hugo Grotius,1583－1645)是近代西方资产阶级思想先驱,国际法学创始人,被誉为"自然法学之父"。其在1625年发表的名著《战争与和平法》不仅是重要国际法著作,而且是西方资产阶级人权学说的基础——自然法或自然权利理论的开创性著作。他的研究范围相当广泛,涉及法学、政治学、文学、语言学、史学等,但使其享有盛名的是在法学方面。格劳秀斯是近代西方启蒙思想家中第一个比较系统地论述理性自然法理论的人。他认为,自然法是类似于几何的公理,是自然存在的规律。他汲取了古希腊和古罗马思想家自然主义自然法理论的精华,扬弃和摆脱了中世纪神学主义自然法的桎梏,展开了以人的理性为基础的刑法思考,开创了近代理性自然法(古典自然法)的先河。

托马斯·霍布斯(Thomas Hobbes,1588－1679),英国著名的政治哲学家和启蒙思想家。霍布斯曾经担任过科学家培根的秘书,深受培根思想的影响,创立了机械唯物主义的完整体系。其代表作是1651年发表的《利维坦》,为西方政治哲学发展奠定了根基。所谓"利维坦",是《圣经》中记载的一种力大无穷的巨兽,原用来证明上帝创造万物的威权与能力,霍布斯用来喻指一个强大的国家,借此论证君权至上,反对"君权神授"。在《利维坦》一书中,霍布斯描绘了一幅充满暴力和混乱的阴暗画面,认为它是自然状态下的人类所不可避免的状态,因为人类天生具有自私

自利及残暴好斗的邪恶本性，犯罪及战争都是人类本性推动下的产物，因此，必须订立契约，建立国家及制定法律加以规范才能实现政治的主要目标——和平。在书中，霍布斯还阐述了其独到的刑法思想。关于犯罪，他认为凡是法律所禁止的言论和行动都是恶，这种恶就是犯罪；关于罪与非罪的界限，他提出两条原则：一是法律无明文规定的行为不是犯罪；二是对有宥恕情形的不能定罪。关于刑罚，他认为权力来自国家，量刑要适当，做到罪行相称。[①] 总的来说，霍布斯的全部法律思想建立在他的自然法理论之上。他从人性开始，对自然状态、自然权利和社会契约展开论述，建立起自然法理论体系。

约翰·洛克(John Locke,1623－1704)是17世纪英国唯物主义哲学家和政治思想家，又是古典自然法学派的主要代表人物。洛克早年曾与波义耳、牛顿等科学家结识和交往，使他对气象学、物理学、化学和医学产生了浓厚兴趣。与此同时，洛克也潜心研究培根、笛卡儿等人的著作，并极为关心宗教和道德问题，初步形成了他关于宗教宽容思想的基础。洛克曾连续发表了《论宽容异教的通讯》、《政府论两篇》、《人类理解论》、《人类悟性论》等著作，构成了一个关于哲学、政治、宗教、伦理思想的完整体系。特别是1689年发表的《政府论》是17世纪英国资产阶级同封建贵族斗争中产生的政治学和法学巨著。该书批评了封建王权与宗教专制结合而成的绝对专制主权理论，同时也为资产阶级的社会民主制度作了全面、系统的辩护。全书阐述了对后世影响巨大的思想与学说，如天赋财产权利、社会契约、人民民主等，并在理论上奠定了后来的理性主义、自由主义、法治主义和怀疑主义不同路径，同时在实践上深刻影响和指导了美国革命和法国革命。洛克的刑法思想的重要特征在于他从一般的政治学说中特别是从其自然法状态和社会契约论中引申出了一系列刑法思想。[②]

伏尔泰(Voltaire,1694－1778)，原名弗兰苏阿·马利·阿鲁埃，伏尔泰是其笔名。伏尔泰是十八世纪法国资产阶级启蒙运动的旗手，被誉为“思想之王”。伏尔泰经历了路易十四、十五、十六三个封建王朝的统治，目睹了封建专制主义的由盛转衰，亲身感受到了封建专制主义统治的腐朽和反动。所以，他以非凡的才智和锐利的思想对黑暗的封建专制主义进行了无情地揭露，使他在人民中间享有崇高的声望。伏尔泰既是一个文学家，也是一个哲学家，其最有影响的哲学著作是《哲学通信》，被称为是投向旧制度的第一颗炸弹。伏尔泰信奉自然权利说，主张人人在法律面前平等，认为“人们本质上是平等的”，要求人人享有自然权利。

查理·路易·孟德斯鸠(Chales Louis Montesquieu,1689—1755)，法国伟大的启蒙思想家、法学家。他博学多才，对法学、史学、哲学和自然科学都有很深的造诣，曾经撰写过许多相关著作。其最重要也是影响最大的著作是《论法的精神》，这

---

① [英]霍布斯：《利坦维》，黎思复、黎廷弼译，商务印书馆1985年版，第231页。

② 马克昌：《近代西方刑法学说史略》，中国检察出版社2004版，第17页。

是一部综合性的政治学和法学巨著。孟德斯鸠最重要的贡献是对资产阶级的国家和法的学说作出的卓越贡献，他在洛克分权思想的基础上明确提出了“三权分立”学说，是三权分立学说的奠基人。他特别强调法的功能，他认为法律是理性的体现，法又分为自然法和人为法两类，自然法是人类社会建立以前就存在的规律，那时候人类处于平等状态；人为法又分政治法和民法等。孟德斯鸠提倡资产阶级的自由和平等，但同时又强调自由的实现要受法律的制约。他提出了“自由就是做法律所许可的一切事情的权利”的著名论断。孟德斯鸠的“三权分立”学说为罪刑法定主义奠定了理论基础。

让·雅克·卢梭(Jean Jacques Rousseeau，1712—1778)是法国著名启蒙思想家、哲学家、教育家、文学家，是 18 世纪法国大革命的思想先驱，启蒙运动最卓越的代表人物之一。卢梭的主要著作有《论人类不平等的起源和基础》、《社会契约论》等，这些都是世界政治学史上著名的经典著作。卢梭坚持社会契约论，认为犯罪的本质正是对社会共同信守契约的破坏；主张自由平等，反对大私有制及其压迫；提出“天赋人权说”，反对专制、暴政。这些民主自由的思想对后来的法国革命产生了很大影响，成为法国大革命的动力。

## 二、启蒙主义的刑法思想

启蒙主义是一个庞大的思想宝库，其中的刑法思想是以自然法理论和社会契约论为理论基础，与刑法有关的主要观点可以归结为如下几个方面：

1. 法律与宗教分离

近代刑法是随着启蒙运动的兴起而产生的，启蒙运动的矛头直指日益膨胀的封建王权。当时欧洲宗教势力强大，凌驾于政治之上，使得国家统治本质和权力行使正当性带有浓厚神意色彩，刑法也不例外。封建统治者往往借助宗教大搞法律神秘主义，启蒙思想家则针锋相对，根据社会契约论说明国家刑罚权的根据，从而否定神意是刑罚权的根据，主张刑法的世俗化。伏尔泰曾尖刻地抨击天主教会的黑暗统治。他把教皇比作“两足禽兽”，把教士称作“文明恶棍”，说天主教是“一些狡猾的人布置的一个最可耻的骗人罗网”。他号召每个人都按照自己的方式同骇人听闻的宗教狂热作斗争。孟德斯鸠也指出：“人类制定的法律是我们行动的指导，所以应该是戒律，而不是劝说。宗教是我们内心的指导，所以是劝说多而戒律少。”[①]他主张把法律与宗教教规严格加以区分。启蒙主义将刑法与宗教分离具有重大的历史意义。

2. 罪刑法定

启蒙思想家坚决反对封建制度下的罪刑擅断，极力主张罪刑法定，认为犯罪和

① [法]孟德斯鸠：《论法的精神》(下)，张雁深译，商务印书馆 1982 年版，第 143～144 页。

刑罚必须由法律预先明文规定。卢梭的社会契约论、洛克的天赋人权论和孟德斯鸠的三权分立理论成为国家统治正当性的基础，同时也成为罪刑法定的理论基础。三权分立的内涵在于以权力制约权力，英国的洛克最早提出了分权原则，他主张权力必须由不同的国家机关行使，因为“如果同一批人同时拥有判定和执行法律的权力，这就会给人们的弱点以绝大诱惑，使他们动辄要攫取权力，借以使他们自己免于服从他们所制定的法律，并且在制定和执行法律时，使法律适合于他们自己的私人利益”①。孟德斯鸠认为只有划分国家权力，公民的生命、自由和财产才能得到保障，也才能建立真正的法制，因而国家权力应分为立法、行政、司法三权，并让这些权力由不同的机关掌管，互相制衡，以避免国家权力的专制，保障个人自由，因为“如果立法权和行政权集中在同一个人或同一个执政机关之手，自由便不复存在了……如司法权同立法权合二为一，公民的生命和自由将被置于专断的控制之下，因为法官就是立法者。如司法权同行政权合二为一，法官将对公民施以暴力和压迫。如同一个人，或同一个机构(无论是贵族或人民的机构)行使这三种权力，即立法权、执行公共决议和审理个人间案件的权利，则一切便都完了”②。因此，他们主张实行严格规则主义，对于立法机关来说，必须以明确、具体的法律规定犯罪和刑罚；对司法机关来说，只能严格依法判案，机械地适用法律，不允许法官解释或创设法律，对于法律没有明文规定的行为，不得定为犯罪和进行处罚。这种思想，成为罪刑法定的思想理论基础，从而导致罪刑法定主义的确立。

3. 罪行等价

罪行等价的观念可以追溯到古代社会的“同态复仇”。到奴隶社会，“同态复仇”为法律所认可，并成为当时统治阶级实施酷刑的依据。在反封建的斗争中，资产阶级启蒙思想家针对严刑酷罚的司法制度，提出了罪刑等价的观念，以反对刑罚权的滥用。霍布斯就认为，刑罚目的不是报复，而是纠正违法者和效尤者。因此最严厉的刑罚要施用到最危害公众的罪行上，对不严重的罪行，可以从宽处理。孟德斯鸠也从社会契约论出发，认为国家虽有权处罚犯罪人，以保障社会秩序，但应符合罪刑相当原则，认为刑罚的轻重，应与犯罪的轻重保持平衡，才能实现正义。罪行等价的含义就是对犯罪人所判的刑罚要与他所犯的罪行的轻重相适应，即重罪重判，轻罪轻判。孟德斯鸠曾指出：“惩罚应有程度之分，按罪大小，定刑罚的轻重。”③可见，其本质就是罪与刑之间应有适当的比例关系，对不同的犯罪，刑罚一定要有区别，实行区别对待。

4. 法律面前人人平等

① ［英］洛克：《政府论》(下篇)，瞿菊农、叶启芳译，商务印书馆 1981 年版，第 89 页。

② ［法］孟德斯鸠：《论法的精神》(上册)，张雁深译，商务印书馆 1961 年版，第 151～152 页。

③ ［法］孟德斯鸠：《波斯人信札》，商务印书馆 1962 年版，第 141 页。

“法律面前人人平等”出自亚里士多德的名言:稳定的国家是以法律面前人人平等为基础的。启蒙思想家在反封建的过程中,针对封建制度的身份的不平等性,提出了法律面前人人平等的主张,认为公民于国家权力前或法律上的一律平等,因而对犯罪科刑,应无身份的差别,应平等对待。洛克认为人类天生都是自由、平等和独立的,法律对富人和穷人、权贵和平民应当一视同仁。伏尔泰也极力抨击封建刑罚制度,认为对不同犯罪同科处死刑,无异于鼓励人民犯罪。他反对暴政、酷刑和滥用死刑,认为过当的刑罚如同“司法谋杀事件”。1776 年美国《独立宣言》以及 1789 年法国《人权宣言》标志着平等思想已从政治的主张落实为法律。“法律面前人人平等”已是当今世界各国公认的法律原则。

启蒙思想家以其卓越的才智开创了人类文明的新时代。作为资产阶级思想家,他们在许多方面不免有其局限性,深深地打上他们所处的那个时代和阶级的烙印。但是,他们的思想,闪耀着人类智慧的火花。他们对封建专制制度的猛烈抨击,加速了封建王朝的瓦解;他们主张的法律面前人人平等、刑罚人道主义等刑法思想历经数百年依然神圣;他们提出的罪刑法定和罪刑等价等原则依然是每一个法治国家共同遵循的刑法基本原则。他们在整个刑法发展史充当了启蒙构建的先知角色,为现代刑法学的构建和发展打下了十分坚固的基础。

## 第二节 刑事古典学派

### 一、刑事古典学派的代表人物

刑事古典学派(the Classic School)产生于 18 世纪后半叶至 19 世纪初,是资产阶级启蒙运动的产物。由于该学派产生于自由思想和人权主义高度发达的时代,故以个人主义和自由主义为核心,认为世界是以人为基础而存在的,人的存在本身即是目的;为了个人的生存和发展,必须尽可能少地限制个人自由,而要尽可能多地限制国家权力。其主要代表人物是意大利人贝卡利亚、英国人边沁、德国人费尔巴哈和康德。

贝卡利亚(Cesare Beccaria,1738－1794),意大利刑法学家和犯罪学家,刑事古典学派的创始人。贝卡利亚早期专攻政治和经济,后受孟德斯鸠的影响转而对法律产生兴趣,积极从事刑法研究。其 1764 年发表的经典著作《论犯罪和刑罚》是世界上第一部系统探讨犯罪与刑罚的著作,全书贯穿着人道主义理念,对当时野蛮的刑事法律制度予以严厉的批判。在书中,他还提出对犯罪和刑罚应预先由法律加以明确规定,在对罪犯科处刑罚时,应无身份差别,须平等予以科处。此即罪刑法定原则和罪行等价原则的基本内涵。此书对欧洲乃至整个世界的犯罪和刑罚的理论和实践都产生了巨大影响,在刑法学发展史上具有开创性意义,被誉为刑法学的圣经。由于此书与当时的统治者格格不入，被天主教会视为异端，被列为禁书达200年。贝卡利亚的自由意志观点以及罪刑法定和罪行均衡的主张一直影响至今。他还是刑法史上第一个明确提出废除死刑的人。

边沁(Jeremy Bentham，1748—1832)，英国哲学家、法学家、政治学家和经济学家，自由主义政治思想的奠基人。边沁同时也是一个法律、司法和政治制度的批评家。他对当时刑法和刑事司法的残忍、混乱、恣意和不公平进行言辞抨击，致力于法律制度的改革，是英国法律改革运动的先驱和领袖。边沁还是功利主义的创始人，在其杰作《道德与立法原理》一书中，功利主义的原则第一次得到明确的表达，为英国的法制改革事业奠定了与古典自然法哲学截然不同的理论基础。他的关于立法原则与立法技术的思想给19世纪英国法制改革运动以巨大推动，并影响到欧洲一些国家。他以功利原则的价值判断为基石，认为刑法的立法目的就是为“最大多数的人谋最大的幸福”，他解释到人类行为的善恶应根据其行为的结果是否符合大多数人的幸福而定，当人类行为对社会产生实际不利影响时才应加以处罚。[①] 边沁的功利主义刑罚观在其思想体系中居于重要地位，对现代刑法学界具有深远的影响。

费尔巴哈(Anselm von Feuerbach，1775—1833)，近代刑法思想的奠基人，被誉为“近代刑法学之父”。费尔巴哈对刑法学发展的贡献巨大，无人能与其比肩。费尔巴哈首先提出“法治国”思想，认为国家的目的，在于保障个人自由，主张把道德与法律严格分开；其次，他将契约思想作了发展，继承了孟德斯鸠、贝卡利亚的想法明确提出了罪刑法定主义，并将其定式化从而有了“法无明文规定不为罪”(*nullum crimen sine lege* )和“法无明文规定不处罚”(*nullapoenasine lege*)的经典表述；再次，他还在边沁“个人的主要活动都是由先计算快乐和痛苦的欲望决定”这一著名的论断基础上，提出了心理强制说。此说是罪刑法定主义的重要理论基础之一；最后，他在1801年发表《刑法教科书》奠定了近现代刑法学的基本理论体系。

康德(Immamuel Kant，1724－1804年)，德国著名的哲学家。在哲学、自然科学和社会科学方面都有杰出贡献，其哲学被称为批判哲学。在法律思想方面，其主要代表作有《法的形而上学原理——权利的科学》、《永久和平论》。他认为法就是那些使任何人的有意识的行为按照普遍的自由法则确实能与别人有意识的行为相协调的全部条件的综合。在刑法领域，他提出“因有犯罪，故应惩罚”的论断，认为刑法是因为犯罪本身和人类社会而存在，绝非为促进其他目的的手段，倡导绝对等价的报应刑罚。此种论点成为德国刑罚哲学的传统基础。此外，他还主张法与道德的严格分离，认为犯罪并非违反道德，而是违反法律，即对他人权利的侵害。

---

① 转引自黄富源等著：《犯罪学概论》，台湾“中央”警察大学出版社2002年版，第38页。

## 二、刑事古典学派的刑法思想

刑事古典学派对启蒙主义的法律面前人人平等、罪刑法定、罪刑等价、刑法人道等主张都有了进一步的发展，论述得更加完整，使其系统化。具体到犯罪和刑罚领域，他们有如下观点：

1. 意志自由论（非决定论）

刑事古典学派认为，任何人到达一定年龄，除精神不健全者外，都会产生理性的趋利避害的自由意志（free will），犯罪正是基于这种自由意志，是自己理性选择（rational choice）的结果。刑事古典学派的基本假设是：以刑罚作为威慑手段，能改变人的意图，如果没有刑罚威慑的制衡，人人都有犯罪的可能性和潜能，所以，犯罪的动机无需解释，犯罪是基于行为人的理性抉择。在贝卡利亚看来，人类是理性的动物，具有趋利避害的本能，其行为的动机是要获取快乐和避免痛苦，为了不致使犯罪人从犯罪中获取快乐，就必须使刑罚的痛苦程度超越其可能获得的快乐程度[①]。边沁也指出，自然将人类置于至高无上的两个主人——痛苦和快乐的摆布之下，他们掌握了我们所做的，我们所说的和我们所想的，所以，人类行为的基本目的是要取得利益、快乐和幸福，避免邪恶、痛苦和不幸。在此情况下，人们会对自己行为可能带来的痛苦与快乐进行权衡并作出行为抉择。为此，刑罚之痛必须超越犯罪之利，以威慑犯罪人[②]。康德也认为人是有理性的，人的意志是自由的，犯罪就是有自由意志的个人违反理性的绝对命令的行为。[③] 基于这样一种假设，刑事古典学派主张通过法律事先的明定以及随后刑罚的执行对犯罪人以及社会公众形成一种"威慑"的心理状态，从而达到预防犯罪的效果，其意义在于透过刑事立法和司法达到警世作用，以抑制人们的犯罪意念和行为。

2. 道义责任论

刑事古典学派以个人主义和平等主义为背景，以人类均为理性人为基础，认为人是自由意志的主体，人人平等，故仅对个体行为负责，因而主张道义责任论。它基于个人伦理的观察，认为犯罪正是基于个人的自由意志，犯罪人对其自由意志支配下的犯罪行为负有不可推卸的责任，应受道义上的非难，这是社会伦理的当然要求。康德就明确地提出了责任原则，他认为人既然有选择行为的自由意志，竟避善从恶而犯罪，从道义的立场上，就不能不使行为负担责任。[④]

---

① Phillipson, C. (1970) *The Three Criminal Law Reformers*. Montclair: Patterson Smith.

② Linden, R. (1988) *Criminology*. Chicago: University of Chicago Press.

③ 马克昌：《近代西方刑法学说史略》，中国检察出版社 2004 年版，第 41 页。

④ 马克昌：《近代西方刑法学说史略》，中国检察出版社 2004 年版，第 41 页。

3.客观主义(行为主义)

刑事古典学派主张客观主义,即以犯罪事实为科刑的基准,刑罚的评价对象应为犯罪者的行为和结果。因为人人有平等的或相同的意志自由,而行为的价值各有不同,所以犯罪的差别应以行为而不是人的内心世界或人格为准。在此基础上产生的刑法称之为行为刑法。刑事古典学派同时强调严格区分法律和道德的界限,因为前者规范外部行为,而后者则规范人的内心。刑事责任的根本在于人的行为,所以,科刑的轻重应视行为产生的实害或危险而定。贝卡里亚就主张刑罚的轻重应与犯罪危害的大小相当,这就是说,判刑应当根据犯罪行为的客观危害情况来决定。

4.报应刑论

刑事古典学派在刑罚观上提出了报应思想。报应思想的基本含义是指人们应为自己的危害行为付出相同代价。犯罪是一种恶行,一旦为恶,必须得到相应的恶报,以恢复正义,并满足社会的道德情感。因果报应,为自然之理,犯罪与刑罚的关系为单纯的法律现象,刑罚是对犯罪的报应。报应思想认为刑罚本质是单纯的,是自然法则的一部分,刑罚希冀达到的目的就是对犯罪人进行公正报应,以其承受的痛苦来均衡其罪责,从而实现公平与正义。

刑事古典学派还主张刑罚二元主义,即刑罚和保安处分性质不同,刑罚的本质是对犯罪的报应,保安处分的目的是防卫社会和矫正罪犯,前者的基础是责任,后者的基础是人身危险性。

5.一般预防主义

刑事古典学派主张刑罚的目的在于预防一般人犯罪(一般预防主义),认为可以通过刑罚的警示和刑罚的执行达到预防一般人犯罪的目标。刑法具有两种作用:一是心理强制作用。费尔巴哈创立的心理强制说认为通过法律事先规定刑罚以及执行刑罚对犯罪人以及社会公众形成一种“威慑”的心理状态,从而达到预防犯罪的效果。心理强制说的意义在于,透过预先用法律明文规定犯罪与刑罚,以达到警世作用,以抑制人们的犯罪意念和行为。另一种作用是威慑作用。基于理性人的假设,他们认为,只要刑罚运用得严厉、快速和确定,即能对一般人发挥出威慑作用,从而起到杀一儆百之功效。

刑事古典学派的思想是对启蒙思想的传承和发展。由于历史的局限,他们的思想在今天看来不可避免地带有一定的片面性。比如意志自由、客观主义以及刑罚绝对主义(报应论)等等。但是,刑事古典学派的刑法思想为近现代刑法的空前繁荣奠定了基础,报应刑论和威慑刑论在西方国家曾经长期占据统治地位,罪刑法定、罪刑等价和刑罚人道这些罪刑关系的基本原则都得到了系统化和定式化,纷纷为西方各国的统治者所采用,成为刑法的基本原则,从而对近现代世界各国刑法典的制定产生了巨大影响。

刑事古典学派的贡献还在于他们依据自然法思想,以理性人为前提,在重视人的现实感觉和经验并将自由、平等、安全视为人的自然权利或自然理性的基础上，创设了现代刑法的理论体系。这一刑法理论体系的特点就是强调罪刑法定主义，重视平等的精义，建立刑法学统一体系，并明确各种犯罪的概念和定义。这些都对近现代刑法学的发展贡献极大，至今仍具有广泛的适用性。

## 第三节 刑事实证学派

### 一、刑事实证学派的代表人物

刑事实证学派(the Positivist School)诞生于19世纪下半叶。该学派受当时自然科学发展的影响，认为犯罪与自然界的现象应无差别，都可以经由科学的方法，探求产生的原因，强调知识的可验证性。同时，其还受到以社会学创始人法国社会学家孔德(Auguste Comte，1798—1857)为代表的实证主义哲学的影响，孔德将自然科学的研究方法运用到社会科学上来，他认为，除非以严谨的科学方法为根基，否则就没有社会现象的真正知识。所以，刑事实证学派在犯罪研究领域进行了一场方法论的革命，采用实证的方法，以确定的事实为依据，从犯罪人的生理特点、心理素质或社会环境、生活条件等诸种因素中考察犯罪的原因，并从经验考察、实证研究与定量分析中得出犯罪是内在因素(生理结构、心理状况)或外在因素(家庭结构、社会经济状况)的产物的结论。其中，专注于从生物学角度(个人生理和遗传因素)解释犯罪原因的，称之为刑事人类学派，以意大利人龙勃罗梭、菲利(后期转为社会学派)、加罗法洛等为代表，并称"意大利三杰"；专注于以社会因素来解释犯罪原因的则称之为刑事社会学派，以比利时人凯特勒和德国人李斯特等为代表。

龙勃罗梭(Cesare Lombroso，1835－1909)是意大利著名精神医学家和犯罪学家，是刑事实证学派的开拓者，被尊称为"犯罪学之父"，在1876年因出版《犯罪人》(The Criminal Man)一书而声名大噪。在该书里，他借用达尔文的说法，认为犯罪人比起其他同时期的非犯罪人，乃为一种较退化、原始和野蛮的人群，他称这种现象为隔代遗传或返祖现象[①]。他在对383名死刑犯的颅骨进行解剖和对5907名犯人进行人体测量后提出了"生来犯罪人"的观点，即犯罪是由遗传所致，这些人在颚部、牙齿和骨骼等方面都有返祖现象。与此相适应，他认为防止天生犯罪人犯罪的唯一途径是剥夺其犯罪能力。龙勃罗梭的"天生犯罪人"论点的提出，在当时的欧美等国引起了一场近乎思想革命的热潮，影响了许多国家刑事政策的制定。龙勃罗梭是刑法发展史上受到赞扬最多同时也是争议最大的人物。

---

① 许春金:《犯罪学》，台湾三民书局2000年版，第235页。

菲利(Enrico Ferri,1856—1929)是龙勃罗梭最著名的学生。他继承了龙勃罗梭的思想,并受达尔文进化论、史宾塞社会观和马克思唯物论的影响,在1884年出版了《犯罪社会学》一书,认为犯罪是生理、心理和遗传等个人因素与物质、社会和环境等因素相结合的产物,因而在犯罪原因论上主张生物、地理与社会三元论,认为犯罪是生理因素、地理因素与社会因素相互作用的综合结果。犯罪首先是由于生理因素(包括生理、心理及种族方面的个人特质),但这种因素必须与其他因素结合,才会起作用;其次是地理因素,包括自然资源状况、地形、气候等,这种因素也不会直接产生犯罪,须与其他因素结合;再次是社会因素,这是指社会环境,经济、政治、道德及文化等因素。菲利不主张社会对犯罪的反应过于简单和直接,不应以暴制暴。他认为,以暴力来矫正犯罪不是一个好办法,社会在与犯罪的残暴斗争中失去效力时便会恶性循环。①

加罗法洛(Raffele Garofalo,1852—1934)被认为是意大利第三位伟大的实证学家。其最重要的著作是1885年出版的《犯罪学》。作为实证主义的倡导者,他强调对犯罪应以科学的方法加以研究。与龙勃罗梭的犯罪人类学稍有不同的是,他更加偏重于犯罪人的心理层面,以行为人的"心灵或道德异常"来解释犯罪行为。他还以达尔文的进化论为依据创立了刑罚理论,认为惩罚的目的是淘汰不能适应社会生活的犯罪人,犯罪即是不能适应文明生活的表征。他提出了三种淘汰犯罪人的方法:(1)死刑,针对"永远心理异常而无法适应现代社会生活"的人;(2)部分淘汰,包括无期和长期徒刑以及放逐;(3)强迫隔离。②

凯特勒(Adolph Quetelet,1796—1874)比利时数学家和统计学家。他因将统计学和概率应用于社会现象而著名,被誉为现代统计学之父。他用19世纪早期法国的社会统计来研究犯罪,因而成为以客观的统计方法探讨季节、气候、性别、年龄等对犯罪影响的第一人。他的重要发现是,外部的社会力量与犯罪率有关,除了性别和年龄对犯罪有强烈的影响外,季节、气候、人口组成及贫穷等也与犯罪有关。凯特勒的主张可以说是刑事社会学派理论的先声,其许多重要发现仍是今天犯罪学的重要基础。

李斯特(Franz von Liszt,1811—1886)是德国著名刑法学家。李斯特从社会学的角度出发,认为犯罪是诸多社会因素共同作用的结果。他"把犯罪理解为在素质、环境支配之下,必然的、不得不陷于犯罪的、宿命的、决定的存在,并同刑罚个别主义相结合,把犯罪人区分为机会犯人、习惯犯人、女性犯人和少年犯人等各种类型"③。在犯罪原因论上,他主张社会因素和个人因素相结合的二元论,即认为犯罪是行为者个人因素与社会环境因素共同作用的结果。其中,社会因素,如失业、

① [意]菲利:《犯罪社会学》,郭建安译,中国人民公安大学出版社2004年版,第189页。

② 转引自许春金:《犯罪学》,台湾三民书局2000年版,第242页。

③ 马克昌:《近代西方刑法学说史略》,中国检察出版社2004年版,第205页。

贫困等起着更大的作用。所以，他提出了“最好的社会政策就是最好的刑事政策”的著名论断，力主从制定合适的社会政策，铲除滋生犯罪的土壤入手，探寻解决犯罪的治本之道。李斯特还在马尔布鲁克大学发表了著名的“刑法的目的思想”讲演，强调刑法目的重要性，认为刑罚本身应具有必要性和合目的性，力主目的刑论。

## 二、刑事实证学派的刑法思想

刑事实证学派的刑法学说都以实证主义为理论基础，其关于刑法学的观点主要可以归结为以下几个方面：

1. 意志决定论

刑事实证学派反对刑事古典学派意思自由的观点，主张人的意志完全受生理或外在的社会因素支配，没有自由意志，也就是说，人的生理特征或社会环境决定了人的犯罪与否，从而提出了意志决定论(决定论)。龙布罗梭彻底推翻了一直盛行的意志自由论，主张犯罪人实施犯罪基于其先天性的生理基础，而走向了决定论的方向。菲利也对意志自由论进行了严厉的抨击，指出意志自由论在刑法法典中的存在是一种小说式的幻想，强调个人是社会的一分子，所有犯罪均可运用社会因素加以说明，无需借助自由意志。[①]

2. 社会责任论

刑事实证学派认为人不具有犯罪的选择自由，犯罪是个人素质和环境的产物，正是由于犯罪人的人身危险性，才使其成为社会防卫的对象；同时基于社会伦理的观察，认为国家不只是要保护个人利益，更要保护社会利益。个人是社会的人，只有保护社会利益才能保护个人利益。人类共营社会生活，应对社会负责任，所以其犯罪应受社会制裁以此承担社会责任，由此而产生了社会责任论。也就是说，刑事责任从其本性上来说，不是道义性的而是社会性的。由此从根本上改变了刑罚的根据、性质和形式。菲利就认为，刑事责任的产生，并不是基于犯罪人自由意志和由此而产生的道德责任，非道义上应加谴责，而是因为人既然作为社会一员生活着，对其危害社会的行为自应负担责任，这是基于保卫社会、保卫国家和法律的需要。

3. 主观主义(行为人主义)

刑事实证学派主张应以人的内心世界为科刑的基准。刑罚的评价对象应为人的恶性，即反社会的危险性。其基于实证研究，认为人的行为受内心支配，行为的外形相同，但人格则未必相同，所以科刑不应以行为和结果为准，而应以人的主观危险性和外界的境遇而定，行为仅仅是其人身危险性的征表。龙布罗梭认为，犯罪是由犯罪人各自不同的生理的、心理的特征所造成，因而犯罪人的主观的危险性是

---

① 转引自黄富源等著：《犯罪学概论》，台湾“中央”警察大学出版社 2002 年版，第 56 页。

各不相同的，所以对犯罪人判处刑罚的轻重，不能根据犯罪行为即犯罪事实的大小来确定，而应根据罪犯人身危险性的大小来决定。李斯特则将刑罚处罚的中心归结为犯罪人，特别是他的性格或心理状况，认为应以犯人的性格、恶性、反社会性为标准，个别地量定刑罚。建立在主观主义之上的刑法通常称之为行为人刑法。

刑罚不是要与犯罪的社会危害性相适应，而是要与犯罪人的社会危险性相适应，以达到矫治犯罪的社会效果。为了更好地预防犯罪，对没有意志自由而可能危害社会的精神病患者不适用刑罚，但要适用保安处分；对犯罪人的刑罚要提高矫治的针对性，奉行刑罚个别化的原则。在这种情况下，犯罪人的分类和人格调查制度遂成为用刑的重要组成部分，刑种、行刑方法也随之发生了深刻的变化。

4. 目的刑主义

刑事实证学派主张刑罚并非报应，而是对其矫治和教育，使其不再犯罪。在他们看来，刑罚目的是为了预防犯罪，其自身只是达到这一目的的必要手段。离开了这一目的，刑罚就变得盲目，就缺乏存在的正当性。刑罚权的根据正是在于刑罚的合目的性和有效性。犯罪只应是刑罚的先决条件，而不应是刑罚的理由。预防目的可以通过威慑和矫治两个方面来实现，从而达到刑罚的功利效果。如加罗法洛不是从报应犯罪人和罪刑相适应出发，而是从预防社会将来可能受到的侵害出发，考虑刑罚问题，主张应当根据对犯罪人的恐怖性的判断来适用刑罚，所处的刑罚应当与犯罪人将来对社会所具有的危险性相适应。[①]

刑事实证学派同时主张刑罚一元主义，认为刑罚和保安处分的使命均是防范犯罪人。菲利就认为应将保安处分与刑罚统一在防卫社会的目的之下，统称为"社会防卫处分"。该学派特别强调保安处分的作用。保安处分实质是着眼于行为人具有的人身危险性，以对行为人进行社会保安和对其本人进行改善、治疗等为目的的国家处分。[②] 菲利认为，作为镇压手段的刑罚具有一种消极的而不是积极的价值，因而他主张采用刑罚的代替措施。这种代替措施就是保安处分。1921 年菲利在他起草的"意大利刑法典草案"（又称菲利草案）中，即根据他的主张取消责任与刑罚的概念，而以"危险性与制裁"取代之。因而菲利草案被称为"没有责任与刑罚的刑法典"。[③]

5. 特殊预防主义

刑事实证学派注重犯罪人的人身危险性，从而提出了对犯罪人进行个别预防的思想。他们认为，犯罪人因生理和环境的影响而具有反社会的人格，具有犯罪倾向性，刑罚即是预防犯罪人再犯的处置措施。在此基础上，他们提出了以教育、改

---

① 吴宗宪：《西方犯罪学》，法律出版社 1999 年版，第 184 页。

② [日]大冢仁著，冯军译：《刑法概说》（总论），中国人民大学出版社 2003 年第 3 版，第 506 页。

③ 马克昌：《近代西方刑法学说史略》，中国检察出版社 2004 年版，第 161 页。

善犯罪人为目的的教育刑主义；同时考虑到犯罪人的社会危险性的差异，为提高对犯罪人的刑罚矫治的针对性，奉行刑罚个别化的原则。在这种情况下，对犯罪人的分类和人格调查制度都成为用刑的重要组成部分，刑种、行刑方法也随之发生了巨大的变化。此外，鉴于犯罪是由社会原因所致，从而提出必须改良社会政策。

刑事实证学派是在西方国家城市化和工业化迅速发展，社会条件发生急剧变化，犯罪率大幅度增加，刑罚的现实作用引起人们的怀疑，古典学派的刑法理论渐呈无力的状态下产生的。随着实证主义哲学的兴起，观察优于思辨的方法论日盛，将犯罪与客观现实社会环境联系起来的结论不仅为解释犯罪原因提供了更为丰富和充分的论据，而且也为研究犯罪提供了新的发展方向。刑事实证学派的形成和确立标志着刑法理论和刑法制度的发展迈入了一个新的历史时期。

应当指出的是，两个学派的刑法理论均受时代思潮和社会背景的影响，具有时代的特点，并非超越时空而对立。因此，到了 20 世纪中后期，出现了两种思想相互吸收和相互补充的趋势，以正义性（即因为犯罪，要予处罚）和合目的性（即为不使犯罪，予以处罚）共同作为刑罚权的根据。刑罚必须是既能满足正义的需求又能有效防止犯罪的刑罚，应该在公正报应的基础上实现一般预防和特殊预防的目的，强调公正的刑罚必须是讲求罪行均衡的刑罚，不可过分强调对社会大众的威慑或对犯罪人的教化，以避免损害刑罚公正报应的本质。因此，各国在制定刑事政策的时候，都不再只强调一种思想，而排斥另一种思想。在这种情况下，刑罚不能因为要达到预防目的，就牺牲报应的本质，放弃对公正的追求。同样，也不能为单纯的报应而置预防目的于不顾。所以，大多数国家都将两种思想进行整合，采用刑罚与保安处分并存的“双轨理论”，并在此基础上构建刑罚制度。

# 第三章　刑法基本原则

## 第一节　刑法基本原则概述

### 一、刑法基本原则的概念

在整个法律体系中,“基本原则体现着法的本质和根本价值,是整个法律活动的指导思想和出发点,构成法律体系的灵魂,决定着法的统一性和稳定性”①。因此,刑法的基本原则是指刑法本身所具有的,贯穿于刑法始终并且得到普遍遵循的全局性根本性准则。换言之,刑法的基本原则作为刑法的核心和精髓,不仅是刑法的根本价值和主要目的的重要体现,而且也是指导刑事立法和刑事司法的根本依据。正因为如此,刑法的基本原则始终是理论和实践中一个极其重要的问题。

关于刑法基本原则的表现模式主要有三种:其一为明文模式,即刑法的基本原则直接由刑法条文加以规定;其二为援引模式,即刑法的基本原则不是由刑法条文加以规定,而是由宪法或其他宪制性法律加以规定;其三为推论模式,即刑法的基本原则由刑法理论根据刑法的具体规定予以归纳。我国1979年《刑法典》中没有对刑法基本原则作出规定,宪法性法律也没有予以规定,而是采取推论模式由刑法理论加以推导,由此直接导致刑法基本原则表述的不一致,这显然不利于刑法价值的体现和刑法内容的贯彻。因此立法机关在1997年《刑法典》中采取了明文模式,将刑法的基本原则明确规定在刑法条文中,从而使刑法基本原则由宣示性的法律原理具体化为刑法的强制性规定,为基本原则在司法中的原则性指导和具体性适用提供保证。

### 二、刑法基本原则的确定

虽然我国现行刑法对刑法基本原则采取了明文模式予以规定,但立法机关为

① [美]迈克尔·D·贝勒斯:《法律的原则——一个规范的分析》,张文显等译,中国大百科全书出版社1996年版,第468～471页。

何将此三项原则规定为刑法基本原则，仅仅从法定性的形式角度来阐述是不够的，因为这一问题不仅受到立法实践的限制，而且受到刑法理论的拘束，因此探讨刑法基本原则的确立根据，必须从刑法基本原则的基本特征入手：

第一，刑法基本原则应该是刑法的特有原则。在国家的法律体系中，宪法是国家的根本大法，所以其他法律都必须服从于宪法之下遵循宪法性原则。那么宪法性原则的共同性与刑法基本原则的特有性是否存在矛盾？例如由于刑法平等原则作为宪法性的法律面前人人平等原则的具体体现似乎并不为刑法独有，于是有学者或者否定特有性这一要求属于刑法基本原则的特征，或者否定刑法平等原则为刑法的基本原则。我们认为，否定刑法基本原则特有性的观点混淆了哲学上个性与共性的界限。一般法律原则服从于宪法性原则是共性，但一般法律原则由于在调整范围上的限缩而具有个性，换言之，法律面前人人平等原则是所有平等原则的共性，但仅限刑法面前人人平等原则是刑法平等原则的个性。所以，既然是“刑法”的基本原则，理当是有别于其他法律原则的原则，也理当是有别于所有法律共同准则的原则。①

第二，刑法基本原则应当是刑法的根本原则。也即刑法的基本原则应该是贯穿于刑事立法和刑事司法的全部过程，体现在整个定罪量刑的各个阶段，具有全局性、根本性的普遍指导意义，而不是仅适用于某一特定阶段或者某一特定过程。如对未成年人犯罪从宽处罚的原则、累犯从重处罚原则、数罪并罚原则等，虽然均是刑法中不可或缺的原则，但它们毕竟只是量刑等方面的局部原则，并不具有贯穿于刑法始终的特性，因而不能将它们视为刑法的基本原则。

第三，刑法基本原则应当是刑法的普遍原则。也即刑法基本原则必须是刑法制定、解释与适用等活动中均必须遵循的准则。原则通常是指“观察问题、处理问题的准绳”，因此刑法基本原则必须要得到普遍的遵循，不仅在范围上对所有的刑法规范都具有普遍的拘束力，而且在阶段上对刑法的制定、解释与适用都具有普遍的指导意义。

## 三、刑法基本原则的意义

刑法基本原则的确立不仅体现了刑事立法水平和司法观念的更新，而且表明了我国刑事理论研究的进步，更是反映了我国在法治建设和人权保障上的成果。这三项原则既是立法对长期的立法实务工作的一次总结，也是对刑事司法活动的性质、特点及其规律的全面反映，其所蕴含的民主自由与人权保障理念对于指导司法实践、完善刑事法制、实现刑法的任务都具有举足轻重的作用。具体而言，确立刑法基本原则的意义主要有：

① 张明楷：《刑法学》，法律出版社 2003 年第 2 版，第 47 页。

### (一)刑法基本原则在刑事立法活动中的指导意义

刑法基本原则有利于刑事立法的科学化、严密化。立法者既然将罪刑法定原则、刑法平等原则、罪刑均衡原则作为刑法的基本原则,因此在立法时对将何种行为规定为犯罪、对犯罪确定何种刑罚或何种刑度就必须予以全面考虑,对罪刑比例关系如何设定、刑法条文遵从何种立法模式就必须论证,从而避免或者减少轻率立法、错误立法的现象发生。相反,如果背离了刑法基本原则,则刑事立法就可能会出现偏差,而导致出现法律漏洞或者不正义的立法。

### (二)刑法基本原则在刑事司法实践中的指导意义

由于刑事立法的原则性、概括性与现实生活的复杂性、多样性,刑事司法实践中必然存在如何合理解释条文正确适用刑法、如何科学准确定罪公平适当量刑的问题,而只有严格贯彻刑法基本原则的要求才能科学地解决上述问题。刑法基本原则对于刑事司法的作用表现在:一是刑法基本原则能够指导具体刑事司法适用。例如根据罪刑均衡原则,在量刑中力求刑与罪的相当,实现重罪重罚、轻罪轻罚。二是刑法基本原则能够确保刑事司法公正。公正是刑法的最高价值,刑事司法应当是一个实践刑法公正的过程。而只有坚持罪刑法定原则、刑法平等原则、罪刑均衡原则,才能保证刑事司法不枉不纵、公平正当。

### (三)刑法基本原则对国民自由与权利的保障作用

刑法的重要机能是限制国家刑罚权的不当扩张,确保国民的自由与权利不受非法侵犯。而根据刑法的基本原则,国家对某种行为动用刑罚权应当受到罪刑法定的限制,刑法没有规定为犯罪行为的不得认定为犯罪并处以刑罚,即使刑法规定为犯罪国家适用刑法是也要符合刑法平等原则和罪刑均衡原则,这样就最大程度地保障了国民的自由权利和基本人权。

## 第二节　罪刑法定原则

【引　例】

自诉人陆柏,男,解放军某部队军医。被告人赵桦,男,A省某建筑公司劳资科副科长。自诉人陆柏与其妻马欢原是医学专科学校同学,毕业后建立恋爱关系,1977年元月结婚,婚后感情尚好。被告人赵桦从1978年2月起,与身为现役军人陆柏的妻子的马欢开始通奸,持续三年之久。1978年4月以来,马欢开始向陆柏提出离婚,经部队和单位多次调解无效。1981年6月7日,赵桦与马欢通奸之时被回家的陆柏撞见,双方发生口角。同年6月12日,陆柏向所在地区基层人民法院提起自诉。一审法院审理认为，赵桦与现役军人之妻马欢长期通奸，后果严重，影响极坏，但不构成破坏军人婚姻罪。陆柏对一审法院的判决不服，提出上诉。后市中级人民法院驳回上诉，维持一审判决。

最高人民法院曾针对此类案件作出了相关解释，认为：行为人明知是现役军人的配偶而与之长期通奸，破坏军人的婚姻家庭，造成军人夫妻关系破裂的严重后果的行为，构成破坏军人婚姻罪，并且提出今后在办理破坏军人婚姻家庭案件中遇到类似情况的，应当适用刑法关于破坏军婚罪的规定予以处罚。

## 一、罪刑法定原则的含义

罪刑法定原则（the Principle of Legality）作为现代法治国家最为重要的刑法基石，是防止国家滥用刑罚，维护个人基本人权的刑法保障机能的重要体现。只有通过罪刑法定原则实行犯罪和刑罚的法定化，才能避免法官对罪刑的恣意擅断，限制国家刑罚权的不当扩张，维护善良国民乃至犯罪人的合法权利不受侵犯。因此，罪刑法定原则通常理解为德国刑法学家费尔巴哈在其 1801 年刑法教科书中的拉丁文表述“nullum crimen sine lege、nulla poenasine lege”（法无明文规定不为罪、法无明文规定不处罚），其基本含义是指犯罪行为的法律要件和法律效果应由法律明确加以规定，如果没有法律明文的处罚规定就不构成犯罪也不受刑罚的处罚。我国《刑法》第 3 条规定了罪刑法定原则：“法律明文规定为犯罪行为的，依照法律定罪处刑；法律没有明文规定为犯罪行为的，不得定罪处刑。”

罪刑法定原则最早可以追溯到英国的 1215 年《大宪章》第 39 条，该条规定“对于任何自由人，不依同一身份者的适当裁判或者国家的法律，不得逮捕、监禁、剥夺领地、剥夺法的或放逐出境，不得采取任何方法使之毁灭，不得施加暴力，不得使其入狱”，首次从适当法律程序的角度体现了限制国家权力保障个人权利的罪刑法定内核。大宪章的法律精神随后和英国的自然正义理论相结合形成程序意义上的罪刑法定主义，在英国 1628 年的《权利请愿书》、1688 年的《人身保护法》中被反复予以确认。程序上的罪刑法定主义，经由反殖民地的斗争而传播到北美，并通过各州的《权利法案》以及《独立宣言》（1776 年）的确认，最终在《美国宪法》第 1 条（不得制定任何刑事事后法）、第 5 修正案（任何人如果不经法律的正当程序其生命、自由或者财产不受剥夺）、第 14 修正案（无论各州不经正当法律程序其生命、自由或者财产不受剥夺）当中被规定下来。

在欧洲大陆，由于孟德斯鸠、卢梭、贝卡里亚等思想家对封建刑法恣意性、残酷性、身份性、干涉性的批判，确立公民实体权利上的罪刑法定主义以限制国家刑罚权成为启蒙思想的重要主张。法国大革命后的 1789 年《人权宣言》第 8 条吸收了这一思想，首次从实体上确立了罪刑法定主义：“任何人非依犯罪前已制定公布且经合法适用之法律不得处罚之。”随后1810年《法国刑法典》第4条首次将宪法性宣言式规定具体化为刑法中的实体性规定:“没有在犯罪行为时已明文规定刑罚的法律,对任何人不得处以违禁罪、轻罪或重罪。”由于1810年《法国刑法典》是19世纪欧陆法系各国刑法典的主要范本,因此欧洲大陆各国纷纷仿效法国的刑法立法,罪刑法定自其产生之后便成为各民主法治国家中的一个极为重要的宪法与刑法原则。例如,德国宪法第103条第2项规定:“某行为只有在其实施之前已被法律确定了可罚性时,该行为才能受到处罚。”《德国刑法典》第1条采用了与宪法相同的用语对罪刑法定原则进行了重申。日本现行宪法第31条规定:“非依法律所规定之手续,不得剥夺任何人之生命或自由,或科以其他刑罚。”该法第39条规定:“凡在行为时适法之行为或被认为无罪之行为,不得究问其刑事责任。同一犯罪,不得重复究问其刑事责任。”其他各国刑法典,如1994年《法国刑法典》,1968年《意大利刑法典》均明确规定了罪刑法定原则。

## 二、罪刑法定原则的理论基础

### (一)罪刑法定原则的思想渊源

罪刑法定原则是启蒙运动中针对封建刑法的罪刑擅断主义而提出的,是为了维护市民自由权利的需要和启蒙主义思想相结合的产物。在古代专制社会时期实行罪刑擅断主义,刑罚是君主统治人民的工具,什么是犯罪以及对犯罪处以何种刑罚,均取决于君主的意思需要,犯罪是否成立、刑罚如何裁量,均由法官自由裁量,严重侵犯了市民的自由权利。

及至18世纪民权主义思想开始兴盛,公民个人权利与自由备受重视,罪刑擅断主义开始遭受批判,罪刑法定主义于是产生。该原则使刑法具有法的稳定性而产生了保障机能,使公民能够预测何种不法行为是犯罪,从而发挥限制国家刑罚权的滥用,维护市民的合法权利的作用。因此,罪刑法定原则在思想上渊源于启蒙思想的自然法理论、孟德斯鸠的三权分立理论和费尔巴哈的心理强制说。自然法理论主张用制定法来限制国家滥用刑罚、干预公民个人权利,这就需要国家明确规定什么是犯罪、并对犯罪处以什么样的刑罚;三权分立的学说要求立法、司法和行政绝对分开,这样司法机关在适用刑法时只能严格按照既定刑法规范来适用刑法,不得有超越刑法规定的权限;心理强制说是由德国刑法学家费尔巴哈所创立,其基本精神是:由于人具有趋利避害的本能,国家必须事先规定犯罪及其法律后果,这样可以促使人们作出避免受到刑罚处罚的选择,从而不去犯罪。

但是,自然法学说奠基于社会契约论的抽象假定,不符合人类社会的发展事实;三权分立理论主张三权绝对分立、法官为叙述法律之口不过是概念法学的产物,无法解释授权立法和司法裁量的宪政事实;心理强制说偏重于一般预防和理性人的假设沦为机械法学的窠臼，因此，“三权分立思想与心理强制说作为罪刑法定原则产生的思想渊源，只具有沿革的意义而不具有现实意义”。[①]

### （二）罪刑法定原则的理论根据

现代意义上的罪刑法定原则以法治国家原理为其基础，是法治国家原理在刑法中的直接体现和具体外化。因此，从法治国家原则所要求的形式法治国和实质法治国原理，可以推导出罪刑法定原则的理论根据。

1. 罪刑法定原则的形式根据

形式的法治国原理强调以法律约束限制国家权力，要求任何国家行为的行使都必须有制定法的根据。因此，罪刑法定原则的形式根据是源于宪法层面的自由主义和民主分权的要求。

（1）罪刑法定原则是自由主义的要求。自由主义主张刑法必须保障最严格意义的法律保留和法安定性，一方面要求限制国家权力以保护公民免受专制的压迫，刑罚权的行使不是根据司法机关的专断而是根据明确在法律中的规定；另一方面强调对人民基本权利的限制必须以法律为之，国家只能依照事先确立的法律才能干预个人的自由而责令个人为其行为负责。

（2）罪刑法定原则是民主主义的要求。刑事惩罚表现为国家对公民自由进行的这样一种重要的干涉，以至于这种惩罚条件的合理性只能存在于这个机关的确定之中：即作为选举产生的人民代表机关的议会，这个机关最直接地代表了作为国家权力承担者的人民。[②]因此，为了使法官在干预公民的自由权利领域时按照民主制度而获得一种实质上的正当性[③]，刑法规范必须以事先的明文标准将法官的司法行为限制拘束在代表人民的立法机关的立法意志之内。

2. 罪刑法定原则的实质根据

罪刑法定原则的实质根据是维护人的尊严为基础的实质的人权保障原理。[④]由于形式的法治国理念忽略对法律本身品质及立法权力的限制，造成了纳粹的专制独裁和恶法亦法的逻辑，因此二战后在深刻反省的基础上确立了以人性尊严之维护为最高法价值的实质法治国原则。实质的法治国原则将人性尊严等基本人权作为宪法建构的基本原理，强调法治国家的基本要素和内涵都应以维护此基本人权为终极目标，从而改变了以往对立法权的放纵，而产生出对立法的品质应当加以

---

① ［日］泷川幸辰：《犯罪论序说》，王泰译，载高铭暄、赵秉志主编：《刑法论丛》第3卷，法律出版社1999年版，第3～4页。

② ［德］克劳斯·罗克辛：《德国刑法学 总论》（第1卷），王世洲译，法律出版社2005年版，第83页。

③ ［德］Bernd Schünemann：《没有刑法就没有犯罪》，劳东燕译，在《金陵法律评论》2003年秋季卷，第131页。

④ ［日］曾根威彦：《刑法总论》，弘文堂2000年第3版，第15～16页。

管制的法治国家的法律制定要求。这种法治国家的制定法要求意味着对罪刑法定原则必须从基本权利保障的角度来加以实质化解释，也即为了保障基本权利，罪刑法定主义不仅仅是止于“无法无罪亦无罚”的原则，也意味着其内容为与实际正义一致的“无适当法律则无犯罪亦无刑罚”的原则。[①]因此，在罪刑法定形式原理之上，还有更高层次的普遍原理即实质的保障人权原理作支撑。[②]

## 三、罪刑法定原则的基本内容

### (一)罪刑法定原则的形式内容

1.法律主义。所谓法律主义是指犯罪和刑罚必须由刑法明文规定，法官只能根据成文法律定罪量刑。法律主义可以包括以下内容：(1)罪行成文法原则，即犯罪和刑罚必须以成文的法律加以规定，禁止不成文法即习惯法成为刑法的法律渊源。由于习惯法是来自社会上的传统习惯，缺乏成文的内容和明确的范围，难以发挥限制国家刑罚权的作用，因此禁止以习惯法来设定处罚或者加重刑罚。虽然习惯法不能成为刑法法源，但在作为刑法规范适用的解释依据，或者作为排除或减轻刑事责任的根据，习惯法具有一定的作用。(2)国会制定法原则。即犯罪和刑罚必须由代表国民意志的立法机关予以制定，禁止行政机关以政令或规章创制刑法。由于在行政刑法中往往无法就行政犯罪的技术性要素予以具体规定，因此法律主义并不禁止以空白刑法的方式来补充犯罪构成要件，但行政规范之所以能够成为刑法规范的补充规范，完全是由于立法机关的明文授权，即只有当刑法规范明文规定“违反……法律”时才能补充空白构成要件。[③]

2.禁止事后法。所谓禁止事后法也称禁止溯及既往原则，是指刑法只能对其施行以后的犯罪适用，不能对其施行以前的犯罪适用。禁止事后法的根据在于：溯及既往一方面违反了法律的安定性和预测可能性，无法保障国民的法律信任和行动自由；另一方面脱离了行为与罪过同在的定罪原则，无法具有预防犯罪的刑罚效果。禁止事后法具体包括以下内容：(1)禁止依事后立法处罚犯罪，即行为时不构成犯罪但事后设立新的犯罪，或者行为时已有犯罪但事后减少构成要素而增加犯罪可能性的，禁止以事后法溯及既往。(2)禁止依事后立法设定刑罚，即无论是自由刑或者财产刑还是主刑或者附加刑，加重其刑或者并科新刑的法律都不能适用于其实施以前的行为。(3)允许有利于行为人的溯及既往，即事后法排除犯罪成立

---

① [韩]李在祥：《韩国刑法总论》，韩相敦译，中国人民大学出版社 2005 年版，第 12 页。

② [日]曾根威彦：《刑法学基础》，黎宏译，法律出版社 2005 年版，第 12 页。

③ 刘艳红：《空白刑法规范的罪刑法定机能——以现代法治国家为背景的分析》，载《中国法学》2004 年第 4 期。

或者制定较轻的犯罪或者增加新的构成要素时，允许以此有利于行为人的事后法溯及既往。

3.禁止类推解释。所谓类推解释是指对于法无明文规定的事项，比附援引与行为性质最相类似的条文而予以处罚。禁止类推解释的根据在于：类推解释一方面超出固化在法条中的立法者意图来解释适用刑法，导致了法官形成法律创造法律的效果，违反了由代表国民的国会依立法程序制定法律的代议制民主主义原理；另一方面超越法律文本可能的口语化词义来解释适用刑法，使国民丧失了预测自己行为性质及后果的能力，违反了保障国民的可预见性与维护法的安定性的自由主义原理。禁止类推解释具体包括以下内容：(1)禁止类推解释的适用范围。禁止类推解释只是禁止不利于被告的类推解释，而非禁止有利于被告的类推解释。因此，禁止类推解释原则适用于刑法中所有犯罪和刑罚的规定，不仅包括分则上的具体行为构成和刑事责任规定，也包括总则中犯罪的共同构成要件规定、修正的犯罪构成规定以及消极构成要素的规定以及刑罚消灭规定等，但是对于刑法中的正当化事由，由于其存在根据不依赖于刑法文本的原文文字，而是依靠贯穿于法律制度中的法益保护和共同生活目的，因此正当化事由不受类推禁止的限制。(2)类推解释与合理解释的界限。由于一个刑法条文的含义总是通过解释才会在确定无疑的意义上被确定，因此禁止类推解释原则应当划清忠于法律的合理解释与应当禁止的类推解释的界限。主流的理论认为法官在法律文本可能的口语化词义所标定的框架内，考虑了法律的目的后所进行的解释是合理解释。①相反，超出法律文本可能的口语化词义的解释由于不能保障国民对法律的预测可能，违背了使用刑罚进行干涉时应当具有的国家自我约束，从而是罪刑法定所禁止的类推解释。

本节引例中最高人民法院的解释，是一种类推解释。因为 1979 年《刑法》第 81 条规定：“明知是现役军人的配偶而与之同居或结婚的，处 3 年以下有期徒刑。”因此，本罪客观要件上必须与现役军人的配偶结婚或同居。所谓“结婚”，包括登记结婚和形成事实婚姻；所谓“同居”，是指以两性关系为基础，在一定时期内与现役军人的配偶共同生活在一起，包括公开或秘密同居两种情况。因此，通奸不同于同居。如果把“同居”理解为包括通奸，就超出了法条文字应有的含义，就会出现将本不应作为犯罪处理的情况作为犯罪处理，从而损害当事人权利。

4.禁止绝对的不定期刑。罪刑法定原则要求对犯罪处以什么样的刑罚由法律明文规定，禁止绝对的不确定的刑罚，以防止法官的专横擅断。早期绝对的罪刑法定原则要求绝对确定的法定刑，即对犯罪所科处的刑罚，从刑种、刑期到罚金刑的数字，都必须由法律明文予以规定，法官毫无斟酌审查的余地。但是，对犯罪应处以何种刑罚是由行为、后果、主观恶性、犯罪动机、悔罪情况等一系列因素决定的，

---

① ［德］克劳斯·罗克辛：《德国刑法学总论》(第 1 卷)，王世洲译，法律出版社 2005 年版，第 86～87 页。

即使犯罪的行为相同，也绝不能机械地对不同案件中行为人适用完全相同的刑罚。因而，现代的相对罪刑法定原则允许相对确定的法定刑，以使法官根据案件的不同情节，在刑法确定的法定刑的相对明确的范围内，予以斟酌，决定所要判处的刑罚。

### （二）罪刑法定原则的实质内容

罪刑法定原则要成为实质的人权保障原理，除了具有形式的内容以外还必须具有实质的内容。换言之，为了实质性的保障以人性尊严为核心的个人基本人权不受国家刑罚权的肆意侵害，罪刑法定原则的实质内容包括以下两个方面：

1. 适当性原则

刑罚法规的适当性原则，又称实体的正当程序原则，指刑法规定的犯罪和刑罚必须是适当的。这是古典的形式罪刑法定主义发展为现代的实质罪刑法定主义所派生的原则。"无法律则无犯罪也无刑罚"的古典意义上的罪刑法定主义，只形式上将犯罪和刑罚规定于法律来保障人权，并不考虑法律的实际内容是否合理适当，因此存在不是因为无法律而滥用刑罚而是因为不合理法律而滥用刑罚的危险，也即国家若恣意适用法律则无法保障国民的自由和权利。因此，为了使罪刑法定原则发挥刑法的保障机能，必须要求刑法的内容符合以基本人权保护为核心的宪法价值体系。①

适当性原则包括：(1)犯罪的适当原则。即刑法调控范围应当适当，禁止处罚不当罚的行为。国家应当将刑法作为保护重要而根本的社会价值之手段，仅在为保护个人利益和维护公共秩序所必要或可能的情况下才能适用，因此必须合理考虑犯罪的犯罪化与非犯罪化问题。首先，犯罪的设立应当具有必要性。只有在某种危害行为严重至不能容忍的程度，并且其他手段调整不足或调整不能的情况下才能设立犯罪。其次，犯罪的设立应当具有可能性。只有在对某种行为能够达到客观公正的处理、合理有利的禁止、抑制预防的效果，才能将该行为设立为犯罪。②(2)刑罚的适当原则。即刑罚适用强度应当适当，禁止残虐不均衡的刑罚。国家应当将刑罚作为促进犯罪人复归社会的手段，仅在考虑犯罪人弃恶从善所必要而且有效的情况下才能适用，因此应当合理考虑刑罚的重刑化与轻刑化问题，防止刑罚过剩与刑罚过度，禁止残酷的无效的刑罚适用。

2. 明确性原则

明确性原则，是指刑罚法规的内容必须明确清楚，能够提供行为规范的可预见性与裁判规范的可操作性的原则。明确性原则在美国法中被称为"不明确而无效的理论"(Void for Vagueness Doctrine)，是由联邦最高法院对宪法第 5 条修正案、第 14 条修正案中的正当程序条款进行解释时所发展出来的保护公民自由权利和

---

① [韩]李在祥：《韩国刑法总论》，韩相敦译，中国人民大学出版社 2005 年版，第 26 页。

② 张明楷：《刑法学》，法律出版社 2003 年第 2 版，第 64 页。

限制政府权力的违宪审查理由，在德国法中被称为明确性原则（Bestimmtheitsgrundsatz），是德国最高法院从德国基本法第103条第2款、德国刑法典第1条规定的罪刑法定原则中所派生出来的一项违宪审查的重要原则。在我国，一般认为明确性原则不仅是形式罪刑法定主义的体现，而且也是实质罪刑法定主义的要求。形式罪刑法定主义从自由主义和民主主义原理出发，认为不明确的法律没有带来国家刑罚权的自我限制而无法保护国民免受专制压迫，没有带来法官随意解释的外在约束而无法保证法律中民主意志的体现。实质的罪刑法定主义从以人性尊严为核心的人权保障原理出发，认为人性尊严所要求的个人自我决定、自我形成的权利，依赖于国民对其行为意义的预见和理解。而只有通过明确具体的构成要件，才能使国民预知其行为的意义而拥有根据其意志而行动的自决权利，才能防止国家权力对人格形成的外来干预与侵犯，避免国民因为无法预知规范要求而导致行动的萎缩。

关于明确性的含义，美国法是从法治原则的正当法律程序要求出发，强调个人自由保障和权力制约，主张明确性包含可罚行为的适当预告（fair notice）和可确定的犯罪标准（Ascertainable Standard of Guilt）两个方面的要求。[①]德国法从法治国原则所包含的法安定性和法律保留出发，强调国家权力制约，明确性被理解为立法规范的可预见性（Vorhersehbarkeit）和司法行为的可测度性（Meβbarkeit）。[②] 但是，"可罚行为的适当预告"和"立法规范的可预见性"实际上都意指立法规范应使国民得以认识其行为之刑事上的可罚性，也即法律的可预见性。"可确定的犯罪标准"和"司法行为的可测度性"实际上都意指应当提供司法裁判的操作限制以确保法律条文中的立法意志不被法官的意志所代替，也即法律的可操作性。因此明确性原则实际上可以被理解为刑罚法规的可预见性和可操作性。

由于立法理性的有限，刑法存在用语上的模糊性和内容上的不确定性，因此刑法不能是绝对的明确性，而只能够是一种相对的明确性。如何判断此种相对的明确性，国外刑法理论和司法判例上存在两种不同的面向：其一是从形式的角度寻找对不明确性的必要限制，即明确性是否可以缩减到一个由可能的口语词义和条文的立法目的组成的核心领域。[③] 其二是从实质的角度判断明确性放宽的妥当性，即如果能够通过限定解释划定处罚范围消除法条不明确的该种缺陷，就必须说该条文是明确的、合乎宪法的规定[④]。第一种面向是值得肯定的，因为一方面明确性

---

① John F. Decker，Addressing Vagueness，Ambiguity，and Other Uncertainty in American Criminal Laws，*Denver University Law Review*，2000，Vol. 80，p. 241..

② Moris Lehner，Zur Bsetimmtheit von Rechtsnormen－am Beispiel einer Entscheidung desösterreichischen Verf GH，NJW1991，S. 892～893.

③ [德]克劳斯·罗克辛：《德国刑法学总论》（第1卷），王世洲译，法律出版社2005年第3版，第102～103页。

④ [日]前田雅英：《刑法总论讲义》，东京大学出版会1999年第3版，第80页。

原则要求刑事可罚性必须在行为之前就已经在“法律上确定”，通过事后解释的确定并不能保证明确性原则所要求的可预见性要求。另一方面，正义的观点和需要刑事惩罚性的观点，应当通过法治原则划出的界限加以考虑，否则明确性的基本原则就转让给更有利的法官的正义观念了。

明确性原则包括两个方面的内容：(1)构成要件的明确性。即构成要件要尽可能地使用明确而不得扩展的概念，使国民能够预见何种行为被禁止，使法官能够获得裁判的操作指南。(2)刑事制裁的明确性。即规定何种犯罪处以何种刑罚与非刑罚措施的法律必须明确的原则。由于刑法中罪刑相适用原则和量刑原则能够为犯罪行为人提供一定的刑事责任裁量上的补偿性保障，因此刑事制裁的明确性要求比之犯罪构成的明确性要求较为和缓，只要能够为法官提供一种可供选择的法定刑种类和相对确定的法定刑幅度，即可视为满足了刑事制裁明确性的要求。

## 四、罪刑法定原则的具体适用

### (一)罪刑法定原则的立法体现

1. 犯罪的法定化。法无明文规定不为罪是罪刑法定原则的首要内容，我国刑法的犯罪法定化主要通过以下三个层次的内容体现出来：(1)对犯罪概念作了明确规定。现行刑法废除了类推制度，明确规定了犯罪概念。犯罪的法定概念从根本上回答了什么是犯罪的问题，为划分罪与非罪的界限提供了原则性的标准。(2)对犯罪构成要件作了明确规定。犯罪构成是对犯罪概念的具体化，是区分罪与非罪的具体标准。我国刑法不仅在总则中对犯罪构成的共同要件作了明确规定，而且在分则中详细规定了犯罪的具体要件，从而为了区分罪与非罪、此罪与彼罪的界限提供了明确依据。(3)对犯罪构成要素作了明确规定。我国刑法分则中对每种犯罪的具体构成要素作了明确的规定，例如增加了定义明示式罪名的表述、增大了采用叙明罪状模式的比例，增加了具体定量的有关规定、分解兜底式的概括规定，这就为司法审判提供了确切的标准。

2. 刑罚的法定化。法无明文规定不处罚是罪刑法定原则的另一基本内容，我国刑法主要通过三个层次的内容体现出来：(1)明确规定了刑罚的种类。我国刑法分为主刑和附加刑。主刑包括管制、拘役、有期徒刑、无期徒刑和死刑。附加刑包括罚金、剥夺政治权利和没收财产。对犯罪的外国人还可以独立适用或者附加适用驱逐出境。我国刑法不仅规定了刑罚的种类，而且还对适用某一刑种的条件作了严格的限制性的规定。例如对死刑的适用，我国刑法作了严格的限制，即犯罪时未满18周岁的未成年人及审判时怀孕的妇女不适用死刑。(2)明确规定了量刑的原则和量刑制度。《刑法》第61条规定了量刑的一般原则。即“对于犯罪分子决定刑罚的时候，应当根据犯罪的事实、犯罪的性质、情节和对于社会的质害程度，依照本法的有关规定判处”。此外，刑法还对量刑的具体原则如犯罪预备、未遂、中止的量刑原则，主犯、从犯、胁从犯和教唆犯的量刑原则，自首、累犯的量刑原则等，作了明确的规定。司法审判人员可以依照这些规定并结合案件的具体情况正确地选择适用。(3)明确规定了各种具体犯罪的法定刑。我国刑法基本上采取了相对确定的法定刑模式，在法律条文中规定一定的刑种刑度，并确定最高和最低限度供审判人员选择，既可以使执法人员在法定刑幅度内根据案件的具体情况适当地确定宣告刑，又可以将执法人员的自由裁量权限定在合理的范围内防止滥用刑罚。

### (二)罪刑法定原则的司法应用

罪刑法定原则是刑事执法必须遵循的基本原则，是社会主义法制原则在定罪量刑上的具体体现。司法机关在刑事办案过程中，都必须严格依照罪刑法定原则的规定办理。只要是法律明文规定为犯罪行为的，就应当依照法律进行追究；法律没有明文规定为犯罪行为的，就不得进行追究。在定罪量刑时：(1)要适当转变观念，要认识到刑法规范的首要目的是限制司法权力，实行罪刑法定的利益远远大于类推适用的利益；要认识到坚持罪刑法定是实现民主保障人权的重要保障，允许采用对被告人有利的解释结论。(2)要合理解释刑法。即对刑法条文进行解释时不得超出刑法用语可能的口语化词义之外，不得损害国民的可预见性和法官的可操作性。不得超越权限进行一般解释，而只能针对具体适用中的问题进行解释。(3)要明确定罪原则，即实行依法定罪和疑罪从无原则。具体而言，在认定有罪无罪、此罪彼罪、罪轻罪重、一罪数罪、自然人犯罪或者单位犯罪时，均要以刑法的明文规定为准；对于有罪还是无罪存有疑问的应当按无罪认定，对重罪与轻罪存有疑问的按轻罪处理，对一罪与数罪存有疑问的应当按查实的罪数认定。

## 第三节　罪刑均衡原则

### 一、罪刑均衡原则的含义

罪刑均衡原则(又称罪刑相适应原则或罪刑相当原则)作为法治原则的自然延伸，是刑法公正价值的直接体现。只有罪刑均衡，才能满足公平正义的价值追求，符合社会发展的理性要求。只有罪刑均衡，才能制约国家刑罚权，防止因刑罚权的滥用而侵犯公民自由；只有罪刑均衡，才能使犯罪分子受到公平合理的惩罚，有效地实现刑罚预防犯罪的目的。我国《刑法》第 5 条明确规定了该项原则“刑罚的轻重，应当与犯罪分子所犯罪行和承担的刑事责任相适应”，这一规定包括刑罚的轻重与所犯轻重相适应和与所承担的刑事责任相适应两个方面的内容，前者立基于报应目的要求刑罚与已然之罪相当，也即刑罚轻重与犯罪行为的社会危害性相适应;后者立基于预防目的要求刑罚与未然之罪相当,也即刑罚轻重与犯罪人人身危险性相适应。因此,罪行均衡原则的基本含义可以理解为刑罚的轻重应当与犯罪分子所犯罪行的轻重和犯罪人人身危险性相适应。

罪刑均衡思想最早可以追溯至古代社会的同态复仇制度。例如《汉谟拉比法典》(约公元前 1792—1750 年)第 196 条规定:"倘自由民损毁任何自由民之子之眼,则应毁其眼。"《十二铜表法》(约公约前 451—405 年)第 8 表第 2 条也规定:"如果故意伤人肢体,而又未与(受害人)和解者,则他本人应遭受同样的伤害。"这种既存于社会的朴素的罪行相当思想,被资产阶级启蒙思想家用以反对中世纪刑罚的专断和严厉,从而形成了刑事古典学派绝对主义所主张的报应主义罪行相当论。该说着眼于已然之罪,认为刑罚是犯罪的报应,犯罪事实不仅为刑罚之条件而且为刑罚之根据。由于古典学派绝对主义否定刑罚目的,忽略刑罚效果,因此主张一般预防主义罪刑均衡论的古典学派相对主义开始产生。该说着眼于未然之罪,认为刑罚的实施在于预防犯罪,应当规定合理对称的罪刑阶梯以警戒国民实现一般预防。刑事古典学派的罪刑均衡论以犯罪行为为基础,机械地强调刑罚与犯罪客观危害性相适应,具有诸多无法克服的缺陷,因而从 19 世纪末开始受到刑事实证学派的特殊预防罪刑均衡论的挑战。刑事实证学派摒弃了报应主义关于刑罚与已然之罪相当和预防主义关于刑罚与初犯可能相当的罪行相当,强调应受处罚的不是行为而是行为人,刑罚应当同犯罪人的人身危险性即再犯可能性相适应。[①]由于古典学派的罪刑均衡论和实证学派的罪刑均衡论均偏颇一方而为一元均衡论,因此并合主义罪刑均衡论应运而生,并合主义罪刑均衡论从责任原则出发,强调刑罚在与行为人的责任相适应的情况下既满足公正要求又实现预防目的的二元均衡论。并合主义的罪刑均衡论对 20 世纪的刑事立法产生了深刻的影响,如日本 1974 年《改正刑法草案》第 48 条第 1 项规定:刑罚应当根据犯罪人的责任量定。1975 年《德国刑法典》第 46 条第 1 项也规定:犯罪人之责任为量刑的基础。刑罚对犯罪人未来社会生活所可期待发生之影响,并应斟酌及之。

## 二、罪刑均衡原则的理论基础

### (一)报应主义

"报应是人类根深蒂固的一种感情,它存在于迄今为止的一切社会文化形态之中"[②],因此报应主义是罪刑均衡原则的源头。报应主义主张刑罚是对已然犯罪的一种报应,刑罚的分量必须与已然犯罪行为及其所造成的恶果相均衡,才能满足公

① 参见陈兴良:《本体刑法学》,商务印书馆 2001 年版,第 105 页。

② 高仰止:《刑法总则之理论与实用》,台湾五南图书出版社公司 1986 年版,第 41 页。

平正义理念的要求。报应主义包含康德的道义报应主义、黑格尔的法律报应主义与宾丁的规范报应主义三个发展阶段。道义报应主义主张等量报应论,认为犯罪人对其犯罪所应承受的刑罚及其形式,取决于犯罪人所实施的犯罪的具体形式。刑罚不仅应当在量上,而且应当在形式上与犯罪相均衡。法律报应主义主张等价报应论,认为刑罚应当与具体犯罪在特定环境和时间中的特定价值,也即与犯罪对社会所造成的具体危害相一致。规范报应主义主张规范报应论,认为刑罚的分量应当与犯罪的规范违反程度相适应,法律秩序由于犯罪所受到的损害越严重,对犯罪人科刑使其所受的痛苦也应随之加重;反之,法律秩序由于犯罪所受的损害越小,犯人由刑罚所受的痛苦也应相应减轻。从以上可以看出,尽管康德的道义报应主义、黑格尔的法律报应主义与宾丁的规范报应主义在具体论述上存在差别,但他们所主张的罪刑均衡都是指刑罚和已然的犯罪相适应。

报应主义罪刑均衡论的意义在于:将刑罚的适用建立在对已然之罪的报应上,限制了刑罚权的不当发动,符合了朴素的公平正义理念,强化人们的守法意识,威慑社会上潜在的犯罪分子。报应主义罪刑均衡论的缺陷在于:否认了刑罚目的和功利目标,不仅导致刑罚的机械适用,而且导致司法的重刑化倾向。

### (二)目的主义

目的主义也称之为功利主义,在一般意义上是指物质上的功用、功效或者利益。刑法中目的主义是罪刑均衡论的成立根据。犯罪与刑罚并非纯粹的报应关系,刑罚的存在并非仅仅在于它能满足于抽象的社会报应观念。“犯罪已成为过去,向后看是难以得到什么的。一个更为重要的问题是:需要适用何种程度的刑罚才能取得建设性的结果?”①犯罪是一种恶害而刑罚亦是一种恶害,但刑罚之恶可以防止犯罪之恶,适度的刑罚既可以预防犯罪者本人再次犯罪,又可以阻止社会一般人重蹈覆辙,从而达到防卫社会的最终目的。基于此,功利主义者不是着眼于刑罚与已然的客观的犯罪行为相均衡,而是着眼于实现预防未然之罪的目的。

### (三)并合主义

报应主义和目的主义的罪刑均衡观由于时代的局限性,对罪刑均衡的理解都显得偏颇。报应主义使得刑罚完全以已然之罪为转移,忽视甚至排斥了刑罚的预防功能。目的主义使得刑罚完全以预防犯罪为转移,表现过于功利而失去了应有的公正性。并合主义的罪刑均衡观应运而生了。并合主义的罪刑均衡论把报应主义和目的主义的刑法观有机结合起来,将非难建立在以责任主义为基础的行为和行为人的统一之上。至此,罪刑均衡由一元论发展到二元论,这种二元论的罪刑均

① [美]理查德·霍金斯等:《美国监狱制度——刑罚与正义》,中国人民公安大学出版社1991年版,第96页。

衡论思想对20世纪的许多国家的刑事立法产生了深刻的影响，大陆法系如德国、日本、意大利等诸多国家都纷纷在刑法典中肯定了这种并合主义的二元均衡论。

## 三、罪刑均衡原则的基本内容

我国《刑法》第5条规定“刑罚的轻重，应当与犯罪分子所犯罪行和承担的刑事责任相适应”，该规定将报应主义和功利主义有机结合，明确采取了并合主义的罪刑均衡观，因此其内容应当包括以下两个方面：

### （一）刑罚的轻重应当与犯罪分子所犯罪行相适应

犯罪分子所犯罪行主要是指犯罪分子已经实施的犯罪行为及其所造成的危害结果。具体而言，就是要考察这一行为究竟是什么性质的犯罪，对社会造成了什么样的危害后果。不同性质及不同危害后果的犯罪往往反映了不同程度和性质的社会危害性，从而决定了不同犯罪的不同刑事责任。刑事司法实践表明，犯罪性质越严重，其社会危害性就越大，其刑事责任就越大，应受到的刑事处罚就越重；反之亦然。因此，刑事处罚不能不与犯罪行为的性质及其危害后果相适应。

### （二）刑罚的轻重应当与犯罪分子的人身危险性相适应

人身危险性在内容上包括初犯可能性（初犯倾向）和再犯可能性（再犯倾向）。初犯可能性是指尚未犯罪者具有犯罪之危险性；再犯可能性是指已犯罪者具有再次实施犯罪的危险性。由于人身危险性是对行为人将来是否实施犯罪的预测，因此，其重点在于前瞻未来，而非回顾过往。这种前瞻未来之预测，其价值在于为预防行为人的犯罪行为提供依据。通过揭示犯罪人的犯罪倾向，采取有针对性的措施，以更好地矫正罪犯、实行刑罚个别化。能够说明犯罪分子人身危险性的除了罪过的内容之外，还包括犯罪动机、目的，还包括各种说明犯罪人人身危险性大小的具体犯罪事实情况。需要说明的是，虽然刑罚的轻重与犯罪分子的人身危险性相适应的目的是为了预防犯罪，但是，这并不意味着法官可以根据自己的主观任意性随意加重或减轻犯罪人的刑罚，法官在判处刑罚时仍然要立足于现实已经发生的犯罪行为，犯罪分子所犯罪行是法官考虑量刑的基点。

## 四、罪刑均衡原则的具体适用

### （一）罪刑均衡原则的立法体现

1. 现行《刑法》确立了严密科学的刑罚体系。由于犯罪的社会危害性各不相同，其刑事责任的大小亦各不相同，应受到的刑事处罚轻重也有不同，因此，为了适应不同严重程度犯罪承担不同刑事责任的需要，我国刑法典规定了轻重程度不同的5种主刑、3种附加刑，此外还规定了非刑罚方法以及专门适用于外国人的驱逐出境。这些轻重不同的主刑与附加刑等组成了我国严密科学的刑罚体系，它们为司法实践中落实罪刑均衡原则提供了立法前提。

2. 现行《刑法》规定了区别对待的处罚原则。我国刑法典除了规定轻重不同的刑事处罚方法外，还根据不同的犯罪表现规定了区别对待的原则。例如，《刑法》中规定对于预备犯、未遂犯、共同犯罪中的从犯等可以从轻处罚，就是考虑到这些犯罪人的行为并未在客观上造成很严重的社会危害而作出的规定。《刑法》中规定防卫过当、避险过当、自首、立功、犯罪中止等要从轻处罚，以及过失犯罪比故意犯罪处罚轻，则是考虑到犯罪人的罪过、目的、动机、人身危险性等主观因素的恶性不太严重。至于刑法分则中各种不同性质的犯罪，基本上都是根据各种犯罪的不同性质和危害程度，分别规定不同刑种和刑度。例如，侵害人身权利犯罪的刑罚就重于渎职类犯罪的刑罚。对于同一犯罪，由于犯罪情节和危害程度不同，处罚也不同。例如盗窃、诈骗、贪污等经济犯罪，根据其犯罪数额的大小规定了轻重不同的刑罚。

3. 现行《刑法》规定了灵活的量刑幅度。我国刑法分则不仅根据犯罪的性质和危害程度建立了罪名体系，而且还为各种具体犯罪规定了灵活的量刑幅度。如《刑法》第236条规定的强奸罪，其量刑幅度是3年以上10年以下有期徒刑，其中7年的灵活量刑幅度为我们贯彻罪刑均衡原则提供了广阔空间。

### (二)罪刑均衡原则的司法运用

罪刑均衡原则不仅要求立法上体现罪和刑的均衡设置，而且还要求在司法过程中正确地适用刑罚。立法上的罪刑均衡原则只是一种抽象的、大体上的均衡，要做到具体的罪刑均衡，还需要在司法实践中实现。只有刑事立法上的罪刑均衡而没有刑事司法中的罪刑均衡，这一原则还是不可能最后实现。因此，刑事司法要理顺罪刑关系，保持罪刑关系的对称性和均衡性。这就要求：纠正重定罪轻量刑的错误倾向，把量刑置于与定罪同等重要的地位；纠正重刑主义的错误思想，强化量刑公正的执法观念；纠正不同法院量刑悬殊的现象，力求刑事司法的平衡与统一。总之，刑事司法中应坚持对罪行严重性的评价一致，对不同严重性层次的犯罪的评价一致，对相似严重性犯罪的刑罚严厉性的评价一致，不同法官对犯罪与刑罚之间相称性的评价一致。

## 第四节 刑法平等原则

### 一、刑法平等原则的含义

刑法平等原则，也即平等适用刑法原则或者刑法面前人人平等原则，是指刑法规范在适用于犯罪人时必须予以平等对待，禁止任何人有超越法律的特权。我国《刑法》第 4 条规定了刑法平等原则："对任何人犯罪，在适用法律上一律平等。不允许任何人有超越法律的特权。"这一规定是宪法上法律面前人人平等原则的具体体现。我国《宪法》第 33 条第 2 款规定："中华人民共和国公民在法律面前一律平等。"第 5 条第 5 款也规定："任何组织或者个人都不得有超越宪法和法律的特权。"因此，刑法平等原则是宪政上平等原则的一部分。

平等原则作为一种自然正义，可以追溯至远古时代。公元前五世纪古希腊政治家伯利克里曾说："我们的制度之所以被称为民主政治，因为政权在全体公民手中，而不是在少数人手中。解决私人争执的时候，每个人在法律上都是平等的。"[①]我国古代也有"刑无等级"、"王子犯法，与庶民同罪"等说法，在一定程度上反映了当时人们朴素的平等思想。平等原则作为现代意义上的法治原则，是在资产阶级反对封建专制和特权争取民主的过程中发展出来的。洛克说："人类天生都是自由、平等和独立的。"[②]卢梭说："每个人都生而自由平等。"[③]资产阶级革命胜利后，平等权从自然权利上升为宪法权利，最早规定在美国《独立宣言》和法国的《人权宣言》。1776《独立宣言》规定"人人生而平等"。1789《人权宣言》第 1 条规定："在权利方面，人们生来是而且始终是自由平等的。"第 6 条又规定："在法律面前，所有的公民都是平等的，故他们都能平等地按其能力担任一切官职，公共职务和地位，除德行和才能上的差别外不得有其他差别。"

刑法平等原则意味着对特权的否定。根据本条规定，司法机关对任何人犯罪，不分民族、种族、职业、出身、性别、宗教信仰、教育程度、财产状况、职位高低和功劳大小等，都应依法追究刑事责任，一律平等地适用刑法，不允许有任何超越法律的特权。对于那些触犯刑律、构成犯罪的人，不论现在地位多高，过去功劳多大，都要依法处理，决不允许包庇、纵容。对任何人犯罪，在适用刑法时要坚持同一标准，绝不能违法地轻判、重判。

刑法平等原则是严格执法的需要。在司法实践中，对一般犯罪人往往容易做

---

① [希]修昔底德：《伯罗奔尼撒战争史》，谢德风译，商务印书馆 1960 年版，第 130 页。

② [英]洛克：《政府论》（下篇），叶启芳、瞿菊农译，商务印书馆 1980 年版，第 59 页。

③ [法]卢梭：《社会契约论》，何兆武译，商务印书馆 1980 年版，第 9 页。

到，而对有特殊身份和地位的犯罪行为人则步履维艰。有法不依、执法不严的现象在有些部门甚为严重，造成的后果和影响也非常恶劣，已经严重影响到刑法的权威和尊严，如果任其蔓延，势必将影响到司法机关正确执法，破坏国家法律的统一。因此严格执行刑法平等原则是目前形势的迫切要求。

## 二、刑法平等原则的理论基础

### （一）刑法平等原则的理论本质

刑法平等原则是宪法上平等原则在刑法中的体现，因此宪法上关于平等原则的理解直接影响着刑法平等的内涵。而从宪政理论看，平等原则仍然是一个相对的、演变的概念，其理论本质呈现如下争论：

1. 事实平等观与法律平等观。事实平等观主张事实上的实际平等，也即人们在自然属性例如性别、人种、社会身份等上的平等。法律平等观则主张法律适用上的规范平等，即人民在法律上所享地位或机会平等。法律的平等不能必然导向事实上的平等，但是国家有义务扶助弱势群体，帮助其实现社会平等以消除事实上的不平等。

2. 机会平等观与结果平等观。机会平等观主张国家应使每一个人在出发点上平等，在追求各种有利的机会时，享有立足点的相等机会。保障机会平等只是排除差别，使每一个人在出发点上平等拥有参加的机会。结果平等是指国民的某一种权利或地位，应得到平等享有的结果。因此为了使结果的事实关系能平等，国家应该在过程中介入使现实社会中的不平等状态改善，或优先保障长期被差别者及弱势者，以达到平等的目的。①

3. 绝对平等观与相对平等观。绝对平等认为同样都身为人，应该一视同仁的使其平等，即使每一个人的属性或相关的事务有所不同，只凭着都是人这一点，就必须绝对平等地对待，也即只有绝对无任何存在的状态才是平等。相对平等观则认为，人与人之间的某些属性若相等，则应该平等对待之，使其互相平等。采取不同的规范或不同的待遇，若能实现平等，就不是违背平等原则，有时不同的待遇或规范，反而是实现平等的手段之一。②

4. 机械平等观与比例平等观。机械平等观是指无视个人的自然事实或能力上的差异，法律上一律均等对待。比例平等观是指个人的社会地位或法律地位相应

① 许庆雄：《现代人权体系中平等原则之研究（上）》，载《台湾中正大学法学集刊》2001 年第 6 期。

② 邱基峻、邱铭堂：《论行政法上之平等原则》，载城仲模主编：《行政法之一般法律原则》（二），台湾三民书局 1997 年版。

其各自能力而赋予。比例平等是指应该依据各人的属性、能力及各种相关因素，以相对的比例来分配，才符合平等原则。即认为“正义须有差别”，乃依能力之强弱而享有不同的社会地位；依其犯罪行为对公共秩序及法益损害之轻重为量刑之高低。[①]

5.形式观平等与实质平等观。形式平等观主张法律保障上的平等，虽然个人在事实上存在各种差异，但是在法律上应予以同种对待。执法机关对于法的执行解释运用应该一致相同，不可任意变动或调整。实质平等观主张法的内容平等，立法机关在立法时，其内容应该排除不当差别或调整事实关系，追求实质的正义公平。

6.消极平等观与积极平等观。消极的平等是指国家消极地不采取不平等的措施，不主动侵害公民的平等权；积极的平等是指积极地采取合理的不平等措施，进行差别待遇。换言之，消极的平等要求国家机关不可恣意地为差别对待，积极的平等则要求国家机关应积极弥补不平等的情形。[②]

### (二)刑法平等原则的理论根据

1.刑法平等原则是维护国民自由的要求。国民的行动自由依赖于对其行为性质及其后果的预测可能性，而国民的预测可能性不仅依赖于事前的法律明确规定，而且依赖于对刑法平等原则的确证。因为如果刑法的适用无法保证同等问题同等处理，则刑事判决是根本不可预测的，刑事审判也就成为法官恣意擅断的领地，国民就会因为没有预见可能性而导致行为的萎缩。

2.刑法平等原则是保护合法权益的要求。刑法平等原则不仅意味着对每一合法权益的关注，使每一合法权益都能够感受刑法的保护，而且意味着对每一犯罪人的威慑，使犯罪人能够感受刑罚的不可避免性。反之刑法适用不平等，则犯罪人丧失对刑罚的恐惧性，其再犯可能性增大。其他人也会因此萌生犯罪意图，其初犯可能性增大。

3.刑法平等原则是建设法治社会的要求。实行法治，就是要在社会生活的一切重要方面都以法的规范作为唯一规则去引导、评价、奖赏、制裁人们的行为，而不是以凭借人的意志为标准。但是，“要使法治生效，应当有一个常常毫无例外地适用的规则，这一点比这个规则的内容为何更为重要。只要同样的规则能够普遍实施，至于这个规则的内容如何倒还是次要的。……究竟我们大家沿着马路的左边还是右边开车是无所谓的，只要我们大家都做同样的事就行。重要的是，规则使我们能够正确地预测别人的行动，而这需要它应当适用于一切情况——即使在某

---

① 许志雄：《现代宪法论》，台湾出版公司1999年版，第95页。

② 许庆雄：《现代人权体系中平等原则之研究(上)》，载《台湾中正大学法学集刊》2001年第6期。

种特殊情况下，我们觉得它是没有道理的”[①]

4. 刑法平等原则是保障基本人权的要求。平等权是基本人权的重要组成部分，只有在获得刑法平等保护的情况下，才能保障以人性尊严为核心的基本人权。反之，“当那些认为自己同他人是平等的人在法律上得到了不平等的待遇时，他们就会产生一种挫折感，也即产生一种他们的人格与共同的人性遭到侵损的感觉。”[②]

## 三、刑法平等原则的基本内容

刑法平等原则在我国刑法理论界有两种不同的理解，传统观点认为，刑法平等原则仅指是司法上的平等，即“对任何人犯罪，不论犯罪人的家庭出身、社会地位、职业性质、财产状况、政治面貌、才能业绩如何，都应追究刑事责任，一律平等地适用刑法，依法定罪、量刑和行刑，不允许任何人有超越法律的特权”[③]。另一种观点认为，刑法的平等原则应当包括立法平等和司法平等，即“司法平等要求司法的合法条性仅是形式平等，立法平等要求刑法的良法性而是实质平等，刑法平等应当包括平等保护、平等定罪、平等量刑和平等行刑”[④]。我们认为，由于民主立法的过程是以少数服从多数为依归的，因此在多数人占统治地位的情况下，如何限制公共权力，保障少数人甚至个人平等地享有自由权利，则是宪政主义的核心所在。如果把平等则仅仅局限在司法权领域，一旦立法机关制定了不平等的刑法，那么执法越严，对人权的侵害越深，距离宪政价值的目标就越远。[⑤]因此，刑法平等原则应当包含两方面立法平等与司法平等两个方面，也即可以分为平等保护、平等定罪、平等量刑和平等行刑。

### （一）平等保护

所谓平等保护是指一国内所有公民都能通过民主的方式平等地参与刑法的制定，刑法不以身份、地位等与定罪和量刑无关的因素而给予差异待遇。刑法平等保护原则，包含两个方面：一是相同情形相同保护，禁止差别性待遇。即刑法针对相同的人和相同的情形，应当给予平等的保护。二是合理划分平等标准，禁止歧视性待遇。“一个国家如果能够将种族、性别、宗教、民族及意识形态等因素排除在立法

① [英]弗雷德里希·奥古斯特·哈耶克：《通往奴役之路》，殷海光译，中国社会科学出版社1997年版，第80页。

② [美]博登海默：《法理学——哲学及其方法》，邓正来、姬敬武译，华夏出版社1987年版，第288页。

③ 高铭暄、马克昌：《刑法学》，北京大学出版社、高等教育出版社2000年版，第29页。

④ 张明楷：《刍议刑法面前人人平等》，载《中国刑事法杂志》1999年01期。

⑤ 焦洪昌：《关于公民在法律面前一律平等的再认识》，载《中国法学》2002年第6期。

分类标准之外，这个国家在通向平等的道路上前进了许多。"①

### (二)平等定罪

所谓平等定罪是指行为人实施危害社会的行为已构成了犯罪的，不论其身份、地位、财产状况如何，都应当依据刑法分则的相应条款予以平等定罪。也即是否定罪只能考虑是否具备《刑法》规定的犯罪构成要件，而不能考虑此外的其他因素。刑法不允许随意出人人罪，尤其不允许任何人有超越法律制裁的特权。

### (三)平等量刑

所谓量刑平等是指对任何犯有相同罪行的人，都应当依照刑法规定的量刑标准处以刑罚，不得任意加重或减轻。平等适用刑法原则并不表明对同样的犯罪一律处以同样的刑罚，刑法平等的机械平等观、绝对平等观早已被淘汰。只要对犯罪人的定罪量刑不受非罪情节或因素的影响，而是根据不同犯罪、或相同犯罪的不同犯罪人的个人情况、犯罪情节等与犯罪有关的一切情节综合考察，处以相应的刑罚，就是平等适用刑法原则的真正内涵。

### (四)平等行刑

所谓平等行刑是指被判处刑罚的人应当受到相同的处遇，不得因社会地位的差别而在刑罚执行上受到不同的处遇。也即对任何判处刑罚的罪犯，都应根据《刑法》和《监狱法》的规定对其实际执行刑罚。对任何犯罪分子，在执行刑罚期间，都不得因为判刑前身份、职位、财产等状况的不同，而给予不同于其他犯罪分子的特殊待遇。

## 四、刑法平等原则的具体适用

刑法平等原则是实现司法公正的基本条件，也是维护国民基本人权的重要保障。虽然刑法已经将其确立为一项基本的刑法原则，但是这并不意味着它在现实中会得到必然的遵守。从现阶段我国的刑事立法及刑事司法实践来看，要想将该原则予以落实，还存在很多不足需要改进。

首先，刑法平等原则依赖于相同对待的实现。即反对适用刑法因人而异，坚持相同情况相同对待。犯罪设置、犯罪认定、刑罚裁量、刑罚执行上都一律平等，不因身份、地位、金钱甚至关系等方面的不同而有差异。

其次，刑法平等原则依赖于区别对待的实现。这是因为法律的普遍性原则体

① [美]博登海默：《法理学——哲学及其方法》，邓正来译，华夏出版社 1987 年版，第 282 页。

现了公平正义，但这种普遍性并不否认在法律上也应存在着一些特殊性。法律的任务并不是机械地要求人人平等以体现公平正义，对某种特殊的主体予以一些法律上的特别救济，也是平等的应有之义。所以，一视同仁的原则必须有一些例外。区别对待首先是有利于那些有特殊需要的人的。这也正是刑事立法规定累犯从重、未成年人犯罪从轻或者减轻等从重、从轻或者减轻情节的原因所在。当然，这种差别必须建立在相同的基础上，归根结底，是求同存异的结果。即根据犯罪行为及犯罪分子的不同情况（犯罪的主观恶性、犯罪手段、犯罪后果、认罪态度等）进行差别对待，这本身就是平等原则的体现。也就是说，适用刑法人人平等并不意味着绝对的同罪同罚。

再次，刑法平等原则依赖于良好环境的保障。刑法平等原则的真正实现，需要改革司法体制，保证司法工作人员具有较高素质并且能够独立依法审理刑事案件；需要改革刑事审判方式，保证审判程序有利于查清案件事实；需要改变执法观念，保证以平等的执法观指导刑法的适用；需要全社会各方面的配合，保证刑事案件能够顺利、迅速移送司法机关；需要杜绝地方保护主义，保证刑法能够适用于任何地方的任何人；需要国家机关及其工作人员率先增强法制观念，保证司法机关平等适用刑法；需要公民树立平等观念，保证平等适用刑法有牢固的思想基础。

## 司法考试真题链接

1. 关于罪刑法定原则，下列哪一选项是正确的？（2006 年司法考试真题）

   A. 罪刑法定原则的思想基础之一是民主主义，而习惯最能反映民意，所以，将习惯作为刑法的渊源并不违反罪刑法定原则

   B. 罪刑法定原则中的“法”不仅包括国家立法机关制定的法，而且包括国家最高行政机关制定的法

   C. 罪刑法定原则禁止不利于行为人的溯及既往，但允许有利于行为人的溯及既往

   D. 刑法分则的部分条文对犯罪的状况不作具体描述，只是表述该罪的罪名。这种立法体例违反罪刑法定原则

2. 下列哪种说法是正确的？（2006 年司法考试真题）

   A. 将强制猥亵妇女罪中的“妇女”解释为包括男性在内的人，属于扩大解释

   B. 将故意杀人罪中的“人”解释为“精神正常的人”，属于应当禁止的类推解释

   C. 将伪造货币罪中的“伪造”解释为包括变造货币，属于法律允许的类推解释

   D. 将为境外窃取、刺探、收买、非法提供国家秘密、情报罪中的“情报”解释

为"关系国家安全和利益、尚未公开或者依照有关规定不应公开的事项",属于缩小解释

3. ①立法解释是由立法机关作出的解释,既然立法机关在制定法律时可以规定"携带凶器抢夺的"以抢劫罪论处,那么,立法解释也可以规定"携带凶器盗窃的,以抢劫罪论处"。②当然,立法解释毕竟是解释,所以,立法解释不得进行类推解释。③司法解释也具有法律效力,当司法解释与立法解释相抵触时,应适用新解释优于旧解释的原则。④不过,司法解释的效力低于立法解释的效力,所以,立法解释可以进行扩大解释,司法解释不得进行扩大解释。关于上述四句话正误的判断,下列哪一选项是正确的?(2008 年司法考试真题)

A. 第①句正确,其他错误

B. 第②句正确,其他错误

C. 第③句正确,其他错误

D. 第④句正确,其他错误

4. 关于刑法解释的说法,下列哪一选项是正确的?(2009 年卷二 1 题,单选)

A. 将盗窃罪对象的"公私财物"解释为"他人的财物",属于缩小解释

B. 将《刑法》第 171 条出售假币罪中的"出售"解释为"购买和销售",属于当然解释

C. 对随身携带枪支等国家禁止个人携带的器械以外的其他器械进行抢夺的,解释为以抢劫罪定罪,属于扩张解释

D. 将信用卡诈骗罪中的"信用卡"解释为"具有消费支付、信用贷款、转账结算、存取现金等全部功能或者部分功能的电子支付卡",属于类推解释

# 第四章　刑法的效力

刑法的效力，也称为刑法的适用范围，是指刑法在什么地域、对什么人和在什么时间内具有效力。因此，刑法的效力包括两方面的内容，即刑法的空间效力和刑法的时间效力。我国《刑法》第 6 条至第 12 条对此作了明确规定。

## 第一节　刑法的空间效力

【引　例】

被告人张子强、钱汉寿等，系香港居民。1991 年和 1996 年，张子强等人将在内地非法购买的一批枪支弹药偷运到香港。被告人张子强一伙经在广州、深圳、东莞等地多次密谋策划后，分别于 1996 年 5 月和 1997 年 9 月在香港绑架了富商李某、林某和郭某，并勒索巨额赎金。

张子强等人在内地被捕后，有部分人士认为香港虽然是中国的领域，但是依据香港特别行政区基本法，在香港发生的犯罪应当由香港司法当局管辖，适用香港的法律，不适用中华人民共和国刑法，由此引起本案法律适用的争议。

### 一、刑法空间效力概述

#### （一）刑法空间效力的概念

刑法的空间效力，是指刑法的空间性适用范围，其解决的问题是刑法在什么地域和对什么人具有效力的问题，因此刑法的空间效力包括对地域的效力和对人的效力。

刑法空间效力是基于国家的本国主权和国际协同原则而产生的，它关系到维护独立主权国家的刑事管辖权、审判权以及国际刑事协作等重要问题。要解决刑法的空间效力范围，一方面必须维护本国主权和尊重国际惯例，另一方面，又必须开展国际刑事协作和打击国际犯罪。

### (二)刑法空间效力的原则

由于各国在政治、经济、文化和历史传统上的差异，其刑法对刑法空间效力问题所采取的不尽一致的规定，概括而言主要有以下原则：

1. 属地原则。该原则以犯罪地的地域为标准，凡是在本国领域内犯罪的，不论是本国人还是外国人(含无国籍人)，也不论被侵害的是本国利益还是外国利益，都适用本国刑法。反之，在本国领域外犯罪的，不论是本国人还是外国人都不适用本国刑法。属地原则有一个补充性的原则即旗国原则，是指有关在国外航行中的本国船舶或者航空器内所发生的犯罪，适用本国刑法。[①]属地原则的基础是国家主权原则，即国家对在其领域内的犯罪行为依照本国法律进行刑事追诉是国家行使主权的表现。正因为如此，属地原则在各国确定刑法空间效力时，作为与其他原则结合的基础而普遍得到认可。但如果只单独采用这一原则，其具有以下缺陷：(1)当本国人或者外国人在本国领域外或者在不属于任何国家的领域内，如公海，实施危害本国国家和公民利益的犯罪时，本国刑法没有适用效力；(2)由于各国刑法对犯罪地的标准没有一致规定，在确定犯罪地时会发生纠纷，如果没有其他补充规定，则很难确定犯罪地。由于存在上述缺陷，因此很少有国家只单独采用该原则。

2. 属人原则。该原则以犯罪人的国籍为标准，凡是本国人犯罪，不论是在本国领域内还是本国领域外，也不论被侵害的是本国利益还是外国国家或公民的利益，都适用本国法。反之，外国人即使在本国领域内犯罪，侵害本国国家公民利益的，也不适用本国刑法。属人原则的根据是主张本国在国内为外国代理处罚的国际协同主义或强调国民对国家效忠的忠诚义务说。[②] 属人原则包括积极的属人原则和消极的属人原则，前者是指当具有一国国籍的人违反本国刑法时，不论这种违法行为是否发生在本国境内，国家都有权对其进行刑事追诉。后者是指当具有一国国籍的人在本国境外时，享受本国的外交和法律保护。由于属人原则是以犯罪人的国籍为标准，因而即使外国人和无国籍人在本国领域内犯罪的，也不能适用本国刑法，这无形中放弃了本国的国家主权。又因为对在国外犯罪的本国人要适用本国刑法，就可能与他国司法管辖权相冲突。因此，世界上也没有单独采用该原则的国家。

3. 保护原则。该原则以保护本国利益为标准，凡是侵犯本国国家和公民利益的犯罪，不论犯罪人是本国人还是外国人，也不论犯罪地在外国领域内还是本国领域外，都适用本国刑法。保护原则按其保护对象的不同可以分为保护国家原则和保护国民原则，前者的是指保护国家的安全与利益，其根据为国家为维护其自身安

---

① [日]大谷实：《刑法总论》，黎宏译，法律出版社 2003 年版，第 86 页。

② [日]森下忠：《刑法适用法中的属人主义》，载《日本刑事法的理论与展望》(上卷)，信山社 2002 年版，第 20～21 页。

全和经济利益的自卫权说[①]。后者是指保护本国公民的合法利益,其根据为国家对被害的本国人应负起保护责任的国家对本国人的保护说[②]。保护原则从维护国家和公民利益的角度来说,弥补了属人和属地原则的不足,但它是对在外国犯罪的外国人行使管辖权,容易导致与外国管辖权的冲突,若使用不当容易导致对外国内政的干涉。因此适用存在一定的争议。但是随着跨国犯罪的不断增加,保护原则的采用也有所增加,现在各国刑法一般均附加一定的限制,作为刑事管辖中的一项辅助性原则采用。

4. 世界原则。也称为普遍管辖原则。该原则以保护国际社会共同利益为标准,凡是发生国际条约所规定的侵害国际社会共同利益的犯罪,不论犯罪人国籍属哪国、不论犯罪地在什么地方、也不论侵犯的是哪一国家利益或哪一个国家的公民利益,都适用本国刑法。世界原则的产生主要源于跨国境犯罪日益增多、国际刑事互助协作的迫切要求,其主要根据是强调犯罪具有超国家法益的犯罪世界性观念或维护在条约协定中达成的共同利益说[③],也即犯罪行为危害国际社会,无论什么国家都有惩罚犯罪的义务,负有连带责任。第二次世界大战后,纽伦堡国际军事法庭和远东国际军事法庭对德国和日本战犯的审判,开创了适用世界原则的先例。当前,劫持航空器、贩卖、制售毒品、国际恐怖主义等罪行都被视为国际罪行,可以适用本原则。

综上,对上述各项原则,现在世界各国大多采用折中主义,即在属地原则的基础上,兼采其他原则,即凡是在本国领域内犯罪的,不论是本国人还是外国人,都适用本国刑法;本国人或外国人在本国领域外犯罪的,在一定条件下适用本国刑法。我国《刑法》也采用这种折中的原则。

## 二、我国刑法空间效力的规定

### (一)我国刑法的属地管辖权

1. 属地主义

《刑法》第 6 条第 1 款规定:"凡在中华人民共和国领域内犯罪的,除法律有特别规定的以外,都适用本法。"该条款规定了属地主义原则,表明我国《刑法》普遍适用于我国全部领域。该规定可以从以下两个方面来理解:

---

① I. A. Shearer, *Starke's International Law*, $11^{th}$ ed., London: Butterworth & Co Ltd., 1994, p. 212.

② [日]佐久间修:《对国民重大犯罪的国外犯处罚规定——新设第 3 条第 2 款的意义与问题点》,载《ジュリスト》第 1256 卷。

③ 林欣:《国际法中的刑事管辖权》,法律出版社 1988 年版,第 18 页。

(1)“中华人民共和国领域内”的含义。所谓中华人民共和国领域内是指在我国国境以内的全部区域。具体包括:①领陆,即国境线以内的陆地及其地下层;②领水,即内水(内河、内湖、内海以及同外国之间界水的一部分,这一部分通常以河流的中心线为界;如果是可通航的河流,以主航道中心线为界)和领海(我国政府于1958年9月4日发表声明,宣布我国的领海宽度为12海里)以及其地下层;③领空,即领陆、领水的上空。

(2)“法律有特别规定的”含义。所谓法律有特别规定的,主要包括:①《刑法》第11条关于“享有外交特权和豁免权的外国人的刑事责任,通过外交途径解决”的规定。②《刑法》第90条关于“民族自治地方不能全部适用本法规定的,可以由自治区或者省的人民代表大会根据当地民族的政治、经济、文化的特点和本法规定的基本原则,制定变通或者补充的规定,报请全国人民代表大会常务委员会批准施行”的规定。③修订的刑法实施后国家立法机关所制定的特别刑法的特别规定。④我国香港特别行政区和澳门特别行政区基本法作出的例外规定。我国已经恢复对香港和澳门行使主权,香港特别行政区和澳门特别行政区也分别于1997年7月1日和1999年12月20日成立。根据特别行政区的基本法规定,这两个特别行政区享有独立的立法权、司法权和终审权,所以全国性的刑法对这两个特别行政区没有适用效力。如果发生刑法空间效力的冲突,应该根据区际司法协议的有关规定和原则加以处理。

2.旗国主义

作为属地原则的补充,我国《刑法》也采纳了旗国主义,即在《刑法》第6条第2款中规定:“凡在中华人民共和国船舶或者航空器内犯罪的,也适用本法。”为了解决司法管辖权问题,根据国际法的有关惯例,悬挂本国国旗航行于公海或停泊在外国港口的船舶、航空器是本国的拟制领土或移动的领土。这里所说的船舶或者航空器,既可以是民用的,也可以是军用的;既可以是正在航行中,也可以指处在停泊状态;既可以处于公海或者公海上空,也可在别国领域内。

此外,根据我国承认的1961年4月18日《维也纳外交关系公约》的规定,各国驻外大使馆、领事馆及其外交人员不受驻在国的司法管辖而受本国司法管辖,因此,凡是在我国驻外大使馆、领事馆内犯罪的,也应当适用我国《刑法》。

3.犯罪地的确定

一国刑法对于发生在本国领域内的犯罪有刑事管辖权,但在具体的犯罪活动中,对于犯罪行为和结果有时不是在同一个地方发生的隔地犯,如何确定犯罪地存在争论,例如毒品犯罪的种植、制作、加工、贩运、窝赃等行为往往跨越多个国家和地区,所以对此理论上有行为地说、结果地说、中间地说和遍在说。[①]行为地说主张,行为发生在本国领域内才认为是在本国领域内犯罪;犯罪结果地说主张,结果

① 参见[日]町野朔:《刑法总论讲义案I》,信山社1995年版,第97页。

发生在本国领域以内才能认为是在本国领域内犯罪。中间地说主张行为的中间影响地或中间结果地为犯罪地；遍在说主张无论犯罪行为实施地与结果发生地都是犯罪地，行为或结果有一项发生在本国领域内，就适用本国刑法。我国《刑法》采用遍在说，《刑法》第6条第3款明文规定："犯罪的行为或者结果有一项发生在中华人民共和国领域内的，就认为是在中华人民共和国领域内犯罪。"根据上述规定，确立在我国领域内犯罪的，有三种情况：(1)犯罪行为与犯罪结果都发生在我国领域之内；(2)犯罪行为在我国领域内实行而犯罪结果发生在我国领域以外；(3)犯罪行为在我国领域外实行而犯罪结果发生在我国领域以内。

引例中，张子强虽为香港居民，但其团伙的犯罪行为横跨内地和香港两地。他们不仅在内地实施了谋划购买枪支弹药的预备行为，而且在香港实施绑架行为后又将赃款赃物移至内地藏匿。可见，该团伙犯罪行为的一部分是在内地实施的。按照刑法第6条第3款规定，犯罪行为或者结果只要有一项发生在我国境内的，就是在我国领域内的犯罪。因此，根据属地原则，内地法院完全具有刑事管辖权，可以适用中华人民共和国刑法对其定罪处刑。这与香港特别行政区基本法的相关规定没有冲突。

### (二)我国刑法的属人管辖权

我国《刑法》第7条第1款规定：中华人民共和国公民在中华人民共和国领域外犯本法规定之罪的，适用本法，但是按本法规定的最高刑为3年以下有期徒刑的，可以不予追究。也就是说，是否追究，需要人民法院根据情况来决定是否追究。《刑法》第7条第2款规定：中华人民共和国国家工作人员和军人在中华人民共和国领域外犯本法规定之罪的，适用本法。

根据上述规定，我国公民在中华人民共和国领域之外犯我国《刑法》所规定之罪的，无论当地法律是否认为是犯罪，也无论其行为侵犯的是我国国家利益或者我国公民利益，还是其他国家的国家利益或者公民利益，一般适用我国《刑法》。但是在特殊情形下，也可以不追究刑事责任。当然，这里仅仅规定"可以"不追究其刑事责任，而不是"不得"追究，所以不追究的条件是有所保留的。但是需要注意，由于国家工作人员和军人身份特殊，不能适用上述例外规定，而必须一律追究刑事责任。

根据《刑法》第10条的规定：中华人民共和国公民凡在中华人民共和国领域外犯罪，依照本法应当负刑事责任的，虽然经过外国审判，仍然可以依照本法处理，但是在外国已经受过刑罚处罚的，可以免除或者减轻处罚。这一方面表明我国作为独立主权国家的司法审判权不受外国审判效力的约束，另一方面也照顾实际情况，既然行为人在外国已经接受了部分或全部刑罚，就不应当让他重新接受全部刑罚。这种规定体现了原则性和灵活性的结合、定性和定量的统一。

### （三）我国刑法的保护管辖权

我国《刑法》第 8 条规定：外国人在中华人民共和国领域外对中华人民共和国国家或者公民犯罪，而按照本法规定的最低刑为 3 年以上有期徒刑的，可以适用本法，但是按照犯罪地的法律不受处罚的除外。

该规定确立了保护管辖原则，即外国人即使在外国对我国国家利益或者公民利益犯罪，我国《刑法》也可以实行有限制的管辖权。根据《刑法》第 8 条规定，我国刑法的保护原则有一定限制：其一，所犯之罪必须侵犯了我国国家或者公民的利益。其二，所犯之罪按我国刑法规定最低刑为 3 年以上有期徒刑；其三，所犯之罪按照犯罪地的法律也应受处罚。这一限制条件，充分地考虑行为实施地国家的国情，一方面有利于协调国家之间的关系，另一方面可以充分保护我国的利益。

### （四）我国刑法的普遍管辖权

我国《刑法》第 9 条规定：对于中华人民共和国缔结或者参加的国际条约所规定的罪行，中华人民共和国在所承担义务的范围内行使刑事管辖权，适用本法。我国 1979 年刑法并没有规定普遍管辖的内容。自改革开放以来，我国与国际社会的交往日益发展，先后于 1980 年加入《海牙公约》、《蒙特利尔公约》，1987 年加入《关于防止和惩处侵害应受国际保护人员包括外交代表的罪行的公约》等国际条约。为进一步协调我国承认的国际法与国内法的关系，现行《刑法》正式规定了普遍管辖的原则。就是说，我国参加防止国际性犯罪的条约之后，根据该条约的规定，对条约所规定的犯罪行为，也适用我国《刑法》处罚。即对于我国所参加的国际条约所确定的罪行，不论犯罪分子是本国公民还是外国人，不论犯罪地是在本国领域之内还是在本国领域之外，也不论犯罪行为是否直接侵害了我国国家或者公民的利益，我国都要在所承担的条约义务范围内，行使刑事管辖权。

## 第二节　刑法的时间效力

**【引　例】**

被告人李明，男，35 岁。1997 年 4 月 14 日，李明与其妻子发生争吵，其妻一气之下欲回娘家。范明考虑其妻怀有身孕，且有心脏病，即上前阻拦。其妻不听劝告，并再次发生激烈争吵。范某情急之下打了妻子一个耳光，并将其妻猛地从屋外推至屋内，其妻倒地，当场昏迷，后因抢救无效死亡，经法医鉴定，死因是由外力诱发的心脏病。

人民检察院以过失杀人罪对李明提起公诉，人民法院于 1997 年 11 月 27 日开庭审理了本案，认定李明系过失致人死亡罪，判处有期徒刑 3 年。但是，控、辩、审各方在本案究竟应适用旧刑法还是新刑法的问题上存在争议。

刑法的时间效力，是指刑法的时间性适用范围，其解决的问题是刑法适用上的时间起止范围以及对其生效以前的行为是否追溯适用的问题，因此刑法的时间效力包括刑法的生效时间、失效时间以及刑法的溯及力三项内容。

## 一、刑法的生效时间和失效时间

### （一）刑法的生效时间

关于刑法生效的时间，通常有两种规定形式：一是从刑法公布之日起生效；二是在刑法公布之后，经过一定的期限之后生效，即刑法公布和刑法施行之间有一定时间间隔。对于一些重大法律，通常采取第二种做法，主要是为了在生效前进行法律宣传教育，让司法工作人员做好实施新法的心理准备、组织准备和业务水平的准备；让广大群众了解新法的内容，知法、懂法。如我国现行《刑法》颁布的时间是1997 年 3 月 14 日，施行的时间则是 1997 年 10 月 1 日。

### （二）刑法的失效时间

关于刑法的失效时间，一般也有两种规定方式：一是明示失效，即由国家立法机关明确规定或者宣布某一项法律失去效力，如《刑法》第 452 条第 2 款规定：列于本法附件一的全国人民代表大会常务委员会制定的条例、补充规定和决定，已纳入本法或者已不适用，自本法施行之日起，予以废止。二是自然失效，即随着新法律、法令的颁布实施，具有同一内容的旧法律、法令失去效力，或者因为法律实施所依存的现实条件已经消失，旧法自动废止。

## 二、刑法的溯及力

### （一）刑法溯及力的概念

刑法的溯及力，也称为刑法溯及既往的效力，是指刑法对它生效以前发生的未经审判或者判决尚未确定的行为是否适用的问题。如果适用就具有溯及力，反之则没有溯及力。从各国刑法关于溯及力的规定来看，主要有五种原则：(1)从旧原则，即一律适用行为时的旧法，新法不具有溯及既往的效力。(2)从新原则，即一律适用裁判时的法律，新法具有溯及既往的效力。(3)从轻原则，即一律适用对行为人有利的法律，对行为人有利的法律具有溯及既往的效力。(4)从新兼从轻原则，即原则上适用裁判时的新法，但旧法对行为人有利时适用旧法。(5)从旧兼从轻原则，即原则上适用行为时的旧法，但新法对行为人有利时适用新法。

刑法溯及力的适用原则受到罪刑法定原则的限制，形式的罪刑法定原则要求禁止溯及既往，因此禁止适用事后法来设定处罚和加重刑罚。实质的罪刑法定原则强调人权保障，因此允许适用有利于被告人的事后法。从旧原则符合了罪刑法定原则的形式规定，但是如果旧法认为是犯罪或者处刑较重，而新法不认为是犯罪或者处刑较轻的时候，不能切合罪刑法定原则的实质要求；从新原则、从新兼从轻原则适用行为后法不具有预测性可能性，违背了罪刑法定原则的形式要求；从旧兼从轻原则即考虑了国民预测可能性要求又符合了限制国家权力保障基本人权的需要，因此在形式上体现了罪刑法定原则的要求，而且在实质上符合罪刑法定原则的价值取向，而为大多数国家刑法所采用。

### （二）我国刑法的溯及力

1. 我国刑法溯及力的一般规定

我国刑法在溯及力问题上采取从旧兼从轻的原则，《刑法》第 12 条第 1 款规定："中华人民共和国成立以后本法施行以前的行为，如果当时的法律不认为是犯罪的，适用当时的法律；如果当时的法律认为是犯罪的，依照本法总则第四章第八节的规定应当追诉的，按照当时的法律追究刑事责任，但是如果本法不认为是犯罪或者处刑较轻的，适用本法。"第 12 条第 2 款规定："本法施行以前，依照当时的法律已经作出的生效判决，继续有效。"因此，对于从 1949 年 10 月 1 日建国后到 1997 年 10 月 1 日刑法实施前未经审判或者判决尚未确定的行为，应当根据从旧兼从轻原则按照不同情况分别处理：

(1)行为时的旧法不认为是犯罪但裁判时的新法规定为犯罪的，应适用旧法，即《刑法》没有溯及力。但"行为连续或者继续到 1997 年 10 月 1 日以后的，对于 10 月 1 日以后构成犯罪的行为适用修订刑法追究刑事责任"。①

(2)行为时的旧法认为是犯罪但裁判时的新法不认为是犯罪的，应适用新法，即《刑法》具有溯及力。

(3)行为时的旧法和裁判时的新法都认为是犯罪的，原则上适用旧法，即《刑法》不具有溯及力，但如果新法比旧法"处刑较轻"的则适用新法，即《刑法》具有溯及力。所谓"处刑较轻"，"是指刑法对某种犯罪规定的刑罚即法定刑比修订前刑法轻。法定刑较轻是指法定最高刑较轻；如果法定最高刑相同，则指法定最低刑较轻。如果刑法规定的某一犯罪只有一个法定刑幅度，法定最高刑或者最低刑是指该法定刑幅度的最高刑或者最低刑。如果刑法规定的某一犯罪有两个以上的法定刑幅度，法定最高刑或者最低刑是指具体犯罪行为应当适用的法定刑幅度的最高

---

① 1997 年 10 月 6 日最高人民检察院颁布的《关于检察工作中具体适用修订刑法第十二条若干问题的通知》

刑或者最低刑。"[①]

引例中,1979 年刑法规定:过失杀人的,处 5 年以下有期徒刑;情节特别恶劣的,处 5 年以上有期徒刑。本法另有规定的,依照规定。而 1997 年刑法规定:过失致人死亡的,处 3 年以上 7 年以下有期徒刑;情节较轻的,处 3 年以下有期徒刑。本法另有规定的,依照规定。由此可以看出,1997 年刑法对过失致人死亡的处罚并不比 1979 年刑法轻,因此,按照刑法确定的从旧兼从轻原则,对本案应适用 1979 年刑法定罪处刑。

(4)《刑法》实施以前,根据行为时的法律已经作出的生效判决继续有效。

2. 我国刑法溯及力的具体适用

由于刑法溯及力问题不仅涉及犯罪的选择适用,而且还涉及罪数的划分和刑罚的确定问题。根据《刑法》第 12 条的精神和有关司法解释,大致归纳如下:

(1)罪数判断中的溯及力问题

对始于 1997 年 9 月 30 日以前,继续或者连续到 1997 年 10 月 1 日以后的行为,以及在 1997 年 10 月 1 日前后分别实施的同种类数罪,如果原刑法和修订刑法都认为是犯罪并且应当追诉,按照下列原则决定如何适用法律[②]:第一,对始于 1997 年 9 月 30 日以前,继续到 1997 年 10 月 1 日以后的继续犯罪,应当适用修订刑法一并进行追诉。第二,对始于 1997 年 9 月 30 日以前,连续到 1997 年 10 月 1 日以后的连续犯罪,或者在 1997 年 10 月 1 日前后分别实施同种类数罪,其中罪名、构成要件、情节以及法定刑均没有变化的,应当适用修订刑法,一并进行追诉;罪名、构成要件、情节以及法定刑已经变化的,也应当适用修订刑法,一并进行追诉,但是修订刑法比原刑法所规定的构成要件和情节较为严格,或者法定刑较重的,在提起公诉时应当提出酌情从轻处理意见。

(2)刑罚适用中的溯及力问题

对于在刑罚论中的累犯、自首、立功、缓刑、假释、时效等刑罚制度的溯及力问题,按照以下原则适用法律[③]:第一,对于行为人 1997 年 9 月 30 日以前实施的犯罪行为,在人民检察院、公安机关、国家安全机关立案侦查或者在人民法院受理案件以后,行为人逃避侦查或者审判,超过追诉期限或者被害人在追诉期限内提出控告,人民法院、人民检察院、公安机关应当立案而不予立案,超过追诉期限的,是否追究行为人的刑事责任,适用修订前的《刑法》第 77 条的规定。第二,对于酌定减轻处罚、累犯的认定、自首的认定、立功的认定、缓刑的撤销、假释的适用与撤销等问题,应当坚持从旧兼从轻的原则进行处理。例如,犯罪分子在 1997 年 9 月 30 日

① 1997 年 12 月 23 日最高人民法院《关于适用刑法第十二条几个问题的解释》。

② 1998 年 12 月 2 日最高人民检察院《关于对跨越修订刑法施行日期的继续犯罪、连续犯罪以及其他同种数罪应如何具体适用刑法问题的批复》。

③ 1997 年 9 月 25 日最高人民法院《关于适用刑法时间效力规定若干问题的解释》。

以前犯罪，不具有法定减轻处罚情节，但是根据案件的具体情况需要程法定刑以下判处刑罚的，适用修订前的《刑法》第 59 条第 2 款的规定。第三，按照审判监督程序重新审判的案件，适用行为时的法律。

(3)有权解释中的溯及力问题

所谓有权解释中的溯及力问题，是指刑法立法解释与司法解释的效力问题。两高司法解释指出①："对于司法解释实施前发生的行为，行为时没有相关司法解释，司法解释施行后尚未处理或者正在处理的案件，依照司法解释的规定办理。""对于新的司法解释实施前发生的行为，行为时已有相关司法解释，依照行为时的司法解释办理，但适用新的司法解释对犯罪嫌疑人、被告人有利的，适用新的司法解释。"

上述规定是否确认了刑法有权解释具有溯及力，以及在此问题上是否采取了与刑法一样的从旧兼从轻原则，理论上存在肯定说与否定说之争。我们同意否定说的观点，理由是：首先，有权解释以刑法条文为对象并受其制约，是对刑法的理解阐释而非刑法本身，因此有权解释服务于刑法规范并没有独立的时间效力。其次，我国刑法中的溯及力问题特指刑法的溯及力，并没有包含立法解释和司法解释的溯及力。从刑法第 12 条所规定的"本法"即可知道，本法指的是我国刑法典。因此，刑法有权解释的效力从属于刑法的效力，它没有独立的溯及力。上述司法解释实际上是要强调，新的刑法司法解释一经发布，司法工作就要据此对刑法进行新的理解来执行，而不能无视新的司法解释的内容。将这两条规定理解为创设了司法解释溯及力问题上的从旧兼从轻原则，是对此规定的错误理解。

我们认为，对于有权解释中的溯及力问题，可以从以下三点来理解：第一，如果刑法规范能够适用于施行以前的行为，则相应有权解释也能适用于其所解释的刑法规范颁布实施前未经审理的案件；第二，刑法有权解释对刑法规范有效期内的任何时候发生的行为也都适用；第三，针对同一刑法规范有新旧不同的刑法有权解释的，适用对犯罪嫌疑人、被告人有利的有权解释。

## 司法考试真题链接

1. 下列关于中国刑法适用范围的说法哪些是错误的？（2004 年司法考试真题）

A. 甲国公民汤姆教唆乙国公民约翰进入中国境内发展黑社会组织。即使约翰果真进入中国境内实施犯罪行为，也不能适用中国刑法对仅仅实施

① 2001 年 12 月 16 日最高人民法院、最高人民检察院《关于适用刑事司法解释时间效力问题的规定》。

教唆行为的汤姆追究刑事责任。

B. 中国公民赵某从甲国贩卖毒品到乙国后回到中国。由于赵某的犯罪行为地不在中国境内，行为也没有危害中国的国家或者国民的利益，所以，不能适用中国刑法。

C. A 国公民丙在中国留学期间利用暑期外出旅游，途中为勒索财物，将 B 国在中国的留学生丁某从东北某市绑架到 C 国，中国刑法可以依据保护管辖原则对丙追究刑事责任。

D. 中国公民在中华人民共和国领域外实施的犯罪行为，按照刑法规定的最高刑为 3 年以下有期徒刑的，也可以适用中国刑法追究刑事责任。

2. 某外国商人甲在我国领域内犯重婚罪，对甲应如何处置？（2005 年司法考试真题）

A. 适用我国刑法追究其刑事责任

B. 通过外交途径解决

C. 适用该外国刑法追究其刑事责任

D. 直接驱逐出境

3. 下列哪些犯罪行为应实行属地管辖原则？（2005 年司法考试真题）

A. 外国人乘坐外国民航飞机进入中国领空后实施犯罪行为

B. 中国人乘坐外国船舶，当船舶行驶于公海上时实施犯罪行为

C. 外国人乘坐中国民航飞机进入法国领空后实施犯罪行为

D. 中国国家工作人员在外国实施我国刑法规定的犯罪行为

4. 关于刑事管辖权，下列哪些选项是正确的？（2007 年司法考试真题）

A. 甲在国外教唆陈某到中国境内实施绑架行为，中国司法机关对甲的教唆犯罪有刑事管辖权。

B. 隶属于中国某边境城市旅游公司的长途汽车在从中国进入 E 国境内之后，因争抢座位，F 国的汤姆一怒之下杀死了 G 国的杰瑞。对汤姆的杀人行为不适用中国刑法。

C. 中国法院适用普遍管辖原则对劫持航空器的丙行使管辖权时，定罪量刑的依据是中国缔结或者参加的国际条约。

D. 外国人丁在中国领域外对中国公民犯罪的，即使按照中国刑法的规定，该罪的最低刑为 3 年以上有期徒刑，也可能不适用中国刑法。

# 第二篇

# 犯罪论

LAW

# 第五章 犯罪概说

## 第一节 犯罪的概念

【引 例】

被告人黄旭新在广东省罗定市附城镇罗溪村与他人合伙经营一个国家二级保护野生动物虎纹蛙的养殖场。2009年8月下旬的一天，被告人黄旭新吩咐罗大游如果有人要虎纹蛙的话就运过去。2009年9月1日，在未办理任何运输手续的情况下，罗大游驾驶粤WP0876号货车装载41000只虎纹蛙从广东省罗定市驶往广西梧州市。在途经国道324线广西岑溪市归义镇丁兰村路段时，粤WP0876号货车及车上的41000只虎纹蛙被岑溪市森林公安局查扣。

公诉机关广西岑溪市人民检察院认为，被告人黄旭新运输的虎纹蛙虽然是养殖的，但根据《最高人民法院关于审理破坏野生动物资源刑事案件具体应用法律若干问题的解释》第1条的规定，养殖的虎纹蛙属于刑法第341条第1款规定的“珍贵、濒危野生动物”，故黄旭新在没有办理野生动物运输许可证的情况下非法运输珍贵、濒危野生动物虎纹蛙41000只，情节特别严重，其行为触犯了《中华人民共和国刑法》第341条第1款之规定，应以非法运输珍贵、濒危野生动物罪追究刑事责任，在“十年以上有期徒刑，并处罚金或者没收财产”幅度内量刑。

被告人黄旭新辩称运输自己养殖的虎纹蛙不构成犯罪。辩护人辩称养殖的虎纹蛙不是刑法第341条第1款所规定的“珍贵、濒危野生动物”，被告人黄旭新的行为不构成非法运输珍贵、濒危野生动物罪。

广西岑溪市法院审理后认为，被告人黄旭新无证运输饲养虎纹蛙的行为没有对野生动物资源和环境造成破坏，没有对《中华人民共和国刑法》第341条第1款保护的客体造成实质性侵害，不具有刑事违法性；情节显著轻微危害不大，社会危害性小，《中华人民共和国野生动物保护法》第35条对该行为作了非犯罪化处理，根据刑法第13条认为该行为不是犯罪，对公诉机关指控被告人黄旭新犯非法运输珍贵、濒危野生动物罪不予支持，对被告人及其辩护人认为不构成非法运输珍贵、濒危野生动物罪的辩护意见予以采纳。

## 一、犯罪的概念

犯罪概念是对犯罪行为的内在特征与外在特征的高度概括，是对犯罪的内涵和外延的确切阐明。现代世界各国或是在立法上，或是在学理上都有过对犯罪的界定，但对犯罪的界定方式却有不同，归纳起来大致有三种类型，即犯罪的形式概念，犯罪的实质概念和犯罪的形式特征与实质内容相统一的混合概念。它们的区别在于：有的仅从犯罪的法律特征上界定，有的仅揭示犯罪的本质内容，还有的是同时揭示犯罪的本质内容和法律特征两方面。

### (一)犯罪的形式概念

犯罪的形式概念，是指对犯罪仅从其法律特征上下定义，而未触及犯罪的本质内容。这种概念将犯罪通常界定为，犯罪是违反刑事法律并应受刑罚处罚的行为。犯罪的形式概念注重的是行为的刑事违法性和应受刑罚惩罚性，尤其注重的是行为的刑事违法性，将刑事违法性作为区分罪与非罪的唯一标准。任何违法行为，只要经由刑事实体法的规定而赋予刑罚的法律效果，即为犯罪。一个违法行为虽然对社会构成严重危害，但是如果刑事实体法中没有处罚该违法行为的法条，则不认为是犯罪，这是罪刑法定原则法无明文规定不为罪的要求。基于罪刑法定的精神，犯罪的形式概念在西方国家刑事立法及刑事理论中较为常见。例如，1996 年修订的《瑞士刑法典》第 9 条规定："重罪是指应科处重罚之行为。轻罪是指最高刑为普通监禁刑之行为。"1998 年 11 月 13 日公布，1999 年 1 月 1 日生效的《德国刑法典》第 12 条规定："(1)重罪是最低以一年或者一年以上的自由刑相威吓的违法行为。(2)轻罪是最低以更轻微的自由刑或者以罚金刑相威吓的违法行为。"(此违法行为仅指实现刑法的构成要件的行为。)

犯罪的形式概念表明犯罪必须是法律明文规定科处刑罚的违法行为，从而揭示了犯罪的法律特征，为认定犯罪提供了法律标准。这一概念是反对封建擅断的产物，是罪刑法定原则的体现，对保障公民基本权利具有重要意义。但是，它没有说明犯罪的危害性所在以及国家为何要将这种行为规定为犯罪并科处刑罚，因而从人们对犯罪认识程度的角度上看存有欠缺。

### (二)犯罪的实质概念

与犯罪的形式概念仅揭示犯罪的法律特征，而不揭示犯罪的本质内容相反，犯罪的实质概念是仅揭示犯罪的本质内容而不涉及其法律特征。该种犯罪概念将犯罪通常界定为，犯罪是具有社会危害性的行为。例如，1922 年《苏俄刑法典》第 6 条规定："威胁苏维埃制度的基础及工农政权向共产主义制度过渡时期所建立的法律秩序的一切危害社会的作为或不作为，都认为是犯罪。”犯罪的实质概念揭示了犯罪的社会危害本质，说明了法律将某种行为规定为犯罪的根据和理由。它力图揭示隐藏在法律背后的社会政治内容，体现了刑法的保护功能，从人类对犯罪认识的角度上说是一大进步。但它回避了犯罪的法律属性，没有限定犯罪的法律界限，往往与罪刑法定原则的精神相冲突。如果过于强调其实质内容，容易导致法律虚无主义。

### （三）犯罪的形式与实质相统一的混合概念

犯罪的形式与实质相统一的概念，是指从犯罪的本质特征和法律特征两个方面对犯罪进行定义，实际是将上述两个概念合二为一。例如，1960 年《苏俄刑法典》第 7 条第 1 款规定：“凡本法分则所规定的侵犯苏维埃的社会制度和国家制度，侵害社会主义经济体系和社会主义所有制，侵害公民的人身权，政治权，劳动权，财产权以及其他权利的危害社会行为（作为或不作为），以及本法典分则所规定的其他各种侵害社会主义法律秩序的危害社会行为，都认为是犯罪。”这种概念，既阐明了犯罪的社会危害本质，又限定了犯罪的法律界限，比较全面，有利于真正揭示犯罪的内涵和外延。

## 二、我国刑法中的犯罪概念

我国刑法采取了形式与实质相结合的犯罪定义。我国《刑法》第 13 条明确规定：“一切危害国家主权、领土完整和安全，分裂国家、颠覆人民民主专政的政权和推翻社会主义制度，破坏社会秩序和经济秩序，侵犯国有财产或者劳动群众集体所有的财产，侵犯公民私人所有的财产，侵犯公民的人身权利、民主权利和其他权利，以及其他危害社会的行为，依照法律应当受刑罚处罚的，都是犯罪，但是情节显著轻微危害不大的，不认为是犯罪。”这一定义揭示了犯罪的危害社会本质，阐明了犯罪的危害所在，同时明确指出犯罪必须是依照法律应当受到刑罚处罚的行为，确立了其法律特征，从而将犯罪与一般违法行为区别开来。它是从实质和形式两个角度对我国社会上形形色色的犯罪现象所作的科学概括，也是认定犯罪，划分罪与非罪界限的基本依据。

引例中，虎纹蛙虽然是国家二级保护动物，但虎纹蛙是国家林业局规定的可以从事经营利用性驯养、繁殖和经营的野生动物之一，国家对驯养繁殖虎纹蛙的态度是鼓励的。而养殖虎纹蛙的目的是经营利用，而经营利用不可避免要涉及运输，被告人黄旭新运输饲养的虎纹蛙虽然没有办理相关手续，但黄旭新无证运输自己饲养的虎纹蛙的行为没有对野生动物资源和环境造成破坏，没有对《中华人民共和国刑法》第 341 条第 1 款保护的客体——国家对珍贵、濒危野生动物资源的保护秩序造成实质性侵害，不具有刑事违法性，而且情节显著轻微危害不大，因此，被告人的行为不构成犯罪。

根据《刑法》第 13 条的规定，犯罪应具有以下三个基本特征：

### (一)犯罪是危害社会的行为，具有一定程度的社会危害性

所谓社会危害性，是指犯罪行为对刑法所保护客体(法益)所造成或可能造成损害的属性。在我国，犯罪的社会危害，就是指犯罪损害我国刑法所保护的社会关系以及体现这些社会关系的国家、集体和人民的各种利益。在我国、人民当家作主，国家、集体和人民的利益完全一致，所以，犯罪的社会危害性具有共同性，表现为对整个社会的整体危害性。当然，只有具备相当程度的社会危害性的行为才可能构成犯罪。因为，如果某种行为根本不可能给社会带来危害，法律便无必要将其规定为犯罪。但若某种行为虽然具有社会危害性，但情节显著轻微没有达到一定的严重程度的，国家也没有必要将其规定为犯罪并用刑罚加以制裁。所以，一定程度的社会危害性是对犯罪的最基本要求。强调这一点，是为了把犯罪行为与其他违法或者不道德的行为相区别，犯罪与一般违法行为及不道德行为都具有社会危害性，区别他们的关键在于准确界定各自的社会危害程度。

影响犯罪的社会危害性大小的因素很多，一般来说，这些因素主要包括：

1. 行为侵犯的客体。行为侵犯的客体是指行为侵犯了什么样的社会关系，这是决定行为的社会危害性的首要因素。刑法所保护的社会关系的重要程度有差异，便会导致侵犯社会关系的行为在社会危害程度上有所不同。侵犯的社会关系与国家和人民的利益关系越重大，行为的社会危害性也越严重。例如，危害国家安全罪以国家的主权、领土完整和安全以及人民民主专政的政权和社会主义制度为侵犯客体，直接危害国家和人民的根本利益，其社会危害性远远大于其他普通刑事犯罪。放火，爆炸等危害公共安全的犯罪以不特定的多数人的生命、健康和重大公私财产的安全为侵犯客体，其危害性比特定对象为目标的侵犯人身权利、财产权利的犯罪大。侵犯人身权利的犯罪中，剥夺他人生命权的犯罪比仅仅侵犯他人健康权的犯罪的危害性大，等等。

2. 行为的手段、方法、后果以及时间、地点。行为的手段是否凶残，是否采用极端暴力方法或使用极度危险工具；行为是否造成了现实的危害结果，造成的危害结果的种类和程度；以及是否在法律禁止的时间、地点实施等，都与行为的社会危害性及其程度直接相关。

3. 行为人的个人情况和主观心理状态。如行为人是成年人还是未成年人，是否具有刑事责任能力，是否具有法律规定的特殊身份或特定职责，是初犯还是累犯等，都影响着行为的社会危害性的有无和大小。此外，行为是出于故意还是出于过失，有没有经过预谋，是否出于特定的目的，动机是否卑劣等主观心理因素，都直接决定行为人的主观恶性程度，从而制约行为的社会危害性的程度。

犯罪的严重社会危害性不是抽象的，而是有其具体内容。从我国刑法第 13 条

以及刑法分则的规定来看，主要表现为十个方面：(1)对国家安全的危害；(2)对社会公共安全的危害；(3)对社会主义市场经济秩序的危害；(4)对公民人身权利，民主权利和其他权利的危害；(5)对社会主义制度下各种财产权利(包括对国有财产，劳动群众集体所有财产和公民私人所有财产)的侵害；(6)对社会管理秩序(包括治安管理秩序，生产秩序，工作秩序，教学科研秩序和人民群众生活秩序等)的侵害；(7)对国防利益的危害；(8)对国家机关行政秩序，司法秩序的危害；(9)对国家公务活动廉洁性的危害；(10)对军事利益的危害。以上这十个方面概括反映了我国刑法中犯罪的社会危害性的基本内容。

应当注意的是，犯罪的社会危害性不是一个纯粹的事实概念，其危害不仅从客观的损害结果上体现出来，也从行为人的主观恶性反映出来，行为人主观恶性的有无和大小也决定和影响了社会危害性的有无和大小，所以它是行为的客观危害和行为人的主观恶性的统一。此外，社会危害性还是一个内容与形式的统一体。它的内容就是对国家、集体和个人利益的危害，但危害的形式却多种多样，有的表现为现实的危害，有的则表现为可能的危害；有的表现为物质性的危害(有形的危害)，有的则表现为精神性的危害(无形的危害)。

### (二)犯罪是触犯刑法的行为，具有刑事违法性

刑事违法性，是指对刑法规范的违反。它不仅是违反刑事法典的规定，而且也包括违反单行刑事法律的规定和其他法律中的刑事条款；不仅是指违反刑法分则性规范的规定，而且也包括违反刑法总则性规范的规定。只有当危害社会的行为触犯这些刑律的时候才构成犯罪。刑事违法性既是犯罪的基本法律特征，也是划分犯罪行为与一般违法行为的基本界限。

违法行为有多种，包括民事违法行为、经济违法行为、行政违法行为、刑事违法行为等等。其中，只有触犯刑法的严重危害社会的行为，才是犯罪。也就是说，违法并不等于犯罪，只有违反刑法的行为才构成犯罪。如果一个行为没有违反刑法的规定，即使具有社会危害性，也不可能构成犯罪。刑事违法与一般违法的区别，实际上是罪与非罪之间的区别。刑事违法性这一特征是罪刑法定原则在犯罪概念上的体现。行为的严重社会危害性是刑事违法性的基础，而刑事违法性则是严重的社会危害性在法律上的体现。只有当行为不仅具有社会危害性质，而且违反了刑法时，才能被认定为犯罪。

### (三)犯罪是应受刑罚处罚的行为，具有应受刑罚惩罚性

任何人实施了违法行为，都要承担相应的法律后果。违反刑法必将受到刑罚惩罚。应受刑罚惩罚性以行为的严重社会危害性和刑事违法性为前提，行为如果没有严重的社会危害性和刑事违法性，自然不应受刑罚处罚。应受刑罚惩罚性这一特点实际上反映了国家对犯罪行为的应有立场和态度，也是对危害社会和违反

刑法行为的评价。

应受刑罚惩罚性同时也是一个行为是否构成犯罪的底线。它表明，如果某一个行为不应受刑罚惩罚，就不能认定为犯罪，自然也不存在刑罚处罚问题。应受刑罚惩罚性是对行为的评价，属于应然的范畴。而实践中还有一种不需要惩罚的情况，则属实然范畴。这种情况是指行为人已构成犯罪，本应惩罚，但考虑到行为人的主体情况、犯罪情节等诸多因素（如犯罪情节轻微，行为人是未成年人，犯罪后有自首、立功表现等），从而免予刑事处罚。这是对具体案件的具体行为人是否实际给予刑事惩罚的问题。虽然不予刑罚处罚，但它是以行为构成犯罪为前提的。

犯罪的以上三个基本特征相互联系，紧密结合，缺一不可。严重的社会危害性是犯罪的本质特征，反映了犯罪与社会的关系，说明了国家将一定行为规定为犯罪并以刑罚处罚的理由，揭示了犯罪的社会政治内容；刑事违法性是社会危害性在刑法上的表现，它是犯罪的法律特征，揭示了犯罪与刑法的关系，反映了罪刑法定原则的基本要求；应受刑罚惩罚性反映了犯罪与刑罚的关系，揭示了犯罪的法律后果。① 严重的社会危害性决定刑事违法性和应受刑罚惩罚性，是犯罪的本质特征，而刑事违法性和应受刑罚惩罚性则反过来说明和体现严重的社会危害性，是行为的严重社会危害性的法律表现。一个行为如果没有社会危害性或社会危害性显著轻微，就不应被刑法规定为犯罪而受到刑罚惩罚。具有社会危害性的行为，即使是具有严重的社会危害性的行为，如果不被刑法明文规定为犯罪，也不应当以犯罪论处。因此，犯罪的三个基本特征是任何犯罪都必然具备的，是区分罪与非罪的原则标准。

## 第二节　犯罪的分类

犯罪分类，是根据犯罪所具有的某些特殊属性，将犯罪分为若干相对应的类别。犯罪的复杂性，决定了犯罪类别的多样化。根据不同的标准，可以将犯罪主要分为以下几类：

### 一、自然犯与法定犯

这是以行为是否违反伦理道德为标准而划分。自然犯，又称刑事犯，是基于社会伦理的价值观判断具有强烈的反社会性，同时受伦理规范和法律规范双重禁止的行为。这些行为抵触自然理性，自身就是一种“恶”，如杀人、伤害、抢劫、强奸等犯罪。自然犯违反的是人的自然义务，本身就存在着犯罪性，人们根据一般的伦理

① 陈兴良：《刑法适用总论》（上卷），法律出版社 1999 年版，第 96 页。

观念就可以对其作出有罪的评价,而无需具有相应的法律知识。法定犯,又称行政犯,是指违反行政法规中的禁止性规范,并由刑法法规中的刑事法则所规定的犯罪。如行政法规中规定的职务犯罪、经济犯罪就属于此类。它自身并无反社会性,只是基于政策上要求而被禁止,因而违反的是一种行政义务。一般而言,自然犯的危险性容易被人们所认识,法定犯的危害性则不容易被人们所认识,自然犯社会危害性的变化不大,因为人类公共良善风俗及伦理道德的观念虽有变化,但其核心价值并未有太多改变,而法定犯的社会危害性则会随着社会观念的变化而不断变化。正因为两类犯罪各有其特殊性,所以在认定、处罚及犯罪预防方面,均应采取各不同的对策。

## 二、国事犯与常事犯

这是以行为侵害法益的不同为标准而划分。前者是指危害国家法益的犯罪,涉及的是国家的政治秩序。我国刑法中的"危害国家安全罪"就是属于此类。后者则是指危害个人法益和社会法益的犯罪,涉及的是社会秩序。此类犯罪也就是通常所说的普通刑事犯罪。军人违反职责罪是普通犯罪的特殊犯罪。也有人将其独立于国事犯和常事犯之外,将犯罪分为国事犯、军事犯和常事犯三类。

## 三、实害犯和危险犯

这是以行为对法益造成影响程度的不同为标准而划分。实害犯,是指以对法益造成一定的实际损害为犯罪构成要件的犯罪。如交通肇事罪等。危险犯,是指以实施危害行为并造成某种法定危险状态为构成要件的犯罪。如放火罪、爆炸罪等。危险犯在理论上可分为抽象危险犯和具体危险犯两种,两者在危险程度、法律规定、行为人认知、司法判断和是否存在未遂上均有不同。实害犯和危险犯的区分,不仅有助于犯罪构成要件的具体把握,而且对于正确量刑常常具有积极的意义。一般来讲,刑法对实害犯规定了重于危险犯的法定刑。

## 四、行为犯和结果犯

这是以法定结果发生是否为必要而划分。行为犯是指以法定的行为完成作为犯罪既遂的标志,而不要求结果发生的犯罪。如强奸罪、脱逃罪等。行为犯有广狭之分。广义的行为犯包括狭义行为犯和举动犯两种。两者的区别在于行为是否有持续状态,有持续状态的是前者,没有持续状态的是后者。结果犯是指不仅要有法定的行为,而且以法定结果的发生作为犯罪完成标志的犯罪。我国刑法中大多数犯罪属于此类。

## 五、身份犯与非身份犯

这是以犯罪是否要求主体具有某种特定身份来划分。身份犯是以特殊身份作为犯罪主体要件的犯罪，如贪污罪、报复陷害罪、刑讯逼供罪、挪用公款罪等。身份犯可分为纯正身份犯和不纯正身份犯两种。前者是指身份足以影响定罪的犯罪，后者则是身份不影响定罪，但影响量刑的犯罪。如国家机关工作人员利用职务实施非法拘禁，构成犯罪的就属此种。非身份犯是指对犯罪主体身份不作特别限定的犯罪，如故意杀人罪、抢劫罪、敲诈勒索罪、非法拘禁罪、诈骗罪、故意伤害罪等。所以它实际上就是一般犯。

## 六、亲告犯和非亲告犯

这是以是否需要当事人亲自提告为依据来划分。亲告犯是指告诉才处理的犯罪。亲告犯必须由被害人自己或者其近亲属到人民法院提起诉讼，法院才予以受理，这类犯罪包括侮辱罪、诽谤罪、暴力干涉婚姻自由罪、虐待罪、侵占罪等。它们大多数与被害人的人格、名誉和婚姻家庭关系密切相关。不过，从保护被害人的利益出发，刑法第 89 条规定，如果被害人因受强制、威吓无法告诉的，人民检察院和被害人的近亲属也可以告诉。非亲告犯是指由公安或检察机关立案侦查，并由检察机关代表国家提起公诉的犯罪。

# 第六章 犯罪构成概说

**【引 例】**

杨某是某商场的营业员，肖某是该商场的保安，二人是男女朋友关系。一日，肖某打起了商场办公室保险柜的主意，他对女友说想办法配一把保险柜的钥匙，然后把钱偷出来。杨某就在一次趁值班的人不在的时候，把保险柜的钥匙偷偷拿出来配了一把。晚上12点多，杨某、肖某使用事先偷配的钥匙，打开了保险柜，从中拿走了现金及金银首饰。之后，他们把现金和首饰藏在了肖某的宿舍内。第二天，商场发现失窃后立即向公安机关报了案。经过对员工宿舍的搜查，在肖某的宿舍发现了全部赃款和赃物。二人随即被公安机关抓获。

法院审理后认为，被告人杨某、肖某以非法占有为目的，结伙采用秘密窃取的手段盗窃公共财物，数额巨大，其行为已构成盗窃罪，应予处罚。鉴于二人认罪态度较好，故对其均酌情从轻处罚。据此，法院分别判处杨某、肖某有期徒刑3年6个月，并处罚金7000元。

## 第一节 犯罪构成理论的历史沿革

犯罪构成理论在犯罪论体系乃至整个刑法学的理论体系中都占有核心地位。但是，在理论上，由于对“犯罪构成”这一概念的多义性理解，以致刑法学中一直存在着形式多样、内容复杂的各种不同体系、不同流派、不同主张的犯罪构成理论。可以说，犯罪构成的理论，是刑法学中最重要而又最有争议、最系统而又最为复杂的理论。

犯罪构成作为一种刑法理论，有个产生、发展的历史过程。因此，我们现在谈论“犯罪构成”，首先必须认识了解其理论、学说的历史沿革。同时，实际上，各国刑法都有自己关于“成立犯罪必须具备什么条件”即犯罪构成的理论。这些理论，依国家的性质、历史背景、文化传统、法律体系等等的不同而有所差别。①

## 一、大陆法系的犯罪构成理论

现代资本主义社会的犯罪构成理论在大陆法系国家首先产生和发展，后逐步影响和向英美法系国家渗透。在大陆法系国家的刑法理论界，对犯罪构成理论进行开拓性探索者，当推德国刑法理论界的贝林格(Beling)、麦耶尔(Mayer)、迈兹格(Mezger)、墨拉哈(Maurach)等。此外日本学者小野清一郎、福田平等人，也对犯罪构成理论的完善作出了重要贡献。

现代学者中有人认为，关于犯罪构成要件这一概念的发展，可以追溯到13世纪意大利的某些历史文献，如Constare de delicti(犯罪的确证，它是中世纪意大利的纠问式诉讼程序中使用的一个概念)、Corpus delicti(犯罪事实)等。这些概念后来传到德国，影响了Tatbestand(犯罪构成)这一术语的形成。1676年，德国刑法学者克拉因(Klein，又译为“克莱茵”)首先把Corpus delicti译成德语Tatbestand，即犯罪构成，但当时仍然只有诉讼法上的意义。

19世纪初，德国的著名刑事古典学派学者冯·费尔巴哈(A. V. Feuerbach，1775—1833)明确地把犯罪构成作为刑法上的概念来使用。费尔巴哈从罪刑法定主义原则出发，把刑法分则上关于犯罪成立的条件称之为犯罪构成。他指出：“犯罪构成乃是违法的(从法律上看)行为中所包含的各个行为的或事实的诸要件的总和。”他强调指出：“只有存在客观构成要件的场合，才可以被惩罚。”这一思想在他主持制定的1813年的《巴伐利亚刑法典》中得到具体体现。该法典第27条规定：“当违法行为包括依法属于某罪概念的全部要件时，就认为它是犯罪。”在这一规定中，强调犯罪的违法性，并将这种违法性与构成要件结合起来，形成了犯罪构成的客观结构论，对于犯罪构成理论的形成和发展产生了深远的影响。②

费尔巴哈的同代人斯求别尔(Stiibel，又译为“施就贝尔”)也提出和论述了犯罪构成的问题。他在1805年出版的《论犯罪构成》一书中说：“犯罪构成，乃是那些

---

① 需要说明的是：“犯罪构成”一词在德、日等大陆法系国家刑法理论中原本是不存在的，我们所言的“大陆法系国家犯罪构成理论”或者“德、日刑法中的犯罪构成论”云云，只是站在中国刑法理论的角度，借用中国刑法理论的“犯罪构成”一词，以指称他们关于犯罪成立的理论之实质内容而已。同样的，“犯罪构成”或者“犯罪构成理论”在英美法系刑法中也不是一个严格的专业术语，往往只是我们对英文中“the material elements of a crime”或者“the premises of a crime”、“constitution of a crime”等表述的意译。本章有关“犯罪构成理论”的论述，既从我国刑法理论的角度出发，更是从实质内容考虑而不拘泥于概念的形式。

② 樊凤林、曹子丹：《犯罪构成论》，法律出版社1987年版，第370页；杨兴培：《犯罪构成原论》，中国检察出版社2004年版，第3页。

应当判处法律规定的刑罚的一切情况的总和，因为这些事实是同责任能力无关的。”[①]这个概念，是从刑罚出发，把构成要件作为判处刑罚的条件来确定的。它反映出当时刑法理论的特点，因为这个时代的刑法理论，一般都是从论述刑罚的本质及其正当性出发的。

在费尔巴哈和斯求别尔之后，研究犯罪构成理论的学者还有贝尔纳、梅尔凯尔、亚菲特、弗兰克、弗洛德特尔等人。当时，关于犯罪构成理论的研究主要集中在犯罪构成的概念、一般构成要件与特别构成要件的区别、主观的构成要件与客观的构成要件的区别等问题上。流行的看法是，构成要件是指成立犯罪的各种条件的总和，一般构成要件是指犯罪成立的一般条件，如行为、违法性、故意、过失等等；特别构成要件是指刑法分则中各种犯罪所特有的条件；主观的构成要件，主要是指故意、过失、责任能力等成立犯罪的主观条件；客观的构成要件，是指行为、结果等成立犯罪的客观的、外部的条件。

现代资产阶级犯罪构成理论是在 20 世纪初期开始建立的。它的创始者和奠基者是德国的贝林格(Beling)，后经麦耶尔(M. E. Mayer)、迈兹格(Mezger)等人的发展逐步完成。犯罪构成从犯罪概念中分离出来，形成了独立的理论体系。

贝林格(Beling)对犯罪构成理论的最大贡献，就是把刑法分则的特殊构成要件概念化、理论化，把它提升为刑法总则的犯罪概念的中心，使它与违法性、责任等问题联系起来，共同组成犯罪概念，并通过构成要件概念命名全部刑法分则与刑法总则有机地结合起来，建立起一个统一的犯罪论体系。1906 年，贝林格在其《犯罪论》一书中，以“构成要件”概念为基础，即以形式的构成要件作为理论的出发点，构筑了新的犯罪论体系。“构成要件”概念在理论上始从犯罪概念中分离出来，由此形成了现代意义上的犯罪论体系之雏形。从这个意义上讲，贝林格可谓是根据犯罪构成理论建立犯罪论体系的第一人。贝林格把犯罪概念规定为：“犯罪是符合构成要件的、违法的、有责任的、并对此有适合的处罚规定和满足处罚条件的行为。”据此，他认为，任何犯罪的成立都必须具备以下六个条件：(1)犯罪必须首先是行为；(2)行为符合构成要件；(3)行为是违法的；(4)行为是有责的；(5)行为有适合处罚的规定；(6)行为具备处罚的条件。

1915 年，德国的麦耶尔(M. E. Mayer)发表了他的名著《刑法总论》，全面地阐述了他的犯罪构成要件理论。他的观点与贝林格基本相同，大体上沿袭了贝林格的“构成要件该当、违法、有责”三分法犯罪论体系之见解，但是作了某些重要的、大胆的修改，使贝林格的理论体系得到进一步完善和合理化，从而使贝林格的犯罪构成理论在德国成为支配刑法学的一般理论。麦耶的修正观点主要有两方面：一是把犯罪概念修改为“犯罪就是符合构成要件、违法而归责的事件”。因此，犯罪成立

---

① 转引自[苏]A. H. 特拉伊宁：《犯罪构成的一般学说》，薛秉忠等译，中国人民大学出版社 1958 年版，第 15 页。

的条件就是:(1)构成要件符合性;(2)违法性;(3)归责性。二是原则上认为构成要件是纯客观的、记述性的、没有价值判断的东西,但是他又承认在法律规定的构成要件里,有规范要素和主观要素。他还主张,构成要件与违法性有密切关系,构成要件符合性与违法性虽然不是同一的,但它却是违法性的最重要的认识根据。

20世纪20年代,在批判贝林格的构成要件论的基础上,新构成要件论逐步发展起来了。倡导新构成要件的有萨瓦、钦摩尔、伯姑拉、迈兹格等人。其中,迈兹格的著述最多,也最有代表性。迈兹格(Edmund Mezger,又译为"麦兹格")继麦耶尔之后,对于犯罪构成理论予以更深入的研究。他于1926年发表的《刑法构成要件的意义》一文中,首次将"不法"引入构成要件概念。他强调指出,对各种违法、有责的行为直接判处刑罚的时代已经过去。以罪刑法定主义为基础的刑法要求,只有刑法规定的"特别的、符合构成要件的、类型的违法"行为,才应受惩罚。关于构成要件,他认为有广义和狭义的区别。广义的构成要件,是指成立犯罪的一切条件,即可罚行为的总体,因此,应把责任、违法性等一切成立犯罪的条件都包括在内。"这种构成要件的概念,意味着构成要件就是整个犯罪本身",而我们通常使用构成要件的概念,是专指狭义的构成要件。这是特定种类的犯罪的要素,"它被详细地规定在每个法规条文里"。

关于构成要件的内容,迈兹格同贝林格一样,认为故意与过失不属于构成要件,而是属于责任的范畴。责任是一个严格区别于构成要件的完全独立的概念。因此,一般说来,构成要件只包括行为及其造成的侵害法益的结果,行为与结果之间的因果关系等客观的违法要素。但是,他不同意贝林格把构成要件理解为纯客观的、不包含任何主观因素的东西。他认为,某些作为违法性评价对象的主观因素,也属于构成要件的内容,是属于构成要件的主观违法因素。承认犯罪构成包含主观违法因素,这是新构成要件论区别于贝林格的构成要件论的又一重要特点。

由于迈兹格把构成要件与违法性一体化,他的犯罪概念和犯罪论体系也就相应地发生变化。他认为:"犯罪是构成要件的违法的、应归责的、刑法明文规定处罚的行为。"因此,犯罪成立的条件是:(1)行为;(2)违法(或构成要件的违法);(3)责任(包括责任能力、责任年龄、故意和过失等);(4)刑法明文规定应受处罚的行为。这样一来,犯罪论体系就由贝林格和麦耶尔的构成要件—违法—责任的体系,变成行为—违法(构成要件的违法)—责任的体系。这就是迈兹格为代表的新构成要件论的体系。

20世纪20至30年代,"目的行为论"在大陆法系刑法学界异军突起,犯罪构成理论也被纳入"目的行为论"的范畴而加以发展。他们从行为的目的性与刑法的目的角度把握犯罪行为的结构而提出的犯罪构成理论(犯罪论体系),称之为"目的犯罪论"。第二次世界大战后的50—60年代,德国威尔采尔(H. Welzel)、墨拉哈(Maurauh)、韦伯(H. von Weber)、唐纳(A. Graf zuDhna)等人,将这一理论推向进一步完善的地步。而在东方,则由日本的小野清一郎、木村龟二、平场安治、福田平等人，将其继承和发扬。

威尔采尔、墨拉哈等人在继承贝林格、迈兹格犯罪构成理论的基础上，摈弃了其中的不合理部分，并将犯罪构成理论纳入“目的行为论”的轨道，使之与现代刑法理论结合。其中，威尔采尔在否定因果行为论的基础上，提出“目的行为论”。他认为，作为犯罪论基石的刑法上的行为，是人的有预定目的、并根据预定目的选择手段加以实现的举止，而不是像因果行为论所认为的那样，仅是纯粹的因果历程。“目的主义”的犯罪构成理论的另一代表人物墨拉哈认为：构成要件是刑事法律规定的类型化的违法行为，其违法性不仅在于其侵害了法益，而且在于行为本身具有了违背法律秩序的意思，这些违背法律秩序的意思包括犯罪目的、故意、危险倾向等因素。因此，构成要件的内容应当包括行为要素和结果要素两个方面。行为要素，就是目的意思和意思活动；结果要素，就是犯罪对法益的侵害。构成要件就是这种包括意思、行为和结果的复合概念。犯罪的故意和过失属于主观方面的构成要件，而不是责任要素。主观方面的构成要件以故意为主，过失为例外。可见，墨拉哈将故意和过失纳入犯罪构成的主观要件方面，并且在理论上将目的行为和法益侵害结果相结合，使犯罪构成理论更加完善。然而，由于“目的行为论”本身的缺陷，在解释过失犯的构成要件方面很难自圆其说，这是墨拉哈犯罪构成理论的不足之处。

日本的小野清一郎对犯罪构成理论进行系统的研究，并形成了自己的理论体系。他认为：“所谓构成要件，是指将违法并有道义责任的行为予以类型化的观念形象（定型），是作为刑罚法规中科刑根据的概念性规定。”[①]他还认为，构成要件是法律上的、特殊化了的犯罪概念，是犯罪类型的轮廓。可见，在他的定义中，犯罪构成要件是“将违法并有道义责任的行为予以类型化”的结果，明显地记叙了一个技术动作，是将“违法有责行为”进行技术处理（抽象化、类型化）的结果。

小野清一郎认为构成要件的理论问题，主要包括：(1)行为符合构成要件，并使所有的构成要件都得到满足。不符合构成要件的行为没有刑法上的意义，构成要件不充分则不能成立犯罪。(2)行为的违法性，是在一般法律秩序中对行为的规范性评价问题，但违法性本身的范畴要比构成要件大。(3)行为人的道义责任，是对实施违法性行为的人的道义上的非难，以此作为刑法中责任的根据。(4)未遂犯和共犯，是修正构成要件的一般形式。(5)一罪、数罪，以构成要件充足的次数来确定罪数。(6)诉讼方面的意义。“应当成立犯罪的事实”是犯罪构成的事实，判决必须与之相符合。(7)刑事案件的管辖、时效等，均应由犯罪构成要件的事实来决定。同时，关于构成要件与违法性和道义责任的关系，关于构成要件中的规范要素和主观要求，关于构成要件与行为论、构成要件中的因果关系等问题，小野清一郎都作

① [日]小野清一郎：《犯罪构成要件理论》，王泰译，中国人民公安大学出版社2004年版，第17页。

了阐述，提出了自己的观点。

日本的现代刑法学者福田平、大塚仁教授在其编写的《日本刑法总论讲义》之中，沿袭和发展了小野清一郎的犯罪构成理论，使之在现代日本刑法理论中定型。他们认为，在犯罪构成体系中，构成要件的该当性、违法性和责任是构成犯罪的三要件，责任以违法性为前提。构成要件是中性价值的东西，具有鉴别刑法上重要行为和非重要行为的机能，是先于违法性和责任的犯罪要素。由于构成要件所记述的是违反社会伦理的类型化行为，构成要件的该当性就成了违法性的象征和认定依据。一般地说，行为如果符合构成要件而且不存在违法性阻却事由时，就可以推定该行为具有违法性(或形式违法)。行为如果具有违法性，那么行为人在排除了责任阻却的事由后，就具有了刑事责任。此外，未遂犯、共犯以及数罪，作为特殊化的构成要件或者构成要件的修正形式，也纳入了该犯罪论体系中加以研究。[①] 由此可见，福田平、大塚仁的犯罪论体系，实质上是以犯罪构成理论为中心的，这一理论体系基本上反映了当前大陆法系刑法理论的发展趋势。

总体上讲，通过以上刑法学家的努力，大陆法系的犯罪构成要件从诉讼法引入实体刑法，从客观结构发展到主观结构，形成一种综合的构成要件论，成为犯罪构成的理论框架。

## 二、英美法系国家的犯罪构成理论

英美法系国家由于普通法的传统影响，刑法中的许多规则都是通过判例法来延续和发展的，刑法理论中更注意一般原理对具体案件的应用。与大陆法系刑法理论比较，对于一般原理的抽象研究相对少一些。在犯罪构成理论方面，英美法系国家没有像大陆法系国家那样建立起完整科学的理论体系，并系统地对此加以研究和发展。但并不能由此否认英美法系犯罪构成理论的存在，尽管存在方式与大陆法系的不同，在刑事司法中的注重的程度与角度也各异。而在事实上，犯罪构成理论在英美法系的刑法理论中也有相当的重要地位，并具有实体法上和诉讼法上的双重意义。

“犯罪构成要件”在英美法系刑法理论中的表述方法有：The material elements of a crime 或者 The basic premises of a crime 等。这些表述大体上都来自拉丁文 Corpus delicti，可见与大陆法系犯罪构成理论有同源关系。

英美法系的犯罪构成要件提法各异，也没有统一的理论模式。有学者认为，美国刑法的犯罪构成理论具有双层次性，即实体意义上的和诉讼意义上的犯罪要件。包含在犯罪定义之中的犯罪行为和犯罪心理便是实体意义上的犯罪要件；而犯罪

① [日]福田平、大塚仁：《日本刑法总论讲义》，李奇等译，辽宁人民出版社 1986 年版，第 3 页。

定义之外的责任条件和政策性危害便是实体意义和诉讼意义上两个层次的结合，从而形成了美国刑法犯罪构成理论的特点。[①]

也有学者教授认为，在英美刑法理论中，构成犯罪一般具备四个要件，即：实施了国家所禁止的作为或不作为并应受惩罚的人；具有犯罪意图或恶意；犯罪意图或恶意表现为行为；该行为对他人或社会造成危害。[②] 而英国的史密斯和霍根教授则将犯罪行为和犯罪意图纳入犯罪构成要件中进行研究。

还有学者认为，英美法系的犯罪构成具有不同于大陆法系的特点，它包括以下内容：(1)犯罪行为(actus reus)；(2)犯罪意图(mens rea)，又称为犯罪心理(guilty mind)；(3)合法辩护(legal defense)，又称为免责理由。[③]

我们认为，虽然英美法系国家刑法理论众说纷纭，但有一点是统一的，即都将犯罪行为和犯罪意图作为构成犯罪的两个必不可少的要件加以研究。与大陆法系刑法理论不同的是，英美法系一般将犯罪要件纳入刑事责任范畴之中。而大陆法系一般是将责任纳入犯罪构成范畴之中。如果说大陆法系犯罪构成理论中的责任是一种抽象的概念的话，那么英美法系理论中的刑事责任是更为具体化了。其中，犯罪行为是指受指控的犯罪定义中的行为以及有关情况。狭义的犯罪行为是指犯罪的作为，不作为或事件(持有)，广义的犯罪行为还应包括犯罪情节、犯罪结果、因果联系以及时间、地点、环境及被告人情况等因素。犯罪意图是指犯罪定义中要求的心理状态，其条件是，行为人出于自愿、知道行为的性质、有自我控制能力。犯罪意图分为蓄意、明知、轻率、疏忽四种状态，也有将其划分为故意和过失两大类型的。从犯罪意图的含义来看，相当于大陆法系的罪过形式。

## 三、前苏联的犯罪构成理论

1917 年至 1936 年，是前苏联犯罪构成理论孕育和诞生阶段。这一阶段的特点是：犯罪构成理论刚刚诞生，但还没有形成系统的理论体系，更没有确立它在刑法理论中的地位，而且还受到激烈的批判和反对，随时都有夭折的危险。1919 年，《苏俄刑法指导原则》制定颁布。20 年代中期出版的一批教科书，开始论述犯罪构成理论。1925 年，苏联著名的刑法学家特拉伊宁教授在《苏俄刑法教科书》(分则)中提出，必须把刑事责任的根据问题与具体的犯罪构成紧密联系起来加以研究。他说："有一条基本原则始终是不可动摇的，即行为只有符合分则罪状规定的犯罪构成才能受刑事惩罚。"

---

① 储槐植：《美国刑法》，北京大学出版社 1987 年版，第 216 页～217 页。

② 欧阳涛、周叶谦：《英美刑法中的犯罪要件》，载北京政法学院刑法教研室编：《外国刑法研究资料》(第二辑)。

③ 详见陈兴良：《刑法适用总论》(上卷)，法律出版社 2001 年版，第 119～121 页。

彼昂特科夫斯基教授在1925年出版的刑法总则教科书中第一次提出，罪过是责任能力的人对其出于故意或过失所实施的犯罪行为的心理态度。后来，他又把罪过改为犯罪构成的主观方面，并把犯罪构成分为："(1)一定的犯罪主体；(2)一定的犯罪客体；(3)犯罪主体行为的主观方面的一定特征；(4)犯罪主体行为的客观方面的一定特征。"他指出："一般犯罪构成指每一犯罪所具备的基本要件，而缺少其中任何一个要件，就得承认不具备犯罪构成。"他指出，某人是否负刑事责任完全取决于他的行为是否具备犯罪构成要件。他还着重论述了犯罪客体，明确提出犯罪客体是社会关系。

1946年，刑法学家特拉伊宁出版的《苏维埃刑法上的犯罪构成》一书[①]，对犯罪构成问题作了全面、系统、深入地研究，标志着前苏联犯罪构成理论研究进入了一个新的阶段。可以说，这本书是前苏联关于犯罪构成理论的第一部专著，也标志着前苏联的犯罪构成理论已趋于成熟。特拉伊宁指出："犯罪构成乃是苏维埃法律认为决定具体的、危害社会主义国家的作为(或不作为)犯罪的一切客观要件和主观要件(因素)的总和。"[②]

到了20世纪50年代，前苏联的犯罪构成理论已经定型化，形成了自己独特的犯罪构成理论体系，其基本观点可以简要地归纳如下：(1)犯罪构成是苏维埃刑法规定的说明社会危害行为(犯罪)特征的诸要件的总和。(2)犯罪构成要件由犯罪客体、犯罪客观方面、犯罪主体和犯罪主观方面构成。(3)某人的行为中具备一定的犯罪构成，是其负刑事责任的唯一根据。(4)每一个犯罪行为都是一定的危害社会的行为的客观特征和主观特征的统一。辩证地理解它们的统一，是正确地理解社会主义刑法中犯罪构成的基础。

自20世纪50年代末期以来，前苏联刑法学界对犯罪构成理论的研究有了一些新的发展。表现在：第一，对犯罪构成诸要件的研究进一步深化，对犯罪客体、犯罪客观要件、犯罪主体和犯罪主观要件的内容和有关的理论，提出了许多新的看法。第二，对犯罪构成是刑事责任的唯一根据这一命题提出了一些不同的见解。比如有人认为，刑事责任的基础是罪过；也有人提出，刑事责任的唯一基础是人所实施的犯罪行为；等等。第三，把定罪问题纳入犯罪构成理论的范畴。从60年代初起，前苏联刑法学界有人提出，定罪就是认定某一危害社会的行为是否和刑事法律所规定的主体、主观方面、客体、客观方面的犯罪构成诸要件完全符合。

---

① 1957年修订成为《犯罪构成一般学说》重新出版，中国人民大学出版社1958年翻译出版了此书，在我国影响很大。

② [苏]A. H. 特拉伊宁：《犯罪构成的一般学说》，薛秉忠等译，中国人民大学出版社1958年版，第48～49页。

## 第二节 犯罪构成概述

### 一、犯罪构成的概念与特征

#### (一)犯罪构成的概念

关于什么是犯罪构成的概念,我国刑法理论有多种说法,且一直存在争议。其中,最有代表性的观点是这样表述的:“犯罪构成就是我国刑法所规定的、决定某一具体行为的社会危害性及其程度而为该行为构成犯罪所必需的一切客观和主观要件的总和。”[①]这个定义大致反映出我国刑法学界传统的犯罪构成观,几乎成了所有刑法教材的“通说”,而且影响力最大、最深远。

不过,这一定义提出之后,不少新出版的刑法教材或者论著都对传统的犯罪构成概念作了某些修正,把“总和”改为“有机统一”或“有机整体”或“有机统一的整体(有机统一体)”。例如,高铭暄主编、马克昌副主编的《中国刑法学》(高等学校文科教材)就提出:“犯罪构成就是依照我国刑法的规定,决定某一具体行为的社会危害性及其程度而为该行为构成犯罪所必需的一切客观要件和主观要件的有机统一。”[②]也有的论著认为“犯罪构成是根据我国的刑法规定,说明行为具有应受刑罚处罚的社会危害性,而为成立犯罪所必需具备的主客观要件的有机整体”。[③]

除了上述观点外,关于犯罪构成的概念还有这样一些表述:

——“犯罪构成亦称‘犯罪要件’、‘犯罪构成要件’。按照国家法律,确定某种行为构成犯罪必须具备的条件。”[④]

——“我国刑法中的犯罪构成,是指我国刑法规定的某种行为构成犯罪所必须具备的主观要件和客观要件的总和。”[⑤]

——“所谓犯罪构成,是指我国刑法所规定的由相互联系、相互作用诉诸要件

---

① 这一观点最具代表性的刑法学教材应当首推高铭暄主编,马克昌、高格副主编,以“法学教材编辑部《刑法学》编写组”名义推出的,作为“高等学校法学试用教材”,并于 1982 年由法律出版社出版的《刑法学》,详见该书第 97 页。此后,许多刑法学教材或者论著也基本上采用这一观点。

② 高铭暄:《中国刑法学》,中国人民大学出版社 1989 年版,第 75 页。近几年来出版的一些刑法学教材或论著,如高铭暄、马克昌主编,赵秉志执行主编的《刑法学》(面向 21 世纪课程教材),陈兴良主编的《刑法适用总论》(上卷),都采用“有机统一”的说法。

③ 张明楷:《犯罪论原理》,武汉大学出版社 1991 年版,第 117 页。

④ 《法学辞典》,上海辞书出版社 1981 年版,第 205 页。

⑤ 杨春洗、杨敦先:《中国刑法论》(高等教育法学教材),北京大学出版社 1998 年第 2 版,第 61 页。同时参见杨春洗等:《刑法总论》,北京大学出版社 1981 年版,第 107 页。

组成的具有特定的犯罪性质和社会危害性的有机整体。"[①]

——"所谓犯罪构成就是指我国刑法所规定的,决定某种行为构成犯罪所必须具备的客观要件和主观要件的有机整合"[②]等等。

需要说明和值得注意的是,"犯罪构成"与"犯罪构成理论"如同法律与法律理论、经济与经济理论一样,两者相辅相成,紧密联系,但又是两个不同的概念,各有其内涵与外延,各有其不同的含义和作用。作为犯罪规格、标准的犯罪构成,是由法律规定的,具有法律属性,有法律效力,其表现形式是法律规定,或者是对法律规定有法律效力的解释,在社会上层建筑领域属于社会制度范畴。而犯罪构成理论是一种学说,是关于制定、说明和运用犯罪构成的理论。它以犯罪构成为研究对象,对刑法规定的构成犯罪的要件进行理论概括、分析和说明,作出学理解释,所以是个理论概念。犯罪构成理论的表现形式是某些刑法学家的著作、文章、教科书等,其任务在于正确地解释刑法上的犯罪构成,以利于正确地制定和适用刑法,顺利地实现我国刑法的任务。

### (二)犯罪构成的特征

根据上述公认的犯罪构成定义,即"通说"所认为的"犯罪构成就是我国刑法所规定的、决定某一具体行为的社会危害性及其程度,而为该行为构成犯罪所必需的一切客观和主观要件的有机统一",我们应当从以下三个方面来理解和把握犯罪构成:

1. 犯罪构成是一系列主客观要件的有机统一(或称"总和"、"有机整体")。任何犯罪之中都包括一系列的要件,这些要件的"总和"就形成了某种犯罪的犯罪构成。例如,刑法第 232 条规定的故意杀人罪必须是:(1)行为人达到了刑事责任年龄,具有刑事责任能力;(2)实施了非法剥夺他人生命的行为;(3)主观上具有杀人的故意;(4)行为人侵犯了他人的生命权利。这几个要件的总和,就是故意杀人罪的犯罪构成。

应当指出,此处所谓犯罪构成是一系列主客观要件的"总和",并不意味着各个要件之间互不相干、互不关联,只是机械地相加在一起,而是指犯罪构成的各个要件彼此联系、相互依存,共同形成了犯罪构成的有机统一体。即是说,任何要件脱离了这一整体,都将不再成为犯罪构成的要件。同样的,缺少了其中任何一个要件,其他要件也将失去作为犯罪构成要件的意义,因而犯罪构成的整体也就不复存在了。例如,正当防卫人虽然达到了刑事责任年龄、具备刑事责任能力,客观上其行为也给对方造成了一定的损害,但是由于行为人具有正当的目的性(保护合法权

---

① 何秉松:《刑法教科书》,中国法制出版社 1993 年版,第 86 页。同时参见何秉松:《犯罪构成系统论》,中国法制出版社 1995 年第 1 版,第 106 页。

② 赵长青:《新编刑法学》,西南师范大学出版社 1997 年版,第 77 页。

益),不存在犯罪的故意或者过失,因此,其所实施的给他人造成了一定损害的行为非但不是刑法意义上的危害社会的行为,反而是有益于社会的行为。由此决定,行为人不构成犯罪,不存在犯罪构成的要件。

2. 犯罪构成的要件,是指对行为的性质及其社会危害性具有决定意义,而且是该行为成立犯罪所必需的那些事实特征。换言之,任何犯罪都可以由很多事实特征来表明,但是并非每一项事实特征都是犯罪构成的要件,只有那些对行为的性质及其社会危害性具有决定意义、且为该行为成立犯罪所必需的事实特征,才是犯罪构成的要件。

具体到某一事实特征来说,能否成为犯罪构成的要件,必须看其对于决定行为的性质及其社会危害性有无意义,是否属于该行为构成犯罪所不可缺少的。倘若某项事实特征对于决定行为的性质及其社会危害性并无意义或者意义很小,对于该行为构成犯罪来说是可有可无的,那么,这一事实特征就不是该犯罪构成的要件。例如,前述故意杀人罪的四个方面的事实特征,对于成立故意杀人罪具有决定意义,属于犯罪构成的要件,舍去其中的任何一个要件,都不能成立故意杀人罪。但我们知道,在一个具体的故意杀人案中,除了上述四个事实特征外,尚有许多与杀人行为、杀人案件有关的其他事实特征,比如行为人是男还是女,杀人是白天还是夜晚,杀人的工具或方法是什么,被杀害的是男还是女、是老还是幼,杀人的原因是什么,等等。由于这些事实特征对行为人的行为是否构成故意杀人罪并无决定意义,故而不是故意杀人罪的构成要件。

换个通俗的角度来说,犯罪构成与案情是两个虽有联系,但完全不同的概念。犯罪构成是案情中最重要的部分,是基本的案情,然而,有些案件情况不一定是犯罪构成的要件,或者说并非所有案件情况都是犯罪构成的要件。例如,某罪犯在一天晚上 11 时许,单独一人在某地桥头抢劫一名下夜班的女工。抢劫中,案犯打了该妇女一拳,抢走了她身上的挎包及里面的钱财。在这一案件中,有很多案情事实,但真正对犯罪构成有意义的只是:使用暴力,抢了他人财物,主观上是故意的,行为主体是达到法定年龄、具有责任能力的人。至于其他事实情况则不是犯罪构成要件,对定罪无意义,但对量刑或者诉讼证据可能有一定的意义。

3. 犯罪构成的各个要件,是由我国刑法加以规定的。也就是说,在众多的事实特征中,哪些可以作为犯罪构成的要件,是由立法者加以选择之后,在刑法上加以规定的,而不是由刑法学家或者审判人员确定的。这也就是说,当行为人的行为符合了刑法规定的某犯罪构成的要件时,也就意味着触犯刑法。从这一角度来看,犯罪概念中的刑事违法性与具备犯罪构成的要件是一致的,没有具备某罪的犯罪构成要件,也就不具有刑事违法性。

不过,我国刑法关于犯罪构成要件的规定方式是不同的,有的规定得详细一些,有的规定得简单一些;有的有明确规定,有的则内含在其中。例如,《刑法》第 258 条比较详细地规定了重婚罪的犯罪构成要件,而《刑法》第 114 条则只规定了放火、决水、爆炸、投毒、以其他危险方法危害公共安全罪，未对这几种犯罪的构成要件予以描述。当然，这并不是说这几种犯罪无确定的构成要件，可以由人们去随意确定，而是在立法者看来，这些犯罪的构成要件是不言自明的，司法实践中司法人员完全可以把握。可见，刑法对犯罪构成的要件如何规定，只是个立法技术问题。

## 二、犯罪构成与犯罪概念的关系

犯罪构成与犯罪概念是两个既有密切联系又有区别的概念。犯罪概念是对纷繁复杂的各种犯罪的共同特征进行抽象概括，着重说明什么是犯罪以及犯罪有哪些基本特征，它为认定犯罪提供了原则标准。犯罪构成则是关于犯罪的规格和标准，是在犯罪概念基础上进一步说明构成犯罪需要哪些要素、条件，它为认定犯罪提供了具体标准。

在定罪问题上，为什么仅有犯罪概念这个原则标准还不够呢？这是因为，在实际生活中，任何犯罪都是具体而不是抽象的犯罪，只存在杀人、故意伤害、抢劫、贪污等等具体的犯罪，抽象的犯罪是根本不存在的。这多种多样的具体犯罪，除了具有危害社会、触犯刑法、依法应受刑罚处罚这些共性外，还各有其特殊性，即各有自己的构成要件。我们理论上研究和实践上认定犯罪，不能只局限于认识其共性，而应当在认识其共性的基础上，进一步研究和认识各种具体犯罪的特殊性（个性）。这就要求将犯罪概念具体化。而要将犯罪概念具体化，必须借助于犯罪构成。

可以这样说，犯罪概念只是说明一切犯罪必须具有的共性，并没有说明什么样的行为才是犯罪的行为。犯罪这一共同特征是通过一系列的犯罪构成要件具体体现出来的，某种行为具备犯罪构成要件，就说明它是具有犯罪性质（社会危害性、刑事违法性、应受惩罚性）的行为，也才属于犯罪。反之，不具备犯罪构成要件，也就说明不具有犯罪的性质，不属于犯罪。此外，具备犯罪构成要件的行为之间，在社会危害性的大小和性质上也有差别。例如，抢劫罪与贪污罪都是犯罪，但所具备的构成要件显然不同，其社会危害性的大小和性质也就不同，违反的刑法条款也不同，因而构成不同的犯罪。而犯罪概念并不能回答某一具体行为违反了刑法哪一条规定，构成什么罪和应受什么样的刑罚处罚。由此可见，只有犯罪概念这个原则标准，没有犯罪构成这个具体标准，很难划清罪与非罪、此罪与彼罪的界限。

但是，生搬硬套犯罪构成，不以犯罪概念为基础，也不能正确认定犯罪。例如，小偷小摸行为同盗窃罪、一般贪污行为与贪污罪，从构成要件上看似乎没有什么差别，但因前者"情节显著轻微危害不大"，根据犯罪概念不认为犯罪，这样也就没有犯罪构成。

综上所述，犯罪概念与犯罪构成是"纲"与"目"、共性与个性、一般与特殊、抽象与具体的关系。犯罪概念是犯罪构成的基础，犯罪构成则是犯罪概念的具体运用。

犯罪概念对罪与非罪的作用只有通过犯罪构成才能发挥，没有犯罪构成，犯罪概念只是一个空洞的概念。而犯罪构成是在犯罪概念的指导下成为认定罪与非罪、此罪与彼罪的具体标准，离开了犯罪概念，犯罪构成就失去方向，形同散沙。因此，在划分罪与非罪、此罪与彼罪问题上，必须将两者有机地结合起来，才能作出正确的判断。

按照上述犯罪构成与犯罪概念的关系，司法实践中必须做到，既坚持犯罪概念，又坚持犯罪构成，才能正确适用刑法，维护社会主义法制的严肃性和权威，既准确惩罚犯罪，又不冤屈无辜，做到不枉不纵。这样，才能正确地运用刑法武器打击敌人、惩罚犯罪、保护人民，保障我国人民民主专政政权和社会主义现代化建设，顺利地实现刑法的任务。

## 第三节　犯罪构成要件

犯罪构成作为一个有机整体(系统)，它必然具有自己的要件——要素、条件。

这里首先应注意的是，“犯罪构成的要件”与“犯罪构成”是两个紧密联系但又有所区别的法律范畴。犯罪构成是一系列主客观要件的总和，犯罪构成的要件则进一步具体地揭示犯罪构成概念的内容，它讲的是成立犯罪所必须具备的“规格”和“标准”有哪些，即犯罪构成的内容具体是什么。

换个角度讲，犯罪构成的要件指的是某种行为成立犯罪需要具备哪些要素、条件。也可以说，犯罪构成要件是组成犯罪构成的“部件”。因此，犯罪构成的要件也可以称为“犯罪成立的条件”。

近些年来，也有人将刑法理论所研究的犯罪构成必须具备的主客观要件称为“犯罪构成体系”或“犯罪论体系”。

### 一、国外犯罪构成要件概述

分析起来，外国的犯罪构成体系大致上包括：以德、日为代表的大陆法系递进式犯罪构成模式，英美法系双层次犯罪构成体系，苏联耦合式犯罪构成体系。下面，将就前两种犯罪构成体系加以简要阐述。

#### (一)大陆法系递进式犯罪构成模式

一般说来，以德国、日本为代表的大陆法系国家的刑法理论认为，犯罪成立的条件由构成要件该当性、违法性和有责性构成。由于这三个要件之间具有递进式的逻辑结构，因而我们称之为递进式的犯罪构成体系(也有学者叫做“三段论”或者“三元结构”犯罪构成体系)。

1. 构成要件该当性。在这种模式中，构成要件该当性是判断犯罪成立的第一个要件。构成要件该当性，是指行为符合构成要件的一种判断。这里，所谓的构成要件是法律规定的犯罪类型，或者说是犯罪的框架，包括主观要素和客观要素。构成要件中的主观要素，主要指犯罪故意、目的犯中的犯罪目的、倾向犯中的倾向这些要素。当然，从构成要件这个犯罪成立条件上说，只要行为者具备这些要素就行了，不要求行为人对这些要素有什么认识。[①] 构成要件的客观要素以行为为中心，包括行为主体、行为对象、行为状况、行为本身、行为结果等要素。

2. 违法性。大陆法系刑法学一般认为，行为符合构成要件该当性还不一定成立犯罪，是否构成犯罪，还必须考察行为是否具有违法性。构成要件是违法行为的类型，如果行为符合构成要件，一般可以推定该行为违法。但是，如果行为具有刑法上规定或者法秩序所认可的违法性阻却事由，则该行为不属于犯罪。这种违法性阻却事由包括正当防卫、紧急避险等法定事由和自救行为、义务冲突等超法规的违法性阻却事由。

3. 有责性。所谓有责性，是指由于实施了符合犯罪构成要件的违法行为，而能够对该行为进行道义上的谴责。某一行为构成犯罪，除行为该当构成要件并且属于违法之外，行为人亦必须负有责任。有责性包括如下要素：(1)责任能力。即成为谴责可能性前提的资格。凡是具有认识能力和控制能力的人，就认为具有责任能力。(2)责任故意和责任过失。作为责任要素的故意是指在认识构成要件事实的基础上，具有违法性意识以及产生这种意识的可能性。责任过失是指违反主观注意义务而具有的谴责可能性。(3)期待可能性。是指在行为当时的具体情况下，期待行为人做出合法行为的可能性。责任的评价主要是一种规范的评价，它与违法性评价不同的是：违法性评价指向的是行为，责任评价指向的是行为人；违法性评价指向的是客观事实，责任评价指向的是行为人的主观方面。

### (二)英美法系双层次犯罪构成体系

以英美为代表的犯罪构成体系，具有双层次的特点，包括实体意义上的犯罪要件与诉讼意义上的犯罪要件。实体意义上的犯罪要件是犯罪行为和犯罪意图，这种意义包含在犯罪定义之中。犯罪定义之外的责任要件是诉讼意义上的犯罪要件，通过合法抗辩事由体现出来。由于这种构成要件具有双层次的逻辑结构，因而有称之为“双层次的犯罪构成体系”，或者称之“两元结构的犯罪构成体系”。

1. 实体意义上的犯罪要件。主要包括犯罪行为和犯罪意图。犯罪行为是英美法系犯罪构成的客观要件。犯罪行为有广义和狭义之分：广义的犯罪行为，指犯罪心理以外的一切犯罪要件，也就是犯罪构成的客观要件，包括狭义上的犯罪行为、犯罪结果和犯罪情节等。狭义上的犯罪行为指有意识的行为，它由行为和意识构成。犯罪行为是法律予以禁止并力求防止的有害行为，这是构成犯罪的首要因素。

---

① 甘雨霈、何鹏：《外国刑法学》，北京大学出版社 1984 年版，第 274 页。

犯罪意图又称为犯罪心理，是英美法系犯罪构成的主观要件。在英美刑法中，犯罪意图分为四种：(1)蓄意。指行为人行动时的直接目的就是引起法律规定为犯罪的结果，或者直接目的就是实施法律规定为犯罪的行为。(2)明知。指行为人行动时明知道他的行为就是法律规定为犯罪的行为或者明知道法律规定为犯罪的情节。(3)轻率。指行为人轻率地对待法律规定对犯罪的结果或情节。(4)疏忽。指行为人疏忽地对待法律规定为犯罪的结果或情节。

2.诉讼意义上的犯罪要件。英美法系诉讼意义上的犯罪要件即合法抗辩事由，又称为免责理由。它具有诉讼法的特点，在英美刑法中是受到特别重视的一部分内容。合法抗辩的内容有：未成年、错误、精神病、醉态、被迫行为、警察圈套、安乐死、紧急避险、合法防卫等，其中既有客观上的合法抗辩事由，也有主观上的合法抗辩事由。

根据英美刑法的特点，刑法规范的适用是建立在这样一个普遍推定的基础之上的，即实施了符合法定犯罪要件的行为人被推定为是有实际危害和有责任的。因此，控告一方只需要证明被告人的行为符合法定犯罪要件，就可以了。如果被告一方在其行为符合法定犯罪要件的情况下要否定其刑事责任，那就应说明他的行为没有实际危害或者是没有主观责任的，即所谓刑法上的合法辩护。[①]

## 二、我国关于犯罪构成要件的争讼

关于犯罪构成的要件，即犯罪构成由哪些要素、条件组成，目前我国刑法理论存在着一定的分歧。

### (一)主流观点："四要件说"

以苏联为代表的犯罪构成理论，主张犯罪由犯罪客体、犯罪的客观方面、犯罪的主体、犯罪的主观方面四个要件构成。由于这四个要件之间具有"耦合式"的逻辑结构，因而我们称之为"耦合式的犯罪构成体系"，也有学者称之为"四边形结构的犯罪构成体系"。

我国的犯罪构成理论，是20世纪50年代在吸收苏联犯罪构成理论，并在总结我国刑事立法和刑事司法实践经验的基础上逐步形成的。1979年《刑法》制定颁布后，高铭暄主编、作为"高等学校试用教材"的《刑法学》(法律出版社1982年版)首次提出犯罪构成有四个要件(这就是"四要件说"的由来)，之后这一主张相继为一些高校刑法学教材沿用。这样，我国传统的、比较公认的刑法观点认为，犯罪构成要件有四个，即：(1)犯罪客体；(2)犯罪客观方面；(3)犯罪主体；(4)犯罪主观方面。这种观点，人们习惯上称之为"四要件说"。无论是在刑法学界，还是司法实践

---

① 储槐植：《美国刑法》，北京大学出版社1996年版，第48～68页。

部门，"四要件说"大体上成了犯罪构成要件的"通说"，得到大家的普遍认同。

（二）其他观点

对于犯罪构成要件，随着研究的深入，人们提出不同的主张，形成了意见分歧。纵观我国关于犯罪构成理论的研究，可以发现：大部分人主要是围绕如何使现有的"四个要件"为中心的犯罪构成理论更加深化和完善，提出一些修改或修正观点。但是，也有一部分人对传统的、公认的犯罪构成理论本身的结构和体系产生了质疑，提出了种种建立新的体系（即犯罪构成要件）的设想。后者较有代表性的观点举例如下：

1."二要件说"

具体又可以分为三种意见。第一种意见认为，犯罪构成的要件只有两个，即行为要件和行为主体要件。这种观点也就是将主体称为主体要件，把客观行为的主客观要件（客观行为和主观罪过）合为一体，总称为"行为要件"。

第二种意见认为，犯罪构成要件应分为主观要件和客观要件两个部分。理由是犯罪构成研究的是行为而不是行为人，不把主体作为构成要件对认定犯罪没有影响。主体是解决行为人应否负担刑事责任的问题，这是在查明犯罪构成要件前要解决的前提条件。至于客体，它是附属于行为的，任何犯罪行为都必然会侵犯一定的客体，在一般情况下通过行为要件的性质就可以确定侵犯的是什么客体；同时，构成要件都必须是由刑法规定的，我国刑法对客体没有作出规定，只是某些条款中可以反映出侵犯的客体。因此，客体不能作为犯罪构成要件。[①] 需要说明的是，实际生活中，认为犯罪客体或者犯罪主体不是犯罪构成要件，而是行为人承担刑事责任的依据、条件的观点，得到了不少人尤其是年轻学者的赞同，有一定的影响。例如，有人提出："我们不应把犯罪主体作为犯罪构成的一个要件加以研究，而应把它作为刑事责任的一个条件加以研究。"[②]有人提出，"在这个犯罪构成中，只有两个必要的构成要件，即作为主观要件的主观罪过和作为客观要件的行为，主观要件是定罪的内在依据，客观要件是定罪的外在依据"。[③]

第三种意见认为，犯罪构成要件包括罪体和罪责两个方面。罪体是犯罪构成的本体要件之一，是犯罪构成的客观要件，指刑法分则规定的、表现为客观外在事

---

① 唐世月：《犯罪客体不应作为犯罪构成要件》，载《法学杂志》1998 年第 6 期；杨兴培：《论我国传统犯罪客体理论的缺陷》，载《华东政法学院学报》1999 年第 1 期；朱建华：《论犯罪客体不是犯罪构成要件》，载《广东社会科学》2005 年第 3 期；等。

② 傅家绪：《犯罪主体不应是犯罪构成的一个要件》，载《法学评论》1984 年第 2 期。

③ 郑伟：《新刑法学专论》，法律出版社 1998 年版，第 150 页。

实的构成要件；罪责也是犯罪构成的本体要件之一，是定罪的主观根据。[①]

2.“三要件说”

具体又可分为两种意见。第一种意见认为，犯罪构成的要件不是四个，而应是三个，即犯罪主体、危害社会的行为、犯罪客体。这种“三要件说”认为，犯罪的主观方面和犯罪的客观方面本来是密不可分的有机整体，如果抛开危害行为中包含、渗透着行为人的主观罪过这一特殊性，就难以正确解决刑法因果关系，所以主张把二者合并为一个要件即“危害社会的行为”。第二种意见认为，犯罪构成要件包括：犯罪主体、犯罪客观方面和犯罪主观方面。而犯罪客体不是犯罪构成要件，它反映的是犯罪行为的实质，是犯罪概念所提出的犯罪本质特征。

3.“五要件说”

个别学者认为，所谓犯罪构成要件，是指犯罪构成中所包含的构成成分，或者说组成犯罪的各个要素。在提法上，认为与其提“犯罪构成要件”，不如提“构成犯罪的要素”。按照这样的见解，其认为构成犯罪的诸要素应当是：危害社会的行为、危害行为的客体、危害社会的严重后果以及它同危害行为之间的因果关系、危害行为的主体要件和危害行为人的主观罪过五个方面。[②] 也有人提出犯罪构成的基本要件为犯罪行为、犯罪客体、犯罪客观方面（包括犯罪结果及因果关系）、犯罪主体和犯罪的主观方面。[③]

需要说明的是，现在我国仍然保持着犯罪构成“四要件说”的传统理论模式。尽管“四要件说”发展到今天，正面临着各种质疑、挑战，而且应当承认这一犯罪构成理论模式可能存在着陈旧、机械等不能令人满意之处。但是，无论如何，“四要件说”至今仍占有统治地位，在我国司法实践中已经产生了较为深远的影响，具有较大、较强的生命力。

## 三、我国主流观点下的犯罪构成要件

社会上的犯罪是多种多样的，仅我国刑法分则规定的罪名就达几百个。每一个犯罪都有自己独特的犯罪构成要件。正是各种犯罪的不同的构成要件，反映了各种犯罪的具体危害性和一般特点。在司法实践中，必须弄清每一种具体犯罪所要求具备的构成要件。只有这样，才能正确地定罪和量刑。虽然我国刑法规定的各种具体犯罪的构成要件彼此不同，但是它们存在着共同之处，即各种犯罪都必须

① 陈兴良：《本体刑法学》，商务印书馆 2001 年版，第 226 页和第 296 页。不过，在后来的论著中，作者又追加了“罪量”作为犯罪构成要件，对此可参见陈兴良：《作为犯罪构成要件的罪量要素——立足于中国刑法的探讨》，载《环球法律评论》2003 年秋季号。

② 周密：《论证犯罪学》，群众出版社 1991 年版，第 52 页。

③ 宣炳昭等编著：《犯罪构成与刑事责任——刑法学研究综述》，中国政法大学出版社 1993 年版，第 48 页。

具备某些共同的要件。

按照我国刑法理论所坚持和强调的犯罪构成“四要件说”，普遍认为各种犯罪的共同构成要件包括四个方面，而且按照认定犯罪的过程排序为：

1. 犯罪客体。它所表明的是，犯罪侵害了什么利益。一般认为，犯罪客体是指我国刑法所保护而为犯罪行为所侵害的社会主义社会关系。例如，杀人罪侵犯的客体是他人的生命权利、盗窃罪侵犯的客体是公私财产的所有权等等。任何犯罪都是侵害一定的社会关系，即一定的客体。犯罪的社会危害性就表现为对一定的客体造成了或可能造成某种危害。不侵害任何客体的行为是不会构成犯罪的。因此，犯罪客体是任何犯罪构成都不可缺少的要件。

2. 犯罪的客观要件。即表明犯罪是在什么条件下，用什么样的行为，使客体遭受什么危害的要件。犯罪的客观要件首先是指行为人所实施的危害社会的行为，如杀人行为、故意伤害行为、抢劫行为、贪污行为等等。只有通过客观的行为，才能使客体受到危害。其次，犯罪的客观要件是指危害行为所造成的或者可能造成的对社会的危害结果。危害结果不论表现形式如何，都是任何犯罪不可缺少的构成要素。此外，在某些特定的犯罪中，犯罪时间、地点、方法、手段、工具，也是犯罪成立所不可缺少的要件。

3. 犯罪主体。即表明犯罪是由什么人实施的要件，或者说行为必须由什么人实施才构成犯罪的要件。在我国刑法中，犯罪主体是指实施了犯罪行为，应当承担刑事责任的人或单位。换言之，犯罪主体就是犯罪行为的实施者。道理很清楚，没有犯罪主体的犯罪是不可能存在的。事实上，任何犯罪都有其实施者，而且追究刑事责任的对象只能是犯罪行为的实施者而不能是其他任何人。因此，任何犯罪都必然要有犯罪主体——犯罪行为的实施者和刑事责任的承担者。同时，行为人（自然人或单位）只要不符合犯罪主体的构成条件，即使实施了危害社会的行为，也不能说是构成犯罪，更不能追究其刑事责任。例如，根据我国刑法第 17 条的规定，不满 14 周岁的人实施了危害社会行为的，不负刑事责任；第 18 条规定，不能辨认或者不能控制自己行为的精神病人实施危害行为造成危害结果的，不负刑事责任。除此之外，对于某些具体犯罪来说，行为人的特定身份，也是构成该罪的必要条件。例如，贪污罪、受贿罪的主体必须是国家工作人员，倘若行为人不具备这种特定身份，则不构成该种犯罪。所以，犯罪主体作为犯罪构成的必备要件之一，是不依人的主观意志为转移的客观实在，也是我国主客观相统一的犯罪构成理论的必然要求。任何否认犯罪主体是犯罪构成要件之一的观点，都是没有理论根据，也是不能成立的。

4. 犯罪的主观要件。即表明行为人犯罪时主观心理状态的要件。根据我国刑法的规定，犯罪的主观要件包括两种形式，即故意和过失。每一种犯罪都必须具有一定形式的主观要件。如果行为人的行为虽然客观上造成了损害结果，但是主观上既无故意，也无过失的，则不构成犯罪。即是说，仅有客观危害，没有主观罪过，就不构成犯罪。此外，刑法规定某些犯罪必须具有某种目的才能构成，这就是刑法理论上所称的“目的犯”。例如，构成赌博罪，必须行为人主观上有营利的目的。对于这种需要犯罪目的才构成的犯罪，其目的也是主观要件不可缺少的内容。需要指出的是，上述四个要件是有机统一、密切结合的。

任何犯罪都是犯罪主体所实施的危害社会的行为，因此任何犯罪构成都必然包含表明主体和行为特征必不可少的主观要件和客观要件。主体和行为永远不能分离，主观要件和客观要件总是结合成一个统一的整体来反映社会危害性及其程度的。例如，引例中行为人杨某、肖某，主观上具有非法占有商场财物的故意，客观上以秘密的方式窃取了商场的财物，主客观相统一，根据《刑法》第 264 条的规定，构成盗窃罪。只有牢记这一点，才不致在分析各个犯罪构成要件的时候，犯“只见树木不见森林”的错误，从而全面、正确地认识我国刑法中规定的犯罪所必须具备的构成要件。

同时，还需要指出的是，对于上述犯罪构成的四个要件，理论上可以进行必要的层次划分：(1)第一层次的划分：首先可以把各种犯罪构成的要件划分为两大类，即客观要件和主观要件。(2)第二层次的划分：在第一层次划分的前提下，再进一步划分出四个要件，即在客观要件之下划分出犯罪客体、犯罪的客观方面这两个要件，在主观要件之下划分出犯罪主体、犯罪的主观方面这两个要件。(3)第三个层次的划分：在第二层次的划分之下，再具体划分出若干个组成犯罪构成要件的基本单位(即各个构成要件)。具体为，在犯罪客体中划分出犯罪客体和犯罪对象。在犯罪的客观方面划分出危害行为和危害结果(包括危害行为与危害结果之间的因果关系)，犯罪时间、地点、方法、手段、工具。在犯罪主体中划分出刑事责任能力，刑事责任年龄，自然人、特定身份、单位。在犯罪的主观方面划分出犯罪故意、犯罪过失、犯罪目的、犯罪动机等。这样，犯罪构成经过三次划分，就形成了完整的层次结构。

## 第四节 犯罪构成的意义

犯罪构成的意义，可以从多个方面来阐明。我们认为，犯罪构成无论是在刑法理论上，还是在司法实践中，都具有重大的意义。

### 一、理论意义

首先，犯罪构成作为一种理论，即犯罪构成理论，它是刑法理论的核心和刑法理论体系的基础。这是犯罪构成的理论意义。

我国犯罪构成理论的基本特点，就是把理论化、概念化了的刑法分则的犯罪构成，提升到刑法总则的中心地位作为犯罪成立的根本条件，并以此为基础来构筑犯罪论体系，把刑法总论与刑法分论结合为一个有机整体，并以此来解决定罪量刑的一系列问题。

具体体现为：一方面，刑法总论的一系列重要问题，包括犯罪论和刑罚论当中的重要问题，如犯罪的成立条件、定罪、罪与非罪的界限、此罪与彼罪的区分，犯罪未遂、犯罪预备、犯罪中止，共同犯罪，以及正当防卫、紧急避险，刑事责任，量刑等问题，都必须以犯罪构成理论为基础。特别需要说明的是，由于犯罪构成理论是对一切犯罪构成所作的科学的抽象和概括，反映出犯罪构成的共同特征，从而对分析具体的犯罪构成，正确地定罪量刑，具有决定性和指导性的意义。另一方面，刑法分则的各种具体犯罪的成立，罪与非罪、此罪与彼罪的界限，以及各种具体犯罪的刑事责任，也都必须以犯罪构成理论为根据。所以，犯罪构成理论是刑法理论的核心和刑法理论体系的基石。

## 二、实践意义

从司法实践的角度看，犯罪构成作为一种法律概念，即法定的犯罪构成，它是定罪量刑的法律准绳，也是追究犯罪人刑事责任的客观根据。因此，犯罪构成理论及其犯罪构成要件学说，不仅是一种理论体系，而且具有很强烈、很实在的实践价值。

具体来说，犯罪构成理论的实践价值主要有：

1. 为划清罪与非罪的界限提供具体标准

犯罪的一般概念只能从犯罪的基本属性上给予我们认定犯罪提供一个原则界限，大量的罪与非罪的界限，都表现在刑法分则规定的犯罪构成要件当中。实际上，司法实践中的犯罪都是具体的，而不是抽象的，因而都需要有个确定罪与非罪的具体标准。而这种定罪标准，是由刑法条文明确、具体加以规定的。比如说，构成抢劫罪，必须是行为人实施了暴力、胁迫或者其他方法劫取他人财物的行为；构成受贿罪，其主体必须是国家工作人员，客观上必须是行为人利用职务上的便利收受或者索取他人的财物；等等。而我们则把刑法条文规定的这种定罪标准归纳为犯罪构成的四个要件，即犯罪客体、犯罪客观方面、犯罪主体、犯罪主观方面，缺少任何一个要件都不能成立犯罪。例如，按照刑法第 236 条关于强奸罪的规定，要构成强奸罪，必须具备这几个条件：(1)犯罪客体是妇女性的不可侵犯权利；(2)客观方面表现为行为人使用暴力、胁迫或者其他手段，违背妇女意志而强行奸污的行为；(3)犯罪主体是具备责任能力、达到责任年龄的自然人；(4)犯罪人主观方面是出于故意。行为人具备了这几个犯罪构成要件，强奸罪就成立，就应当追究行为人的刑事责任。假如行为人在客观上没有使用暴力、胁迫或者其他手段，对方妇女是出于自愿的，虽然一方或者双方有配偶，这只是通奸行为，不应成立强奸罪。这就是以犯罪构成来划分罪与非罪的界限。

所以，在司法实践中，不懂得犯罪构成，许多具体犯罪的标准就掌握不准，也就难以划清各种案件中罪与非罪的界限。

2.为区分此罪与彼罪的界限提供具体标准

罪与非罪的界限是原则界限，是必须划清的。但是，仅仅划清罪与非罪的界限而不划清此罪与彼罪的界限，是不够的、有欠缺的。此罪与彼罪的界限同样必须严肃对待，严格区分。我们常说的“定性准确”，包括要划清罪与非罪的界限，也包括区分此罪与彼罪的界限。为什么呢？因为：一是各种犯罪的区别是客观存在的，我们认定犯罪理应如实反映这种实际情况。二是不同的犯罪，有不同的性质和特点，它们的法律意义有所不同。例如，故意杀人与过失杀人，就有原则区别，处罚更是大不相同。再如，抢劫罪与抢夺罪，虽然只有一字之差，却是有着重大区别的两个罪名，不能混淆。如果不搞清每一种犯罪的构成要件，就难免模糊不同犯罪的界限，无法准确地定罪。而要想分清这种界限，唯一的办法就是搞清楚每一种犯罪的构成要件。

3.有助于正确裁量刑罚

犯罪构成的主要作用是为正确定罪提供法律标准，但这并不意味着它对量刑毫无意义。因为，定罪是量刑的前提和基础，只有定性准确，才能量刑适当。而且刑法上对许多不同的犯罪，根据其社会危害程度的不同，规定了不同的法定刑。因此，犯罪构成对量刑也有相应的意义。例如，抢劫罪与抢夺罪，前者法定最低刑为3年有期徒刑，最高刑为死刑；而后者法定最低刑为管制，最高刑为无期徒刑。如果把抢劫性质的案件定为抢夺罪，或者反过来把抢夺性质的案件定为抢劫罪，除了定罪不准外，其结果肯定是量刑失当。因此，我们经常说，只有正确地定罪，才能为正确量刑奠定基础，这是完全正确的一句话。这里，尤其值得一提的是，在加重构成与减轻构成（结果、情节）的情况下，正确地适用犯罪构成，对于准确量刑更是具有直接意义。

总之，犯罪构成的理论是刑法学的核心组成部分，司法人员只有正确理解和掌握犯罪构成，才能真正贯彻执行“以事实为根据，以法律为准绳”的原则，正确定罪，准确判刑，做到不枉不纵，既惩罚犯罪又不伤害无辜。

## 司法考试真题链接

1. 关于构成要件要素的分类，下列哪些选项是正确的？（2008年司法考试真题）

   A. 贩卖淫秽物品牟利罪中的“贩卖”是记述的构成要件要素，“淫秽物品”是规范的构成要件要素

   B. 贩卖毒品罪中的“贩卖”是记述的构成要件要素，“毒品”是规范的构成要

件要素

C. 强制猥亵妇女罪中的“妇女”是记述的构成要件要素，“猥亵”是规范的构成要件要素

D. 抢劫罪的客观构成要件要素是成文的构成要件要素，“非法占有目的”是不成文的构成要件要素

2. 关于犯罪主体，下列哪一选项是正确的？（2009 年司法考试真题）

A. 甲（女，43 岁）吸毒后强制猥亵、侮辱孙某（智障女，19 岁），因强制猥亵、侮辱妇女罪的主体只能是男性，故甲无罪

B. 乙（15 岁）携带自制火药枪夺取妇女张某的挎包，因乙未使用该火药枪，故应当构成抢夺罪

C. 丙（15 岁）在帮助李某扣押被害人王某索取债务时致王某死亡，丙不应当负刑事责任

D. 丁是司法工作人员，也可构成放纵走私罪

3. 关于危害结果的相关说法，下列哪一选项是错误的？（2008 年司法考试真题）

A. 甲男（25 岁）明知孙某（女）只有 13 岁而追求她，在征得孙某同意后，与其发生性行为。甲的行为没有造成危害后果

B. 警察乙丢失枪支后未及时报告，清洁工王某捡拾该枪支后立即上交。乙的行为没有造成严重后果

C. 丙诱骗 5 岁的孤儿离开福利院后，将其作为养子，使之过上了丰衣足食的生活。丙的行为造成了危害后果

D. 丁恶意透支 3 万元，但经发卡银行催收后立即归还。丁的行为没有造成危害后果

4. 甲为杀害仇人林某在偏僻处埋伏，见一黑影过来，以为是林某，便开枪射击。黑影倒地后，甲发现死者竟然是自己的父亲。事后查明，甲的子弹并未击中父亲，其父亲患有严重心脏病，因听到枪声后过度惊吓死亡。关于甲的行为，下列哪一选项是正确的？（2007 年司法考试真题）

A. 甲构成故意杀人罪既遂

B. 甲构成故意杀人罪未遂

C. 甲构成过失致人死亡罪

D. 甲对林某构成故意杀人罪未遂，对自己的父亲构成过失致人死亡，应择一重罪处罚

# 第七章　犯罪构成客体要件

## 第一节　犯罪构成客体要件概述

### 一、犯罪构成客体要件的概念

#### （一）犯罪构成客体要件的概念

犯罪客体，说明犯罪危害什么，是决定犯罪社会危害性的首要条件。假如一种行为不危害任何客体，就意味着它对社会没有危害性，法律不可能把它规定为犯罪，在司法实践中也绝不应把这种行为当作犯罪论处。因此，它是我国刑法中犯罪构成基本的必备的要件之一。

犯罪客体要件简称犯罪客体，我国刑法学通行的观点是："犯罪客体是指我国刑法所保护而为犯罪行为所侵害的我国社会主义的社会关系。"

需要注意的是，除了我国这种将犯罪客体界定为"社会关系"的"通说"外，关于什么是犯罪客体，中外较有代表性的观点主要有：

1."法益"说。以大陆法系为代表的绝大多数资产阶级刑法学者都认为，所谓犯罪客体，就是犯罪行为所侵犯的法益，即法律所保护的利益和价值。依照这种观点，犯罪行为所指向的标的或者对象，就是犯罪所侵犯的客体。例如，生命、身体、自由、名誉、财产、信用、风俗、秩序等，皆属于法益的范畴。[①] 以这种理论为指导，许多资产阶级国家的刑法都对法益作了不同种类的划分（如分为公法益和私法益、专属法益和一般法益、有形法益和无形法益等），而且一般将犯罪分为侵犯国家法益、侵犯社会法益、侵犯个人法益的犯罪这三类。[②]

2."权益"或"利益"说。在我国，有的学者认为，"犯罪客体是刑法所规定的，而

① 法益说在我国主要形成于20世纪90年代以后，是一种影响较大的学说，大有与通说分庭抗礼之势。有关"法益说"的具体内容，详细可以参见张明楷：《法益初论》，中国政法大学出版社2000年版。

② 高铭暄：《刑法学原理》（第一卷），中国人民大学出版社1993年版，第478～480页。

为犯罪行为所侵犯的权益”，“犯罪客体要件，是指刑法规定的，行为成立犯罪所必须侵犯并且已被侵犯的合法权益”。[①] 有的学者认为，“犯罪客体是指刑法所保护而为犯罪行为所侵害的社会主义社会利益”。[②] 仔细分析一下，不妨认为这种观点其实与“法益说”并没有实质的差别，或者说是异曲同工。

3.“权利”说。这种观点认为，在许多具体犯罪中，都使用“权利”一词。如侵犯财产罪的客体是“社会主义公共财产权利和公民私人所有的合法财产权利”，杀人罪的客体是他人的“生命权利”。因此，持这种观点的人认为，犯罪行为直接指向的是刑法所保护的权利，犯罪客体当然是指刑法所保护而为犯罪所侵害的权利。[③]

4.“刑事被害人”说。有人认为，“犯罪客体是法律权利和利益遭受犯罪行为侵害的，具有人格特征的自然人、单位以及国家和社会，也称刑事被害人”。[④]

5.“人或物”说。有人认为，“犯罪客体就是指被犯罪行为指向或受影响的人或物”。[⑤] 这种观点，在“通说”看来，其实是“犯罪对象说”。

6.“社会关系、生产力和环境”说。有人提出，“犯罪客体是指受危害行为侵害或威胁的为刑法所保护的社会利益，包括社会关系、生产力和环境”。[⑥]也有人认为，“我国社会主义初级阶段的犯罪客体是指受犯罪行为所侵害或威胁的法律利益，包括适合生产力发展状况的社会关系、生产力和环境”。[⑦]

7.“法律秩序”说。这种观点认为，刑法作为整个法律体系的一部分，经它调整后形成的法律秩序和其他法律秩序一起共同整合社会秩序。经法律规范调整的社会秩序可以称为确定性的法律秩序或组织、人造的秩序(未经法律规范所调整的秩序是自生自发的秩序)。根据这种观点，犯罪的实质是对法律规范的确定性秩序的违反，相应的，所谓的犯罪客体就是由整体法律所规范的而为犯罪行为所侵犯的确定性法律秩序。[⑧]

上述七种学说是作为对“社会关系”这一通说的质疑而提出的，并且在犯罪客体中去掉了“社会关系”这一核心范畴，而代之以其他内容来构建完全不同的犯罪客体理论，故我们不妨统称为“非社会关系论”。

我们认为，无论是大陆法系刑法理论所主张的“法益”，还是我国一些刑法学者所主张的“利益、权益”、“权利”、“刑事被害人”、“人或物”等等，都不应界定为犯罪

---

① 张明楷:《刑法学》(上)，法律出版社 1997 年版，第 115、116 页。

② 何秉松:《刑法教程》，法律出版社 1987 年版，第 50 页；并参见何秉松:《刑法教科书》，中国法制出版社 2000 年版，第 286 页。

③ 冯亚东:《理性主义与刑法模式》，中国政法大学出版社 1999 年版，第 206～207 页。

④ 刘生荣:《犯罪构成原理》，法律出版社 1997 年版，第 119 页。

⑤ 郑伟:《新刑法学专论》，法律出版社 1998 年版，第 135 页。

⑥ 赵廷光:《中国刑法原理》(总论卷)，武汉大学出版社 1992 年版，第 157 页。

⑦ 陈小青:《对犯罪客体的新认识》，载《中南政法学院学报》1989 年第 2 期。

⑧ 赵长青、邓超:《犯罪客体再探》，载《福建政法管理干部学院学报》2000 年第 4 期。

客体。因为：

(1)犯罪客体是受到犯罪行为侵犯的、而为刑法所保护的权利或者利益之间形成的社会关系，而不是这些权利或者利益本身。犯罪客体，作为与犯罪主体的对应物，应当具备人格特征，而不是客观存在的权利或者利益本身。当然的，“法益”说与“社会关系”说确有契合之处，或者说外貌不同但实质相似，故值得重视。

(2)将“刑事被害人”或者危害行为指向或影响的“人或物”说成是犯罪客体，实际上是将犯罪对象的概念用来代替犯罪客体，混淆了犯罪对象与犯罪客体之间的界限。

(3)将犯罪客体说成是“社会关系、生产力和环境”或者“法律秩序”，确实是颇为新奇的观点。但是，这两种观点与社会关系、生产力、生产关系原理相矛盾，混淆了社会关系与社会利益之间的辩证关系，也不符合我国现行刑事立法的规定。更无法认同的是，其概念本身也是含混不清的，难以明白什么是犯罪客体。

因此，回避犯罪客体是犯罪行为所侵犯而为我国刑法所保护的社会关系这一实质问题，就会有意或无意地掩盖犯罪的实际社会内容，因而也就无法正确反映犯罪客体的内涵，无法正确揭示犯罪的阶级本质。

### (二)犯罪客体的特征

通说认为，犯罪客体是指我国刑法所保护而被犯罪行为所侵犯的社会关系。按照这样一种观点，犯罪客体具有以下三点特征：

1. 犯罪客体是我国社会主义的社会关系

社会关系是人们在生产和共同生活中所形成的人与人之间的相互关系。社会关系包括物质关系和思想关系。某一社会形态下的社会关系决定了该社会的政治、经济、思想、道德、文化的基本形态和人们之间的基本关系。犯罪行为由于危害某一社会形态下人们的生命安全、财产安全、社会秩序，动摇和危害社会的基本形态和人们之间的基本关系，从而使该社会的社会关系受到危害。比如，生产销售伪劣商品犯罪，走私犯罪，贷款诈骗罪，偷税、抗税罪等，侵犯了社会主义经济关系；抢劫犯罪，盗窃犯罪，抢夺犯罪等，侵犯了财产关系，等等。总之，犯罪都是侵犯社会主义的社会关系。

2. 犯罪客体是我国刑法所保护的社会主义社会关系

社会关系涉及社会生活的各个领域，包括不同的层次。而被犯罪所侵害的、受我国刑法所保护的只是其中最重要的一部分。作为犯罪客体的社会关系不是一般意义上的社会关系，如友谊关系、师生关系、干群关系等，而是我国刑法所保护的社会关系。这种关系主要有：国家安全，社会公共安全，市场经济秩序，公民的人身权利、民主权利和其他权利，公私财产的所有权，正常的社会秩序，国家的国防利益，国家机关的正常活动，等等。也就是说，作为犯罪客体的社会关系必须是刑法加以保护的那部分社会关系，而没有纳入刑法调整范围的社会关系不可能成为犯罪客体。事实上，刑法作为惩处犯罪的最有力武器，通过处罚犯罪体现了对社会关系的法律保护。

3.犯罪客体是为犯罪行为所侵害的社会主义社会关系

社会主义社会关系是客观存在的，如果没有被犯罪行为所侵犯，就不能说它是犯罪客体。犯罪客体和犯罪行为是紧密联系的。没有犯罪行为，就谈不到犯罪客体。即是说，只有刑法所保护的社会关系被犯罪行为所侵害时，才能成为犯罪客体。例如，根据我国刑法第232条的规定，杀人罪的犯罪客体是人的生命权利。而我们知道，人的生命权利是客观存在的，如果没有被犯罪行为所侵犯，就不能说人的生命权利是犯罪客体。因此，犯罪客体还必须是犯罪行为所侵犯的社会关系。

## 二、我国刑法对犯罪客体的规定方式

我国刑法对犯罪客体的规定，采取多种多样的方式，主要有：

1.有的条文明确揭示了犯罪客体。例如，《刑法》第252条明确规定侵犯通信自由罪的客体是“侵犯公民通信自由权利”。

2.有的条文指出犯罪客体的物质表现（实际上是作为犯罪对象的物），透过物质表现表明犯罪客体。例如，《刑法》第170条规定的伪造货币罪，第171条规定的出售、购买、运输假币罪，其犯罪客体是国家货币制度。这里，货币不是这两种罪的犯罪客体，只是犯罪客体的物质表现。

3.有的条文指出被侵犯的社会关系的主体——人或单位，进而揭示主体相应的犯罪客体。例如，《刑法》第236条规定的强奸妇女罪，妇女是该罪侵犯的社会关系的主体，而作为社会关系具体内容的该妇女的性的自主权利则是该罪的客体。

4.有的条文指出对某种法规的违反来揭示犯罪客体。某种法规本身不是犯罪客体，而法规所调整和保护的一定社会关系，则是该罪的客体。例如，《刑法》第228条规定，以牟利为目的，违反土地管理法规，非法转让、倒卖土地使用权，情节严重的，构成犯罪。这里，土地管理法规不是非法转让、倒卖土地使用权罪的犯罪客体，而土地管理法规所调整和保护的土地使用权制度才是该罪的犯罪客体。

5.有的条文通过对犯罪行为具体表现形式的描述表明某一犯罪客体。例如，刑法第246条规定的侮辱罪和诽谤罪，其犯罪行为的表现形式是“以暴力或者其他方法公然侮辱他人或者捏造事实诽谤他人”，这样就明确地告诉我们，这两种犯罪的犯罪客体是他人的人身权利（具体为人格、名誉）。

## 三、犯罪客体的意义

研究犯罪客体对于进一步揭示犯罪的实质，正确认定和处理刑事案件，具有重要意义。具体地说：

### (一)有助于区分罪与非罪、此罪与彼罪的界限

通过对犯罪客体的研究,可以帮助我们确定犯罪性质,分清罪与非罪、此罪与彼罪的界限,正确进行定罪。

这里,需要明确的关键是,犯罪客体究竟是不是犯罪构成的要件。犯罪客体是犯罪构成的要件之一,这是我国刑法学界传统、公认的观点。但也有人对此提出了异议,认为它不是犯罪构成要件,即是说犯罪成立与否无须考虑到犯罪客体。

我们认为,犯罪概念所讲的"犯罪"是个抽象的概念,揭示的是犯罪的共同属性,而犯罪构成当中所讲的"犯罪"是具体的概念,反映的是犯罪的个别属性。就犯罪客体而言,它体现的也是具体化的犯罪而不是抽象化的犯罪。虽然说,犯罪客体对于司法人员确定某个行为是否构成犯罪,即区分罪与非罪的界限,作用不是很明显。然而,由于犯罪行为所侵犯的社会关系不同,就决定了犯罪行为的性质不同。司法人员接触某一个具体的犯罪案件时,肯定要考虑到这种犯罪侵犯了什么样的社会关系,该具体定什么罪。从这个意义上讲,应该说犯罪客体是犯罪构成的要件之一,而不能认为它跟定罪无关。

进一步地说,犯罪客体在定罪方面所起的作用,主要是通过犯罪的直接客体——即某种犯罪所直接侵犯的社会关系来体现的。直接客体对于区别犯罪性质,具有重要而且不可缺少的作用。例如,盗窃仓库里的电线和盗窃正用于通信的电线,仅从物质对象来看是一样的——盗窃电线,但这种物质对象背后所体现的社会关系——犯罪客体,是不同的。前者的犯罪客体是国家、集体或者公民个人所有的财产权利;后者的犯罪客体则是公共电信设施安全。由此,决定这两种行为的性质不同,罪名也就不同。前者属于侵犯财产罪中的盗窃罪,后者属于危害公共安全罪的破坏公共电信设施罪。再比如,杀人罪与故意伤害罪侵犯的直接客体不同,一是他人的生命权利,另一是他人的健康权利,从而使得这两者的性质可以区分开来。因此,正确认识犯罪客体,有助于我们深刻揭示各种犯罪的性质,也有助于正确地把某些犯罪之间的界限区别开来,从而正确地定罪。

### (二)有助于正确地量刑

由于犯罪所侵犯的社会关系不同,就必然影响到甚至决定犯罪行为的社会危害程度的不同。而社会危害程度不同即大小轻重,正是量刑轻重的依据之一。也就是说,犯罪客体不同,量刑的轻重也就不同。例如,杀人罪与故意伤害罪、抢劫罪与抢夺罪,量刑时显然有轻重区别,这种区别在于刑事立法时已经根据它们所侵犯的犯罪直接客体的不同而规定了轻重不同的量刑幅度,杀人罪重于故意伤害罪、抢劫罪重于抢夺罪。因此,正确认识犯罪客体,对于正确量刑也有重要意义。

## 第二节 犯罪客体的种类

### 一、犯罪客体的一般分类

为了正确认识犯罪客体在我国刑法中的作用，并运用它来解决一些实际问题，根据犯罪行为所侵犯的社会主义社会关系范围的不同，刑法理论通常把犯罪客体区分为一般客体、同类客体和直接客体三个层次。

#### (一)犯罪的一般客体

犯罪的一般客体，是指一切犯罪所共同侵犯的客体，也就是我国刑法所保护的社会主义社会关系的整体，或者说是指受到犯罪侵犯的我国《刑法》第 2 条、第 13 条规定保护的整个社会主义社会关系。

犯罪的一般客体体现了一切犯罪的共性，或者说揭示出所有犯罪的共同社会政治本质即阶级实质。任何犯罪，不管它具体的表现形式如何，都是侵犯了我国刑法所保护的社会关系。认识到这一点，对于我们认识犯罪的阶级实质，了解我国刑法打击什么、惩罚什么，有效地同犯罪作斗争，具有十分重要的意义。

#### (二)犯罪的同类客体

犯罪的同类客体，是指某一类犯罪共同侵犯的客体，也就是刑法所保护的社会主义社会关系的某一部分或者某一方面。例如，危害公共安全罪的同类客体是社会公共安全，渎职罪的同类客体是国家机关的正常活动，等等。

犯罪同类客体所揭示的是某一类犯罪所侵犯的社会关系的共性。例如，杀人罪侵犯的是他人的生命权利，伤害罪侵犯的是他人的身体健康权利，强奸罪侵犯的是妇女的性的不可侵犯的权利，非法拘禁罪侵犯的是他人的人身自由权利，等等。这些犯罪的共性即共同的社会关系，就是公民的人身权利。

犯罪同类客体是我国刑法分则对各种犯罪进行分类的依据。正是按照犯罪的同类客体，我国刑法把社会上形形色色的犯罪分为十大类，即：危害国家安全罪，危害公共安全罪，破坏社会主义市场经济秩序罪，侵犯公民人身权利、民主权利罪，侵犯财产罪，妨害社会管理秩序罪，危害国防利益罪，贪污贿赂罪，渎职罪，军人违反职责罪。只有依据同类客体，才能对犯罪作科学的分类，从而建立起严格的、科学的刑法分则体系。

#### (三)犯罪的直接客体

犯罪的直接客体，是指某一种犯罪所直接侵犯的具体的社会主义社会关系，也就是刑法所保护的社会主义社会关系的某个具体部分。例如,故意伤害罪的直接客体是他人的健康权利,抢劫罪的直接客体是公、私财产所有权和公民的人身权利,等等。

直接客体是每一个具体犯罪构成的必要要件,对于正确定罪量刑有十分重要的意义。我们常常说,不存在没有侵犯任何客体的犯罪,这里所说的"客体",往往就是相对直接客体而言的。我们讲犯罪客体是犯罪构成的必备要件,也是从犯罪直接客体这个角度出发的。

## 二、犯罪客体的其他分类

刑法理论也有根据一行为所侵犯的直接客体的情况,把犯罪客体划分为简单客体(又称单一客体)和复杂客体(包括主要客体、次要客体以及选择客体)。

### (一)简单客体

指的是一种犯罪行为只侵犯了一个直接客体。例如,杀人罪侵犯了他人的生命权利,伤害罪侵犯了他人的健康权利,诈骗罪侵犯了公私财物的所有权,等等。这些客体都是单一的。这种情况在现实生活的犯罪中是比较常见的、大量的。

### (二)复杂客体

复杂客体,是指一种犯罪行为同时侵犯了两个以上的直接客体。例如,抢劫罪同时侵犯了公私财物所有权和公民的人身权利这两个客体,贪污罪同时侵犯了公务行为的廉洁性(也有人认为是"国家机关的正常活动、威信")和公共财产的所有权这两个客体,等等。其中,一种犯罪行为侵犯了两种具体社会关系的,称为"双重客体";一种犯罪行为侵犯了两种以上的具体社会关系的,称为"多重客体"。

在一种犯罪行为同时侵犯两个直接客体的情况下,两个直接客体有时并不是并列的关系,而是其中一个为主要客体,另一个则为次要客体。

1. 主要客体。是指某一犯罪行为所侵犯的,刑法重点予以保护的社会关系。犯罪主要客体决定某一犯罪行为的社会危害性性质,从而也决定该种犯罪在刑法分则中的种类归属。立法者之所以将那种复杂客体的犯罪规定在这一类、而不规定在那一类,依据的是该种犯罪所侵犯的主要客体。例如,立法者将抢劫罪列入侵犯财产罪中,说明的是该种犯罪的主要客体是公私财产的所有权,而侵犯公民的人身权利则是次要客体。

2. 次要客体。是指某一犯罪所侵犯的,刑法附带保护的社会关系。例如,抢劫罪在侵犯公私财物所有权的同时,又侵犯了公民的人身权利,因此,刑法在重点保护公私财产所有权的同时,也附带保护公民的人身权利,而后者便是次要客体。

不过,要注意的是,这样的划分并不是说主要客体、次要客体决定着犯罪性质,更不意味着次要客体就是不重要的、可有可无的。一方面，犯罪的性质是由主要客体和次要客体共同决定的，缺乏次要客体就不能构成该种犯罪。如抢劫罪的成立同时必须具备侵犯公私财产的所有权和公民的人身权利这两个客体，缺一不可。另一方面，主要客体与次要客体只是相对而言的，不意味哪个客体有绝对的地位，而只是为了便于对各种不同的犯罪进行分类而已。仍以抢劫罪为例，有的国家如(前捷克斯洛伐克)刑法，就把抢劫罪归入侵犯公民人身权利罪，这说明在该国的刑法中，抢劫罪的主要客体是公民的人身权利，而次要客体是公私财产的所有权。由此可见，在一种犯罪行为侵犯的直接客体是复杂客体的情况下，哪种客体是主要客体，哪种客体是次要客体，是由立法者的意志决定的，反映了立法者所要保护的社会关系的侧重点的不同，仅此而已。

3. 选择客体(也称"随意客体")。所谓选择客体，是指某种犯罪行为刑法明确规定了它所侵害的直接客体，同时还规定了该种犯罪行为可能侵害的其他客体，一旦这种客体实际受到侵害了，就要加重犯罪人的法定刑。这种可能被侵害(或者说"不一定受到侵犯")的直接客体在刑法理论上称之为"选择客体"。

它有两种表现形式：(1)刑法在其他条款中单独加以保护的，而在实施本条或本条第1款所规定的犯罪时不一定受到侵犯的社会关系。例如，非法拘禁罪所侵害的直接客体是公民的人身自由权利，但同时，《刑法》第238条规定，"具有殴打、侮辱情节的，从重处罚"，"犯前款罪，致人重伤的，处3年以上10年以下有期徒刑；致人死亡的，处10年以上有期徒刑"。这里，公民的健康权利和生命权利就是非法拘禁行为可能侵犯的两个客体，这两个客体就是选择客体。选择客体不是犯罪基本构成要件，而是加重结果的构成要件。即使选择客体未受到实际侵害，该种犯罪构成仍然具备全部要件，而一旦选择客体受到实际侵害，也并不改变原来的犯罪构成，但却说明该种犯罪行为的社会危害性程度加重了，因而犯罪人的法定刑也相应加重了。(2)刑法应当保护的，而在该条文中无明确规定的，遭受犯罪侵犯的某种社会关系。例如，刑法第293条规定的寻衅滋事罪，对他人的健康或财产造成了损害，虽然刑法关于寻衅滋事罪的条文中未单独规定，但刑法仍要保护，则他人的健康权利或者财产权利仍不失为选择客体。

此外，刑法理论中对犯罪的直接客体还有这些分类：

1. 根据犯罪行为侵犯的具体社会关系的形式不同，将犯罪的直接客体分为"物质性犯罪客体"与"非物质性犯罪客体"。前者通过一定的具体的物质形式表现出来，如经济关系、财产所有权和人的生命、健康权利等；后者指的是侵犯的社会关系是精神关系(即非物质关系)，通常是以抽象的、观念的形式表现出来，如政治制度、文化、观念、社会风尚、人格、名誉、自由等等。

2. 根据犯罪行为对刑法所保护的社会关系的作用状况，将犯罪的直接客体分为"现实客体"与"可能客体"。前者是指犯罪行为对刑法所保护的社会关系造成了实际损害，如杀人犯罪中把人杀死了，则此人的生命权利便成为现实客体；后者是指犯罪行为对刑法所保护的社会关系未造成实际损害，只是使其受到威胁（损害的可能性），如杀人犯罪中未把人杀死，则此人的生命权利便是可能客体。这些分类，也有其刑法意义，值得注意。

# 第八章　犯罪构成客观要件

【引　例】

被告人黄福祥，男，37 岁，1991 年与李昕结婚，婚后双方经常因家务事发生争吵、厮打。1995 年 6 月 12 日晚 8 时，黄福祥与朋友聚会喝酒后回家，又与李昕发生争吵。李昕说："结婚后老打架，活着真没意思，不如死了算了。"说完便在屋里找农药欲服毒自杀。黄福祥马上找来邻居王刚。王刚劝说李昕后，将农药瓶拿走。此后，黄福祥便自己在家喝酒。不久，黄福祥又与李昕发生争吵，李昕又讲要自杀，并在屋内找绳子。黄福祥对李昕说："你要死，就去死吧。"然后继续喝酒。李昕找到绳子后，将绳子系在屋中的房梁上，踩着凳子自缢。黄福祥一直在场喝酒，当看到李昕自缢并将凳子踢倒，便起身到离其住处一里远的李昕父母家，告诉李昕自杀。李昕父母赶到时，将李昕救下，李昕已经死亡。经法医检验李昕系机械性窒息死亡（自缢）。

## 第一节　犯罪构成客观要件概述

### 一、犯罪构成客观要件的概念

犯罪构成客观要件，是刑法规定的行为人实施的行为及其他外部事实。犯罪构成客观要件主要说明某种具体犯罪是通过什么样的行为，在什么条件下对刑法保护的合法权益进行侵犯，以及这种侵犯造成了什么样的后果的事实特征。

犯罪构成客观要件不同于犯罪的客观方面。犯罪构成客观要件是指成立犯罪在客观方面应具备什么条件，是犯罪成立的法律标准在客观方面的体现。犯罪客观方面是指犯罪事实在客观方面的表面，是犯罪事实的客观层面。犯罪构成客观要件是刑法规定的，具有法律属性。犯罪客观方面不是法律规定的，具有事实属性。

犯罪构成客观要件具有如下几个特点：

首先，犯罪构成客观要件具有客观性。犯罪构成客观要件是与犯罪构成主观要件相对应的构成要件。作为犯罪构成主观要件的犯罪意识和意志、犯罪目的本身是看不见、摸不着的，它必须通过外在客观活动如行为、结果表现出来才能为人们所认识。因此犯罪构成客观要件作为犯罪活动的客观外在表现，客观是其本身应有的内涵。

其次，犯罪构成客观要件具有法定性。危害社会的行为事实多种多样，并非所有的这些事实特征都可以归于犯罪构成客观要件。从理论上说，只有那些能够从客观上说明刑法所保护的法益受到侵害及其受到侵害程度的事实特征，才有可能被刑法规定为犯罪构成客观要件。由于犯罪构成客观要件具有法定性，必须严格按照刑法的规定确定其内容。

最后，犯罪构成客观要件具有犯罪客体推定性。也就是说，在一般情况下，行为具备犯罪构成客观要件，原则上就可以推定存在犯罪客体。比如，行为人故意杀害他人，就可以推定行为具有法益侵害性，即存在犯罪客体。但是，没有例外的原则就不是原则。有的时候，即使行为具备犯罪构成客观要件，也可能不存在犯罪客体。比如，某甲因正当防卫而杀害某乙，虽然行为具备犯罪构成客观要件，但由于某甲保护了更高的法律价值，因而在整体上不认为具备犯罪客体要件。

## 二、犯罪构成客观要件要素

犯罪构成客观要件要素，即犯罪构成客观要件的内容，它主要是指犯罪构成客观要件由哪些具体要素组成。

行为是犯罪构成客观要件中最主要的要素，也是一切犯罪的共同构成要件要素。

结果是否犯罪成立在客观方面必须具备的要件，主要是看如何理解结果。如果认为结果是对法益的侵犯，任何犯罪都有结果；如果认为结果是行为对对象的物质损害，则许多犯罪的成立都无须结果。

在有的情况下，如果不是在特定的时间、地点，以特定的方法实施刑法规定的行为，也不成立犯罪。因此，特定的时间、地点和特定的方法在某些情况下是犯罪构成客观要件要素。

行为与结果之间的因果关系是否犯罪构成客观要件？通说认为，“危害行为与危害结果之间的因果关系，是研究犯罪客观方面中的一个重要问题，但刑法因果关系只是危害行为与危害结果之间的联系，并不是犯罪客观方面的要件”[①]。对于这一观点，本书在后面将进行进一步的阐述。

至于行为对象的归属，通说虽然认为它属于犯罪构成客观要件的范畴，但又认为行为对象与犯罪客体关系更为密切，为了理论上的论述方便，应在犯罪客体要件

① 高铭暄、马克昌：《刑法学》，北京大学出版社 2000 年版，第 65 页。

中研究。本书主张，行为对象与行为的关系更为密切，适宜在犯罪构成客观要件中研究。

### 三、犯罪构成客观要件的意义

研究犯罪构成客观要件具有重要的意义。

1. 犯罪构成客观要件对于贯彻罪刑法定原则具有重要意义。罪刑法定的对立面是罪刑擅断，罪刑擅断的主要表现是主观归罪。强调犯罪构成的客观要件是犯罪成立的不可或缺的要件，将主观归罪、思想犯等拒之门外，有利于保障人权。

2. 犯罪构成客观要件是犯罪构成中基础性的和首要的要件。没有客观要件，就不能启动刑事诉讼程序，否则就是主观归罪。无论是在立案、侦查还是在公诉、审判时，客观要件都是认定犯罪的基础事实。在犯罪构成各个要件中，犯罪构成客观要件对其他构成要件具有指引作用。如，只有根据客观要件，才能辨别行为人的罪过的有无及其罪过形式。

3. 犯罪构成客观要件对于区分此罪与彼罪有重大的意义。特别是，在侵害的合法权益相同并且主观罪过相同时，要根据犯罪构成客观要件才能区分相关犯罪，如盗窃罪、诈骗罪侵犯的都是他人财产权，都是行为人故意实施的，都具有不法所有的目的。只有根据刑法条款中作了不同描述的客观要件才能划清这些犯罪的界限从而正确地适用法律。

4. 犯罪构成客观要件对于刑罚的轻重具有重要的影响。犯罪构成客观要件不但是犯罪成立的要件，而且影响量刑。在加重或减轻的犯罪构成中，犯罪构成客观要件往往是一个重要的因素。如《刑法》第 260 条第 1 款规定了虐待罪的基本犯罪构成，第 2 款规定了虐待罪的加重的犯罪构成。加重的条件是“致使被害人重伤、死亡”，这就属于犯罪构成客观要件的变更。

## 第二节 实行行为

### 一、刑法中的行为概述

#### (一)大陆法系刑法中的行为

刑法中有关行为的概念有多种，如行为、危害行为、实行行为(构成要件行为)、犯罪行为等。在大陆法系中，行为是通常的称谓。

大陆法系刑法学者认为，行为是相对于外部世界的任意举止。行为的概念首先以意志活动为先决条件，每一个任意行为都是意志活动，并且是法律上有重要意义的意志活动，即作为法律评价客体的意志活动，行为只能由人来实施。意志的实现表现相对于外界而言，因此行为的概念要求在社会外界产生某种改变。[①] 简而言之，行为是由意志支配的人的态度，它在外界产生特定的后果。

上述大陆法系学者关于行为的概念，实质上是将行为作为中性无色的东西来把握的。这种观点在日本遭到了有的学者的批判，认为上述对行为的把握是自然科学的、实证主义的。在今日大陆法系刑法学中，行为既不是单一地作为"纯粹的行为"，也不是仅仅从实行行为的角度研究，而是结合二者加以把握的。对于"纯粹的行为"，刑法学者将其视为犯罪概念基底，这种行为实际上是在犯罪构成之外研究的，另一种是在构成要件之中研究的，即实行行为。对于实行行为，一般认为是符合构成要件的狭义的行为。

### (二)我国刑法中的"危害行为"

我国犯罪构成理论中一般只有"危害行为"的概念，而没有"纯粹行为"的一席之地。有的虽然没有使用危害行为这一术语，但也在危害行为的含义上进行阐释。

我国刑法学者一般认为危害行为有三个特征：

第一，危害行为在客观上是人的身体动静。这是危害行为的外在特征，也被称为危害行为的有体性特征。

第二，危害行为在主观上是由行为人的意志支配下的身体动静。人的无意志和无意识的身体动静，即使造成客观损害，也不是刑法意义上的危害行为。如，人在睡梦中或精神错乱状态下的举动，在不可抗力作用下的举动，在身体受到强制下的行为，都不属于刑法上的行为 。

第三，危害行为在法律上是对社会有害的身体动静。身体动静的社会危害性，是危害行为的价值评价特征，也称为危害行为的社会性特征。

由于危害行为的外延过于宽泛，只能作为犯罪行为的基底而不能作为犯罪构成要件中的行为，我国有刑法学者提出了构成要件的危害行为或构成要件行为以与之区别。这种观点认为，构成要件的危害行为，是指构成某种犯罪所不可缺少的行为。构成要件行为即实行行为，即实施刑法分则规定的直接威胁或侵害某种具体社会关系的为完成该种犯罪所必须的行为。例如杀人罪中剥夺他人生命的行为，盗窃罪中的秘密窃取他人财物的行为等，都是犯罪的实行行为。[②] 依照这种观点，构成要件行为除了具备危害行为的特征外，还具有两个特点：第一，它是刑法分则条文规定的完成某种具体犯罪所必须的危害行为；第二，它直接侵犯某种社会关系，对犯罪的直接客体具有现实而直接的危险性或破坏性。构成要件行为或实行

---

① [德]弗兰茨·冯·李斯特：《德国刑法教科书》，徐久生译，法律出版社 2000 年版，第 176～180 页。

② 马克昌：《犯罪通论》，武汉大学出版社 2001 年版，第 180 页。

行为只是危害行为的一部分,危害行为还包括非构成要件行为。

本书认为,无论是大陆法系还是我国刑法理论,在犯罪构成理论中都只能以构成要件行为或实行行为作为研究的对象。我国刑法学中的危害行为并不必然是构成要件行为,在犯罪构成要件理论中使用危害行为这一概念而不对其加以限制,有损犯罪构成要件的界限机能。再说,作为犯罪成立评价机制的犯罪构成要件,本身并不对实行行为以外的行为进行评价,非实行行为只对量刑有影响而对定罪没有影响,如果将实行行为和非实行行为合并起来作为犯罪构成客观方面要件的基础,实质上是在犯罪构成要件中将定罪和量刑这两种不同的机能合而为一。

## 二、实行行为的含义

犯罪构成客观要件中的行为就是实行行为。"实行行为,可以解释为符合构成要件的构成事实的具体性行为。刑法所规定的构成要件性行为虽然都是以抽象性行为的形式表现出来的,但作为符合它的构成事实的行为都必须是具体性行为。"[①]这是从形式的一面对实行行为所下的定义。形式的实行行为的定义注重行为的"定型性"而忽视行为的"质"的属性。

其实,实行行为不但有形式的规定性,而且还有实质的规定性。在实质上,具有侵害各种具体的构成要件中所保护的法益的现实危险性的行为是实行行为,行为本身不具有侵害法益的现实危险性,即使偶然引起了侵害法益的结果,也不是刑法中的实行行为。例如,某甲希望某乙死于飞机事故,就劝某乙乘飞机旅行,只要某甲不是预先知道有人在飞机上装了定时炸弹或者飞机本身有故障,而只是预想着飞机在高空中飞行时有一只大鸟与飞机相撞导致飞机坠落,即便某乙果真因飞机事故而死亡,无论该飞机是因为定时炸弹或者本身的故障甚至是在空中与大鸟相撞而发生的,某甲的行为都不是杀人罪的实行行为。因为纯粹的劝人乘飞机的行为不具有致人死亡的现实危险性。[②] 实行行为实质的规定性就是强调行为具有侵犯法益的属性,凡是不侵害法益或没有威胁法益性质的行为,都不属于实行行为。

综上,所谓实行行为,是具有侵害法益的现实危险,在形式上和实质上都符合构成要件的行为。或者说,实行行为是刑法分则明文规定的侵害或威胁法益并为成立某一犯罪所必须的行为。

---

① [日]大冢仁:《犯罪论的基本问题》,冯军译,中国政法大学出版社 1993 年版,第 68 页。

② 赵秉志:《外国刑法原理》,中国人民大学出版社 2000 年版,第 86 页。

## 三、实行行为的类型

实行行为的表现形式多种多样，但是在理论上一般将其概括为作为和不作为两种表现形式。此外，关于持有是否属于一种独立的行为，在性质上也存在争论。

### （一）作为

作为是实行行为中一种最基本的形式，指行为人以积极的身体活动实施刑法禁止实施的行为。在我国刑法规定的犯罪中，绝大多数是作为犯的形式。例如，抢劫、贪污、盗窃、强奸，都是以作为的形式实施的。作为具有如下几个特点：

1. 作为是积极的身体活动。人的行为可以分为积极的举动和消极的静止，作为只能是积极的身体活动，如抢劫罪属于作为犯，该类犯罪是不可能以消极的静止形式实现的。

2. 作为必须是实施刑法禁止实施的行为。或者说，作为违背的是刑法中的禁止性规范。例如《刑法》第264条规定的盗窃罪，从刑法规范的角度上看，应当理解为：禁止盗窃他人财产。

3. 作为一般由一系列的具体行为组成。一次盗窃犯罪只有一个实行行为，或者说只是“一次作为”。但是这“一次作为”可能是由许多具体的行为构成的，如撬门而入、寻觅财物、获取财物等等。

作为实施的方式可以有多种，如，利用自身身体的作为，利用物质工具的作为，利用他人行为的作为，利用自然力的作为，利用动物的作为，还有利用职务的作为。

### （二）不作为

1. 不作为的概念

我国刑法没有明确规定不作为的一般概念，但学者们普遍认为，所谓不作为，是指行为人能够履行自己应尽的义务而没有履行的情况。

与作为犯罪相比，不作为在表现形式和违反规范属性上都有所不同。在表现形式上，不作为是消极的身体静止。[①] 在不作为违反的法律规范的性质上，不作为违反了命令性规范。[②]

2.不作为的分类

刑法理论通常认为，不作为犯分为两种，即真正不作为犯和不真正作为犯。

真正不作为犯又称为纯正不作为犯。真正不作为犯是刑法规定只能由不作为构成的犯罪。例如，《刑法》第395条中规定的隐瞒境外存款罪。

所谓不真正不作为犯，又称为不纯正不作为犯，还被称为法律未加规定的不作为犯。是指以不作为的手段，实施通常由作为犯构成的某种犯罪。例如，母亲意图杀死婴儿，不给婴儿喂奶，让其饿死的就属于这种情况。因为，在通常情况下，故意杀人罪是由作为构成的，但是，在本例子中，却是通过不作为的方式来实现的。

不真正不作为犯与真正不作为犯存在如下的区别：

(1)违反的刑法条款不同。真正不作为犯乃违反刑法仅就不作为之方式而规定之刑法条款之不作为犯；反之，不真正不作为犯则违反刑法专就作为之行为方式而规定之刑法条款而成立之不作为犯。[③] 换而言之，真正不作为犯违反的刑法条款本来规定的就是不作为的行为方式，而不真正不作为犯违反的刑法条款原本规定的是作为的行为方式。

---

① 也有人认为，不作为不但可以是消极的身体静止，也可以是积极的身体举动。遗弃罪被认为是只能由不作为构成的犯罪，但却能以积极的行为实施，比如父母出于遗弃的故意，将自己的婴儿抱往容易被人发现的地方丢弃，以致造成了严重的后果，这就是积极的身体举动。再比如，《刑法》第252条规定的妨害通信自由罪，其中隐匿邮件的行为，也被认为是由不作为的方式构成。然而隐匿邮件的行为，首先是将邮件截留，这也是一种积极的举动而不是消极的静止。论者的结论是，表现形式上的"动"与"静"并不是区分作为与不作为的标准。刑法上的不作为既可以是消极的静止，也可以是积极的举动。(参见马克昌：《犯罪通论》，武汉大学出版社2001年版，第164页。)本书认为，不作为只能表现为消极的静止，论者所举的例子不能说明问题。比如，在上述遗弃的案例中，刑法所关心的不是"将婴儿抱往容易被人发现的地方"这一举动，刑法关心的是不抚养婴儿的行为。进一步讲，假如"将婴儿抱往容易被人发现的地方"，但是委托他人抚养，是否会成立遗弃罪呢？当然不会。再比如，妨害通信自由罪中"将他人信件截留"本身不说明什么问题，刑法所关心的，是行为人没有将邮件交给收信人。如果行为人悄悄地将信件截留，秘密转交给收信人，也是不会成立本罪的。这些事例也告诉我们，在研究刑法中的行为的时候，应重点把握那些说明事物本质的行为或举动，不要关注细枝末节，以免作出错误的判断。

② 但是，最近也有学者认为，不作为犯不但违反了禁止性罪刑规范，而且直接违反了某种命令性规范。如遗弃罪的不提供扶助的行为，表现为没有抚养不具有独立生活能力的人，这种行为不仅违反了《刑法》第261条的禁止性规范，而且直接违反了婚姻法中的命令性规范。在这种观点看来，不作为和作为一样，违反的都是禁止性的罪刑规范，差别就在于，不作为还另外违反了命令性规范。(参见张明楷：《刑法学》，法律出版社2003年版，第152页。)如果根据这种观点，刑法规范全部属于禁止性的规范，不存在命令性的规范，这就对刑法规范体系形成严峻的挑战，可能在刑法领域掀起一场大的震荡。对于这一问题，还值得进一步的研究。

③ 林山田：《刑法通论》，台湾大学法学院1995年修订版，第395页。

不真正不作为犯是由学说和判例演绎、发展而来的。如今，大陆法系国家刑法，为了避免违背罪刑法定原则，大多就不真正不作为犯的一般性的法律要件，在总则设置专条，加以规定，使之为不真正不作为犯的共同要件。[①] 不过，这些总则中的规定毕竟是概括性的，不真正不作为犯的具体构成要件，一方面要结合相关条款的规定，另一方面还要靠判例和学说来弥补。

(2)触犯的规范种类不同。真正不作为犯触犯的是命令性规范，这一点几乎没有什么异议。不真正不作为犯是以不作为的方式实现的，而违反的规范原本又是禁止性规范，因此不真正不作为犯违反规范的性质在学术上争议很大。

有学者认为，所有之不作为犯，无论是真正还是不真正，都属于触犯命令规范的行为。但是也有人认为，不应只看到不真正不作为犯的不作为形式，不真正不作为犯在本质上是作为犯，它所违背的是禁止性规范。真正作为犯违背的是命令性规范。[②]

本书认为，由于不真正不作为犯以规定作为型犯罪的刑法条文为基础，同时又具有不作为的特定，因此，不真正不作为犯既违背了禁止性的罪刑规范，又违背了某种命令性规范，具有双重规范背离属性。比如，母亲意图杀死婴儿，不给婴儿喂奶，让其饿死。行为人的行为既然符合故意杀人罪的刑法规范，故意杀人罪又是作为型犯罪，行为人的行为当然违背了“不得杀人”这一禁止规范。同时，作为婴儿的母亲，有义务抚养婴儿，母亲不给婴儿喂奶，又违背了命令性的法律规范。

(3)违背作为义务的情形不同。不作为犯是违背作为义务的犯罪，真正作为犯和不真正作为犯违背的作为义务有所不同。真正作为犯在其构成要件中，有对行为人的资格作限制的，也有对行为人资格未作任何限制的。或者说，真正作为犯所破坏的作为义务有特定人才能破坏的，也有一般人就可以破坏的。不真正不作为犯的作为义务，仅仅特定人才能破坏，一般人是不能破坏的。

(4)对量刑的影响不同。在不真正不作为犯中，以不作为形式实施的行为，一般可以作为从轻处罚的情节考虑。这是因为，不真正不作为犯体现的主观恶性，一般比作为犯要轻一些。但是，在真正的不作为犯中，不作为是实施该种犯罪的唯一的方式，体现出来的主观恶性和社会危害程度与其他作为犯罪相比是等价的，不能作为从轻的情节来考虑。

3. 不作为犯的成立条件

① 如《德国刑法典》第 13 条规定：“依法有义务防止犯罪结果的发生而不防止其发生，且其不作为与因作为而实现犯罪构成要件相当的，依本法处罚。”《奥地利刑法》第 2 条规定：“法律对结果之发生处以刑罚时，行为人虽依法负有防止此结果发生之特别义务，但未防止其发生，且其不作为而实现法定构成要件可视同作为而实现者，亦罚之。”《韩国刑法》第 18 条规定：“负有防止危险发生的义务或者因自己的行为引起危险，而未防止危险之结果发生的，依危险所导致的结果处罚。”

② 林山田：《刑法通论》，台湾大学法学院 1995 年修订版，第 396 页。

不论是哪种形式的不作为犯，都必须具备如下条件始得成立：

(1)行为人负有某种特定的义务

不作为犯以行为人负有某种特定义务为前提。这种特定义务是基于一定的法律条件和法律事实而产生的。

真正不作为犯的义务，可以从刑法条文中直接推导出来。比如，我国刑法第313条规定了拒不执行人民法院判决、裁定罪，该罪属于真正不作为犯。该条规定："对人民法院的判决、裁定有能力执行而拒不执行，情节严重的，处三年以下有期徒刑、拘役或者罚金。"从该条文我们可以直接推出当事人有义务履行人民法院的判决或裁定，无须借助其他的法律规范或相关规定。

不真正不作为犯的作为义务，一般不能从刑法条文中直接推出。如何确立作为义务，我国刑法理论界没有进行深入的研究，在大陆法系国家，则是采取"保证人说"来解释的。所谓保证人，是指在发生某种犯罪结果的危险状态中，负有应该防止其发生的特别义务的人。处于保证人地位的保证人的义务，就是刑法上的作为义务。比如，父亲带未成年的儿子到河里游泳，当儿子面临被水淹没的危险时，父亲有义务保证儿子的生命安全。父亲的这种地位，就是保证人的地位，他所应尽的义务，就是保证人的义务。其他围观者，即使有能力救助，由于没有处于保证人的地位，因而没有救助的作为义务。

具体来说，能够成为作为义务的法的根据的事项，即作为义务的来源，可以包括这样一些。

第一是基于法律的明确规定产生的义务。如夫妻之间的扶助义务，亲权人对子女的监护义务就属于法律明确规定的义务。如果丈夫置生病的妻子不顾去旅行，母亲故意不给婴儿喂奶，就可能成立不作为犯罪。真正作为犯和不真正作为犯的作为义务，都可能直接来源于法律。但是，真正作为犯的作为义务，只能是刑法明确规定的，而不真正不作为犯的作为义务，则只能到刑法以外的法律中去寻找。如果刑法条文中明确规定了作为义务，这种犯罪就不可能是不真正不作为犯。

第二是基于契约、事务管理等法律行为发生的义务。例如，根据契约而接受养育幼儿的人，有给予适当食物、进行其他养育的义务，由于事务管理把病人带回自己家里的人，必须负担其治疗、保护的义务。

第三是基于职务或业务要求产生的义务。担任某种职务和从事某种特定义务的人，其职务的本身和业务的性质，就决定他负有某种特定的义务。如果不履行职责，情节恶劣或者造成严重危害后果，依照刑法规定应当追究刑事责任的，就是以不作为的形式实施的犯罪。我国刑法对于不履行职务上或业务上的义务而构成的犯罪有许多条文，例如，第139条规定的消防责任事故罪，第135条规定的医疗责任事故罪。

第四是先行行为引起的义务。所谓先行行为，是先行于成为问题的侵害法益的行为。先行行为成为作为义务的根据在于，由于自己的行为而导致发生危害结果的危险的人，处于能够防止发生结果的地位，并且，社会也期待其防止该种结果的发生。因此，行为人处于能够支配构成要件结果发生危险的地位，是产生作为义务的事实依据。

本章引例中的黄福祥与妻子吵架后，妻子自缢身亡的事件，黄福祥要不要负故意杀人罪的责任，关键在于认定黄福祥是否有作为的义务，有学者认为黄福祥的不作为行为违背了基于法律的明确规定产生的义务即婚姻法上的夫妻之间具有扶助的义务，然而，也有学者认为，夫妻之间的扶助义务不包括救助的义务，黄福祥的行为不能说是违背了婚姻法明确规定的义务。因此，尽管一般认为作为的义务来源于上述四个方面，但在具体的案件中仍需要具体问题具体分析。这主要是由于法律规定的不明确以及人们见解的不一致造成的。

应当注意的是，作为义务，必须是法律上的义务。以单纯道德上的义务为基础，尚不能论及作为义务。例如，看见小孩掉在河里，尽管能够容易救助却置之不理、袖手旁观致使小孩淹死的，就不成立什么故意杀人罪。[①]

(2)行为人能够履行某种特定义务，即具有作为的可能性

仅仅具有法律上的作为义务，没有防止结果发生的可能性是不会成立不作为犯罪的。如果没有作为的可能性，社会就不能期待行为人防止结果的发生。

(3)行为人没有履行特定义务，造成或可能造成对法益的侵害

行为人在负有特定义务且能够履行的前提下，法律要求他必须履行，这是法律规范指明的行为方向，行为人有义务遵照执行，然而他却没有履行这种义务。[②] 不履行法律要求履行的特定义务，既可以表现为不履行义务的消极行为，也可以表现

① 也有人认为，在特殊场合下，公共秩序和社会公德要求履行的特定义务也能成为不作为的义务来源。例如，男青年曹某与女青年邬某恋爱数年。后曹某见异思迁，终止与邬某的恋爱关系。某日休息，邬某去找曹某，要拿银行存折取出属于自己的份额。曹某不同意。邬某倒在地上痛哭，说你不把存折给我，我就死在你家。说完将农药取出。曹某说，我可没有要你喝啊！邬某一气之下将药喝完，并大呼救命。曹家附近有一大医院，曹某既不将邬某送往医院，也不向邻居求救，延误了抢救机会，导致邬某死亡。法院认为曹某没有履行及时抢救的作为义务，以故意杀人罪判处曹某有期徒刑 4 年。支持者认为，曹某的救助义务，就是在特殊场合下公共秩序和社会公德要求履行的特定义务。(参见马克昌:《犯罪通论》，武汉大学出版社 2001 年版，第 171～173 页。)我们不赞成这种观点，不同意将道德和法律混为一谈。道德义务，只有在法律有了明确规定的情况下，才能上升为法律义务。如《德国刑法》第 323 条规定:“在发生意外事件、公共危险或紧急危难时，根据当时的情况要求或者能够期待行为人救助，尤其对自己并不显著危险而且不违反其他重要义务，而不救助的，处一年以下自由刑或者罚金。”法国、意大利刑法都有类似规定。这些国家并没有将道德义务直接视为作为义务的来源，而是将其规定在法律中，使之上升为法律上的义务。如果法律对此情状没有规定，单纯不救助的行为也是不可罚的。

② 也有学者认为，不作为不仅仅是不履行特定义务，同时也是不履行刑法要求履行的义务。(参见马克昌:《犯罪通论》，武汉大学出版社 2001 年版，第 168 页。)本书认为这种观点值得商榷。因为，不作为犯的作为义务，并不一定都来源于刑法。作为来源于刑法的，是真正不作为犯，作为义务来源于其他法律的，是不真正不作为犯。

为逃避履行义务的行为,还可以表现为抗拒履行义务的行为。

行为人没有履行特定义务,必须造成或可能造成对法益的侵害。不作为之所以能与作为等价,就在于它造成了或可能造成侵害法益的结果。有一种观点认为,只有当不作为已经造成了结果时才构成犯罪。[①] 但是,既然作为不要求造成结果,要求不作为造成结果就是不合理的。比如,母亲不给婴儿喂奶,意图饿死婴儿,这是不作为的犯罪。即使婴儿在饿死之前被人发现,我们也不能否认母亲成立不作为的故意杀人罪。

### (三)关于持有

持有是否能与作为、不作为一起并列为行为的三种方式,在理论上尚存在争议。大陆法系刑法理论一般不研究持有的问题,但英美刑法在有的情况下将持有作为一种犯罪行为。根据英美的普通法规定,"持有"不是组成犯罪行为的一种充足要素,但是根据英美成文法,在许多情况下,只要持有即可构成犯罪,例如,持有危险物品、易爆物品、枪炮、伪造的钞票都是犯罪行为。英美刑法学者认为,"持有"不是"肌肉运动"意义上的行为,是一种事实状态,但与刑事责任有关。[②] 由于持有型立法具有易于认定和证明的优越性,立法者为了控制某些危险物品,设立持有型犯罪,以增强刑法的适用性。

我国刑法分则也规定了一些"持有型"犯罪,这些犯罪的行为方式是"持有特定物品",如我国刑法分则第 172 条规定,明知是伪造的货币而持有的,成立持有伪造的货币罪;第 348 条规定,非法持有一定数量毒品的,成立非法持有毒品罪。研究持有型犯罪,还是有一定意义的。但是在我国,理论界对于持有的性质却有不同的观点。

一是"作为说"。认为对于持有型犯罪,法律所责难的重点是取得这些物品,至于取得这些物品后的状态,则与盗窃财物后持有财物的状态一样,属于自然的延伸,不构成不作为犯。[③]

二是"不作为说",认为从持有本身看,既然法律将其规定为犯罪,就意味着法律禁止这种状态的存在,而这种禁止暗含着当这种状态出现的时候法律命令持有人将特定物品上缴给有权管理的部门以消灭这种状态,持有该物品的人有上缴的义务,违反这种义务,就是刑法所禁止的不作为。[④]

三是"独立说",认为持有与传统刑法理论中的作为和不作为两种形式具有不

---

① 何秉松:《刑法教程》,法律出版社 1987 年版,第 58 页;杨敦先:《刑法学概论》,光明日报出版社 1986 年版,第 105 页。

② [英]J·C·史密斯、B·霍根:《英国刑法》,李贵方等译,法律出版社 2000 年版,第 53 页。

③ 熊选国:《刑法中行为论》,人民法院出版社 1992 年版,第 125 页。

④ 张智辉:《刑事责任通论》,警官教育出版社 1995 年版,第 124 页。

同的特点。以物质存在形式运动为准绳，作为具有动的行为特征，不作为具有静的行为特征，持有具有动静相结合的特征。将持有与作为和不作为并列为犯罪形式并不违反形式逻辑。[①]

本书同意最后一种观点，认为持有属于一种独立于作为和不作为之外的第三种行为方式。持有不属于作为。从外在形式上看，持有虽然是对物品的实力支配、控制，但不是积极的举动，如行为人将毒品放在家里后置之不理，就不是积极的行为，而作为必须是积极的举动。持有也不是不作为，不作为是没有履行法律要求履行的义务，法律义务之不履行是刑法责难的对象。但持有型犯罪中，不存在法律要求履行的特定义务，刑法责难的对象是一定的持有状态。由于持有型犯罪既不同于作为犯罪，也不同于不作为犯罪，因而是一种独立的犯罪形式。

## 第三节 行为对象

### 一、行为对象的概念

#### (一)行为对象的含义

刑法学中所指的“对象”一词没有确定的称谓，如“犯罪对象”、“行为对象”、“行为客体”等等，本书倾向于使用“行为对象”这一术语。

所谓行为对象，是指“实行行为所作用或影响的、并有可能体现实行行为所侵犯的合法权益属性的人或物”。行为对象具有如下特点：

首先，行为对象只能是人和物。人和物是行为对象的物质表现形态，精神化的事物不可能成为行为作用的对象，在司法实践中也无法识别。简而言之，行为对象只能是物质性的。

其次，行为对象必须有可能体现法益的性质，与此无关的事物不能作为对象。应注意的是，行为对象只是有可能体现合法权益的性质，它与合法权益不存在一一对应的关系，如故意杀人罪种的被害人，它体现的是生命权益，投毒罪中杀害的被害人，它体现的是共同安全。行为对象只有与行为结合在一起，才能最终明确地说明合法权益的性质，我国刑法学者有时过分强调了犯罪对象对合法权益的表征意义，往往忽略了行为的机能，这是应当注意的。

最后，行为对象必须被行为作用。在人和物被行为作用之前，还不能称为刑法中的行为对象。比如，某甲拟盗窃某乙的财物，在某甲着手盗窃之前，某乙的财物

① 储槐植：《三论第三种犯罪行为形式“持有”》，载《中外法学》1994 年第 5 期。

还不是行为对象，只有在着手以后，财物才成为行为对象。

## (二)行为对象与相关概念辨析

在实践中，行为对象往往容易与一些概念混淆，有加以区别的必要。

1. 行为对象与犯罪所生之物

犯罪行为所生之物，就是由犯罪行为所制造和产生的物。伪造货币罪之假币，生产假冒伪劣产品之伪劣产品，都属于犯罪行为所生之物。行为对象与犯罪行为所生之物的最大区别在于，行为对象先于行为之前就已经存在，而犯罪行为所生之物在行为之前是不可能存在的。

2. 行为对象与犯罪工具

犯罪工具是指行为人以之作为犯罪的方式、手段或犯罪行为的媒介，从而侵犯他人合法权益的物品。例如，杀人所用的刀、枪，盗窃时使用的作案工具。在一般情况下，行为对象与犯罪工具是比较容易区分的。但是在有的时候还需要认真识别。如，使用自己的合法的信用卡进行恶意透支，根据刑法分则第 196 条第 1 款、第 2 款的规定，成立信用卡诈骗罪。在这种情况下，信用卡是犯罪的工具还是行为对象呢？本书认为，使用本人合法的信用卡进行透支，行为人意图侵犯的是他人的财产，而不是信用卡。因为，信用卡是本人合法持有的财产权利凭证，不存在侵犯的问题。信用卡在这时充当的是诈骗犯罪的媒介或手段、工具，应该是犯罪工具。

3. 行为对象与构成犯罪行为之物

行为对象与组成犯罪行为之物也是有区别的。构成犯罪行为之物，即虽然不是行为所作用的对象，但又是成立犯罪行为不可缺少的物。例如，贿赂物是构成受贿罪、行贿罪的财物，赌资是构成赌博罪的财物。构成犯罪行为之物与行为对象的区别在于：行为对象是行为人意图侵犯的对象，而构成犯罪行为之物并非行为人意图侵犯的对象。如，故意杀人罪中的人，属于行为对象，因为他是行为人意图侵犯的，而赌博罪中的赌资，就不是行为人意图侵犯的对象，它不过是赌博罪中不可缺少的事物而已。再比如，人们常说贿赂物是行为对象，但是，无论对于行贿者还是受贿者来说，他们无论谁也不打算侵犯“贿赂物”，“贿赂物”不可能成为行为对象。①

行为对象与犯罪行为所生之物、构成犯罪行为之物以及犯罪工具的区分，不但对于正确认定犯罪具有重要的意义，而且会导致对这些“物”的处理上的差异。在

① 有人认为，在走私、贩卖、运输、制造毒品罪中，相对于走私、贩卖、运输而言，毒品可谓行为对象，但对于制造行为而言，行为人所制造的毒品属于行为孳生之物即犯罪行为所生之物。(参见张明楷：《刑法学》，法律出版社 2003 年版，第 160 页。)本书认为，制造的毒品固然属于犯罪行为所生之物，但走私、运输、贩卖之毒品并非行为人意图侵犯的对象，应属于构成犯罪行为之物。

一般情况下，对于作为行为对象之物是不能依法追缴的，应该返还给被害人，但是，对于构成犯罪行为之物、犯罪行为所生之物，原则上要追缴。对于犯罪工具，如果属于行为人本人的，可以根据一定的原则依法追缴；如果属于他人的，则要根据具体情况处理。

## 二、行为对象的意义

行为对象的研究，具有如下理论与实践意义：

1. 行为对象的性质、状态、数量等变化为审理案件提供了依据。如，财产遭到损坏或不再由权利人支配，受害人人身受到伤害，这些都为审理案件提供了依据，也为审判前案件的侦查提供了依据。

2. 行为对象在许多情况下是区分罪与非罪的根据。如我国刑法第 398 条规定的泄露国家机密罪，行为对象只能是国家重要机密，如果是一般机密，就不成立犯罪。

3. 行为对象的性质不同，犯罪的性质就有区别。如，盗窃一般的公私财物的行为，成立盗窃罪，盗窃枪支的行为，成立盗窃枪支弹药罪。前者是侵犯财产的犯罪，后者是危害公共安全的犯罪。这主要是由于，行为对象的性质不同，体现的法益也有差别，因而犯罪的性质就有区别。

4. 行为对象的不同还影响刑罚的轻重。如根据刑法第 264 条的规定，盗窃一般公私财物的，法定最高刑是无期徒刑，盗窃金融机构或者珍贵文物的，法定最高刑是死刑。

## 三、行为对象在犯罪构成要件中的归属

通说将行为对象归于犯罪客体要件予以研究，我国几本刑法学权威教科书都作了如此的归类[①]。但是，也有学者将行为对象归于犯罪构成客观要件予以研究。[②] 持这种观点的人一般认为行为对象就是行为所指向的对象，与行为属于关联概念，都属于犯罪构成客观要件的范畴。

本书认为，行为对象毫无疑问应当属于犯罪构成客观要件。首先，行为对象与犯罪客体属于不同层次的范畴：行为对象属于事实评价的组成部分，犯罪客体属于

① 高铭暄：《刑法学》，北京大学出版社 2000 年版，第 57 页；苏惠渔：《刑法学》，中国在政法大学出版社 2001 年修订版，第 103 页；杨春洗、杨敦先：《中国刑法论》，北京大学出版社 2001 年版，第 49 页。

② 如苏惠渔教授主编的《刑法学》教材（中国政法大学出版社 2001 年修订版）、张明楷教授所著《刑法学》（法律出版社 1997 年版）、刘生荣所著《犯罪构成原理》（法律出版社 1997 年版）即是如此。

规范评价或价值评价，二者不能因为具有一定的关系而简单地归并在一起。举例来说，实行行为在通常情况下也是属于侵犯合法权益的行为，那么，我们能不能把实行行为也归并到犯罪客体中来呢？答案显然是否定的，行为对象也同样如此。

其次，行为对象是实行行为的作用对象，如果离开行为对象，实行行为的性质在很多情况下都不能确定，实行行为与行为对象具有高度的关联性，离开行为对象，很多实行行为就不能成为真正意义上的实行行为。比如在故意杀人罪中，实行行为就是“杀人”行为，如果离开作为行为对象的“人”，“杀”本身是毫无意义的，不能成为刑法规定的实行行为。

最后，从本书构建的犯罪构成要件排序来看，犯罪客体是继犯罪构成客观要件之后的纯粹的规范或价值评价性的构成要件，它的评价对象是犯罪构成客观要件，行为对象作为客观存在的事实要素之组成部分，理当存在于犯罪构成的客观要件中，与行为一起作为犯罪客体的评价对象。

## 四、行为对象与犯罪客体的关系

行为对象与犯罪客体既有联系也有区别。两者联系表现在：行为对象是犯罪行为所指向的具体物或人，是某种社会关系（即为犯罪客体）的具体体现，也是社会关系存在的前提和条件；而犯罪客体则是隐藏在犯罪行为所具体侵害的人或者物背后的社会关系，是对犯罪对象的理论升华和概括。我们可以这样说，行为对象是具体的，能够控制和感知的有形财产、自然人或物；而犯罪客体则是抽象的，属于观念的、无形的社会关系；行为对象属于能够感性认识的范畴，而犯罪客体则属于必须理性认识的范畴。

不过，犯罪客体与行为对象之间更有原则的区别。这种区别正如马克思在《关于林木盗窃法的辩论》一文中所指出的：盗窃林木这一“犯罪行为的实质并不在于侵害了作为某种物质的林木，而在于侵害了林木的国家神经——所有权本身”。①这是马克思关于犯罪行为的实质是侵犯现行统治的社会关系，并指明应当把行为对象与犯罪客体区别开来的深刻而精辟的论述。

具体来说，犯罪客体与行为对象主要有以下几点区别：

1. 犯罪客体决定犯罪的性质，行为对象则未必决定犯罪的性质

传统的观点认为，分析某一案件，单从行为对象去看，是分不清犯罪性质的，只有通过行为对象所体现的社会关系即犯罪客体，才能确定某种行为构成什么罪。比如，同样是盗窃电线，某甲盗窃的是库房里备用的电线，某乙盗窃的是输电线路上正在使用中的电线，那么前者构成盗窃罪，后者则构成破坏电力设备罪。两者的区别就在于行为对象所体现的社会关系不同：一是侵犯公共财产所有权，一是危害

① 《马克思恩格斯全集》（第1卷），人民出版社1960年版，第168页。

公共安全。[①]

2.犯罪客体是任何犯罪构成的必要要件,犯罪对象则不是

有些犯罪有行为对象,但法律未作限制规定,也不是犯罪构成的必要要件;只有法律特别规定了的行为对象,才是犯罪构成的必要要件。比如,刑法第326条规定的倒卖文物罪,其对象必须是国家禁止经营的文物,否则就不可能构成此罪。又比如,刑法第152条规定的走私淫秽物品罪,其行为对象只能是具体描绘性行为或者露骨宣扬色情的诲淫性的书刊、影片、录像片、录音带、图片及其他淫秽物品,否则就不可能构成该罪。但是,诸如偷越国(边)境罪,脱逃罪,违反国境卫生检疫规定罪,非法集会、游行、示威罪等,就很难说有什么具体的行为对象了。

3.犯罪客体是犯罪分类的基础,行为对象则不是犯罪分类的基础

由于犯罪客体是每一犯罪的必要要件,它的性质和范围是确定的,所以它可以成为犯罪分类的基础。我国刑法分则规定的十类犯罪,正是根据犯罪客体划分的。如果按行为对象则无法进行分类。行为对象不是每一犯罪的必要要件,它在不同类的犯罪中可以是相同的,例如非法制造、买卖、运输枪支、弹药罪和私藏枪支、弹药罪,行为对象都是枪支、弹药;在同一犯罪中它也可以是不同的,例如盗窃罪,行为对象可以是各种各样的公私财物,如货币、衣物、珠宝、家用电器等。正因为行为对象在某些犯罪中具有不确定性质,加之少数犯罪甚至没有行为对象,所以它不能成为犯罪分类的基础。

4.任何犯罪都会使犯罪客体受到危害,而犯罪对象则不一定受到损害

例如,某家一台崭新的彩色电视机被盗,所侵害的是主人对这台电视机的所有权关系,至于电视机本身则未必受到损害。再比如,盗窃犯刚刚把摩托车偷到手,就被事主发现而被夺回,摩托车并没有受到损害,但车主的财产权利则受到侵犯。

综上所述,区分犯罪客体和行为对象不论在理论上还是实践上都是有意义的。在司法实践中,只有把犯罪客体和犯罪对象正确加以区分,才能做到正确定罪量刑。

## 第四节 构成要件结果

### 一、构成要件结果的含义

我国刑法学中的"结果"也被称为"危害结果"、"犯罪结果",本书认为既然在构

① 参见高铭暄:《中国刑法学》,中国人民大学出版社1989年版,第93页。

成要件中研究结果，宜称之为构成要件结果[①]。构成要件结果是指成立某一犯罪所必须的刑法保护的合法权益受到行为侵犯的事实。

从行为对法益侵害的层面看，结果可以分为广义的结果和狭义的结果，广义的结果既包括定罪结果，也包括量刑结果，可以称之为刑法中的结果，狭义的结果只与犯罪成立与否相关，是构成要件结果，即成立犯罪所需要的结果。

由于刑法学者们一般是在犯罪构成客观要件中研究结果，并将结果作为犯罪构成客观要件的一个要素，因此，在犯罪论领域对于我们有意义的结果，主要是定罪结果即构成要件结果，而不是量刑结果。量刑结果应该在刑罚论领域研究。我们在构成要件理论中涉及的结果，只能是构成要件结果。

## 二、构成要件结果的特征

构成要件结果具有如下几个特征：

1. 构成要件结果的客观性

结果是由一事物引起另一事物的现象，无论这种现象以什么形式出现，它都具有客观实在性。客观性并不意味着一定要造成现实的、物质性的结果，只要是客观存在的，就都具有客观性。无论是对法益造成的危险还是精神损害，都是客观存在，具有客观性。[②]

2. 构成要件结果的因果性

构成要件结果是由行为引起的结果，行为以外的结果不能成为构成要件结果。比如，在行为人受到强迫的情况下所实施的行为，由于不是刑法上的行为，由它导致的结果就不是刑法上的构成要件结果。

由实行行为引起的结果，固然属于构成要件结果。由预备行为引起的结果，也可以属于构成要件结果，预备行为与该结果之间具有刑法上的因果关系。如果将预备行为引起的结果排除在外，就可能得出预备犯的成立不要求构成要件结果，即

---

① 有的情况下，行为即使对法益造成了侵害，也不一定就是危害社会的行为。比如，在紧急避险中，行为保护了较大的合法权益，损害了较小的合法权益，就损害合法权益这一结果而言，不宜称为“危害结果”或“犯罪结果”。因为从语义上说，“危害”或“犯罪”一词已经包含对“整个结果”的价值评价，但是行为所产生的结果是否最终具有价值，还有待整体判断。基于此，在刑法领域对于“危害结果”或“犯罪结果”这一用词，可以“行为结果”替代之。在犯罪构成中研究的行为结果，则可以直接称为构成要件结果。

② 有人认为，结果的客观性只能是客观存在的现实，所以可能造成的损害就不应该视为结果。（参见高铭暄：《刑法学》，北京大学出版社 2000 年版，第 78 页。）这种观点值得商榷。即使只是一种对法益的危险，也无法否定其作为一种客观事实存在。比如，在铁路上堆放巨石，意图破坏铁路运输安全。即使在火车开来之前，铁路工作人员将石头搬开，曾经存在的危险虽然只是可能造成的损害，但仍然是客观的。客观性与主观性是相对应的概念，事物的存在要么是客观的，要么是主观的。如果这种危险不是客观的危险，难道是主观的危险吗？

不要求法益被侵犯的结论。但是，不侵犯法益的行为不是犯罪，当然也不成立预备犯。

在一般情况下，构成要件结果的因果性还要求因果关系的直接性。即构成要件结果须为行为直接引起的，由行为间接引起的结果，往往不是构成要件结果。例如，在强奸犯罪中，被害人的自杀与犯罪行为相关，但自杀结果只是犯罪行为间接所致，不属于构成要件结果。不过，在例外的情况下，犯罪行为间接引起的结果也属于构成要件结果。例如，在监督过失的情况下，监督者的失控行为并没有直接导致结果发生。事实是，在监督失控的情况下，被监督者的行为导致了结果的发生。监督者的行为与结果的发生只是间接的因果关系。但是，这种情况下，监督者的过失行为与构成要件结果之间也具有因果关系。

3.构成要件结果的侵害性

构成要件结果的侵害性，是指构成要件结果必须体现为行为对法益的侵害。如果某种事实现象并不反映行为对法益的侵害，即使它是由行为引起的，也不能认为是构成要件结果。比如，夫妻吵架导致一方自杀，死亡的结果虽然是由吵架引起的，但吵架并不是一种侵犯法益的行为，自杀的结果不具备构成要件结果的被害性特征。

4.构成要件结果的多样性

构成要件结果多种多样，在物理层面难以统计，在精神层面也是形形色色。但是，对于构成要件结果的认定，应该透过现象把握实质。如在故意杀人罪中，被害人的死亡结果在物理上可能有多种情形，但对于我们来说，只需在自然属性上认识被害人死亡、在法律属性上认识到被害人的生命权受到侵害即可。

## 三、构成要件结果的种类

构成要件结果可以包括如下种类：

1.有形结果和无形结果

有形结果是指行为对合法权益的侵害所造成的是物质性的可见的结果，比如，某甲被人杀害，某甲死亡的结果就是可见的、物质性的结果。无形结果，是指行为对合法权益的侵害是无形的、非物质性的，比如某乙从监狱脱逃，对国家拘禁权的侵害就是无形的、非物质性的、不可见的。精神性的损害也属于无形结果。

一般地说，当存在行为对象的时候，往往造成有形的结果，但也并非绝对，如在侮辱罪和诽谤罪中，虽然存在特定的行为对象，但没有造成物质性的结果。无形结果存在于没有行为对象的犯罪中。可以说，只要没有行为对象，造成的结果一定是无形结果。如脱逃罪、偷越国边境罪，不存在行为对象，也不可能造成有形结果。

2.实害结果和危险结果

行为对合法权益造成实际的侵害就是实害结果，如某人被他人伤害，或者某人的财物被盗。实害结果的产生往往是行为作用于行为对象后出现的，但在没有行为对象的情况下，行为仍然可以造成实害结果。比如，罪犯从监狱里面跑掉，虽然没有行为对象，但是，行为对合法权益已经造成了现实的侵害。

危险结果是指行为虽然没有对法益造成现实的侵害，但存在造成现实侵害的可能性。如，准备放火烧毁他人房屋，但被大雨熄灭，合法权益就只有遭受侵害的危险而没有产生现实的侵害，再比如，某甲开枪杀害某乙，但子弹打偏，某乙的生命权也只遭受了现实侵害的危险。这种情况都可以称为危险结果。

3. 物质结果和精神结果

在某种程度上说，有形结果就是物质结果，但是物质结果是与精神结果相对应的概念，有形结果是与无形结果相对应的概念。物质结果是对合法权益造成的物质性的侵害，精神结果是指行为对合法权益造成的精神性侵害的结果。

物质结果和精神结果都以行为对象存在为前提，都是行为作用于特定的行为对象后造成的结果。但是行为造成物质性的结果，既可以是作用于人，也可以是作用于物，行为造成精神结果，则只能作用于人。再者，在作用于人的前提下，行为造成物质结果主要针对的是人的生理性的、物理性的要素，造成精神结果，主要是针对人的心理的、精神的要素。如侮辱罪和诽谤罪，行为主要针对的就是被害人的身心要素。有的犯罪，可能既造成物质结果，也造成精神结果，如强奸罪即是如此。

## 四、构成要件结果的作用

构成要件结果作为犯罪构成客观要件要素，具有重要的意义。

1. 构成要件结果是区分罪与非罪的标准之一

不论是什么样的犯罪类型，不论属于什么样的犯罪形态，构成要件结果都是成立犯罪所必须的。

2. 构成要件结果是区分此罪与彼罪的标准之一

比如，根据刑法分则第 292 条第 1 款的规定，单纯聚众斗殴的，成立聚众斗殴罪。但是，如果聚众斗殴致人重伤、死亡的，则成立故意伤害罪和故意杀人罪。虽然都是聚众斗殴行为，但由于结果的不同，而导致定罪的不同。

3. 构成要件结果是区分犯罪的停止形态的标准之一

虽然既遂犯、未遂犯和预备犯都以发生构成要件结果为前提，但构成要件结果的形态并不相同。比如，在结果犯的情况下，犯罪的既遂以发生有形的物质性结果为条件，未遂犯以发生特定物质性结果的现实危险为条件，预备犯则以发生特定物质性结果的间接危险为前提，构成要件结果的不同而导致犯罪的停止形态的不同。

4. 构成要件结果是影响量刑的因素之一

构成要件结果不但影响定罪，而且影响量刑。例如，根据《刑法》分则第 234 条第 1 款规定："故意伤害他人身体的，处三年以下有期徒刑、拘役或者管制。"第 2 款规定："犯前款罪，致人重伤的，处三年以上十年以下有期徒刑；致人死亡或者以特别残忍手段致人重伤造成严重残疾的，处十年以上有期徒刑、无期徒刑或者死刑……。"刑法 234 条规定了 3 个不同的法定刑幅度，每个法定刑幅度的选择都是根据结果的不同的而决定的。

## 第五节　刑法因果关系

### 一、刑法因果关系的研究范围

当行为人实施一定的行为，并有一定的结果的时候，能否将该结果归咎于行为人，主要取决于行为与结果之间是否存在一定的联系，即因果关系。但是，刑法上的因果关系到底是研究什么样的行为和什么样的结果之间的关系，这就是刑法因果关系的研究范围。

#### （一）关于刑法因果关系的原因行为的范围

正确认定原因行为，必须关注研究刑法因果关系的目的。刑法中的因果关系的认定，主要是为了解决对行为人的定罪量刑问题。与定罪量刑无关的行为，不能成为原因行为。刑法中的因果关系包括定罪的因果关系和量刑的因果关系。定罪的因果关系也称为犯罪构成中的因果关系，是刑法因果关系的主要研究对象。

行为成立犯罪，必须符合犯罪构成，因此，构成要件行为显然属于原因行为。但是，应当注意的是，构成要件既包括基本的构成要件，也包括修正的构成要件，因此，不但实行行为属于原因行为，在理论上说，预备行为也可以属于原因行为。不过，在实践中，对预备犯往往是根据预备行为定罪，研究因果关系意义不大。

此外，研究刑法因果关系的目的，还为了解决量刑。某些行为虽然不属于构成要件行为，但是可能会影响量刑的结果，如将人杀害以后碎尸，碎尸行为虽然不属于构成要件行为，但无疑对量刑有影响。由此可见，构成要件以外的行为有时也能成为原因行为。

综上，刑法因果关系中的原因行为，既包括构成要件行为，也包括导致影响量刑结果的非构成要件行为。在定罪的因果关系中，构成要件行为是原因行为。在量刑的因果关系中，导致影响量刑结果的危害行为也属于原因行为。

#### （二）关于刑法因果关系中结果的范围

刑法中的结果，包括构成要件结果和非构成要件结果。构成要件结果是成立犯罪所必须的结果，属于刑法因果关系中的结果；非构成要件结果如果影响量刑，也属于刑法因果关系中的结果。

对于定罪因果关系而言,有些构成要件结果没有意义。如在脱逃罪中,只要行为人脱离了监管范围,就成立犯罪既遂,没有必要研究结果,也没有必要研究行为和结果之间的因果关系。因此,行为犯中的结果不属于刑法因果关系中结果的范围,只有结果犯和危险犯中的结果属于刑法因果关系中结果的研究对象。这种结果,主要是物质性的结果和危险结果。比如,诈骗犯罪必须有财产损失的结果,即物质性结果。再比如,根据刑法分则第143条的规定,生产、销售不符合卫生标准的食品罪,必须“足以造成严重食物中毒事故或者其他严重食源性疾患”,这就是危险结果。不过,危险犯中的危险结果虽然具有相对独立的意义,但主要依赖于实行行为的属性来认定,因此,在危险犯中一般较少研究因果关系问题。

某些情况下,精神性的结果也属于刑法因果关系结果的范畴。如,《刑法》第243条规定了诽谤罪,并规定:“造成严重后果的,处三年以上十年以下有期徒刑”。这是诽谤罪的加重犯罪构成要求的结果,“严重后果”往往是精神上的伤害后果。

对于量刑因果关系而言,一切足以认定的结果都属于刑法因果关系中的结果。

## 二、刑法因果关系的意义

定罪因果关系是刑法中最主要的因果关系,具有重要的意义。定罪因果关系,往往是实行行为和构成要件结果之间所具有的一定的原因和结果之间的关系。虽然在行为犯中,只要实行了相应的实行行为就可以确认符合犯罪构成,在危险犯中,往往也是根据行为的属性和行为实施的情形来认定危险结果的存否,研究因果关系的意义不大,但是,在占犯罪绝大多数的结果犯中,即便存在实行行为,具备构成要件结果,也不能说就是既遂,还必须确认具有连接该实行行为和作为构成要件结果之间的因果关系。实行行为和构成要件结果之间不具有因果关系的时候,只能是犯罪未遂。比如,某甲开枪射杀某乙,某乙被人送往医院抢救,住院期间医院发生大火被烧死。虽然某甲实施了故意杀人罪中的实行行为,也发生了构成要件结果,但由于实行行为与结果之间没有刑法上的因果关系,故不成立故意杀人罪的既遂。

可见,犯罪构成中因果关系的意义,主要在于为认定结果犯的既遂提供依据。如果实行行为和构成要件结果存在因果关系,就认定成立既遂。

量刑因果关系的存在表明危害社会的结果可以归之于行为人,虽然不影响定罪,但对行为人刑事责任的程度有影响,这一点比较明了,毋庸作过多的论证。

## 三、刑法因果关系的特征

### (一)因果关系的客观性

刑法中的因果关系是一种引起与被引起的关系,它是客观存在的现象,不以行为人的主观意志为转移。比如,某甲不知道某乙有心脏病,对某乙进行谩骂,某乙心脏病发作死亡。有的人可能认为某甲不知道某乙有心脏病,所以某甲的行为与某乙的死亡没有因果关系。这是一种错误的观点。因果关系具有客观属性,只要行为与结果之间客观上具有引起与被引起的关系,二者就可能具有刑法上的因果关系。

应注意的是,行为与结果之间具有刑法上的因果关系,并不能说明就成立犯罪。是否成立犯罪,还要看行为是否具备其他犯罪构成要件。比如,有的时候,行为人的行为与结果存在因果关系,但行为人主观上没有罪过,或者行为人不具有刑事责任能力,这些情况下都不成立犯罪。

### (二)因果关系的时间序列性

因果关系的时间序列性,是指从发生的时间上来看,行为在前,结果在后,否则就不具备因果关系。如,某甲被某乙杀死在前,某丙误以为某甲没有死,从旁经过时向某甲开了一枪,某丙的行为与某甲的死亡就没有因果关系。当然,因果关系的时间序列性并不表明在前的行为与在后的结果一定存在因果关系,是否存在刑法上的因果关系,还要考察其他条件。

### (三)因果关系的相对性

现象与现象之间存在普遍的联系,它们或者前后相继,或者错综复杂地纠合在一起。我们不可能把所有的与结果有关的现象都视为导致结果发生的原因。刑法所关注的因果关系,可能只是因果链条中的一个环节。与客观事物联系的普遍性相比,因果关系只具有相对性。比如,某甲伤害某乙,某乙受了轻伤,后来因为破伤风感染死亡。这里的因果链表明,某甲的伤害行为是导致某乙得破伤风的原因,某乙的死亡又是因为得了破伤风。破伤风是自然事件,不是刑法关注的问题。刑法所关注的,只是某乙的死亡与某甲的行为之间是否具有因果关系。换句话来说,只有行为人的行为与构成要件结果或量刑结果之间的关系,才是刑法所关注的。

### (四)因果关系内容的特定性

在通常情况下,刑法上因果关系与哲学上因果关系在内容上是一致的,都是引起与被引起的发展过程。但在不少情况下,刑法上的因果关系是一个特定的发展过程,而不是一种简单的引起与被引起的关系。例如,敲诈勒索罪,必须是由于行为人的恐吓行为,使对方产生畏惧心理,从而作出有瑕疵的财产处分,向行为人交付财物。行为人虽然实施了恐吓行为,但对方并没有因此产生畏惧心理,只是基于怜悯之心或者其他原因提供财物时,行为人的行为与结果之间就没有刑法上的因果关系,只成立敲诈勒索罪的未遂。[①]

### (五)因果关系的复杂性和多样性

刑法上因果关系的判断,有时候不是一件简单的事情。首先,可以体现为原因的多样性,即一果多因。比如,某甲在马路上追逐调戏女青年某乙,某乙在马路上奔跑时,被超速行驶的某丙的汽车撞死。某乙的死亡事实上就存在两个原因,一是某甲的追逐,二是某丙的违章行驶。某甲成立寻衅滋事罪,某丙成立交通肇事罪。但是,如果某丙没有超速行驶,是否还能认为存在两个原因呢?从哲学上看,不能否认某甲和某丙的行为与某乙的死亡结果之间都存在因果关系,但是从刑法学的角度分析,由于某乙并没有违章行驶,他的行为就不是刑法上的实行行为,他的行为与某乙的死亡之间不存在刑法上的因果关系。由此可见,在一果多因的情况下,判定哪些原因与结果之间存在刑法上的因果关系,是一件颇费周折的事情。

其次是表现为一因多果。即一个行为导致多种结果,在这种情况下,是否能将所有的结果都归到行为人的行为上就值得探讨。如,农民某甲辛辛苦苦打工挣来的 2 万元被某乙偷走,一时想不开喝毒药自杀。某乙的行为事实上导致了两个结果,一是他人钱财的损失,还有就是某甲的自杀。第一个结果是构成要件结果,与某乙的盗窃行为存在刑法上的因果关系,那么,某甲自杀的结果是否与某乙的行为存在刑法上的因果关系即量刑上的因果关系呢?在司法实践中,一般会因为某甲的自杀而对某乙从重量刑。[②] 不过,这种情况下,是否认定存在量刑上的因果关系仍存有疑问。这极有可能造成量刑因果关系的不当扩张从而导致对被告人不利或不公的裁决。

因果关系的复杂性还体现为存在因果关系的介入等情况,这一问题将在后面探讨。

---

① 张明楷:《大陆法系国家的因果关系理论》,载高铭暄、赵秉志主编:《刑法论丛》第 2 卷,法律出版社 1999 年版,第 270 页。

② 我国《刑法》分则第 264 条也规定:“盗窃公私财物,数额较大或者多次盗窃的,处三年以下有期徒刑、拘役或者管制,并处或者单处罚金;数额巨大或者有其他严重情节的,处三年以上十年以下有期徒刑,并处罚金;数额特别巨大或者有其他特别严重情节的,处十年以上有期徒刑或者无期徒刑,并处罚金或者没收财产……。”从刑法的规定来看,“情节”对量刑就有很大的影响。其中的情节,就可以将导致被害人自杀涵括进去。

## 四、刑法因果关系的理论

刑法中因果关系的理论，主要是判定因果关系成立标准的理论。即在什么情况下，成立刑法上的因果关系。

### （一）外国刑法学中因果关系的理论

1. 条件说

行为是否引起结果的发生问题，在德国主要借助于条件理论来回答。这种观点认为，只要存在"如果没有前者的话，也就没有后者"这种条件关系，就存在刑法上的因果关系，在认为所有的条件都具有同等的价值这一点上，又被称为等价说。条件说在适用时事实上有所限制。

2. 原因说

为了防止条件说对因果关系范围的扩张，原因说主张，应当根据某种标准从条件中找出应该成为原因的东西，从对结果的各种条件中分出原因和条件，其中，只有原因和结果之间才有因果关系，这一理论也被称为个别化说。即成为原因的条件与其他条件相比是个别化的事物。

关于成为原因的标准，原因说内部也有不同的说法。主要有几种观点：(1)在时间上最终导致结果发生的条件是原因的最终条件；(2)对结果的发生提供最有利条件的就是原因的最有利条件说；(3)对结果的发生提供原动力条件的就是原因的动力条件说；(4)对结果的发生起决定作用的条件就是原因的优势条件说。

但是，由于在各种条件中区别原因，只挑出一个条件作为原因，这在实际上是不可能的，因此，原因说也成了过去的学说。

3. 相当因果关系理论

相当因果关系理论又称相当理论、相当原因理论，也是从条件说演化而来。这一理论认为并非造成结果的所有条件都是结果发生的原因，只有与结果有相当关系的条件，才是结果发生的原因。条件必须依据经验法则作客观判断。在通常情况下，足以造成该结果的，该条件就与结果相当，可以认为该条件与结果有因果关系。假如该条件在通常情况下，并不一定会造成具体结果，而且结果的发生又可以认为完全违反常规，则该条件与结果即属不相当，不具有因果关系。

4. 客观归属论

客观归属理论是从相当因果关系说演化而来的，其理论基础来自于对刑法规范的本质认识，即当行为造成一个法律规定所要加以防止的危险，而此危险足以发生构成要件结果的，则此造成具体结果的行为，即系客观可归责。因此，行为只要足以造成构成要件结果或有此危险，而在客观上足以认定此等危险可归责于该行为人，则该行为与结果就具有因果关系。[①]

5. 双层次原因说

上述四种理论是大陆法系因果关系理论，双层次原因说是英美法系因果关系理论。依照该理论，原因分为两层：第一层次是事实原因，第二层次是法律原因。事实原因建立在直观的基础上，由 but—for 公式来表达，即如果没有 A，就没有 B，则 A 就是已发生的事实原因。这个公式不是刑法因果关系的定义，只是因果关系理论的一个基础层次。法律原因是为了弥补第一层次的缺陷，限定事实原因和范围，从事实原因中筛选出一部分（即法律所关注的部分）作为刑事责任的客观基础。第一层次是第二层次的物质基础，第二层次不能超越第一层次，第二层次是刑法因果关系理论的核心要素。[②]

### （二）我国刑法学因果关系的理论

实行行为和结果之间须存在什么样的联系才具有因果关系，在我国刑法中也存在很大的争议，主要有两种观点，一是“必然说”，二是“必然偶然两分说”。

1. 必然说

这种观点认为，作为刑法上的因果关系必须在行为与结果之间存在必然联系。只有必然因果关系才能成为刑事责任的客观根据。只有当某种或某些危害社会行为，在一定条件下，必然地、不可避免地引起某种或某些危害结果的时候，才能认为这些危害社会行为与危害社会结果之间存在因果关系。如果不具有这样的联系，即使行为与结果的发生有一定的偶然联系，那也不是刑法上的原因，而只能是条件，条件不能成为刑法上的原因。

对于这种“必然因果关系”的特点，一般认为是：第一，作为产生原因的行为必须具有危害社会结果发生的实在可能性，这种实在可能性是该行为与危害结果之间具有因果关系的必要前提。所谓某种行为具有危害社会结果发生的实在可能性，就是该行为存在有可能使危害结果发生的客观根据。否则，它就不是危害结果发生的原因，而只是危害结果发生的一般条件。第二，只有当具有结果发生的实在可能性的某一现象已经合乎规律地发生某一结果时，这时才能确定某一现象与所造成的结果之间具有因果关系。第三，因果关系只能是在一定条件下的因果关系。所谓必然性，并不是无条件的不可避免性。事实上，任何必然性都是在一定的条件下的必然性，离开一定的条件，任何必然性都不可能实现。[③]

---

① ［德］Jescheck，AT. 1988，S. 258。转引自林山田：《刑法通论》，台湾大学法学院 1995 年修订版，第 108 页。

② 储槐植：《美国刑法》，北京大学出版社 1996 年第 2 版，第 64～65 页。

③ 周柏森：《研究刑法中的因果关系要以马克思主义哲学作指导》，载《法学研究》1982 年第 2 期。

2. 必然与偶然因果关系区分说

这种观点不同意刑法中只存在必然因果关系的观点，认为刑法中除了有必然因果关系之外，还存在偶然的因果关系。

所谓偶然的因果联系，是指“行为人所实施的危害社会行为同危害结果之间外在的、非本质的联系。引起这种危害结果产生的根据，不存在于行为人的行为本身，而存在于另一种事物之中。”[①]具体来说，就是指“某（些）危害行为造成某危害结果，这一结果在发展过程中又与另外的危害行为或事件相竞合，合规律地产生另一危害结果，先前的危害行为不是这最后结果的决定性原因，不能决定该结果出现的必然性，最后的结果对于先前的危害行为来说，可能出现，也可能不出现，可能这样出现也可能那样出现，它们之间是偶然因果关系。”[②]

偶然因果关系主要具有这样几个特征：(1)偶然因果关系发生在两个因果环节发生联系的情况之下，即第一个原因在引起一个必然结果的过程中或引起后，又偶然地与另一原因相交叉或相衔接，又引起另一结果的发生。因此，偶然因果关系肯定是一种间接因果关系。(2)最后发生的根据存在于后来出现的原因之中，即后一原因对结果的发生起了决定性作用。(3)先前的原因不决定结果的发生，但也是这种结果产生所不可缺少的，因而起到了不可忽视的作用。

偶然因果关系实际上是刑法因果关系理论上通常讲的在因果联系过程中出现“介入”因素的现象。这部分联系被“必然说”排斥在刑法因果关系之外，而“两分说”则将其归入刑法因果关系之中。认为刑法中的因果关系应包括“必然性的”和“偶然性的”两部分。[③]

但是，按照偶然因果关系，又可能会扩大因果关系的范围，如某甲被某乙打伤住院，医院发大火将某乙烧死，按照偶然因果关系，某乙被烧死的结果与某甲的行为存在因果关系，某甲应对此承担责任，这显然是不合适的。

### （三）本书的主张

本书认为，双层次的因果关系理论是可取的。刑法因果关系首先是存在于实行行为和结果之间的一种引起与被引起的关系，是一种纯粹客观的事实关系。同时，“刑法因果关系又是作为刑事责任的客观根据而存在于刑法之中的，不同的因果关系对于刑事责任的有无及其程度当然有重要影响”[④]。换句话来说，事实因果关系主要在质上决定行为与结果之间是否存在因果关系，而法律因果关系主要是从量上解决达到何种程度联系的事实因果关系才能作为刑事责任的客观基础。因

① 张文：《关于刑法因果关系几个问题的探讨》，载《北京大学学报》1982 年第 3 期。

② 李光灿等：《刑法因果关系论》，北京大学出版社 1986 年版，第 114 页。

③ 张绍谦：《刑法因果关系研究》，中国检察出版社 1998 年版，第 70 页。

④ 赵秉志：《犯罪总论问题研究》，法律出版社 2003 年版，第 362 页。

此，刑法因果关系是事实因果关系与法律因果关系的统一，两者相结合，共同说明着刑法因果关系的基本内容。只有从“双层次因果关系”入手认真研究不同层次上因果关系的不同特征，以及它们不同的判断标准和方法，才有可能真正地解决刑法因果关系的问题。

1.事实因果关系

任何刑法因果关系的成立，都必须以行为与结果之间客观上存在的事实因果关系为前提。没有事实因果关系，也就不存在法律因果关系。

本书认为，事实上的因果关系是这样一种关系：一事物的变化产生了一种力量，当这一变化所产生的力量引起事物自身或另一事物发生变化时，前一事物的变化就是原因，而后一种被引起的变化就是结果。只要对结果的产生起了积极作用，无论作用是大是小，都应作为原因看待。

在事实因果关系层面，任何导致刑法上的结果产生的人的有意识的行为，都是结果产生的原因。换句话来说，只要具有条件关系，就认为具有事实上的因果关系。

承认条件可以作为刑法上的事实原因，并不意味着所有对结果起到条件作用的行为在最后都成立犯罪。在实践中，最后能作为刑事责任根据的只能是其中的一部分行为。这部分行为也不是在客观分析时就能够区分出来的。这是因为，因果关系虽然是刑事责任的客观依据，但也不是唯一的客观依据。刑事责任客观依据的最后确定依赖于对案件全部事实的综合分析和对行为危害性的全面衡量，而这一任务是不能在判断因果关系时就能解决的。“例如在有些劫机案件中，有的保安人员对乘客进行安全检查不严，从而劫机犯乘机将劫机所用凶器带入机内，为后来成功实施劫机行为创造了条件。这里保安人员的渎职行为显然并不是劫机结果产生的决定性原因，更不是必然原因，然而是劫机能够成功不可缺少的条件，由于后果严重，显然应当令失职的保安人员承担相应的法律责任。但是如果在进行因果关系分析时，我们用一个要求较大作用的标准划定事实原因的范围，就可能将机场保安人员失职行为排除在外，这样一来，也就可能导致最后刑事责任的确定产生问题。”①为了避免不当地缩小刑事责任的追究范围，在确定客观要件的事实因果关系时，就不应当用某一个标准将某些行为排除在外，因为，任何对结果具有相当条件关系的行为都有可能成为刑事责任追究的对象。

2.法律因果关系

虽然刑法上的因果关系首先是事实因果关系，但是，仅仅具有事实因果关系还不足以成为追究刑事责任的客观依据。我们必须根据刑法的标准，对事实因果关系进行价值判断，使之具有法律上的因果关系。“在每一案件中都会存在许多事实原因，因果关系原则的目的就是限制刑事责任于其中一个(有时超过一个)责任者。

① 赵秉志:《犯罪总论问题探索》，法律出版社 2003 年版，第 366 页。

这就需要根据其他的限制原则，通常被表述为‘法律’原因，从而将其从纯粹的事实因果关系中区别出来。”[①]不经过价值判断的事实因果关系不能成为追究刑事责任的客观依据，法律对事实因果关系的限制，就使刑法中的因果关系具有了法律性的特征。

因果关系的法律性，并不意味着刑法上的因果关系就一定是刑法条文明文规定的。如果刑法条文对每一个犯罪的因果关系都作了明确的规定，在因果关系领域就不会存在这么大的争议。当然，对每一个犯罪的因果关系都作出明确的规定，在立法上是不可能的，也是不必要的。可以说，在绝大多数的时候，刑法条文对因果关系并没有作出明确的规定。即使刑法条文中使用“致使被害人死亡的”、“造成严重后果的”等词句，也只是规定造成某种结果要承担什么样的责任。对于什么样的行为引起这种结果、怎样引起这种结果这些因果关系的实质内容，还有待于我们根据一定的理念和标准进行判断。

对于定罪因果关系而言，应该牢牢把握的是，定罪因果关系中的原因行为必须是成立某罪所需要的实行行为，定罪因果关系中的结果必须是成立某一犯罪所需要的构成要件结果。定罪因果关系中所需要的原因和结果，必须根据定罪所需要的行为和结果的条件，从事实因果关系中筛选出。概而言之，法律上的因果关系，必须根据具体犯罪构成要件的内容予以确定。

## 五、刑法因果关系判断的几个问题

虽然在定罪的因果关系中，已经明确了法律上的因果关系只能是实行行为与构成要件结果之间的关系，但是，在法律因果关系的判断中还存在如下几个问题，值得特别探讨。

(1)关于因果关系的中断

所谓因果关系的中断，是指在前行为者的条件行为与结果之间的因果关系正在进行中，介入自然的事实或他人的行为，此介入的事实或行为支配因果关系时，其先的因果关系即行中断，即前行为与结果之间断绝因果关系，介入行为与结果之间继之而发生因果关系。

对于因果关系是否中断，应通过考察行为人的行为导致结果发生的可能性的大小、介入情况对结果发生的作用大小，判断前行为与结果之间是否存在因果关系。[②] 比如，被告人有杀人的故意，导致了被害人重伤的结果，被害人送到医院后，被仇人杀死。在这里，虽然存在杀人的实行行为，存在死亡的结果，死亡的结果也与被告人的行为存在事实上的因果关系，但是，由于行为人的行为对死亡结果只起

① ［英］迈里斯·柯里蒙：《刑法》，麦克米兰教育出版公司 1980 年版，第 44 页。

② 张明楷：《刑法学》，法律出版社 2003 年版，第 181 页。

了次要作用,介入因素过于异常,被告人的行为与被害人死亡结果之间的因果关系中断,被告人只负担故意杀人未遂的责任。再比如,甲开枪射杀乙,乙受重伤,血流不止,被人送往医院抢救,但途中遭遇堵车,延误了抢救,导致乙的死亡。在这里,甲的杀人行为对于乙的死亡结果起到了最主要的作用,应该视为因果关系没有中断。

应当说明的是,对于因果关系在什么情况下中断,什么情况下不中断的具体的、普遍实行的法则,还有待进一步的研究。

(2)因果关系的断绝

因果关系的断绝与因果关系的中断并非同一含义。"所谓因果关系的断绝,指向着同一结果的先行行为没有奏效时,由于完全无关系的别的条件,使结果发生的场合。例如,甲以杀乙的目的使乙喝有毒的饮料,有毒的饮料还没有送到乙手中时,第三者丙以杀意用手枪击乙致其死亡,即属这种情况。这种场合,被认为行为与结果的条件关系起初就不存在。"[①]因果关系断绝与因果关系中断的区别是:其一,在因果关系中断的场合,先行行为本身已经对发生结果起作用,而在因果关系断绝的场合,先行行为对结果还没有起作用;其二,在因果关系断绝的场合,介入的因素必须是与先行行为完全无关的因素,而在因果关系中断的场合,则没有这一限制。比如,甲意图杀死乙,但只产生了轻伤的结果,后来乙死于破伤风。这属于因果关系的中断。因为破伤风是与甲的先行行为相关的因素,既然乙的死亡结果是与甲的实行行为相关的因素而导致的,自然属于因果关系的中断,甲只负担杀人未遂的责任。

概括地说,在因果关系断绝的情况下,由于先行行为本身尚未对结果发生任何作用,即使后来由于意外的因素而产生了构成要件结果,也不可将此归咎于先行者的行为。与因果关系中断相比,因果关系断绝的情况下先行行为与结果之间的关系更加疏远。

(3)假定的因果关系

假定的因果关系是指,虽然某个行为正在导致结果的发生,但即使没有该行为,由于其他情况也会产生相同的结果。德国曾经有这样的判例:被告人某甲在一条笔直的6米宽的道路上驾驶着汽车,右侧的乙朝着相同的方向骑着自行车。按照规则,汽车与行人应当保持1.5米的距离,但甲只保持了0.75米的距离。而乙则由于饮酒醉倒在车下,被车后轮轧死。法院否认甲的行为与乙的死亡之间具有条件关系。理由是,即使保持适当距离,发生同样事故的盖然性仍然很高,乙还是要死亡。再如,死刑执行人员丙,在将要扣动扳机射杀杀人犯乙的一瞬间,被害人的父亲甲突然替丙按下了扳机。如果甲不扣动扳机,乙也要死亡。这也是假定的

① [日]川端博:《刑法总论讲义》,成文堂1997年版,第147页。

因果关系。[①]

在假定的因果关系的情况下，是否肯定行为和结果之间的因果关系，在刑法理论上没有完全统一。持肯定意见的人认为，由于事实上是行为人的行为导致了被害人的死亡，故应肯定二者之间的因果关系，主张因果关系的有无应以事实为判断依据，不应附加假定的条件。[②] 持否定意见的人则认为，在上述情况下，不存在"如果前者就没有后者的假定公式"，即使没有行为人的行为，仍然会发生结果，因而否定二者之间的因果关系。[③]

本书认为，在假定的因果关系的情况下，固然排除条件关系的一般公式，但是，二者确实存在事实上的因果关系，从刑法价值判断的角度，也不能不对行为人的行为进行非难，没有理由否定二者存在法律上的因果关系。

(4)择一的竞合

择一的竞合，也叫做累积的因果关系，二重的因果关系，是指数个独立行为竞合在一起而导致某种结果发生的场合，这些行为，不管哪一种都能单独导致同样的结果发生的情况。例如，以A和B两人单独在甲的食物中投入了足够致人于死的毒物，甲吃下了该食物的一部分或全部之后而死亡的案件为例。在双方投放的毒物同时发作而导致了甲死亡的场合，因为不管排除哪一方的行为都会导致结果的发生，所以，抽象地看，不能适用条件关系的公式。有人认为这种情况下仍然存在条件关系，理由是：由于两人所投入毒物的相互影响，同单独投毒相比，使死期提前到来的场合，对于具体发生的甲的死亡结果而言，如果没有A和B任何一方的行为，都不会有甲在该时刻死亡的结果的发生，所以，仍然能认可因果关系。[④]

本书也主张择一的竞合的情况下，两者的行为与结果都存在法律上的因果关系。但是，上述论者的理由过于牵强。刑法关注的不是被害人什么时间死亡，而是被害人是否死亡。换句话来说，行为与被害人在某一时点死亡的关系不是刑法上的因果关系，行为与被害人死亡结果之间的关系才有可能成为刑法上的因果关系。论者以死亡的时点与行为的关系作为立论的依据无疑是不妥的。上述两个行为之所以与结果都有因果关系，是因为二者的行为与结果存在事实上的因果关系，从刑法价值判断的角度来看，又不得不对这类行为进行刑事责任非难，因而又存在法律上的因果关系。这一理由与假定的因果关系相同。

当然，上述结论是以不能查明到底是A还是B投放的毒物引起了甲的死亡结果为前提的，如果能够证实A的毒物发挥了作用、B的毒物对结果的发生没有任何影响，就应当说只有A的行为和结果之间具有因果关系。B的行为与结果之间

---

① 张明楷：《外国刑法纲要》，清华大学出版社1999年版，第122页。

② [日]平野龙一：《刑法总论》，有斐阁1972年版，第135页。

③ [日]町野溯：《刑法总论讲义案Ⅰ》，信山社1995年第2版，第156页。

④ [日]大谷实：《刑法总论》，黎宏译，法律出版社2003年版，第166页。

没有因果关系，B只能承担未遂的责任。

(5)重叠的因果关系

重叠的因果关系，是指两个以上的、单独不能导致结果发生的行为重叠在一起共同导致结果发生的因果关系。例如，甲乙两人出于杀死丙的意图，事先没有任何联系，分别让丙服用了不能达到致死量的毒物，但双方所投放的毒物合在一起，达到致死量，致使丙死亡。有人认为，由于两人没有犯意联络，应当否定因果关系的存在，如果本案中甲乙两人有意联络，就能肯定因果关系的存在。①

本书主张，不论行为人之间是否具有犯意的联络，重叠的因果关系都可以成为法律上的因果关系。因为行为人的行为与结果之间都符合"如果没有前者就没有后者"的条件公式，行为与结果又都属于构成要件行为与构成要件结果，没有理由否定刑法中因果关系的存在。如果认为有犯意联络就具备刑法上的因果关系，没有犯意联络就不具备刑法上的因果关系，实际上是否定因果关系的客观属性。

(6)疫学的因果关系

环保、食品、药品等公害犯罪中，往往难以确定因果关系。例如，某些药品的副作用，就难以用科学方法来解释。但是，即便行为和结果之间的事实因果关系在自然科学上不能被证实，但根据疫学的证明，能够认定没有超出合理怀疑的限度时，就应肯定其事实因果关系的存在。具体来说，可以将人作为一个集团，对该集团的疫病以及其他现象的分布进行多角度的观察，研究其要素、成因的学术领域，使用这种方法，证明事实和结果之间具有高度的可能性的方法就是免疫学证明。一般地说，如果证明了事实和结果之间高度的盖然性，就可以肯定事实因果关系的存在，进而推定其法律上的因果关系。

## 六、不作为犯的因果关系

不作为犯没有积极举措对外界发生影响，仅仅对于结果发生的原因消极地不防止。不作为对构成要件结果是否居于原因力，学者们之间的见解不一致。但不作为不是无，它不是"什么都没有做"，而是"没有做什么"。不作为是具有社会意义的存在，是没有为期待做法期待的一定作为，它在法律上包含一定的规范意义，必须从这种角度理解不作为犯的因果关系。刑法中的因果关系应该根据刑法的目的来处理。刑法的目的是保护法益，如果行为人按照作为义务实施被预期的行为，侵害法益的结果不会发生时，就应该承认不作为的因果关系。

① [日]大谷实:《刑法总论》，黎宏译，法律出版社2003年版，第167页。

## 第六节 犯罪构成客观要件其他要素

犯罪构成客观要件要素,除了行为、行为对象、行为结果及刑法中的因果关系之外,还包括犯罪的时间与犯罪地点。任何犯罪都是在一定的时间和一定的地点实施的,在通常情况下,犯罪的时间和地点对犯罪的成立并不影响,但是,在某些情况下,行为必须在特定的时间和地点实施,才具有一定的社会危害性。因而这种犯罪的时间和地点也就成了犯罪构成客观要件的选择要素。有的著作将特定的犯罪时间和地点称为客观附随情状。[①]

### 一、作为构成要件要素的犯罪时间

犯罪的时间以影响定罪或者量刑为根据,可以划分为作为构成要件要素的犯罪时间和作为量刑情节的犯罪时间。我国刑法分则和特别刑法规定的罪名中,只有三十多个犯罪以特定的犯罪时间作为构成要件要素。但是,由于某种犯罪时间对行为的社会危害程度可能产生影响,应当作为酌定量刑情节加以考虑。比如,在发生地震或其他自然灾害的时候实施盗窃,社会危害程度比一般情况下盗窃就要严重,量刑时应当从重。

作为构成要件要素的犯罪时间既可以是成立犯罪必须具备的时刻,也可以是一段时间过程。包括两种情况,一是法条明示的犯罪时间,二是法条隐含的犯罪时间。

法条明示的犯罪时间,指构成要件的犯罪时间是由刑法条文明文指明的时间,一般以“在……期”、“在……时”、“在……中”、“在……过程中”、“在……期间”、“在……前”、“在……后”等来表示。例如,根据刑法第 340 条规定,在禁渔期捕捞水产品,情节严重的,成立非法捕捞水产品罪;再比如,根据刑法第 277 条第 3 款的规定,在自然灾害和突发事件中,以暴力、威胁方法阻碍红十字会工作人员依法履行职责的,成立妨害红十字工作人员依法执行职务罪。

有时候,刑法条文并没有明确规定成立犯罪的时间,但根据法律条文的意思,可以推导出成立犯罪需要在特定时间实施。例如抢劫罪,刑法第 263 条虽未明确要在某一时间实施,但是,暴力、胁迫内容和夺取财物行为,只能在抢劫现场“立即”实施;再比如,刑法第 277 条规定的妨害执行公务罪,虽然未明确规定时间,但必须是在国家机关工作人员依法执行公务期间。

① 陈兴良:《本体刑法学》,商务印书馆 2001 年版,第 295 页。

## 二、作为构成要件要素的犯罪地点

犯罪地点同犯罪的时间一样，也可以分为作为构成要件要素的犯罪地点和作为量刑情节的犯罪地点。

作为构成要件要素的犯罪时间，根据现行刑法的规定，主要包括这样几种情况：(1)海关口岸、海关边防线。如走私罪、偷越国边境罪须是在海关口岸和海关边防线实施；(2)内海、领海领域。例如，我国《刑法》第 155 条第 2 项规定："在内海、领海运输、收购、贩卖国家禁止进出口物品的，或者运输、收购、贩卖国家限制进出口货物、物品，数额较大，没有合法证明的"，以走私罪论处。(3)禁渔区、禁猎区、林区。如根据刑法第 340 条的规定，在禁渔区捕捞水产品，情节严重的，成立非法捕捞水产品罪；根据刑法第 341 条第 2 款的规定，在禁猎区狩猎，情节严重的，成立非法狩猎罪；根据刑法第 345 条第 3 款规定，在林区非法收购明知是盗伐、滥伐的林木，情节严重的，成立非法收购盗伐、滥伐的林木罪。(4)羁押监管罪犯、被告人或犯罪嫌疑人的场所或者押解途中。这是聚众劫狱罪、暴动越狱罪、劫夺被押解人员罪或脱逃罪不可缺少的构成要件。(5)当场。如抢劫罪的暴力行为和胁迫行为的内容，只能在抢劫的"当场"实施。(6)战场、军事行动区。例如，聚众冲击军事禁区罪、聚众扰乱军事管制区罪、战时临阵脱逃罪、投降罪、掠夺残害无辜居民罪等，必须以这类特定地区为构成要件。(7)在……上，在境内、在境外。例如，刑法第 123 条规定的暴力危及飞行安全罪，必须是在飞行中的航空器上实施；第 154 条规定的变相走私罪，必须是"在境内销售牟利"；第 395 条规定的隐瞒境外存款罪，必须有境外存款的行为。

### 司法考试真题链接

1. 关于危害结果的相关说法，下列哪一选项是错误的？(2008 年司法考试真题)

A. 甲男(25 岁)明知孙某(女)只有 13 岁而追求她，在征得孙某同意后，与其发生性行为。甲的行为没有造成危害后果。

B. 警察乙丢失枪支后未及时报告，清洁工王某捡拾该枪支后立即上交乙的行为没有造成严重后果。

C. 丙诱骗 5 岁的孤儿离开福利院后，将其作为养子，使之过上了丰衣足食的生活。丙的行为造成了危害后果。

D. 丁恶意透支 3 万元，但经发卡银行催收后立即归还，丁的行为没有造成危害后果。

2. 关于不作为犯，下列哪些选项是正确的？（2007 年司法考试真题）

A. 刑法规定，依法配备公务用枪的人员丢失枪支不及时报告，造成严重后果的构成犯罪。该罪以不及时报告为成立条件，属于不作为犯罪

B. 偷税罪是一种不履行纳税义务的行为，只能由不作为构成

C. 遗弃罪是一种不履行抚养义务的行为，属于不作为犯罪

D. 刑法规定，将代为保管的他人财物非法占为己有，数额较大，拒不退还的构成犯罪。该罪以拒不退还为成立条件，属于不作为犯罪

3. 关于因果关系，下列哪些选项是错误的？（2008 年司法考试真题）

A. 甲乘坐公交车时和司机章某发生争吵，狠狠踹了章某后背一脚。章某返身打甲时，公交车失控，冲向自行车道，撞死了骑车人程某。甲的行为与程某的死亡结果之间存在因果关系。

B. 乙以杀人的故意瞄准李某的头部开枪，但打中了李某的胸部（未打中心脏）。由于李某是血友病患者，最后血流不止而死亡。乙的行为与李某的死亡之间没有因果关系。

C. 丙与同伙经预谋后同时向王某开枪，同伙射击的子弹打中王某的心脏，致王某死亡。由于丙射击的子弹没有打中王某，故丙的行为与王某的死亡之间没有因果关系。

D. 丁以杀人故意对赵某实施暴力，导致赵某遭受濒临死亡的重伤。赵某在医院接受治疗时，医生存在一定过失，未能挽救赵某的生命。丁的行为和赵某死亡之间没有因果关系。

# 第九章　犯罪构成主体要件

【引　例】

(1)2000 年 12 月 17 日晚，户县 15 岁少年王某为图好玩竟想制造火灾，他先将一堆麦草点燃，但因火势较小没有引起他人注意。又窜到同村张某家老屋处，用火点燃一把干麦塞入门洞引起大火后，王某便躲在暗处观看村民救火。火越烧越大，烧毁了房屋，烧死了一头耕牛和一些用具，损失达 7000 余元。

(2)林某，系某金属制品公司(集体性质)会计。1997 年 10 月，林某在给某房地产开发公司开具销售发票时，因单位资金紧张，为达到给单位少缴税款的目的，擅自做主，采取重复填写多联发票的手段，在发票联如实填写所销货物的金额交给客户，存根联、记账联另行开具比发票联金额少的金额，存根联应付税收人员检查，记账联记账纳税，共隐瞒收入 19.9 万元，使单位少缴税款 3 万元。

## 第一节　犯罪构成主体要件概述

### 一、犯罪构成主体要件的概念

犯罪构成主体要件，是刑法规定的成立犯罪所必须的主体方面的要件，是成立犯罪所需要的主体资格。

犯罪构成主体要件与犯罪主体不是相同的概念。犯罪主体是实施了犯罪行为必须承担刑事责任的人，犯罪构成主体要件是刑法规定的、实施犯罪行为的人(或单位)必须具备的要件。具备犯罪构成主体要件的人(或单位)不一定是犯罪主体，只有具备犯罪主体要件并且实施犯罪行为的人(或单位)才是犯罪主体。

犯罪构成主体要件是一种判断标准，实施构成要件行为的人是否能成立犯罪，关键一点就是要看行为人(或单位)是否符合相关的标准。如果行为人不符合相关的主体判断标准，危害再大也不成立犯罪。

犯罪构成主体要件是刑法规定的判断标准。我国刑法总则第 17 条和第 18 条都是有关犯罪构成自然人主体要件的一般规定。第 17 条规定的是刑事责任年龄，第 18 条规定的是辨认和控制能力。由于刑法总则已经对犯罪构成自然人主体要件作了规定，因此分则中一般情况下没有必要再对自然人主体要件作规定。但是，当分则中的某个具体犯罪对主体要件有特别要求时，分则中的相关条文也会作出额外的规定。

犯罪构成主体要件以资格为内容。比如，刑法第 17 条规定，已满 16 周岁的人犯罪，应当负刑事责任。"已满十六周岁"就是一种资格。刑法分则规定的某些犯罪还须具备一定的身份，如贪污罪、受贿罪等。

犯罪构成主体要件以人为中心。意外的自然现象或动植物不能成为犯罪构成中的主体，理由是动植物不能实施成为构成要件内容的行为。但是，在自然人以外，我国刑法规定在某些情况下单位也可以成为犯罪主体。

## 二、犯罪构成主体要件的意义

### （一）犯罪构成主体要件的定罪意义

犯罪构成主体要件对于正确认定犯罪具有重要意义。第一，犯罪构成主体要件是划分罪与非罪的标准。我国刑法规定，成立犯罪的人必须具有刑事责任能力，如果行为人在实施犯罪构成客观要件行为时尚未达到刑事责任年龄，或者具有丧失辨认和控制能力的精神病，就不成立犯罪。第二，犯罪构成主体要件在有的时候是区分此罪与彼罪的标准。如，我国刑法规定的贪污罪与业务侵占罪，犯罪构成客观要件基本相同，根本的区别就在于两罪的主体要件内容不同。

### （二）犯罪构成主体要件的量刑意义

在具备犯罪构成主体要件的情况下，主体要件的内容不同，刑罚也会有差别。如，根据我国刑法的规定，16 周岁以上的人对所有的犯罪都要承担刑事责任。但是，如果犯罪时年龄在 18 周岁以下，就应当从轻或者减轻处罚。再比如，成立非法剥夺他人人身自由罪只需要具备一般犯罪构成主体要件即可，但是，如果国家机关工作人员利用职权犯本罪的，就符合该罪的加重的犯罪构成，要从重处罚。

## 三、犯罪构成主体要件要素

犯罪构成主体要件包括自然人主体要件和单位主体要件。自然人犯罪构成主体要件要素又分为两种情况：一是自然人犯罪构成主体的一般要件要素，即任何自然人犯罪主体都必须具备的要件要素。根据刑法规定，任何自然人犯罪都必须具备刑事责任能力，因此，刑事责任能力是自然人犯罪构成主体要件的共同要素；二是自然人犯罪主体的特殊要件要素，这是某些特殊犯罪主体必须具备的额外的要件要素，主要是身份。单位犯罪构成主体要件要素也包括两种情况：一是任何单位成立犯罪所必须的共同要件要素，二是某些单位成立犯罪所必须的特殊要件要素。

## 第二节 刑事责任能力

刑事责任能力是自然人主体要件的共同要素，也是刑法中重要的理论和实践问题。

### 一、刑事责任能力的概念

刑事责任能力，是指行为人辨认和控制自己行为的能力。所谓辨认能力，是指行为人对自己行为的性质、后果和意义的分辨认识能力，即行为人能够认识自己的行为是否为社会规范所禁止、谴责和制裁。能够认识行为性质的，就有辨认能力，不能认识行为性质的，无辨认能力。控制能力，是指行为人基于对行为性质和后果的认识，选择自己是否实施某一行为的能力。

刑事责任能力中的辨认能力是刑事责任能力的前提和基础。只有对自己的行为具有辨认能力，才能以此为基础选择、决定是否实施构成要件行为，才可能具有控制能力。控制能力表明了行为人的态度选择和价值取向，是刑事责任能力的关键。一个人知道开枪杀人的性质和后果，具有辨认能力，这不是问题的关键，关键在于，他在这一认识的基础上，选择了开枪杀人。刑法所要谴责的，是他选择和决定了开枪杀人。

行为人具有辨认能力，不一定具有控制能力；具有控制能力，则一定具有辨认能力。一个人只有同时具有辨认能力和控制能力，才具有刑事责任能力。很多精神病患者，其实知道自己行为的性质，但由于缺乏精神上的控制力，因此也没有刑事责任能力者。

### 二、刑事责任能力的意义

关于刑事责任能力的意义，古典学派与社会学派的解释是不同的。古典学派认为，一个具有刑事责任能力的人就是一个具有自由意志的人，只有对具有自由意志的人实施的行为才能对他进行道义的非难。因此，在古典学派看来，责任能力就是是非善恶辨别能力，也是自由意思决定能力。古典学派强调对行为的道义报应，将刑事责任能力看作是犯罪能力，主张只有对行为具有自由意志的人才能进行道义上的谴责，才能予以刑罚处罚。

社会学派则不同。社会学派强调行为人的社会责任，主张通过对行为人适用刑罚使其回归社会，因此，在社会学派那里，刑事责任能力就是刑罚适应能力。德国刑法学家李斯特认为，对特定行为人的行为进行罪责非难，使他对自己的行为承担责任，先决条件是他具备正确认识社会要求并以该认识而行为的一般能力。他还将刑事责任能力称为"社会行为能力"，即符合人类共同生活需要的能力。[①] 只有当行为人在行为时具备该能力，才能认定该行为是有责的反社会的行为。反之，如果行为人在行为时缺乏该能力，就不能期待其作出合规范的社会行为。李斯特的观点，看上去似乎着眼于行为人的犯罪能力，但其真正的落脚点却在于：责任能力是能够用作为通常的防卫手段的刑罚达到社会防卫目的的能力，即刑罚适应能力。

道义责任论者以行为人存在自由意思为当然的前提，将此视为刑事责任能力的灵魂，虽然考虑到了责任非难的伦理基点，但这种视角是回顾性的，况且，绝对的自由意志也并不存在。社会责任论者不考虑责任非难的伦理基点，仅仅从处罚的一面论及责任能力，这与现行刑法的立场是相矛盾的。因为，没有一个国家的刑法能不顾忌到刑罚的道义报应的一面。

本书认为，刑事责任能力既是犯罪能力，也是刑罚适应的能力，既是意思自由能力，又是社会行为能力。当然，这里的意思自由能力不是绝对的意思自由能力，而是在被决定情况下的相对自由的意思能力。行为人具有相对的意思自由能力，就是具备犯罪能力，对其实施的行为可以进行道义上的非难；行为人具备社会行为能力，就能适应刑罚的矫正，对其追究刑事责任才有意义。

## 三、刑事责任能力的程度

在刑事立法和刑法理论上，责任能力一般被分为完全责任能力、限制责任能力和无责任能力三个层次。此外，部分责任能力虽然与上述三个层次的责任能力不是一个层面的问题，但也与此相关，因而一并论述。

### (一)完全责任能力

完全责任能力即正常的责任能力，一个具备一定年龄且精神和生理正常的人就具有完全责任能力。对于具备完全责任能力的人，不但应该对其追究刑事责任，而且不会因为责任能力的原因而对其从宽处罚。

---

① [德]弗兰茨·冯·李斯特：《德国刑法教科书》，徐久生译，法律出版社 2000 年版，第 270 页。

### (二)限制责任能力

限制责任能力，是指由于年龄、精神状态与生理缺陷等原因，辨认或者控制行为的能力较完全责任能力者有一定程度的减弱，但又不是完全丧失的情况。对于限制责任能力者，由于其意志自由的程度和社会行为能力不如一般人，因此对其从宽处罚。

### (三)无责任能力

无责任能力，是指由于没有达到法定的年龄或者精神状态存在严重的缺陷，在刑法上认为没有辨认或控制行为能力的一种状态。无责任能力者实施的任何行为都不成立犯罪，当然也不能追究刑事责任

### (四)关于部分责任能力

部分责任能力，是指行为人对刑法中所规定的一部分犯罪具有责任能力，对其余部分犯罪则无责任能力。部分责任能力与限制责任能力的区别在于，前者对部分犯罪有责任能力，对部分犯罪无责任能力，而后者对所有的犯罪都有责任能力，但只具有减弱的责任能力。

例如引例(1)，根据《中华人民共和国刑法》第 17 条第 2 款"已经满十四周岁不满十六周岁的人，犯故意杀人、故意伤害致人重伤或者死亡、强奸、抢劫、贩卖毒品、放火、爆炸、投毒罪的，应当负刑事责任"的规定，王某就属于具有部分责任能力的行为人。因为王某只有 15 岁，按照法律规定，他只能对上述 8 类犯罪负责，对其他犯罪则不承担刑事责任。

部分责任能力存在两种情形。一种是在能力的方向上受到限制，只对某种类的犯罪具有责任能力。例如，具有好诉妄想的偏执症患者，相对于诬告陷害罪是无责任能力的，但是，只要在其他方面不存在精神障碍，那么，相对于与妄想无关的犯罪，就仍然具有责任能力。又如，歇斯底里患者对某种刺激往往表现出异常的反映，相对于作为该反应的表现的侮辱、暴行等是无责任能力的，但是，相对于其他的与反应无关的犯罪则不能否定其责任能力。另一种是在能力的程度上受到限制，只对某范围的犯罪具有责任能力。例如，贩卖淫秽物品罪，若没有比较高的能力就难以识别其反规范性，而杀人罪、盗窃罪，即使只有较低的能力也能够识别其反规范性。这样，对杀人罪、盗窃罪具有责任能力的人，却未必对贩卖淫秽物品罪具有责任能力。①

对于因在能力的方向上受到限制而只具有部分责任能力的情形，我国刑法未作明文规定，但精神医学者普遍表示认可。对于因在能力的程度上受到限制而只

① 冯军:《刑事责任论》，法律出版社 1996 年版，第 143 页。

具有部分责任能力的情形，我国刑法有明确的规定。《刑法》第 17 条第 2 款规定："已经满十四周岁不满十六周岁的人，犯故意杀人、故意伤害致人重伤或者死亡、强奸、抢劫、贩卖毒品、放火、爆炸、投毒罪的，应当负刑事责任。"该规定虽然是就刑事责任年龄作出的规定，但既然明确指出该年龄段的人只对几类特殊犯罪承担刑事责任，就说明这部分人只有部分责任能力。而之所以只有部分责任能力，主要是因为能力的程度受到限制，只能认识到故意杀人等犯罪的性质，对其他犯罪的性质则无从认识。我国许多刑法教科书将这种情况称为相对无刑事责任能力或相对有刑事责任能力似有不妥，容易被误解为行为人对所有的犯罪都不具有绝对的责任能力，而只是具有相对的责任能力。

### 四、刑事责任能力与犯罪构成主观要件的关系

责任能力与犯罪构成主观要件的关系，主要是指责任能力与罪过或犯罪故意、犯罪过失的关系。

本书认为，具有刑事责任能力，是具有犯罪故意和犯罪过失的前提。如果没有刑事责任能力，则行为人无法具备犯罪的故意或者过失，这就是刑法为什么要规定刑事责任能力的原因。当然，行为人没有刑事责任能力，对实施的行为仍然可以具有故意或者过失，但这已经不是刑法意义上的故意或过失了。由于刑事责任能力是犯罪故意或犯罪过失的前提，因此在犯罪构成要件顺序上，以刑事责任能力为中心的犯罪构成主体要件也应当排在犯罪构成主观要件之前。

## 第三节　刑事责任能力的构成要素

刑事责任能力是由多种要素决定的。首先，刑事责任能力与年龄结合在一起。在生物学意义上的成熟过程完成之前，要么不能进行责任非难，要么需要判断行为人已经达到一定程度的智力发育、伦理成熟和意思能力，此等成熟程度表明，足以对其行为中体现的他本人对法律的态度，按照符合年龄的刑律的标准进行评价。[①] 但是，在现代科技条件下，对未成年人的成熟程度进行测量无疑是不现实的，也可能会造成一定的主观随意性，因此，多数国家刑法明文规定某一年龄为达到相应刑事责任能力的判断标准。

刑事责任能力还与行为人的精神上的、生理上的健康相关。正因为如此，即使在达到刑事责任年龄的情况下，也存在刑事责任能力的例外情况。

① ［德］汉斯·海因里希·耶赛克、托马斯·魏根特：《德国刑法教科书》，徐久生译，中国法制出版社 2001 年版，第 518 页。

## 一、刑事责任年龄

刑事责任年龄是刑法规定的成立犯罪所必须达到的年龄。

### (一)刑事责任年龄的划分

根据我国刑法的规定,刑事责任年龄可以分为如下几个不同的阶段:

1. 完全刑事责任年龄阶段

《刑法》第 17 条第 1 款规定:“已满十六周岁的人犯罪,应当负刑事责任。”据此,已满 16 周岁为完全刑事责任年龄的法定标准。

上述规定表明,凡是年满 16 周岁的人,具有成立刑法上所有自然人犯罪的主体资格。但是,这并不意味着行为人就要对所实施的犯罪承担正常的刑事责任. 因为,“完全刑事责任年龄”不等于“完全刑事责任能力”,只有年满 18 周岁以上的人才可能具有完全刑事责任能力,对所实施的犯罪承担正常的刑事责任。16 周岁以上 18 周岁以下的人犯罪,仍然应当依法从宽处罚。

2. 部分刑事责任年龄阶段

《刑法》第 17 条第 2 款规定:“已满十四周岁不满十六周岁的人,犯故意杀人、故意伤害致人重伤或者死亡、强奸、抢劫、贩卖毒品、放火、爆炸、投毒罪的,应当负刑事责任。”这是刑法关于部分刑事责任年龄的规定,但是大多数教科书都将其称为“相对有刑事责任年龄阶段”或“相对无刑事责任年龄阶段”,似乎不妥,理由如前所述。

根据全国人大常委会法制工作委员会 2002 年 7 月 24 日《关于已满十四周岁不满十六周岁的人承担刑事责任范围问题的答复意见》的规定,该款所规定的 8 种犯罪,是指具体犯罪行为而不是具体罪名。因此,如果已满 14 周岁不满 16 周岁的人所实施的某种行为包含了上述 8 种犯罪行为,则应当追究刑事责任。在该立法解释出台之前,人们常常争论这样一个问题:在绑架过程中故意杀人的,根据《刑法》第 239 条的规定,成立绑架罪而不是故意杀人罪。那么,已满 14 周岁不满 16 周岁的人在绑架过程中故意杀人的,由于不能定故意杀人罪,是否能够追究刑事责任呢?对此曾有肯定和否定两种意见。在该解释出台以后,对这种情况的处理应该不成问题。因为在绑架过程中故意杀人的,不论成立什么罪,无疑是实施了故意杀人这种犯罪行为,理当适用《刑法》第 17 条第 2 款的规定。

3. 完全无刑事责任年龄阶段

根据《刑法》第 17 条规定的精神,不满 14 周岁的人,实施的任何行为都不成立犯罪。换句话讲,不满 14 周岁的人是完全无刑事责任能力者,不具备自然人犯罪的主体资格。

根据《刑法》第 17 条第 4 款的规定,虽然未达到相应刑事责任年龄的人不对实施的构成要件行为承担责任，但是应当责令他的家长或监护人加以管教，在必要的时候，也可以由政府收容教养。

### （二）未成年人从宽处罚的规定

根据《刑法》第 17 条第 3 款的规定，已满 14 周岁不满 18 周岁的人犯罪，应当从轻或者减轻处罚。

有的刑法教科书将刑法的这一规定视为是“减轻刑事责任年龄阶段”或“从宽刑事责任年龄阶段”，这是不对的。刑法规定的上述三个责任年龄阶段，都是与自然人犯罪主体资格相关的规定，而第 17 条第 3 款的规定，主要是对未成年人的处罚规定，它不涉及行为人是否具有犯罪主体资格。可以说，第 17 条第 3 款与第 1 款和第 2 款是不同层面的规定，第 3 款是有关刑罚规定，前两款是有关犯罪的规定。

对未成年人犯罪的处罚还体现在《刑法》第 49 条上。该条规定，犯罪的时候不满 18 周岁的，不能判处死刑。这一规定可以视为是对刑法第 17 条第 3 款的补充。

刑法的上述规定，与我国的未成年人犯罪的刑事政策和相关的法律规定是一致的。《中华人民共和国未成年人保护法》第 38 条明确规定：“对违法犯罪的未成年人，实行教育、感化、挽救的方针，坚持教育为主、惩罚为辅的原则”；最高人民法院《关于办理少年刑事案件的若干规定（试行）》也规定：“审判少年刑事案件，必须以事实为根据，以法律为准绳，坚持惩罚与教育相结合的政策，执行教育、感化、挽救的方针，落实社会治安综合治理的措施。”由此不难看出，我国对未成年人追究刑事责任的目的，不是为了惩罚未成年人，而是通过刑罚适用，来教育、感化、挽救未成年人，使其最终能够复归社会，以达到既保护社会的安宁又保护未成年人健康成长的目的。[①]

为了体现上述精神，对未成年人适用刑罚，就必须坚持从宽原则。我国刑法在两个方面体现了从宽：一是对未成年人犯罪的，“应当”从宽处罚而不是“可以”从宽处罚；二是规定了多幅度的从宽情节，即未成年人犯罪的，根据具体情况选择“从轻”或“减轻”处罚。是从轻还是减轻，要根据未成年人的年龄、罪过程度、犯罪性质和家庭学校教育等多方面情况衡量。

### （三）刑事责任年龄认定时应注意的问题

#### 1. 刑事责任年龄计算的时点

刑事责任年龄的认定，应当以犯罪行为时为准，犯罪行为时达到了相应刑事责任年龄的，才能追究其刑事责任。如果行为和行为结果不在同一时间发生的，应该以行为时为准。因为刑事责任能力只能是“行为时”的责任能力，而不能是“发生结

① 赵秉志：《犯罪总论问题探索》，法律出版社 2003 年版，第 92 页。

果时"的责任能力。也有人认为,如果行为人在发生结果时具有防止结果发生的义务,则可能根据不作为犯罪的时间进行计算。例如,行为人在不满 14 周岁时安放了定时炸弹,而发生爆炸时,行为人已年满 14 周岁。如果认定构成犯罪,就应认为,行为人已满 14 周岁后,对自己在不满 14 周岁时所安放的定时炸弹,具有撤除的义务,或者说有义务防止自己的先前行为造成危害结果。[①] 不过,在本书看来,对于这种情况不宜以犯罪处理。这种情况属于不真正不作为犯,在不真正不作为犯中对未成年人规定作为义务,实属罕见,也不符合对未成年人犯罪从宽处罚的政策精神。

2. 刑事责任年龄计算的法律准则

刑事责任年龄,应当是指实足年龄即周岁。周岁应当怎样计算,最高人民法院司法解释曾作过一些规定。结合相关常识,可作如下理解:(1)周岁应当一律按照公历的年、月、日计算;(2)1 周岁以 12 个月计算,每满了 12 月才能视为满 1 周岁,比如 17 岁零 11 个月就只是 17 周岁;(3)每满 12 个月即满 1 周岁应以日计算,并且只有从生日的第二日起才能视为是多少周岁。比如,某人是 1984 年 10 月 3 日出生,只有到 2002 年 10 月 4 日才能视为是已满十八周岁。如果他在 2002 年 10 月 3 日故意杀人,就不能对他判处死刑。

## 二、精神障碍与刑事责任能力

精神障碍可能影响人的辨认和控制行为能力,根据精神障碍对人的辨认控制能力影响的情况,可以将精神病人分为完全无刑事责任能力的精神病人和限制刑事责任能力的精神病人,以及完全刑事责任能力的精神病人。

### (一)完全无刑事责任能力的精神病人

《刑法》第 18 条第 1 款规定:"精神病人在不能辨认或者不能控制自己行为的时候造成危害结果,经法定程序鉴定确认的,不负刑事责任……"根据这一规定,认定完全无刑事责任能力的精神病人应当具备两个标准:

1. 行为人行为时必须是精神病人

由于精神病是一个医学概念,因而这一标准被称为医学标准;精神病也是生物学上的要素,因而这一标准也被称为生物学标准。

应注意的是,精神病质人不是刑法中的精神病人的一种。精神病质人又称为人格障碍者。这种人偏离正常性格,可能反复实施凶恶的行为。但是,精神病质人不仅具有辨认能力,而且也了解行为的性质,控制能力也不差。这种人一般不属于无刑事责任能力者。

---

① 张明楷:《刑法学》,法律出版社 2003 年版,第 191 页。

2. 由于精神病而于行为时丧失了辨认和控制能力

辨认能力和控制能力是心理上的一种能力，也是刑法上的一个概念，因此，这一标准也被称为心理学标准和法学标准。

精神病患者实施刑法禁止实施的行为，是由于精神病导致丧失了辨认和控制能力，因而不负刑事责任。例如，精神分裂症者在杀人时，一般不知道杀人行为的性质，或者对自己行为的性质有梦幻般的错误理解。

综上所述，实施刑法禁止实施的行为的精神病人，只有同时符合上述医学标准和心理学标准，才能认为是无刑事责任能力者。用一句简单的话说就是：由于精神病而丧失辨认控制能力的人，就是无刑事责任能力的人。

虽然精神病的鉴定是由法定的鉴定机构进行的，但是刑事责任能力的最终判断权力在法院。具体操作程序是：首先，必须认定作为法律判断基础的生物学或医学的事实，这一阶段，必须具有精神学方面的专家的精神鉴定。其次，如果鉴定结论认为行为人行为时处于发病时期，法院又没有足够的证据推翻这一结论，一般就判定行为人是精神病人。但是，在鉴定资料不充分或鉴定结论的推论中有错误，专家的判断不值得信赖的情况下，法官也可以不考虑鉴定结论。最后，法官以确认的鉴定结论以及其他证据所认定的生物学的事实以及心理学的事实为基础，作出行为人在行为时有无刑事责任能力的结论。①

### （二）限制刑事责任能力的精神病人

《刑法》第 18 条第 3 款规定："尚未完全丧失辨认或者控制自己行为能力的精神病人犯罪的，应当负刑事责任，但是可以从轻或者减轻处罚。"这是关于限制刑事责任能力的精神病人的规定。

限制刑事责任能力与完全无刑事责任能力不是量的区别，而是质的区别。在完全无刑事责任能力的情况下，行为人已经彻底丧失了辨认控制能力，行为的实施与刑事责任能力的丧失具有完全的因果关系。在限制刑事责任能力的情况下，犯罪行为的实施主要是由其他主观原因导致的，刑事责任能力的减弱不过是起到了条件的作用。

对于限制刑事责任能力者，《刑法》第 18 条第 3 款只是规定"可以"从轻或减轻处罚，而不是"应当"从轻或减轻处罚。这是由于，刑事责任程度是由行为人的主观罪过和客观危害共同决定的。刑事责任能力的减弱虽然可以导致主观罪过的减

① 在德国、日本等国，医生和法官之间的习惯是，只要鉴定结论认为行为人在行为时具有精神病，原则上就认为行为人为无刑事责任能力者。在我国，多数情况下也是如此，但也存在着"有病无罪"的主张和做法。即不管行为人是精神病人还是精神病质人，精神病的程度如何，精神病理机制与行为的实施有无内在的联系，以及行为时是否丧失了辨认和控制能力，只要存在一般意义上的精神病，就作为无刑事责任能力者，不予追究刑事责任。这种做法是不可取的。

轻，但如果客观危害很大，也可以按照一般的犯罪量刑。

### （三）完全刑事责任能力的精神病人

《刑法》第 18 条第 2 款规定："间歇性的精神病人在精神正常的时候犯罪的，应当负刑事责任。"我国刑法学界普遍将这一条款视为是对完全刑事责任能力的精神病人的规定。

本书认为，刑事责任能力的有无是针对行为时而言的：如果行为时精神正常，则有刑事责任能力；如果行为时精神不正常，则无刑事责任能力或只有限制的刑事责任能力。间歇性的精神病人在精神正常的时候犯罪，当然应负刑事责任。刑法的这一规定虽无错误，似无必要。

值得注意的是，对间歇性的精神病人不能在发病时审判。这一方面是因为发病时无法开展正常的调查取证或讯问等工作，更主要的是，间歇性的精神病人在发病时无法行使辩护权，法院可能对其作出不利的裁判。另外，刑法虽然规定对间歇性的精神病人应当追究刑事责任，但基于人道的考虑，似乎可以酌情从宽处理。

## 三、生理缺陷与刑事责任能力

《刑法》第 19 条第 2 款规定："又聋又哑的人或者盲人犯罪，可以从轻、减轻或者免除处罚。"

关于对聋哑人或盲人减免刑事责任，意大利、西班牙等国家刑法都有规定。如《意大利刑法》第 96 条就规定，聋哑属于排除或者减弱主体的认识或控制能力，并由此排除或降低主体刑事责任能力的原因之一。

虽然刑法规定对又聋又哑的人或者盲人犯罪可以减免处罚，但必须对又聋又哑的人或者盲人进行限定解释。一般地说，这类人主要是限于未接受适当的克服残疾教育的先天性聋哑、视盲和幼年发生的聋哑、视盲。在接受适当的社会文化教育后才发生的后天性聋哑和视盲，应当不属于这类人。此外，刑法明文规定只有又聋又哑的人犯罪的，才可以从宽处罚。如果只聋不哑，或者只哑不聋，都不能适用该条款。

对于又聋又哑的人或盲人犯罪，刑法规定只是"可以"从宽处罚。最终是否从宽以及如何从宽，应该视聋哑或视盲对行为人刑事责任能力的影响程度而定。如果毫无影响的，原则上就不能从宽；如果有一定影响的，应根据影响的程度决定如何从宽。

《刑法》第 19 条规定对又聋又哑的人或盲人犯罪，既可以从轻减轻处罚，还可以免除处罚。从宽的幅度似乎过大。因为根据《刑法》第 17 条的规定，对未成年人犯罪的，从宽的最大幅度也只能是"减轻"。基于这一原因，本书认为第 19 条的规定没有体现罪责刑相适应原则。

## 四、醉酒与刑事责任能力

《刑法》第 18 条第 3 款规定："醉酒的人犯罪，应当负刑事责任。"醉酒包括病理性醉酒和生理性醉酒，病理性醉酒是一种精神病，不属于该条款所指的情况。因为病理性醉酒者在饮酒时，并不知道自己会发病从而实施刑法禁止的行为。发病后，可能导致刑事责任能力的丧失或减弱。对于这种情况，应当根据行为人的具体刑事责任能力处理。但是，如果行为人明知自己会发生病理性醉酒而饮酒，进而实施刑法禁止实施的行为的，应追究刑事责任。

《刑法》第 18 条第 3 款主要针对的是生理性醉酒。生理性醉酒者醉酒后往往辨认控制能力丧失或者减弱，为什么还要对自己的行为承担刑事责任呢？

我国刑法通说认为，生理醉酒人的辨认和控制能力只是有所减弱而不可能丧失[①]。根据这种观点，行为人行为时有刑事责任能力，对其追究刑事责任自然不存在问题。但实际情况是，部分醉酒者完全丧失了行为能力，甚至不知道自己到底实施了什么行为。对于这种行为时无辨认和控制能力的人追究刑事责任，与通常的刑法理论相冲突。刑法理论一致认为，行为必须与责任能力同在，才能追究行为人的刑事责任。刑事责任能力是故意和过失的前提，没有刑事责任能力，就没有犯罪故意和犯罪过失，也谈不上成立犯罪。

为了解决这一刑法理论上的难题，中外刑法学者提出了许许多多不同的主张，如"公共利益说"、"预先故意说"、"原因自由行为说"。"原因自由行为说"是大陆法系中的通说，也逐渐为我国刑法理论所接受。

原因自由行为，是指故意或过失地使自己处于无责任能力的状态，在无责任能力的状态下，实施了符合构成要件的行为。原因自由行为由两部分行为组成，一是原因行为，二是结果行为。原因行为，是指使自己陷入无责任能力的行为，如故意或过失地醉酒；结果行为，则是指在无责任能力的状态下实施的构成要件行为，如醉酒后杀人。由于在原因行为阶段行为人是有责任能力的，在意思上是自由的，因此这种行为被称为原因自由行为。

本来，原因自由行为中的原因行为不是刑法关注的对象，因为行为人故意或过失地醉酒的行为，不是刑法上的构成要件行为，只有醉酒后实施的结果行为，才是刑法上的构成要件行为。但是，如果单纯地看结果行为，尚找不到可罚性的依据。因为行为人在实施构成要件行为时，没有刑事责任能力，根据行为与责任能力同在的原则，不能对结果行为追究刑事责任。正是为了在理论上解决结果行为的可罚性，刑法学者才将原因行为和结果行为合并起来考虑，从二者的结合体中寻求可罚性的依据。

---

① 高铭暄、马克昌：《刑法学》，中国法制出版社 1999 年版，第 184 页。

原因行为和结果行为如何结合起来共同说明结果行为的可罚性，在大陆法系原本有许多解释，现在比较有力的是意识决定论，认为追究刑事责任并不要求实行行为与责任能力同时存在，只要广义的行为与责任能力同时存在就行了。因为责任能力主要是为了解决行为人的意识决定问题，而人的意识决定并非总是在实行行为时作出的。当某行为基于一个意识决定而实施，行为人作出意识决定时又具有责任能力时，行为人就对全部行为具有责任能力。就醉酒后犯罪而言，行为人饮酒时具有责任能力，意识决定是在醉酒时作出的，根据原因自由行为理论，行为人对包括醉酒后实施的构成要件行为等全部行为具有责任能力。

但是，广义的行为与责任能力同时存在的原则，并不适用于一切犯罪。这里的"行为"，只是与结果的发生具有因果关系的行为，因此，只要行为人开始实施与结果的发生具有因果关系的行为时具有责任能力即可。行为人事先就有实施结果行为的意思，出于壮胆等动机饮酒而导致丧失辨认控制能力进而实施了结果行为时，原因行为与结果行为固然具有因果关系；行为人开始没有实施结果行为的意思，但由于饮酒等原因行为而产生了实施结果行为的意思时，由于如果没有原因行为就没有结果行为，也可以肯定原因行为与结果行为存在因果关系。既然行为人在实施与结果的发生具有因果关系的行为时具有辨认控制能力，而且具有故意或者过失，就符合犯罪主体要件与主观要件。①

当然，原因自由行为理论不能滥用，在其他一般犯罪中，必须坚持实行行为与责任能力同在的原则，否则就会不当地扩大处罚范围。

## 第四节　犯罪构成要件身份

### 一、犯罪构成要件身份概述

自然人犯罪主体要件，在一般情况下只需具备刑事责任能力这一要素即可，但是某些犯罪要求主体必须具备某一身份。这是因为，当代刑事立法的重要特征之一是将大量行政管理规范和技术规范纳入刑法范畴，希望通过刑罚的方法保障行政管理秩序、技术管理秩序，从而产生了一部分特定的犯罪以行为人特定的行政职务或者职业身份为构成基础的特殊要求。② 此外，某些犯罪的特殊属性也决定了只有具有某一身份者才能实施该犯罪。如刑法规定的脱逃罪，如果不具有犯罪嫌疑人、被告人或者罪犯的身份，就不可能被依法刑事羁押，也谈不上脱逃。只有具有某一身份才能实施该犯罪的类型，被称为身份犯，在我国刑法中，贪污罪、受贿

① 张明楷：《刑法学》，法律出版社2003年版，第199页。

② 陈浩然：《理论刑法学》，上海人民出版社2000年版，第227页。

罪、滥用职权罪、脱逃罪、伪证罪等犯罪都是身份犯。具有作为犯罪构成要件的特定身份的犯罪行为人,被称为特殊的犯罪主体。

我国刑法理论一般认为,身份是指刑法予以明文规定,对于某些犯罪主体能否成立具有决定作用的行为人个人要素,诸如资格、职责、地位等。① 由此可见,我国刑法学理论认为与行为人属性相关的要素才可以作为身份,身份是与行为属性无关的事物。但是,身份确实是与行为的实施紧密相关的要素,再说,在某种情况下,如果离开行为的属性,行为人的属性也难以真正确定,本书认为日本判例确立的身份的概念更为妥当。

身份在某些情况下是特定犯罪成立的要素,如受贿罪必须具有国家工作人员身份;有的情况下是影响量刑的要素,如根据刑法第 238 条第 3 款规定,国家机关工作人员利用职权实施非法拘禁行为的,要从重处罚。前者被称为构成要件身份或定罪身份,也被称为真正身份;后者被称为非构成要件身份或量刑身份,也被称为不真正身份或加减身份。

在犯罪构成中研究的身份主要是定罪身份,量刑身份应重点在刑罚论中研究。定罪身份在犯罪构成中具有重要的意义。首先,是否具备定罪身份,是区分罪与非罪的标准之一;其次,是否具备某一特定犯罪的定罪身份,是区分此罪与彼罪的一个重要标准,如根据刑法第 385 条,具备国家工作人员身份的人利用职务之便收受他人财物为他人谋取利益的,成立受贿罪,根据刑法第 163 条的规定,公司、企业工作人员利用职务便利收受他人财物为他人谋取利益的,成立公司、企业人员受贿罪;第三,在共同犯罪中,主体具有构成要件身份的影响无构成要件身份者的定罪,如根据刑法第 382 条规定,无身份者与有国家工作人员身份的人共同贪污的,可以成立贪污罪。

## 二、构成要件身份的类型

根据我国刑法的规定,构成要件身份大体包括如下几个种类:

### (一)特定职务身份

职务身份,是身份中最主要的部分之一,包括国家机关工作人员、国家工作人员、司法工作人员、邮政工作人员、国有公司、企业负责人和军人等。

1. 国家机关工作人员

国家机关工作人员是指在国家机关依法从事公务的人员。国家机关包括权力机关、行政机关和军事机关。考虑到我国的实际情况,一般认为中国共产党的各级机关工作人员,也可以视为是国家机关工作人员。我国刑法分则第 9 章规定的“渎

① 陈明华:《刑法学》,中国政法大学出版社 1999 年版,第 122 页。

职罪”，一般只具有国家机关工作人员身份的人才符合主体构成要件。

2.国家工作人员

国家工作人员外延大于国家机关工作人员。根据刑法第93条的规定，国家工作人员包括：(1)在国家机关从事公务的人员；(2)国有公司、企业、事业单位人民团体中从事公务的人员；(3)国家机关、国有公司、企业、事业单位委派到非国有公司、企业、事业单位、社会团体从事公务的人员。(4)其他依照法律从事公务的人员。我国刑法分则第8章规定的“贪污贿赂罪”，一般只能由国家工作人员实施。

由于司法实践中农村村民委员会职务犯罪比较普通，而村民委员会成员不属于前三类国家工作人员，所谓“其他依照法律从事公务的人员”又不是很明确，因此，对于村民委员会成员是否属于国家工作人员争议较大。2004年4月19日，第九届全国人大常委会第15次会议通过了《关于〈中华人民共和国刑法〉第93条第2款的解释》。根据该《解释》，村民委员会等基层组织人员协助人民政府从事下列行政管理工作时，属于刑法第93条第2款规定的“其他依照法律从事公务的人员”：(1)救灾、抢险、防汛、优抚、扶贫、移民、救济款物的管理；(2)社会捐赠公益事业款物的管理；(3)国有土地的经营和管理；(4)土地征用补偿费用的管理；(5)代征、代缴税款；(6)有关计划生育、户籍、征兵等工作；(7)协助人民政府从事的其他行政管理工作。村民委员会等村基层组织人员从事上述公务，利用职务上的便利，非法占有公共财物、挪用公款、索取他人财物或者非法收受他人财物，构成犯罪的，按照贪污罪、挪用公款罪和受贿罪处理。

国家工作人员的实质是依照法律从事公务。“法律”指广义的法律，“公务”则只限于国家公务，不包括集体公务。如，村委会成员管理一般的村集体资产，就属于集体公务。此外，依照法律从事公务只限于从事管理性或智能性的公务，从事纯粹的体力劳动，不属于依法从事公务。

3.司法工作人员

司法工作人员是负有侦查、检察、审判、羁押监管职责的工作人员。比如，《刑法》第401条规定的徇私枉法罪、枉法裁判罪，第400条规定的私放在押人员罪等罪名就只能由司法工作人员构成。

4.邮政工作人员

邮政工作人员即国家邮政部门的各级负责人、营业员、投递员、接发员、押运员、接站员等。《刑法》第253条规定的私自开拆、隐匿、毁弃邮件、电报罪，犯罪主体只能是邮政工作人员。

5.国有公司、企业负责人

国有公司、企业负责人即国有公司、企业、事业单位的董事、经理等管理人员。刑法第165条规定的非法经营同类营业罪，就只能由国有公司、企业负责人构成。

6.军人

军人包括中华人民共和国现役军人、军内在编人员和预备役人员。刑法第10

章规定的“军人违反职责罪”,就要求主体具有军人身份。

(二)特定职业身份

刑法分则规定的某些犯罪,只能由具有特定职业身份的人构成。例如,《刑法》第 131 条规定的重大飞行事故罪,第 132 条规定的铁路运营安全事故罪,第 135 条规定的重大责任事故罪等犯罪即是如此。

(三)特定法律地位上的身份

例如,《刑法》第 305 条规定的伪证罪,只要在刑事诉讼中具有证人、鉴定人、记录人、翻译人身份的人才具有犯罪构成主体身份;第 316 条规定的脱逃罪,只有依法被关押的犯罪嫌疑人、被告人和罪犯才具有犯罪构成主体身份。

(四)特定法律关系上的身份

例如,《刑法》第 201 条规定的偷税罪,就只能由税收法律关系中具有纳税人或扣缴义务人身份的人构成,第 360 条规定的虐待罪和 361 条规定的遗弃罪,就只能由具有一定人身法律关系上的身份的人构成。

(五)其他身份

如,《刑法》第 128 条规定的丢失枪支不报罪,只能由依法配备公务用枪的人构成,第 360 条规定的传播性病罪,只能由严重性病患者构成,等等。

## 第五节 单位犯罪主体要件

### 一、单位犯罪概述

单位已经作为社会活动的主体而活跃于社会各个领域,它通过意思决定机关进行意思决定,并通过其机关将意思决定的内容付诸实施。所以,当单位实施了侵害法益的行为时,从法益保护的观点出发,刑罚法规可以对该行为进行无价值的评价。同时,单位的机关在对其行为会侵害或危害法益有认识的基础上,仍然决定实施该行为,就应当受到刑法规范的非难,并应追究刑事责任。

单位可以具有刑法上的犯罪构成主体资格,现在在理论上基本达成了共识。

我国 1979 年刑法典对单位犯罪未作任何规定,但 1987 年 1 月 22 日第 6 届全国人大常委会第 19 次会议通过的《中华人民共和国海关法》首次将单位规定为走私罪的主体,后来颁布的一些特别刑法中,规定单位犯罪的罪名将近 50 个。1997 年 3 月 14 日通过的新刑法接纳了上述单位犯罪,并增加了一些新的单位犯罪,这样刑法分则就有60个条文共规定了120多个单位犯罪的罪名。刑法总则第3章还设立专节对单位犯罪的概念及其处罚原则作了规定。

## 二、单位犯罪的概念和特征

### (一)单位犯罪之"单位"

在阐述单位犯罪的概念之前,必须明确单位犯罪与法人犯罪的关系。在大陆法系国家,较多地使用法人犯罪的称谓,也有少数使用"公司犯罪"、"企业犯罪"等称谓的;在我国,立法上一般使用单位犯罪的称谓,学说上既有使用单位犯罪,又有使用法人犯罪称谓的,很难说哪一种占据主导地位。

从字义上看,单位犯罪和法人犯罪,表达的是不同的意思。法人是具有民事权利能力和民事行为能力,依法独立享有民事权利和承担民事义务的组织;单位既包括法人单位,也包括非法人单位。单位犯罪的外延大于法人犯罪。

由于刑法明确使用了单位犯罪这一称谓,因此,任何解释活动都不能违背刑法的规定。问题是,能否对单位范围作限制解释,将其限定为法人犯罪呢?有人认为,单位犯罪就是法人犯罪,只有民法中规定的法人的有关人员实施的犯罪才能归咎于法人成为法人犯罪,其他社会组织体的有关人员实施的犯罪不能归于单位,建议将刑法规定的单位限定为法人。[①] 但是,在现实生活中,我国现在的社会组织许多是非法人组织,相应地,很多的单位犯罪是非法人组织的犯罪,将非法人组织排除在单位犯罪之外,似乎与实际情况不符。再说,尽管国外立法多使用法人犯罪这一称谓,但学理解释上也将非法人犯罪包括进来。有的国家,如新加坡刑法典第11条甚至明确规定:"法人是指公司、协会、团体,且不论其是否组成法人组织。"看来,对单位犯罪作通常含义的理解似乎是比较妥当的。在理论和实践中,也不宜使用法人犯罪的称谓,以免引起不必要的误解。

### (二)单位犯罪的概念和特征

单位犯罪,是指公司、企业、事业单位、机关、团体,为单位谋取利益,经单位决策机构或由负责人决定而实施的刑法明文规定为犯罪的行为。[②]

单位犯罪具有如下特征:

---

① 陈泽宪:《新刑法单位犯罪的认定与处罚》,中国检察出版社1997年版,第10~11页。

② 有人认为,单位犯罪必须以"单位名义"为要件。立法上也有这样的规定。比如,全国人大常会会1988年《关于惩治走私罪的补充规定》第5条就规定,单位走私罪必须以单位的名义进行。但是,犯罪行为是刑法所禁止的行为,怎么可能以单位的名义去实施呢?因此,在单位犯罪的定义中,没有必要也不能够把"以单位名义"作为其中的一个基本特征规定进去。(对此可参见赵秉志:《犯罪总论问题探索》,法律出版社2003年版,第163~164页。)

1.单位犯罪的主体必须是单位

单位犯罪是单位作为一个整体而实施的犯罪。虽然单位犯罪必须由组成单位的人实施，但单位中的个人独立实施的犯罪不是单位犯罪。单位中的数人共同实施某一犯罪的也不一定是单位犯罪，关键是看数人共同实施的行为是不是单位的行为。

2.单位犯罪在客观方面表现为经过单位决策机构或负责人决定而实施的行为

单位犯罪行为由两部分组成，一是单位决策机构或负责人的决策行为，二是其他直接责任人员实施的行为，前者支配和制约后者，二者的组合构成单位的犯罪行为。如果只是具备两种行为之一，都不可能成立单位犯罪。

由于上述人员的行为都是作为单位的行为而实施的，因此是单位行为和自然人行为的同一。这样一来，在单位犯罪中，实际上是两类犯罪主体，即单位犯罪主体和作为单位成员的自然人犯罪主体。自然人犯罪主体又包括两类，一是直接负责的主管人员，即决策人员，可以是法定代表人，也可以是经法定代表人授权的其他主管负责人；二是其他直接责任人员，即具体实施犯罪行为的人员。

3.单位犯罪必须是为单位利益而实施的

任何单位都是利益主体，单位犯罪必须是为本单位利益而实施的，利益一般应归属于单位本身。也有人认为，单位犯罪可以是为单位全体成员谋取利益，如《刑法》第 396 条规定的私分国有资产罪和私分罚没财物罪，前者是国家机关、国有公司、企业、事业单位、人民团体，违反国家规定，以单位名义将国有资产集体私分给个人，后者是司法机关、行政执法机关违反国家规定，将应当上缴国家的罚没财物，以单位名义集体私分给个人。① 本书认为，任何单位都是由人和物这两大要素构成的，虽然一般将单位的利益理解为独立于单位成员的单位自身利益，但在刑法上对单位的利益不妨作扩大解释，将单位全体成员的利益包括进来。不过，这一观点是否妥当，还需要进一步探讨。

4.单位犯罪必须是刑法特别规定的

《刑法》第 30 条规定："公司、企业、事业单位、机关、团体实施的危害社会的行为，法律规定为单位犯罪的，应当负刑事责任。"该条特别强调"法律规定为单位犯罪的"，才负刑事责任。但是根据罪刑法定原则，任何犯罪都必须由法律规定，第 30 条的本意是指：只有当某一行为由刑法特别规定可以由单位成立犯罪的时候，单位才能成为犯罪主体。换而言之，刑法规定的犯罪，如果没有特别指出的，就是自然人犯罪；特别指出可以由单位实施或者只能由单位实施的，才能成立单位犯罪。

成立单位犯罪必须具备上述四个特征，缺一不可。例如，引例(2)中，林某作为某金属制品公司(集体性质)会计，因单位资金紧张，为达到给单位少缴税款的目

① 张明楷：《刑法学》，法律出版社 2003 年版，第 205 页。

的，擅自做主，采取重复填写多联发票的手段，使单位少缴税款3万元的行为，其中的“擅自做主”不符合单位犯罪在客观方面的表现即经过单位决策机构或负责人决定而实施的行为，因此，该偷税的犯罪事实应当认定为自然人犯罪，而非单位犯罪。

## 三、一般单位犯罪主体要件要素

虽然单位犯罪的主体只能是单位，但到底什么样的单位符合单位犯罪的主体要件，仍需要进一步研究。本书认为，一般单位犯罪的主体须具备如下要素：

### (一)单位必须是依法成立的

只有依法成立的单位，法律才会赋予其相应的权利能力和行为能力，并要求其承担相应的法律责任。如果是非法组织，法律不会承认其主体资格，也不能成为犯罪的主体。当非法组织实施了犯罪行为的时候，刑法只追究利用非法组织实施犯罪的自然人的刑事责任，而不会追究非法组织本身的责任。

合法的单位，是指依法成立或者设立并由此而获得法律赋予主体资格的组织，其合法性体现在成立或设立的目的、程序、条件等方面，既包括设立程序上的合法，也包括实体要件上的合法。即使设立程序合法，但如果目的不合法、资金人员和办公条件不符合相关条件，通过欺骗等方式取得登记，也不能视为是合法的组织。

刑法特别强调目的的合法性是单位合法的重要因素。最高人民法院1999年6月18日通过的《关于审理单位犯罪案件具体应用法律有关问题的解释》第2条规定：“个人为进行违法犯罪活动而设立的公司、企业、事业单位实施犯罪的，或者公司、企业、事业单位设立后，以实施犯罪为主要活动的，不以单位犯罪论处。”在实践中，有一些个人为了实施诈骗，非法设立公司、企业，然而打着公司、企业的幌子去违法犯罪，以增强犯罪的欺骗性。对这种非法组织，不能以单位犯罪处理。

### (二)单位的相对独立性

根据《刑法》第30条的规定，单位包括公司、企业、事业单位、机关、团体。这些单位，必须依法设立、拥有一定的财产或经费，能以自己的名义承担责任。

公司是指根据《中华人民共和国公司法》第2条设立的有限责任公司和股份有限公司。有限责任公司是全体股东以各自的出资额为限，对公司债务承担清偿责任的公司；股份有限公司是由一定人员的股东发起设立，全部资本划分为若干股份，股东以其所认购的股份对外承担财产责任的公司。股份有限公司和有限责任公司都是法人组织。企业，是指除上述公司外的以营利为目的，从事生产、经营活动的经济实体。企业，一般是法人组织，也有非法人企业。事业单位，是指不从事生产、经营等营利活动，接受国家机关领导并由国家开支经费，依照法律或者行政命令而设立的组织。机关，主要是指行使国家和党派管理职能的各级权力机关、司法机关、军事机关和党委。团体，是指由特定行业、阶层依法自愿组成的群众性自治组织，如共青团、妇联等。

此外，凡是能够以自己的名义独立开展业务活动的，就符合单位犯罪的主体资格条件。如银行的分支机构可以以自己的名义对外开展金融活动，当然可以成立单位犯罪。那种认为单位的分支机构不具有法人资格，不能成为单位犯罪主体的看法是错误的，因为单位犯罪不等于是法人犯罪。

至于单位的内部机构，如各单位的内部科室，一般不能独立对外开展活动，也不具有相对的独立性，不能成为独立的单位犯罪主体。

## 四、特殊单位犯罪主体要件要素

一般单位犯罪主体要件，只需要具备依法成立和具有相对的独立性这两个要素即可。但是，有的单位犯罪，刑法还规定了一些特别的限制条件。主要有以下几种情况：[①]

一是要求单位具有特定所有制性质，如《刑法》第 396 条规定的私分国有资产罪，必须是国家机关、国有公司、企业、事业单位和人民团体等国有单位才能实施本罪。

二是要求单位具有特定的职能性质，如《刑法》第 137 条规定的工程重大安全事故罪，犯罪主体必须是建设单位、设计单位、施工单位和工程监理单位。

三是要求单位必须具有特定义务，如《刑法》第 201 条规定的偷税罪，主体必须是纳税人和扣缴义务人。本罪可以由单位实施，只有负有纳税义务和扣缴义务的单位，才具有本罪的主体资格。

## 五、单位犯罪的刑事责任

《刑法》第 31 条规定："单位犯罪的，对单位判处罚金，并对其直接负责的主管人员和其他直接责任人员判处刑罚。本法分则另有规定的，依照规定。"本条后段实际上是指单罚制。这样，我国刑法典对单位犯罪就确立了以双罚制为主，单罚制为辅的处罚原则。刑法分则涉及单位犯罪的 108 个条文中，对单位适用双罚制的条文有 98 条，只有 10 个条文对单位犯罪规定了单罚制。

对单位犯罪实行双罚制的原则，主要是由于单位犯罪是一个犯罪，两个犯罪主体，这就必须有两个刑罚主体。这是由单位内部复杂结构决定的。单位的主管人员和其他直接责任人员在单位整体犯罪中起主要作用和负有重大责任，而且他们对单位整体犯罪的产生，主观上有罪过，客观上有行为，他们是有罪责的。既惩罚

---

① 张明楷：《刑法学》，法律出版社 2003 年版，第 208 页。

单位又惩罚在单位犯罪中具有重大罪责的单位成员，正是贯彻了罪责自负的原则，能够有效地惩罚和遏制单位犯罪，有利于刑罚目的的实现。[①]

单罚制又分为转嫁制和代罚制，前者只处罚单位本身，后者只处罚直接责任人员。我国刑法分则规定的单罚制只限于代罚制。在单位犯罪中规定代罚制，一个重要原因是对单位犯罪判处罚金明显不合理。比如私分罚没财物罪，如果对私分罚没财物的司法机关、行政机关判处罚金的话，单位罚金责任的最终承担者仍是国家，而且可能会影响这些国家机关正常开展活动，这样的罚金没有任何意义。

## 司法考试真题链接

1. 关于犯罪主体，下列哪一选项是正确的？（2009 年司法考试真题）

A. 甲（女，43 岁）吸毒后强制猥亵、侮辱孙某（智障女，19 岁），因强制猥亵、侮辱妇女罪的主体只能是男性，故甲无罪

B. 乙（15 岁）携带自制火药枪取夺妇女张某的挎包，因乙未使用该火药枪，故应当构成抢夺罪

C. 丙（15 岁）在帮助李某扣押被害人王某索取债务时致王某死亡，丙不应当负刑事责任

D. 丁是司法工作人员，也可构成放纵走私罪

2.《刑法》规定，在拐卖妇女、儿童过程中奸淫被拐卖的妇女的，仅定拐卖妇女、儿童罪。15 周岁的人在拐卖妇女、儿童的过程中，强行奸淫幼女。对此，下列哪些选项是错误的？（2008 年司法考试真题）

A.《刑法》第 17 条第 2 款没有规定 15 周岁的人对拐卖妇女、儿童罪负刑事责任，所以，甲不负刑事责任

B. 拐卖妇女、儿童罪包含了强奸罪，15 周岁的人应对强奸罪承担刑事责任，所以，对甲应认定为拐卖妇女、儿童罪

C. 15 岁的人犯强奸罪的应当负刑事责任，所以，对甲应认定为强奸罪

D. 拐卖妇女、儿童罪重于强奸罪，既然 15 周岁的人应对强奸罪承担刑事责任，就应该对拐卖妇女、儿童罪承担刑事责任，所以，对甲应以拐卖妇女、儿童罪与强奸罪实行并罚

3. 何经理为了销售本公司经营的医疗器械，安排公司监事刘某在与某市立医院联系销售业务过程中，按销售金额 25% 的比例给医院四位正、副院长回扣共计 25 万余元。本案中，该公司提供回扣的行为构成何罪？（2009 年司法考试真题）

A. 行贿罪

---

① 何秉松：《法人犯罪及其刑事责任》，中国法制出版社 1991 年版，第 503～504 页。

B. 对非国家工作人员行贿罪

C. 单位行贿罪

D. 对单位行贿罪

4. 关于单位犯罪，下列选项错误的是(　　)。(2008 年司法考试真题)

A. 甲注册某咨询公司后一直亏损，后发现为他人虚开增值税专用发票可以盈利，即以此为主要业务，该行为术语咨询公司单位犯罪。

B. 乙公司在实施保险诈骗罪以后，因为没有年检而被工商管理局吊销营业执照。案发后对该公司不再追溯，只能对原公司中直接负责的主管人员和其他直接责任人员追究刑事责任。

C. 丙虚报注册资本成立进出口公司，主要从事正当业务经营，后经公司股东集体讨论，以该公司的名义走私汽车，利益均分。由于该进出口公司成立时不符合法律的规定，该走私行为属于个人犯罪。

D. 丁等 5 名房地产公司领导以公司名义非法经营烟草业务，所得利益归 5 人均分。该行为属于单位犯罪。

# 第十章 犯罪构成主观要件

## 第一节 犯罪构成主观要件概述

### 一、犯罪构成主观要件概念

犯罪构成主观要件，是刑法规定成立犯罪所必须的行为人对其实施的构成要件行为及其结果所持的心理态度。

犯罪构成主观要件首先是刑法规定的成立犯罪所必须的要件。刑法总则规定了犯罪构成主观要件的基本内容，如犯罪故意和犯罪过失的种类，以及犯罪故意和犯罪过失的概念；刑法分则以及特别刑法规定了具体犯罪的主观要件。这些主观要件必须是成立犯罪所必须的。

犯罪构成主观要件是一种心理态度。心理态度具有"知"和"意"两种要素，"知"是认识行为性质以及行为与结果之间的关系，"意"是指行为人对行为和结果的意向。主观要件的核心内容是罪过，无罪过即无犯罪，这一心理责任原则，得到各国刑法的普遍承认。心理责任原则的存在，表明把人看成是自由自决的主体，而完全不是机械的被动的客体。如果一个人对于自己行为的社会危害，主观上没有罪过，就不能对其行为加以谴责和惩罚。否定心理责任，是对正义的背叛。再者，现代刑罚的基本目的是预防犯罪，预防包括一般预防和特殊预防。刑罚之所以可以产生预防作用，一个重要原因是可以引起犯罪人的心理痛苦与社会上一般人的心理震慑，从预防犯罪的功利目的出发，能够得出刑事归责以心理责任原则为必要。①

犯罪构成主观要件表明了行为人反规范的人格特性。犯罪构成主观要件之所以与一般的心理特征不同，就在于它是一种犯罪心理，表现为行为人对刑法保护的法益持一种敌视的心态或蔑视的态度。这种态度显示了行为人反规范、反社会的人格。一般地说，行为人对构成要件行为及其结果有故意或过失，原则上就可以推定行为人具有反社会的人格态度，但也不完全如此。比如，在正当防卫中，行为人

① 曲新久：《刑法的精神与范畴》，中国政法大学出版社 2003 年版，第 180 页。

对构成要件行为及其结果的发生是故意的，但这种心理态度没有表现出行为人反规范的意思，不属于犯罪心理。

## 二、犯罪构成主观要件意义

犯罪构成主观要件具有重要的意义。首先，犯罪构成主观要件是犯罪构成的重要组成部分。根据犯罪主观因素在刑法中的地位，可以将历史上的刑法分为客观主义、主观主义和主客观统一论三种类型。客观主义的刑法，将行为对法益的客观损害和行为与结果间客观的因果关系作为确定行为人刑事责任的根据。主观主义的刑法，则是以犯罪人的意志或人身危险性作为惩罚犯罪人的主要理由。主客观相统一的刑法，是现代刑法的特征。这种刑法要求，犯罪的成立一方面必须以行为人在客观上实施了具有危害的行为为前提，另一方面要求以行为人一定的心理状态为必要要件。[①] 坚持主观与客观的统一，是我国刑法学的一贯立场，也是我国刑法学确立犯罪构成要件的基本原则。

其次，犯罪构成主观要件是划清罪与非罪的重要界限。许多行为，客观上都给社会造成了一定的损害，但是由于不具备犯罪构成主观要件，都不成立犯罪。比如意外事件和不可抗拒的事件都是如此。

再次，犯罪构成主观要件是区分此罪与彼罪的重要标志。比如，故意杀人罪与过失致人死亡罪，客观上都实施了侵害他人生命权的行为，都造成了死亡结果。它们的区别就在于行为人的主观心理态度不同。又比如，某甲是国有公司的会计，非法将其公司账上的钱转出来自己开公司，根据我国刑法规定，如果他对这笔钱款具有不法所有的目的，就成立贪污罪；如果他对这笔钱款只有不法使用的意思，就成立挪用公款罪。

最后，犯罪构成主观要件对正确量刑也有很重要的意义。例如，行为人在客观上虽然同样造成了人的死亡，但一种行为是故意实施的，而另一种行为是过失实施的，两者体现出的主观恶性和人身危险性不同，法律也规定了完全不同的法定刑。

## 三、犯罪构成主观要件要素

犯罪构成主观要件要素，是指犯罪构成主观要件中应具有哪些要素。犯罪构成主观要件要素是刑法中最为复杂的问题之一，值得特别的探讨。

我国刑法学一般认为，罪过是犯罪构成主观要件中的共同要素，包括故意和过失，它是成立任何犯罪所必须的。没有故意和过失，就不成立犯罪。犯罪目的等超过客观要件的主观要素是犯罪构成主观要件中的选择要素，它是成立某些犯罪所

① 陈忠林：《意大利刑法纲要》，中国人民大学出版社 1999 年版，第 113 页。

必须的主观要素，比如盗窃罪，不但需要具备故意，而且必须有不法所有的目的。

上述这些要素固然属于犯罪构成主观要件要素，但问题是在这些主观要件要素之外，是否还应该具备其他的要素。比如，在大陆法系国家，一般认为仅仅有故意和过失还不一定具有主观上的责任，还必须具有期待可能性。还有的认为，违法性意识也是独立于故意和过失之外的主观的要素。本书认为，期待可能性应当属于犯罪构成主观要件要素，违法性意识的可能属于犯罪故意和过失，不是单独的构成要件要素。期待可能性是规范的构成要件要素。

## 第二节　犯罪故意

【引　例】

2005年7月的一天，某镇民警将躺在高速公路附近的一名身体极度虚弱的女子送至镇敬老院，由敬老院职工叶某负责接收。当晚，叶某帮该女换洗了衣服并安排她在一间屋内休息。次日上午，叶某见该女满身粪便，无自理能力，便让他人将其放在另一间小屋内，并产生将该女送至别处念头。晚上，叶某租用一辆三轮车，将该女弃于郊外某机耕路旁。次日凌晨，该女被当地群众发现后送至医院救治，抢救无效死亡。经鉴定，该女系营养不良伴感染造成感染性休克而死亡。

### 一、犯罪故意的概念

《刑法》第14条第1款规定："明知自己的行为会发生危害社会的结果，并且希望或者放任这种结果发生，因而构成犯罪的，是故意犯罪。"这是刑法关于故意犯罪的概念而不是犯罪故意的概念。但根据刑法该条款规定可以得知，所谓犯罪故意，是指明知自己的行为会发生危害社会的结果，并且希望或者放任这种结果发生的心理态度。

由于犯罪故意是针对行为而言的，因此判定有无故意的时间点应当是行为时。例如丈夫决定利用夫妇共同参见团体旅行之机会，射杀其妻，并打算伪装成意外事件而开脱罪责。可是在旅行前的晚上因擦枪走火而击毙其妻。丈夫虽然有杀妻的故意，但因擦枪时不具有杀人故意，故不构成故意杀人罪，而只成立过失致人死亡罪。①

① 林山田：《刑法通论》，台湾大学法学院1995年修订版，第138页。

## 二、犯罪故意的构成要素

从我国刑法的规定来看，犯罪的故意包括两个要素。一是行为人明知自己的行为会发生危害社会的结果，“明知”属于心理学上的认识因素；二是行为人在“明知”的基础上，希望或者放任危害结果的发生，所谓“希望或放任”就是心理学上的意志因素。所有的犯罪故意都必须具备认识因素和意志因素。

### （一）认识因素

我国刑法对于犯罪故意的认识因素，只是概括性地规定了“明知自己的行为会发生危害社会的结果”，其中“明知”对应的是故意的认识内容，包括对事实的认识和对违法性的认识；“会”对应的是故意的认识程度，即危害结果发生的必然性与偶然性问题。犯罪故意中的认识因素，也主要围绕这两个问题而展开。

1. 构成要件事实的认识

就行为人对事实的认识而言，行为人认识的对象只能是犯罪构成要件事实，对犯罪构成要件无关的事实认识与否，不影响故意的成立。问题是，犯罪构成要件事实很多，是都要求行为人认识，还是只要求行为人认识其中的一部分。

本书认为，犯罪构成客观要件事实是必须认识的要素。第一，必须认识行为的客观性质。比如，盗窃他人财物的应该知道自己的行为是盗窃性质，误将他人财物作为自己财物而拿走的，虽然客观上与盗窃相同，但是由于对行为的客观性质没有认识，没有犯罪的故意。对行为客观性质的认识，包含评价的内容。但是，对行为客观性质的认识不是违法性的认识，只要求行为人认识到客观上在作什么就可以了。

第二，当行为存在行为对象的时候，必须认识到行为的对象。这种情况下，如果行为人没有认识到行为对象，连行为的性质都无法认识。

第三，结果犯的情况下，行为人必须认识到行为的结果。“行为的结果”不等于刑法第 14 条第 1 款规定的“危害社会的结果”。行为的结果是事实性的，如故意杀人罪中，“人的死亡结果”这一客观事实就是行为结果；“危害社会的结果”是评价性的，如在故意杀人罪中，“他人的生命权受到侵害”就属于“危害社会的结果”。在犯罪故意中，行为人必须认识到“危害社会的结果”，但对于行为结果的认识，则只限于结果犯。比如，故意伤害致死罪中，由于行为人没有认识到死亡结果，所以就不成立故意杀人罪。

第四，结果犯的情况下，行为人必须认识到行为与结果之间的因果关系。例如，故意杀人罪的成立，不仅要求行为人认识到死亡结果的发生，而且要求行为人认识到自己的行为与死亡结果之间的关系。

第五，对于以特定的时间和地点为构成要件要素的犯罪，行为人对此也必须有认识。比如,非法捕捞水产品罪,如果行为人不知道自己的行为发生在禁渔区或禁渔期,就不成立犯罪。

犯罪故意中行为人是否需要认识到规范的构成要件要素?本书认为,规范的构成要件要素属于犯罪构成客观要件,行为人既然必须认识到犯罪构成客观要件,当然就必须认识到规范的构成要件要素。以贩卖淫秽物品犯罪为例,行为人必须认识到物品的淫秽性质,否则就不成立本罪。当然,对物品淫秽性的认识,只要是未必的认识就够了[①]。

至于犯罪构成主体要件,行为人是否必须认识到,有不同的看法。大陆法系刑法学者一般认为行为主体也属于认识的对象。我国刑法学者一般认为犯罪构成主体要件事实不是认识的对象。本书认为,对构成要件事实的认识,应当是在行为人符合犯罪构成主体要件的前提下,对其行为将会导致的构成要件事实的认识。确认是否符合犯罪构成主体要件,应当是对法官的判断要求,而不是对行为人的认识上的要求。行为人对构成要件主体事实认识与否,不影响其主观恶性。因此,我国刑法通说的立场是正确的。

2.违法性认识

我国刑法学的通说认为,犯罪故意的认识要素不包括违法性意识。其理由是:按照法律的规定,犯罪故意的认识因素表现为行为人"明知自己的行为会发生危害社会的结果",这显然是只要求行为人明知其行为及行为结果的危害性,而没有再要求行为人明知行为及结果的刑事违法性。[②] 当然,在我国也有学者主张犯罪故意的认识因素中包括违法性意识。在其内部又有两种观点。一种观点认为,违法性认识是犯罪故意中的必备要素[③];另一种观点认为,违法性认识或社会危害性认识只要具有其中之一即可。[④]

本书认为,犯罪故意与一般的故意的根本区别是,犯罪故意表明了行为人反规范的人格态度,在其构成要素中必须体现这一点。单纯对构成要件事实的认识,尚不能体现行为人反规范的意识。在犯罪故意中,行为人不但对构成要件事实有认识,而且对自己实施的构成要件事实的反规范性有所认识。对行为具有社会危害性的认识,固然体现了行为人反规范的意识,但是这仍不足以体现犯罪故意的属性,而且也显得过于宽泛。犯罪是违反法规范的行为,与不道德的行为是有区别的。如果说不道德行为中行为人可能有社会危害性意识的话,犯罪故意中行为人必须有违反法规范的意识或违反法规范意识的可能。不但如此,在违法性认识范围上,还应当主张刑事违法性的认识。刑事违法性是犯罪的法律特征,在罪刑法定

① [日]大冢仁:《刑法概说》(各论),冯军译,中国人民大学出版社 2003 年版,第 493 页。

② 高铭暄、马克昌主编:《刑法学》,北京大学出版社 2000 年版,第 111 页。

③ 陈兴良:《故意责任论》,载《政法论坛》1999 年第 5 期。

④ 高铭暄主编:《刑法专题》,高等教育出版社 2002 年版,第 269 页。

的构造中，也有明确的界限，应当成为违法性认识的内容。

在犯罪故意中要求行为人具有违法性的认识或违法性认识的可能，不会放纵犯罪。因为，行为人具有明确的违法性认识，固然成立犯罪；行为人即使不具有违法性的认识，但如果具有违法性认识的可能的话，仍然会成立犯罪。我国刑法要求犯罪故意的成立以“明知自己的行为会发生危害社会的结果”为认识因素，与本书的主张在实际效果上不会有什么差别。因为一个明知自己的行为会发生危害社会结果的人，一般对行为的违法性有认识，即使没有明确的认识，至少也有认识的可能。

强调行为人应具有违法性认识或认识的可能，也不会给司法机关证明行为人的主观罪过带来困难。在通常情况下，如果行为人对构成要件事实有认识，就可以推定具有违法性认识或者具有违法性认识的可能。否定违法性认识可能的举证责任在行为人本人，司法机关没有主动查证的义务。

行为人具有现实的违法性认识，还是具有违法性认识的可能，表明了行为人不同的人格态度。虽然二者都成立犯罪故意，但是应承担轻重有别的责任。

3. 认识的程度

所谓认识的程度，实际上是指行为人对危害结果发生概率的预测。认识的程度既包括行为人明知自己的行为必然发生危害社会的结果，又包括明知自己的行为可能发生危害社会的结果。只要具备了其中任何一种情况，便具备了犯罪故意的认识因素。概而言之，“会”发生危害社会的结果，包括可能和必定发生危害社会的结果两种情况。

犯罪故意中的认识因素，表明的是行为人本人的认识，是一种主观性的东西。当行为人实施某一行为的时候，也许他在主观上认识结果肯定发生，也许他在主观上认为结果可能发生。比如，某人拿枪抵着别人的太阳穴射击，毫无疑问地他会认为被害人一定会发生，反之，当他拿枪射击 200 米以外的被害人的时候，一般他会预测被害人只是可能死亡。

### (二)意志因素

行为人对自己行为将导致危害结果的发生所持有的希望或者放任的心理态度，就是构成犯罪故意的意志因素。意志因素的实质是：在行为人有意志自由的情况下行为人自觉选择了犯罪行为。意志因素既是行为人对行为的态度，更是行为人对危害结果的态度。

在犯罪故意的构成要素中，认识因素是基础性要素，意志因素是根本性要素。在行为人有认识的前提下，行为人并非一定要实施犯罪，他还有选择行为的意志自由。如果行为人发挥了意志的抑制作用而克服了为恶的欲望和犯罪的冲动，就不可能实施犯罪。“故意所以成为刑法规范之对象，乃因为故意借行为而表现于外部，单纯认识行为事实，而并不欲或容忍其行为之实施，则缺乏犯罪的意思，实不能认为故意……"[①]英美刑法中的"犯罪心理",也要求行为人同时具有"知和意的心理要素,即认识行为性质以及行为与危害结果间的关系,并且表明对行为和结果的意向"[②]。可见,无论是大陆法系刑法还是英美刑法,无不在要求行为人有认识的前提下强调行为人意志的因素。

在认识构成要件结果发生的可能性的基础上,无论是希望结果发生,还是放任结果的发生,都表明了行为人积极的反规范的意志,符合犯罪故意的本质特征。我国刑事立法也表明了这种观点。根据刑法规定,犯罪故意的意志态度有希望和放任危害结果发生两种表现形式。

## 三、犯罪故意的种类

根据不同的标准,对犯罪故意可以进行不同的分类。

### (一)直接故意与间接故意

根据行为人对危害结果所持的心理态度即故意的意志因素的不同,刑法理论把犯罪故意分为直接故意和间接故意。直接故意和间接故意的区分,也是我国刑事立法上有关犯罪故意种类的唯一的规定。

1.直接故意

直接故意就是指明知自己的行为会发生危害社会的结果,并且希望这种结果发生。或者说,行为人对危害结果的发生,确有预见,并决意以其行为促使其发生。

直接故意有两个特征,一是行为人明知自己的行为会发生危害社会的结果,这是直接故意的认识因素;另一个是希望这种结果发生,这是直接故意的意志因素。"希望"是指行为人积极追求危害结果的发生;发生危害结果是行为人实施危害行为直接追求的目的;行为人主观上没有介入其他独立意识,不是为了达到其他目的而实施该行为;行为人主观上只有一个意志——追究危害结果的发生,除此之外,没有其他任何意图。正因为如此,才将这种故意称为直接故意。[③] 这两个特征,缺一不可。

一般认为,直接故意包括两种情况:一是行为人明知自己的行为必然发生危害社会的结果,并希望这种结果发生;二是行为人明知自己的行为可能会发生危害社会的结果,而希望这种结果发生。由于"希望危害结果的发生"是直接故意的最重要的特征,因此直接故意都有犯罪目的。

---

① 蔡墩铭:《刑法总则争议问题研究》,台湾五南图书出版社公司 1988 年版,第 161 页。

② 储槐植:《美国刑法》,北京大学出版社 1987 年版,第 72 页。

③ 郑健才:《刑法总则》,台湾三民书局 1982 年修订版,第 95 页。转引自张明楷:《刑法学》,法律出版社 2003 年版,第 222 页。

2. 间接故意

间接故意,就是指明知自己的行为会发生危害社会的结果,但放任这种结果发生的心理态度。申言之,即行为人主观上虽预见其行为有实现法定构成要件的可能性,但竟然不顾此危险性的存在,仍旧实施其行为,即使该行为果真发生构成要件所预定之结果,或实现法定构成要件,亦在所不惜。此等听天由命,容忍实现法定构成要件或听任结果发生之心态,即属间接故意。[①] 例如,引例中叶某身为敬老院工作人员,照顾病弱人员是其职责所在,但其不顾王某身体极度虚弱,而将其抛弃在郊外人少之处,致使该女死亡,属于间接故意。从认识因素看,叶某对造成被害女死亡的危害结果的预见是一种可能性的预见。从意志因素看,叶某不希望和追求危害结果发生,但他也没有避免危害结果发生的愿望,而是对危害结果的发生持一种放任的态度。叶某作为一个正常的成年人,明知王某身体虚弱,无法自理,违背自己的护理职责,在夜间将其抛弃于人少之处,放任危害结果的发生,因而属于间接故意。

间接故意也有两个特征,一是明知自己的行为会发生危害社会的结果,这是间接故意的认识因素。二是放任危害结果的发生,这是间接故意的意志因素,也是间接故意中最本质的要素。

但是,对于间接故意的认识程度,现在还存在争议。一种观点认为,行为人明知自己的行为必然或可能导致危害结果的,都可以成立间接故意;[②]另一种观点认为,行为人只能对危害结果发生的可能性有认识,而不存在必然性认识,这是通说。[③] 通说的理由是,如果行为人预见到自己的行为必然发生危害社会的结果,并决定实施这种行为,那就谈不上什么放任危害结果发生了,而只能说他是希望危害结果发生。

本书认为,间接故意的认识因素,既包括认识到自己的行为可能发生危害社会的结果,也包括认识到自己的行为必然发生危害社会的结果。

首先,在司法实践中,行为人认识到自己的行为必然发生危害社会的结果,并且放任这种结果发生的心理态度是客观存在的。比如,村民某甲希望杀死村民某乙,便在某乙家的米缸里放了老鼠药,结果某乙全家以及帮某乙做事的数个村民都中毒死亡。某甲所希望的当然只是毒死某乙一人,但是他明知自己的行为必然会导致其他人中毒仍然实施,这就说明他对危害结果的发生持有放任的态度。

其次,"明知"属于认识因素,希望或放任属于意志因素,两者属于不同的范畴。危害社会的结果,从认识的角度看,行为人可以是明知其必然发生的,从选择态度

① 参照 Jescheck, AT. 1988, S. 268; Roxin, AT. 1992, S. 275ff; Wessels, AT. 1990, S. 64f.

② 赵秉志:《犯罪总论问题探索》,法律出版社 2003 年版,第 256 页。

③ 王作富:《刑法》,中国人民公安大学出版社 1999 年版,第 89 页。

看，可以是放任的。

最后，从刑法第14条的规定来看，犯罪故意的认识因素包括两种情况：可能和必然；意志因素也包括两种情况：希望和放任。既然如此，其组合的情况是：与希望相对应的认识因素包括可能与必然两种情况，与放任相对应的认识因素也包括可能与必然两种情况。

实践中，间接故意犯罪主要有这样几种情况：(1)行为人追求某一犯罪目的而放任另一危害结果的发生，如前面提到的某甲投毒案；(2)行为人追求一个非犯罪目的，但在行为过程中放任犯罪结果发生。如台湾有这样一个案例，某甲曾担任某工厂警察，于某日夜间在厂内巡逻，发觉宿舍被盗，上前追查，黑暗中篱笆处有人的声音，对之开枪，致使某乙中弹死亡。法院认为，此项事实之发生，既为被告人所预见，且不违背其本意，应依照(间接)故意杀人罪处理。[①] (3)在突发性的犯罪中，行为人不计后果，放任危害结果的发生。如，流氓斗殴过程中，行为人拿刀捅人，到底要将对方杀伤还是杀伤，并无明确的认识和追求。但是，无论出现什么样的结果，都在行为人的主观预见范围内，行为人对这些结果的发生，本着无所谓的态度。

### (二)确定故意与不确定故意

根据行为人对危害结果的预见情况，可以分为确定故意和不确定故意。

1.确定的故意

行为人对于行为的犯罪构成属性、危害结果的基本性质和严重程度、希望出现的危害结果都有具体而明确的认识，行为就基于这种具体、明确的认识而发生，同这一心理环节完全吻合的故意形态，称为确定的故意。[②] 确定故意的最典型的特征，是行为人自认为预定的危害结果必然发生。

2.不确定故意

所谓不确定故意，指行为人对构成要件事实的认识不确定，但又希望或放任危害结果发生的一种心理态度。这种不确定的故意，又可以分为以下几种情况：

(1)择一的故意。指行为人虽然预见其行为将对数个特定人造成损害，但其行为究竟对数个特定人中的哪一个发生结果，则无预见，其行为只要能对数个特定人中之任何一个，造成损害，即与行为人本意相符。这种故意就叫择一故意。例如，某甲欲射杀仇人某乙，见某乙与其妻儿在一起。某甲不愿意错过机会，于是持枪射击。在开枪之时，其主观心理态度是假如认为射中某乙，当然是最好。即使不射中某乙，也不违背其本人的意愿。

(2)概括的故意。指行为人仅仅知道其行为将对不特定人造成损害，而决意实施其行为，或者放任其行为对不特定人造成损害。例如，行为人向人群丢手榴弹，

① 林山田：《刑法通论》，台湾大学法学院1995年版，第141～143页。

② 陈浩然：《理论刑法学》，上海人民出版社2000年版，第233页。

明知有人将因手榴弹之爆炸而伤亡，但伤亡多少人，或是那些人将会伤亡，则在所不问。

(3)未必的故意。指行为人对结果的发生与否并无确定的预见，而其发生并不违背其本意。未必的故意也是间接故意中的一种类型。

(4)附条件的故意。指行为人决意在某种条件具备之后，便实施直接引起结果发生的行为的心理态度。既然行为人在条件成熟就实施行为的这种意思是确定的，就不缺乏犯罪的故意。例如，行为人在与对方交涉之前，准备了一把手枪，打算交涉不成就杀死对方。这种情况就属于附条件的故意。附条件的故意的意义在于，即使行为人没有着手实行犯罪，其行为也属于犯罪的预备行为。

### (三)事前的故意与事后的故意

1.事前的故意

所谓事前的故意，是指行为人误以为第一个行为已经完成了犯罪，为了防止他人发觉或出于其他目的，而实施第二个行为，实际上是第二个行为才导致行为人所预期的结果。[①] 例如，行为人以杀人的意思向别人开枪射击，误认为人已经死亡而将其埋入土中，实际上被害人是埋在土中窒息而死的。当初的杀人的意思叫做事前的故意。一般认为，存在事前故意的情况下，行为人对最终危害结果的发生也有故意。

2.事后的故意

所谓事后的故意，指没有故意实施特定的行为，在实施行为过程中才产生故意，而将以后的事态置之于自然推移的场合的过程。例如，外科医生动手术，在动手术的过程中产生杀意，以后不做任何处置，放置不管的场合，就是事后的故意。因为从具有故意之时，其刑法意义上的违法行为才开始，所以严格地说，事后的故意与通常的故意相同，在结果发生的情况下，无疑成立故意犯。[②]

## 第三节 犯罪过失

**【引　例】**

某晚，李明一家入睡后，听见有人在屋外喊其妻的名字。李明便到外屋查看，见一人已将外屋窗户的塑料布扯掉一角，正从玻璃缺口处伸进手开门闩。李明即用拳头打那人的手一下，该人急抽回手并跑走。李明追赶未及，也未认出是何人，于是回屋带上一把自制的木柄尖刀，与其妻一道，同去村书记家告

① 张明楷：《外国刑法纲要》，清华大学出版社1999年版，第218页。

② [日]西原春夫：《刑法总论》(上卷)，成文堂1995年改订版，第191页。

知此事。当李明与妻子返回自家院内时,发现自家窗前有两人影,此二人系本村村民高某、杨某来串门,见房门上锁正欲离去。李明未能认出高、杨二人,而误以为是刚才欲非法侵入其住宅的人,又见二人向其走来,疑为要袭击他,随即用手中的尖刀刺向走在前面的高某的胸部,致高某失血性休克当场死亡。

### 一、犯罪过失的概念

《刑法》第 15 条规定:“应当预见自己的行为可能发生危害社会的结果,因为疏忽大意而没有预见,或者已经预见而轻信能够避免,以致发生这种结果的,是过失犯罪。”这是刑法关于过失犯罪的概念而不是犯罪过失的概念。所谓犯罪过失,是指行为人应当预见到自己的行为可能发生危害社会的结果,因为疏忽大意而没有预见或者已经预见而轻信能够避免的心理态度。

与故意犯罪中行为人追求或放任危害结果发生的心理态度不同,过失犯罪中行为人对危害结果的发生持否定的态度,主观恶性相对较小。不过,行为人主观上毕竟存在过错,其对法规范或法律所保护的利益存在某种程度的蔑视,在必要的时候,应当追究其刑事责任。正因为如此,《刑法》第 15 条第 2 款规定:“过失犯罪,法律有规定的才负刑事责任。”这一规定包含两层意思:第一,处罚故意行为是原则,处罚过失行为是例外;第二,过失犯罪,必须由刑法特别规定,如果刑法没有特别规定某一行为是过失犯罪,该行为就属于故意犯罪。刑法分则的大多数罪名没有具体规定罪过形式,这些犯罪都属于故意犯罪。比如,《刑法》第 434 条规定:“战时自伤身体,逃避军事义务的,处三年以下有期徒刑……”该条没有明确指明是故意还是过失自伤身体,但是按照刑法第 15 条第 2 款的规定,当然只能是故意自伤。不过刑法第 15 条第 2 款在逻辑上也有不严谨的地方,该款规定“过失犯罪,法律有规定的才负刑事责任”,似乎故意犯罪无须法律规定也要负刑事责任。但该款的意思显然不是这样。

此外应注意的是,成立过失犯罪,必须造成危害结果。没有造成危害结果的,不成立犯罪。

### 二、犯罪过失的构成要素

根据刑法第 15 条的规定,过失犯罪实际上包括两种类型,一是疏忽大意的过失,二是过于自信的过失。这两种过失犯罪的成立要素存在很大的差别,须分开论述。

### (一)疏忽大意过失的构成要素

疏忽大意的过失,又称无认识过失,指行为人应当预见自己的行为可能发生危害社会的结果,由于疏忽大意而没有预见的心理态度。详细言之,首先是行为人没有预见到自己的行为可能产生危害社会的结果;其次,没有预见的原因并非行为人不能预见,而是在应当预见的前提下由于疏忽大意没有预见,如果行为人小心谨慎、认真负责,就会预见进而避免危害结果。应当预见是前提,没有预见是事实,疏忽大意是原因。[①]

疏忽大意的过失的成立要素也包括认识因素和意志因素两个方面。

1. 疏忽大意的认识因素

疏忽大意过失是一种无认识过失,因而其认识特征是一种无认识状态。疏忽过失之无认识并非对一切事实皆无认识,而仅仅是对构成事实无认识,其中更主要的是对侵害法益无认识。[②] 但是,刑法关心的不仅仅是行为人对构成要件事实无认识,它所谴责的是,行为人应当预见自己行为可能造成危害社会的结果而竟然没有预见。"应当预见"涉及两个问题,一是预见能力,二是预见义务。"法律不能强人所难",故预见能力是预见义务的前提,没有预见能力,行为人就没有预见义务。此外,违法性认识问题也应当是疏忽大意的过失中的要素之一。

(1)预见能力

预见的能力,是指行为人在行为之时,对其行为有可能导致的结果,凭借其自身的经验、知识和水平等因素可以预见到的能力。预见能力对于行为人来说是主观的,但是法官判断行为人的预见能力时不能仅仅根据行为人自己的供述,他必须根据一定的客观标准作出行为人有无预见能力的判断。因此,预见能力的判断对法官来说又是依据一定的客观标准作出的。那么,到底以什么作为判断行为人有无预见能力的标准呢?对此有不同的观点,主要是主观说、客观说和折衷说。

主观说又称个人标准说,认为判断能否预见,要根据行为人的主观条件来进行,即从行为人的具体情况出发,根据行为人的年龄、健康、发育状况、知识水平、工作经验、业务水平等主观条件,来判断行为人有无预见能力。客观说又称社会标准说,主张对于一种结果能否预见应以社会上的一般人的认识能力和水平为标准。即,一般正常的人能够预见这种行为会造成什么样的结果,则行为人就能预见到;一般人不能预见到的,则行为人不能预见到。折衷说也称混合标准说,主张把具有相当情况的某些个人的预见能力抽象化,作为一种类型标准,来分别确定不同类型的人的预见能力。例如,从事矿山井下作业的生产和技术人员,都应当具有避免井下事故发生的预见义务;从事交通运输的人员,应当具有相应的保障交通运输安全

---

① 张明楷:《刑法学》,法律出版社 2003 年版,第 241 页。

② 陈兴良:《过失责任论》,载《法学评论》2002 年第 2 期。

的预见能力。折衷说在本质上也是一种客观说。

主观说的主要理由，是刑事责任的个别性，即刑事责任的承担者，是具体的人，应该以具体的人的预见能力为标准，否则有客观归罪之嫌。客观说的主要理由是法律的一般性，即法律是一般规范，它是针对社会一般人的，以此论证客观标准的合理性。

本书认为，犯罪构成主观要件是行为人承担刑事责任的主观基础，只有行为人主观上存在非难可能性的前提下，才能就行为人的行为追究责任。对一个没有预见能力的人追究过失犯罪的责任，是违反责任主义的一般原则的。因此，主观说是一种妥当的观点。

(2)预见义务

根据刑法规定，成立过失犯罪的前提是“行为人应当预见自己的行为可能发生危害社会的结果”，预见的内容应当是“自己的行为可能发生危害社会的结果”。由于在过失犯中行为的性质取决于行为结果的性质，因而绝大多数学者认为预见义务的内容只包括对危害结果的预见和过失行为与危害结果之间因果关系的预见。

对于疏忽大意过失中预见义务的来源，也应进行合理的界定。过失犯预见义务的来源，主要是两类。一是成文的规范文件，包括法律、法规、规章制度和具体操作规程等以成文的形式规定的预见义务。二是不成文的规范，主要是习惯和社会生活的常理所要求的预见义务，其中又可以分为职务或业务上所要求的预见义务、接受委托所要求的预见义务、基于先行行为所产生的预见义务和其他习惯与常理所要求的预见义务等方面。

(3)违法性认识的可能性

违法性认识在疏忽大意的过失中是一种潜意识，是由于长期的社会生活和工作态度积淀下来的漠视性情绪，这种违法性的潜意识不知不觉地对行为人起着作用。[①] 在过失犯罪中，由于行为人对构成要件事实都没有认识，因而不存在现实的违法性认识，但是，行为人必须有违法性认识的可能性。如果连违法性认识的可能性都没有，行为人是不可能成立犯罪的。一般地说，行为人对构成要件事实存在预见能力，原则上就可以推定行为人具有违法性认识的能力即存在违法性认识的可能性。

2.疏忽大意的意志因素

疏忽大意过失作为一种无认识的过失，其认识特征是在具有预见能力的情况下没有履行预见义务。之所以没有履行预见义务，从意志上分析就是因为没有发挥主观认识能力。这种没有发挥主观认识能力的状态，就是疏忽。[②] 此外，疏忽大意意志因素的另一个特征是对危害结果的发生持否定的态度。

---

① 陈兴良:《刑法哲学》,中国政法大学出版社 1997 年修订版,第 52 页。

② 陈兴良:《过失责任论》,载《法学评论》2002 年第 2 期。

引例中,李明的行为即属于疏忽大意的过失。他在主观上认为是在保护自己的合法权益免遭侵害,既不存在直接故意,也不存在间接故意。但是,他违背了自己的预见义务,没有充分发挥自己的主观认识能力,以致没有避免危害后果的发生。根据《刑法》第15条的规定,成立"应当预见自己的行为可能发生危害社会的后果,因为疏忽大意而没有预见,以致发生这种结果的"过失致人死亡罪。

## (二)过于自信过失的构成因素

过于自信的过失,又叫有认识过失,是指行为人预见到自己的行为可能发生危害社会的结果,但轻信能够避免,以致发生这种结果的心理态度。"由于轻信一般是与有意识地违反预防损害的一定规则有关,所以意识到发生危害社会后果使这种过失罪在其他条件相同时比疏忽危害性更大。"①过于自信过失的构成也包括认识因素和意志因素两个方面。

1.过于自信过失的认识因素

过于自信过失的认识因素包括预见对象和违法性认识等内容。

(1)预见对象

行为人应当对构成要件事实有所预见,重点是预见到自己的行为可能发生危害社会的结果。这种对结果的预见,应当是预见到其发生的可能性而不是不可避免性。如果预见到危害结果发生的不可避免性仍然实施某一行为,那就不是过失犯罪而是故意犯罪了。此外,对危害结果发生的可能性的预见应当是具体的而不是抽象的。

(2)违法性认识

由于过于自信的过失中行为人已经认识到构成要件事实发生的可能性,因此在违法性的认识方面与疏忽大意的过失也有所不同。一般地说,在认识到构成要件事实特别是危害结果发生的可能性的前提下仍然实施某一行为,往往表明了行为人具有违法性的认识,至少具有违法性可能性的认识。比如,司机违章超速行驶,导致行人被车撞死,司机对自己的违法行为是有认识的。就过于自信的过失而言,一般情况下是认识到行为的违法性,在有的情况下则是具有违法性认识的可能性。这一点与疏忽大意的过失不同,疏忽大意的过失中行为人对违法性认识只有可能性而没有现实性,这主要是由于在疏忽大意过失中行为人对构成要件事实没有现实的认识。

3.过于自信过失的意志因素

从过于自信的意志因素来说,它对结果的发生是持否定态度的。避免结果的发生是这种意志因素的集中体现,之所以在客观上最终还是没有避免危害结果的

① [俄]库兹涅佐娃、佳日科夫:《俄罗斯刑法教程》(总论上卷),黄道秀等译,中国法制出版社2000年版,第323页。

发生，主要是由于行为人主观意志上的轻信所造成的。如果说想要“避免结果发生”表明了过于自信过失中意志因素的核心成分，那么“轻信”就是过于自信过失中意志因素的表现形式。[①]

“轻信”有两个特征：一是行为人在主观上确信自己有避免危害结果发生的知识经验，例如，行为人超速行驶，虽然他知道这是危险的，但认为凭借自己的驾驶经验，不会出事；二是行为人主观上为即将实施的行为采取了一定的防范措施，从而使避免结果的发生有了客观的可能，但是行为人过高地估计了可以避免危害结果发生的有利因素，而过低地估计了自己的错误行为导致危害结果发生的可能程度。“轻信”是过于自信过失心理区别于其他罪过形式的重要特征，也是过于自信过失犯罪得以成立的主要原因。

4. 过于自信的过失与间接故意构成上的异同

过于自信的过失与间接故意在有些方面有相似之处。在认识因素上，两者都对可能发生的危害结果有一定的认识；在意志因素上，行为人实施行为之时，都不积极追求危害结果的发生。但是，在认识因素和意志因素方面，过于自信的过失和间接故意又存在差别：

(1)认识因素上的区别。虽然过于自信过失和间接故意都认识到行为发生危害结果的可能性，但行为人对这种可能性是否会转化为现实性，即实际上发生危害结果的主观判断是不同的。前者认为危害结果发生的可能性不会转化为现实性，最终危害结果之所以发生，是因为行为人对可能性转化为现实性的客观事实发生了错误认识。后者对可能性转化为现实性并未发生错误的认识，主客观的判断相一致。

(2)意志因素上的区别。虽然两者都不追求结果的发生，但对危害结果发生的态度仍然不同。过于自信过失中行为人不仅不希望危害结果发生，而且反对危害结果的发生。间接故意的行为人虽然也不希望危害结果发生，但危害结果发生了也可以接受，对之采取放任的态度。危害结果的发生，是其意料中的事情。

## 三、犯罪过失的其他种类

疏忽大意的过失和过于自信的过失是我国刑事立法对犯罪过失的分类，其他国家的刑事立法和刑法理论还对犯罪过失作了如下分类。这些分类对我们深入地认识不同犯罪过失的特征，准确地定罪量刑具有重要的意义：

### (一)一般过失和业务过失

一般过失就是通常的过失，即违反公共生活准则，导致发生了自己不希望的危

① 杨兴培：《犯罪构成原论》，中国检察出版社2004年版，第223页。

害结果发生的犯罪过失。如失火罪、过失爆炸罪、过失破坏交通工具罪等犯罪行为中的过失。业务过失是指行为人由于疏忽业务上所必要的注意,导致发生了自己不希望的危害结果的犯罪过失。如交通肇事罪、重大责任事故罪、违反危险物品管理规定肇事罪、玩忽职守罪中的犯罪过失。业务上过失犯罪主要发生在生产、经营、运输等过程中,不仅犯罪发生率较高,而且危害也比一般过失犯罪较大。

在国外刑事立法中,对业务上过失犯罪往往比一般过失犯罪规定了更严厉的法定刑,但我国刑事立法对一般过失配置的法定刑往往高于业务过失,至少是不低于业务过失。如《刑法》第 115 条规定的失火、过失爆炸等犯罪,通常情况下的法定刑是 3 年以上 7 年以下有期徒刑;情节较轻的,处 3 年以下有期徒刑或者拘役。刑法第 233 条规定的过失致人死亡罪也是如此。反之,《刑法》第 397 条规定的玩忽职守罪,通常情况下(即使国家和人民利益遭受重大损失的情况下)的法定刑是 3 年以下有期徒刑;情节特别严重的,处 3 年以上 7 年以下有期徒刑。由于通常情况下前者比后者的法定刑高,因此在上述罪名中业务过失的法定刑明显低于一般过失犯罪。

(二)重过失与轻过失

所谓重大过失或者说重过失,就是明显违反注意义务的过失。即,只要稍微注意一下就能预见结果,并容易避免结果发生而没有注意的场合。一般来说,结果发生的危险性较大的案件中的过失就是如此。这种场合下的不注意,程度较为显著。此外,大陆法系刑法学者一般认为业务上的过失是重过失中的一种。

与重过失相对应,违反注意义务程度较轻的就是轻过失。

虽然我国刑法上没有重过失与轻过失的区分,但司法实践中还是比较重视行为人的过失程度。如 2000 年 11 月 21 日施行的《最高人民法院关于审理交通肇事刑事案件具体应用法律若干问题的解释》,就根据行为人责任的不同,具体规定了不同的刑罚幅度。对于行为人责任的轻重,实际上是根据行为人的过失程度而作出的。

(三)普通过失与特殊过失

根据意大利刑法理论,过失还可以分为普通过失与特殊过失。普通过失,是指违反源于社会一般经验或科学技术经验的抽象规则的过失。所谓特殊过失,指违反包含于专门规范中的具体规则的过失。特殊过失违反的规则必须是"实际存在的",其表现形式是"法律"(或与法律具有同等效力的文件)、"法规"(即具有规范性的行政文件)、"命令"(即针对特定主体的行政行为),或者是"纪律"(即为调整某种活动而制定的内部规范);而普通过失违反的规则完全是从非法律性的环境中推论出来的。[1] 普通过失与特殊过失的区分，并不完全等同于一般过失和业务过失。因为在业务过失中，行为人违反的规则也不一定就是以成文的形式表现出来的“规则”。

普通过失与特殊过失的区分，有利于我们在实践中根据不同过失的特点判断过失犯预见义务的依据，正确地认定过失犯罪。比如，对于一般的过失致人死亡罪，行为人的预见义务，实际上存在于一般社会生活经验中，应该根据一般社会生活经验进行判断。而对于所谓的交通肇事罪，行为人预见义务，往往是由相关的交通规则规定的。必须根据成文的交通规则确定行为人有无过失。

## 第四节　其他犯罪构成主观要件要素

其他犯罪构成主观要件要素，是指故意、过失以外的另一种主观构成要件要素。包括目的犯中的目的、倾向犯中的内心倾向和表现犯中的内心状态。对于目的犯中的目的，刑法学界普遍认为它们不是犯罪构成要件中必须具备的主观要素，而是成立某些犯罪所需要的主观要素；对于倾向犯中的内心倾向和表现犯中的内心状态，有学者认为它们是成立某些犯罪所需要的主观要件的要素，也有学者认为成立这些犯罪不需要这种主观要素。

### 一、犯罪目的和动机

广义的犯罪目的包括目的犯中的特定目的，以及直接故意中的犯罪目的，二者在犯罪构成中具有不同的意义。

#### （一）特定目的的含义及其存在意义

目的又叫意图。目的犯中的特定目的，是指在故意犯罪中，行为人通过实现行为的直接危害后果后，所进一步追求的某种非法利益或结果。[2] 如刑法分则规定的非法占有的目的、牟利的目的或营利的目的。

目的犯中的目的，与直接故意犯罪中的犯罪目的不是等同的概念。[3] 直接故意中的犯罪目的，是行为人对自己的行为造成危害结果的希望，是危害结果的主观形态。比如，行为人开枪向他人射击，希望他人死亡，他人死亡的结果就是行为人的目的的内容。这种意义上的犯罪目的，并不是超过客观要件的主观要素。因为

① [意]杜里奥·帕多瓦尼：《意大利刑法学原理》，陈忠林译，法律出版社 1998 年版，第217～218 页。

② 张明楷：《刑法学》，法律出版社 2003 年版，第 250 页。

③ 犯罪目的仅仅存在于直接故意中，间接故意与过失不存在犯罪目的。

他人死亡的结果，是犯罪构成要件事实，在行为人的认识因素中也包括这一点。实际上，这种意义上的目的与直接故意中的意志因素，基本上是等同的概念。目的犯中的目的，则是行为人意志因素之外的更进一步的追求。

直接故意中的犯罪目的，往往不是犯罪构成所必须的主观要素。比如故意杀人罪，既可以由直接故意构成，也可以由间接故意构成。即使行为人没有追求被害人死亡的目的，他只要放任或接受被害人死亡这一结果，就成立故意杀人罪。有没有犯罪目的，不是区分罪与非罪的标准，而是区分直接故意和间接故意的标准。

对于目的犯来说，如果没有特定的目的或意图，行为就可能不成立某一种犯罪。如伪造货币罪，有的国家或地区刑法明文要求有行使的目的，有的虽然刑法没有作规定，但理论上认为必须具有行使的目的或者置于流通的意图。[①]

目的犯的目的与法益侵害都具有紧密的关系。换句话说，正因为具有特定的目的，才会侵害特定的法益。比如盗窃罪要求具有不法所有的目的，是因为刑法规定盗窃罪是为了保护所有权。如果行为人不具有不法所有的目的而是具有其他目的，在目的支配下的行为往往不会侵犯所有权而只会侵犯其他权利。一个明显的例子是贪污罪和挪用公款罪的区分。二者在客观方面基本上相同，都可能是将公款转移到自己或他人手上。主观方面都是故意。二者的差别就在于目的不同：贪污罪是不法所有的目的，因此行为人不会归还款项；挪用公款罪是不法使用的目的，行为人将来会归还公款。由于目的不同，对法益的侵害程度就有显著的差别。目的的价值就在于这里。

### （二）犯罪动机与犯罪目的

#### 1.犯罪动机与犯罪目的的联系与区别

无论是目的犯中的特定目的，还是直接故意中的犯罪目的，都属于广义上的犯罪目的，与犯罪动机有一定的联系。如果说，犯罪的动机是受一定需要和利益制约并使行为人下决心实施犯罪的内在动力，犯罪目的则是犯罪人关于他所希望的并力求通过犯罪要达到的结果。

作为心理学范畴的目的和动机相互密切地联系在一起，动机是引导主体达到目的的动力。例如，某甲受雇佣杀人，他的行为是出于贪利的动机，他的目的是非法剥夺被害人的生命，动机在一定程度上支配了目的。

但是，动机和目的毕竟属于不同的概念，它们从不同的方面说明行为人对实施犯罪行为的心理态度。动机提出的问题是人为什么实施危害社会的行为，目的提出的问题是行为人争取什么。动机是犯罪的动因，不决定行为的方向，目的决定着行为的方向。比如，一个好逸恶劳的人，出于贪图享受的动机，可能去盗窃，也可能去抢劫，还可能去诈骗。

---

① 陈兴良：《刑法疏义》，中国人民公安大学出版社 1997 年版，第 304 页。

动机往往只是一个道德问题，比如贪图享受即是如此。况且即使是犯罪的动机，也不一定在道德上就值得非难。比如一个受派遣到国外收集情报的间谍，他的动机可能是爱国的；一个杀人犯，他的动机可能是为父母报仇。由于动机本身不同于罪过，没有刑法上的可谴责性，因此动机一般不会作为构成要件。目的则不同，目的犯的目的说明行为人侵害特定法益的危险性，直接故意中的目的本身就是直接故意中的意志因素，可以作为犯罪构成的要件。

概括地说，犯罪动机与犯罪目的存在如下区别：(1)在心理现象顺序上，犯罪动机与犯罪目的之间存在因果关系，犯罪动机产生在前，是犯罪目的产生的原因，犯罪目的产生在后，是犯罪动机的结果；(2)从性质来看，动机属于道德领域，且不一定具有背德性，目的属于刑法领域，具有刑法上的可谴责性；(3)从在犯罪活动中的地位和作用来看，犯罪动机回答行为人为什么实施犯罪，犯罪目的回答行为人通过实施一定的行为打算追求什么样的结果；(4)从犯罪动机和犯罪目的在犯罪构成中的地位和作用来看，犯罪动机不具有构成要件地位，犯罪目的则可能具有构成要件地位；(5)同一个犯罪的目的是相同的，但动机可能是不同的。

2. 犯罪动机与犯罪目的的意义。

犯罪动机虽然不是犯罪构成要件，但对于办理刑事案件仍然具有积极的参考意义。(1)在直接故意犯罪中，查明犯罪动机有助于全面地、客观地分析案情。事实上，公安机关在破案的时候，往往以犯罪动机为线索，确定侦查犯罪，锁定侦查对象。(2)研究犯罪动机有助于预防犯罪，促进社会治安的综合治理。查明犯罪动机，等于就找到了犯罪的原因，通过对大量案件的犯罪动机的分析，就可以正确认识各类案件的发案规律，进而有的放矢地预防犯罪、打击犯罪和改造犯罪人。(3)研究犯罪动机对正确量刑也有重要意义。犯罪动机包含在量刑情节中，反映了行为人主观恶性的程度，它同其他酌定的量刑情节一样，可以在从重、从轻、减轻和免除处罚等几个方面发挥作用。①

犯罪目的的意义则主要体现在犯罪构成中，此外在刑罚领域也有一定的意义。

---

① 在德国，特定情况下的犯罪动机不但影响量刑，而且影响定罪。比如，对基于良心决定的犯罪行为，判例考虑到不作为行为人的良心决定，认可行为的不处罚性。因此，对属于"福音信徒会"宗教团体成员的丈夫的不救助行为，联邦宪法法院撤销了有罪判决。在有相同信仰的妻子打算在生产后，遵从医嘱从医院接受输血，但因其丈夫的干预而耽误。丈夫感觉通过教会的教义联结着妻子，认为在这样的场合向上帝祈祷是"最好的方法"。妻子死亡了，虽然本来通过医生的救助应当能够获救的。法院判决认为，虽然丈夫的态度应当予以否定，但是不能用强烈的刑法来处置行为人。(参见[德]汉斯·海因里希·耶赛克、托马斯·魏跟特：《德国刑法教科书》，中国法制出版社 2001 年版，第 605 页。)德国刑法上的"良心"，其实也是动机的一种。本来，动机是不影响犯罪的成立的，但是作为动机的信仰、良心等要素，是受到德国宪法保护的。因而在良心和信仰支配下的不真正不作为，判例往往不作犯罪处理。不过根据德国刑法理论，在所谓良心支配下的作为，仍然以犯罪处理。

(1)目的犯中的特定目的是成立该犯罪所必须的主观要件要素。(2)直接故意中的犯罪目的对于区分不同性质的犯罪,具有重要的意义。比如,故意杀人罪与故意伤害致人死亡罪,从行为及其结果看,二者完全相同。它们的区别就在于犯罪构成的主观方面,如果行为人具有致人死亡的目的,就成立故意杀人罪,反之,如果行为人只有致人伤害的目的,就成立故意伤害致死罪。(3)犯罪目的对于认定行为人的主观罪过形式也具有重要意义。在间接故意和过失致人死亡罪中,都不存在犯罪目的。如果查明行为人具有犯罪目的,则可以肯定是直接故意犯罪。(4)犯罪目的对于量刑也具有一定的影响。这主要是由于犯罪目的的有无及其内容如何,反映了行为人的主观恶性程度,从而对量刑的轻重产生了直接的影响。

## 二、倾向犯的内心倾向

所谓倾向犯,指一定的内心倾向决定违法性是否成立的犯罪。例如,我国刑法第237条规定的强制猥亵、侮辱妇女罪,传统观点以及我国刑法理论都认为,除了在主观上必须具有故意外,还需要刺激或满足性欲的内心倾向。如果没有这种内心倾向,要么不成立犯罪,要么成立刑法第246条规定的侮辱罪。

对于倾向犯的内心倾向是否可以成为犯罪构成的主观要件要素,也有反对的意见。有人认为,在猥亵犯罪中,有无上述猥亵的倾向并不改变行为对法益的侵害性质。猥亵犯罪的保护法益是被害人的羞耻心,判断违法性的存否,应以行为客观上是否侵害这种法益为标准。因此,基于复仇目的的猥亵,也具有违法性。所以,倾向犯中的内心倾向,不是主观的违法要素。①

本书认为,倾向犯中的内心倾向的有无,不影响行为的违法性。行为的违法应当从客观上进行判断。但是,倾向犯中的内心倾向,应当是成立某些犯罪所必须的主观要件要素。犯罪是一种由主客观事实决定的一种行为的定型,有什么样的主客观要素,就有什么样的犯罪类型。仅仅从客观上判断犯罪的类型,无疑有失偏颇。强制猥亵、侮辱罪与侮辱罪的一个重要差别,就在于行为人主观上具有刺激或满足性欲的内心倾向。

## 三、表现犯的内心状态

所谓表现犯,指只有在行为是行为人内心状态的表现时才具有意义的犯罪。伪证罪是表现犯的典型的例子。伪证罪,是指证人、鉴定人和翻译人故意颠倒事实,作虚假证明或鉴定、翻译的行为。大陆法系的伪证罪的主体则只限于证人。在大陆法系,有学者认为,在伪证罪中,事实的陈述本身并没有决定违法性,在其陈述

① 张明楷:《外国刑法学纲要》,清华大学出版社1999年版,第143页。

是违反证人的记忆的虚假陈述的场合才带有违法性。[①] 这种观点被称为主观说。也有学者认为,“虚伪的陈述”与行为人的主观无关,而是指与客观的事实相违背。因此,是否违法,取决于陈述是否真实,行为人的心理过程不是主观的违法要素。这种观点被称为客观说。[②]

如果按照主观说,即使行为人陈述的事实凑巧是真实的,但如果违背了自己的记忆,也具有违法性;如果按照客观说,即使行为人违背自己的记忆,作出的陈述凑巧是真实的,也不具有违法性。两种观点可谓完全针锋相对。

本书认为,违法与否只能从客观上判断,证人提供的证言如果与客观事实相符,就是合法的,如果与客观事实不符,就是不合法的。提供的证言在客观上与事实相符而认为不合法,无论如何说不过去;反之,提供的证言在客观上与事实不符而认为合法,也是没有道理的。

但是,证人的内心状态对于行为人主观上有没有责任有非常重要的意义。如果行为人的陈述与其内心的记忆相符,不论其提供的证言是否与事实相符,在主观上都没有责任,当然不成立犯罪。如果行为人的陈述与其内心的记忆不相符,行为人提供的证言又与客观事实不符,那么,行为人的行为在客观上具有违法性,在主观上具有责任,当然成立犯罪。如果行为人的陈述与其内心的记忆不相符,行为人提供的证言凑巧与客观事实相符,由于行为不具有违法性,探讨主观上的责任问题就失去了意义。

总之,在本书看来,表现犯的内心状态对于成立特定犯罪具有重要的意义,是犯罪构成主观要件的选择要素。

## 第五节　认识错误

刑法上的认识错误,是指行为人的认识与实际情况的不一致。学说上一般将错误分为事实的错误与法律的错误。前者是指行为人所认识的事实与实际发生的事实不一致,后者是指行为人的违法判断与客观的违法不一致。在行为人发生认识错误的情况下,可能对犯罪故意的成立产生一定的影响。

### 一、事实错误

#### (一)事实错误概述

所谓事实错误,是指行为人在行为时所认识到的构成要件事实与客观中发生

① 马克昌:《比较刑法学原理》,武汉大学出版社 2002 年版,第 136 页。

② 张明楷:《外国刑法学纲要》,清华大学出版社 1999 年版,第 143 页。

的事实不一致。从现实生活中所发生的犯罪的实际情况来看，行为人所认识的内容和发生的事实之间不一致的情况是常见的，比如某甲错误地将某乙当作某丙杀掉，或者误将人当作野兽射杀。错误的类型有很多种，但是什么样的错误对故意的认定产生影响，这是我们要重点研究的。

事实的错误最终会有两种处理结局：要么是阻却故意，要么是不阻却故意。

阻却故意的事实错误，是指行为人因欠缺对构成要件事实的认识，而足以阻却故意的事实错误。这种事实错误之所以阻却故意，主要是因为欠缺故意所需要的认识要素。比如故意杀人罪，行为人只有主观上认识到是人而进行杀害的，才成立杀人的故意。如果认为是动物但实际上是人而加以杀害的，由于欠缺故意杀人罪的认识要素而阻却杀人的犯罪故意。如果行为人有过错的，可能会成立相关的过失犯罪。

不阻却故意的事实错误，是指行为人虽然对构成要件中某一具体事实没有正确认识，但该认识的欠缺不足以阻却故意，比如，错误地将某甲当作某乙伤害，行为人仍然成立故意杀人罪。

关于事实错误的类型，我国刑法学通说认为包括犯罪客体的错误、对象的错误、行为实际性质的错误、工具的错误和因果关系的错误。大陆法系刑法学则将事实错误按照两个不同的标准进行分类，一是根据事实的错误是否在同一构成要件范围内，将其分为具体事实错误和抽象事实错误；二是根据错误的对象的不同，将其分为方法的错误、目标的错误和因果关系的错误。由于上述分类是根据不同的标准进行的，因而存在交义的关系。在具体的事实错误中，方法的错误、对象的错误、因果关系的错误都能够发生。在抽象的事实错误中，因为存在构成要件上不同的两个对象，所以只有方法、对象的错误能够发生，因果关系的错误没有考虑的必要。①

本书认为，大陆法系刑法理论将错误分为具体的事实错误和抽象的事实错误，较为明确，有助于为解决实际问题提供相对统一和明确的标准，故采纳之。

### （二）具体的事实错误

具体的事实错误，也称同一构成要件内的错误，即行为人认识到的事实与实际发生的事实虽然不一致，但属于同一构成要件范围内，行为人只是在某个构成要件的范围内发生了对事实的认识错误。

具体的事实错误又可以分为三种情况：一是对象的错误，例如，行为人本来想杀害某甲，但错误地将某乙当作某甲杀害；二是方法的错误即打击错误，例如，行为人向某甲开枪射击，但出人意料地打中了某乙；三是因果关系的错误，就是行为人虽然所预见的因果历程和现实中发生的因果过程不一样，但是，行为人所预见的结

① ［日］川端博：《刑法总论讲义》，成文堂1997年版，第229～230页。

果仍然发生了的场合，例如，行为人意图将某甲淹死而将其推下河，但某甲实际上是因为河中的桥墩撞中脑袋而死亡。

对于具体的事实错误应当如何处理，有具体符合说和法定符合说两种不同的主张。具体符合说认为，行为人认识的事实与现实发生的事实只有具体地相一致时，才成立故意。法定符合说认为，为了成立故意，行为人的认识与发生的结果在法律所规定的构成要件的范围内相符或一致就够了，不必具体地相一致。

如果彻底地坚持具体符合说，则所有具体的事实错误都将否定故意的存在。但是，具体符合说认为，在对象错误的情况下，因为侵害行为与行为人认识的事实相符合，所以行为人预见的事实与现实发生的事实具体地一致，从而不阻却故意。例如，上述案例中，行为人错误地将某乙当作某甲杀害，成立故意杀人罪的既遂，不能认为对某甲是杀人未遂，对某乙成立过失致人死亡罪。

具体符合说认为，在方法错误的情况下，因为行为人认识的事实与现实发生的事实具体地不一致，所以阻却故意。比如，向某甲开枪但意外地打死某乙的场合，对某甲是故意杀人的未遂，对某乙则成立过失致人死亡罪。

如果根据法定符合说，无论是错误地将某乙当作某甲杀害，还是意外地命中乙而导致乙死亡，都成立故意杀人罪。其理由是，行为人认识的事实与发生的事实，同属于故意杀人罪的构成要件，所以不阻却故意。

具体符合说是过去的学说，大陆法系国家多数学者现在都持法定符合说，日本的判例也采取了法定符合说的立场。确实，具体符合说过多地考虑了构成要件事实的细节，将与构成要件无关的因素考虑进来，从而得出了违背国民法感觉的不妥当的结论。具体符合说与法定符合说的分野集中体现在方法的错误上。但是，在方法的错误的上述案例中，某甲和某乙都是构成要件上的"人"，行为人既然认识到是杀害某甲，则可以说，对杀人的实行行为中的对象具有认识。"另外，根据对该犯罪事实的认识，尽管行为人被给予了考虑'不得杀人'的规范要求的机会，但竟然实施对甲、乙而言均为具有杀害危险的实行行为，就可以说，其处于杀人(甲)的意思而实施了杀人(乙)行为，并且造成了杀人(甲)的危险，因此，对于双方而言都是故意犯，即应当看作为是对甲的杀人未遂罪和乙的杀人既遂罪的观念的竞合。"①

当然，以法定符合说解决方法的错误，虽然结论符合人们的法感觉，也坚持了构成要件是判断犯罪成立的法律标准的准则，但也不能说就十全十美。比如，如果坚持法定符合说，当行为人意欲杀甲，子弹从甲与乙的空隙中穿过时，就成立两个杀人未遂，这显然是不合适的。虽然法定符合说对此进行了修正，但仍未找到完全合理的解决方法。② 总的说来，法定符合说是一种相对合理的学说，大体上为本书所取。

---

① [日]大谷实：《刑法总论》，黎宏译，法律出版社 2003 年版，第 140 页。

② 张明楷：《外国刑法学纲要》，清华大学出版社 1999 年版，第 223 页。

上面着重介绍了具体符合说和法定符合说在解决对象和方法错误上的分歧，以及本书的立场。下面再分析一下因果关系错误与犯罪故意的关系。

因果关系的错误实际上包括两种类型，一是行为人意图实现犯罪的结果，实施的行为也实现了犯罪结果，即前面提到的行为人意图将某甲淹死而将其推下河，但某甲实际上是因为河中的桥墩撞中脑袋而死亡的情况。日本刑法通说认为，这种因果关系的错误，是社会生活中的常见事态，无论是根据条件说还是相当因果关系说，都不能否定因果关系的存在，也不能否定行为人的故意。对此几乎没有争议。

第二种类型是，行为人当初为了实现某一结果而实施的行为虽然没有达到目的，但行为人误认为达到目的，进而实施第二个行为时，由第二个行为产生了当初意图的结果。比如，某甲欲勒死乙，将乙勒昏后，误以为已经死亡。甲为伪装乙上吊自杀，于是将其所谓“尸体”吊起来。事实上，乙并非死于甲的勒杀行为，而是死于甲为开脱罪责所伪装的悬吊。

对于这种类型的因果关系的错误，刑法理论上有不同的看法。如有的认为，行为人的前一个行为在杀害故意下进行，但是前一个行为未发生死亡之结果，故成立故意杀人(未遂)罪，至于后行为，因为不是在杀人的故意支配下实施的，故成立过失致人死亡罪。两罪是想象竞合，从一重罪处断。也有人认为应数罪并罚。[①] 这种观点实际上是具体符合说的观点。德国实务家 Weber 则认为，以故意实施了第一个行为，以过失实施了与其连续的第二个行为，如果有概括第一行为与第二行为的一般的故意，可以承认故意的观点。[②] 这就是刑法学上所谓 Weber 的故意。日本的通说认为，应将前后两个行为视为一体，认为只是因果关系的错误问题，只要因果关系的发展经过是在相当的因果关系之内，就可以肯定杀人既遂。[③] 这种观点实际上是法定符合说的表现。

本书认为，对于第二种因果关系的错误，判断的关键点应放在以杀害故意实施的第一个行为。由于第一个行为引发第二个行为，进而导致第一个行为所期望的结果发生，虽然因果历程与行为人预期有差距，但就行为人的故意以及第二个行为的最终结论而论，这些因果历程的出入，是无关紧要的。如果最终结果的发生并未超出可预见的界限，而与行为人当初预期的结果相当，则行为人应就故意成立既遂犯。

总之，无论何种因果关系的错误，都不过是结果发生的因果历程与故意内涵中本来应当预见的因果历程有所偏离，但行为对于行为对象所构成的危险并未因之减轻或完全消失，这些主观认识上的因果历程与客观事实上的因果历程不相一致

---

① Maurach/Zipf，AT. 1987，S. 319. 转引自林山田：《刑法通论》，台湾大学法学院 1995 年版，第 155 页。

② 马克昌：《比较刑法学原理》，武汉大学出版社 2002 年版，第 297 页。

③ 张明楷：《外国刑法学纲要》，清华大学出版社 1999 年版，第 224 页。

的情形，在原则上不足以排除故意的成立，行为人仍然应当成立故意犯罪的既遂。

### （三）抽象的事实错误

抽象的事实错误，也称为不同构成要件间的错误，是指行为人所认识的事实与现实发生的事实分别属于不同的构成要件，例如，前述某甲欲杀死大熊猫，但误将人当作大熊猫打死即是其适例。抽象的事实错误分为对象的错误与方法的错误两种情况。对于抽象事实错误的处理，有法定符合说与抽象符合说的对立。

法定符合说认为，原则上只有认识的事实与发生的事实属于同一构成要件才不阻却故意，所以抽象的事实错误原则上阻却故意，也就是说，行为人在实际发生的结果上一般不存在故意。上述案例，根据法定符合说，行为人虽然具有杀害大熊猫的故意，但对实际发生的人的死亡结果充其量只有过失。

法定符合说还认为，即使行为人认识到的事实与实际发生的事实不属于同一构成要件，但如果性质相同，即两个构成要件之间存在着法益保护的共同性与构成要件行为的共同性，那么，在重合的限度内，成立轻罪的故意犯。比如，在日本刑法中，故意杀人罪与得承诺杀人罪是两个不同的罪名，前者是重罪，后者是轻罪，行为人误以为得到被害人的承诺实际上没有得到被害人的承诺而杀人的，就成立较轻的得承诺杀人罪。

抽象符合说则认为，在行为人所认识的构成要件事实与现实发生的构成要件事实相一致的限度内，承认故意的既遂。它认为行为人认识的事实与现实发生的事实即使不一致，也不阻却故意。它不承认犯罪类型相互之间的差别，超越构成要件的重合而将故意抽象化。如有的学者认为，行为人如果以犯轻罪的意思，造成了重罪的结果，是轻罪的既遂与重罪的过失犯的竞合。例如，本来以杀死名贵狗的意思结果却杀死了人的，成立故意毁坏他人财物罪的既遂与过失致人死亡罪的观念的竞合。如果是以犯重罪的意思，实现了较轻的犯罪结果，则认为是重罪的未遂犯与轻罪的既遂犯（尽管没有犯罪故意），如本来欲杀死人而杀死了他人名贵狗的，认为成立故意杀人罪的未遂与故意毁坏他人财物罪的既遂，应该将两者合一，按照重的刑罚处断。在抽象符合说内部还有不同的见解。这里就不一一介绍。抽象符合说一味着眼于刑罚的均衡，无视犯罪构成的定型的意义，受到了学者们的批判，是少数说。

法定符合说在判断犯罪时以犯罪构成为准则，是科学的标准，本书主张法定符合说。只有当认识到的事实与实际发生的事实在性质上和形式上属于重合的情况下，才在重合的限度内成立故意。

## 二、法律错误

法律的错误也叫做违法性的错误，或禁止的错误，是指行为人由于错误而不知道其行为是法律上所不允许的，包括完全不知道行为是法律所不允许的情况和误信行为是法律上所不允许的情况。

法律的错误包括直接的法律错误和间接的法律错误。直接的法律错误，是指行为人对其行为直接有关的刑法禁止规范无所认识，误认为其行为为法律所允许。比如，行为人可能因不知道有禁止规范的存在，或者知道有禁止规范的存在，但认为已经失效，或因误解法律而认为法律的规定不适用其行为。

间接的法律错误，是指行为人因错误而对于违法性阻却事由产生误解。例如，下级公务员明知上级公务员之命令为违法，但误认为命令即是命令，只要依照命令行事，即可以阻却违法性。在这种现象中，虽然客观上不存在违法性阻却事由，但行为人主观上认为行为阻却违法性。由于行为人并非直接误认其行为为法律所允许，而是由于错误而认为其行为是违法性阻却事由，所以，这类错误学术上称为间接的法律错误，或间接之禁止错误。

可以说，法律的错误与违反性的意识刚好是相反的问题。由于本书主张行为人的罪过以具有违法性认识或违法性认识的可能性为前提，因而在完全不具有违法性意识可能性的情况下，行为人的违法性错误应当阻却故意。如果行为人具有违反性意识的可能性，则行为人的违法性错误不阻却故意。由于对构成要件事实的认识一般可以推定具有违法性的可能性，因此实践中因法律错误而阻却故意的情况是非常少见的。

## 第六节 期待可能性

### 一、期待可能性概述

期待可能性是大陆法系刑法学中的理论，其基本含义是指：在具体的行为条件和行为环境中，行为人是否具有不采取违法犯罪行为方式，而选择合法行为方式的可能性。如果按照现实的行为条件并不存在选择的现实可能，即在行为当时不可能期待行为人不为违法行为而为适法行为，那么就说明行为人除了采取违法犯罪的行为方式之外并无任何选择的余地，这种情况下就不存在期待的可能性。对行为人这种唯一的选择当然就不能加以非难，行为人在主观上没有责任，其行为不构成犯罪。反之，如果按照行为的具体条件可以认定行为人具有多种选择的可能性，即存在着期待可能性，则行为人的特定选择当然就成为谴责的对象。

期待可能性不但有“有无”之分，而且有“程度”之分。行为人没有期待可能性的话，就不符合犯罪构成主观要件；行为人虽然有期待可能性，但是也不能完全期待行为人像正常人一样行为的时候，行为人的主观责任程度就应当减轻。

期待可能性理论不但是大陆法系刑法学界的通说，而且也为立法和司法实践所采纳，其影响日益广泛。在立法上，如日本刑法第 104 条，毁灭罪证罪在自己的刑事被告案件中不能成立，因为不能期待一个罪犯不毁灭自己的罪证。再比如，日本刑法第 105 条，对于毁灭罪证罪与窝藏犯人罪中亲属之间的行为，也规定可以免予刑罚。这些规定也是因为期待可能性低下。至于司法实践，在德国曾有这样的判例：作为马车夫的行为人，尽管知道在特定情况下马通常会脱缰奔跑，但行为人还是将马套上车，因为他担心若与雇主持不同意见将丧失自己的工作。在发生事故后，法院宣告行为人无罪，因为对于行为人来说，不能期待他负有承担丧失自己的工作的义务。[①] 这个判例被视为期待可能性理论运用的经典判例。该理论被传到日本后，也被日本实务界接受。如，有一个船长，从事运输旅客的业务。1932 年 9 月 13 日，该船载乘客 128 名从港口出发，驶过某海面时，另一艘船从后边驶来，从右边超越，一部分乘客为了避免浪水溅在身上，向船左边移过去。由于船只超载，致使船向左边倾斜颠覆，导致 28 人死亡。日本一审法院判决被告人成立业务上过失致死伤罪，判处 6 个月的监禁。但大审院认为量刑不当，改判 300 日元罚金。其理由是：第一，由于当时上班乘客异常多，而交通工具极为缺乏，乘客不顾船员阻止争先恐后上船。第二，该船的航行费用，需要超过乘客定额数倍的船票费，才能弥补其收支平衡。被告就超载乘客的危险曾再三向船主提出忠告，但船主不予采纳，仍令其超定额运载乘客。这两点理由实际上都说明被告人是不得已运载乘客的，因而所处的刑罚相当轻。[②] 如果说第一个案例说明了期待可能性的有无的话，第二个案例则说明了期待可能性的程度问题。因为在第二个案例中，行为人并非没有采取合法行为的可能性，只是在当时情况下，行为人选择超载行驾驶有其不得已的一面。

我国刑事立法其实也体现了期待可能性的思想，如我国《刑法》第 28 条规定："对于被胁迫参见犯罪的，应当按照他的犯罪情节减轻处罚或者免除处罚。"本来胁从犯所实施的行为在客观上可能危害很大，之所以要从宽处罚，主要是胁从犯是被胁迫参见犯罪的，这种胁迫对其主观意志形成了抑制。如果这种胁迫是不可抗拒的，那么在这种情况下行为人的主观意志便丧失了自由，从而缺乏法律上的期待可能性，阻却责任。如果这种胁迫不是不可抗拒的，则行为人主观上仍然有意志自由，但是期待可能性低下，应当从宽处罚。我国刑法学界对期待可能性理论也产生了浓厚的兴趣，发表和出版了一系列的论著，但通说至今没有将期待可能性纳入犯罪构成主观要件中去，国内的刑法教科书将期待可能性理论纳入犯罪构成主观要

① [德]汉斯·海因里希·耶赛克、托马斯·魏跟特：《德国刑法教科书》，徐久生译，中国法制出版社 2001 年版，第 604 页。

② 张明楷：《外国刑法纲要》，清华大学出版社 1999 年版，第 245 页。

件中去的也是为数极少。[①] 鉴于期待可能性理论在犯罪构成主观要件中的重要的意义，本书将其作为一个主观构成要件要素予以研究。

## 二、期待可能性的理论基础

为什么对于没有期待可能性的人不能追究其刑事责任呢？这涉及期待可能性的理论基础的问题。

我们都知道，人只有在相对意志自由的前提下实施的行为才具有刑法上的意义。期待可能性实际上是对人的意志自由的反映，是对客观条件限制人的意志自由作用的承认。[②] 人的意志是由社会生活条件决定的，人的行为必然要受到客观条件的限制。如果特定情况下，行为人丧失意志自由，不能体现出刑法意义上的社会危害性，就不能要求其承担刑事责任。

期待可能性理论也体现了对人性的关怀。刑法的适用应当与人性相一致。人性就是人的基本品格，其基本点是人具有自私的本性和生存的本能，有时候也不得不做侵犯他人利益的事情，这就是人性的脆弱之处。在古罗马法时代，人们便意识到法律不能强人所难，任何人都不受不可能的事项的约束。[③] 如果一个人在生活中已处于无法可想的境地，期待行为人牺牲较大的价值乃至生命去遵守法律，是不人道的。在无期待可能性的情况下追究行为人的刑事责任，由于与人性相背，既不会达到特殊预防的效果，也不会达到一般预防的效果。日本有一位刑法学家曾说道：期待可能性理论正是“对在强大的国家法规范面前喘息不已的国民的脆弱人性倾注刑法同情之泪的理论”[④]。

刑法是最严厉的法律，应当讲求谦抑性，具有宽容的精神。刑法的谦抑性要求刑法的发动必须慎重，刑法的宽容性要求刑法必须体谅人性的弱点，不要过于刚猛，应该有柔性的一面。坚持期待可能性理论，正是坚持刑法的宽容和谦抑精神的具体表现。

基于期待可能性理论的价值，在我国刑法中引进期待可能性理论，完全是有必要的。

---

① 张明楷教授所著的《刑法学》(法律出版社 2003 年版)第一次在教科书中纳入了期待可能性理论，他在该书中主张期待可能性是犯罪主观要件的前提，主张没有期待可能性就没有刑法上的犯罪故意和犯罪过失。(参见该书第 212～214 页)

② 姜伟：《可能期待可能性评说》，载《法律科学》1994 年第 1 期。

③ 张明楷：《刑法格言的展开》，法律出版社 1999 年版，第 228 页。

④ 冯军：《刑事责任论》，法律出版社 1996 年版，第 253 页。

## 三、期待可能性在犯罪构成主观要件中的地位

虽然我国刑法学者也赞成将期待可能性理论引入我国刑法中,但对期待可能性理论在我国犯罪构成中的地位,还未达成一致的意见。如有的认为应把期待可能性放在刑事责任论中加以研究,有的主张用期待可能性理论完善我国的罪过理论,把罪过视为是故意、过失和期待可能性的统一,有的主张把期待可能性看作为刑事责任能力的一个构成要素,有的主张期待可能性不能作为犯罪主观要件的构成要素,也不能作为犯罪主体的责任能力的构成要素,而是属于专门用于综合评价意志自由有无的法哲学领域。[①]

本书主张,期待可能性应当属于犯罪构成主观要件,是与犯罪故意和犯罪过失并列的独立的主观要件要素。没有期待可能性,并不能说明行为人没有犯罪故意或犯罪过失。如前所述,犯罪故意的认识因素是客观的构成要件事实和违法性意识的可能性,意志因素是希望或者放任结果的发生,犯罪过失的认识因素是应当或已经认识到构成要件事实,意志因素是反对结果的发生。犯罪故意和犯罪过失中,都没有期待可能性的一席之地。一个因为饥渴难耐而走进牧民帐篷盗窃食物和水的过路客,他既知道自己行为的客观属性,也知道行为的违法性,没有理由说他没有盗窃的故意。我们之所以不对他追究刑事责任,无非是基于人性的弱点,不能期待他不基于自我保全的本能,实施上述行为。

期待可能性还应当是消极的主观要件要素。行为人具有故意和过失,原则上就具备犯罪构成主观要件,只有在没有期待可能性的情况下,才能认为不具备犯罪构成主观要件,没有期待可能性毕竟属于少数情况。在司法程序上,控诉方无须证明行为人是否具有期待可能性,主张没有期待可能性应当属于行为人的抗辩的权利,由行为人自己来举证。

## 四、期待可能性的认定

在认定是否具有期待可能性时,必须要求行为人认识到外部异常情况的存在,如果行为人对此无认识则不能阻却或减轻主观责任。[②] 因为,无期待可能性是异常的外部情形影响了行为人的心理和意志,使行为人无选择的可能,从而实施了违法行为。如果行为人对外部异常情况无认识,则这一情况自然对其行为选择的意志自由无影响。

---

① 高秀东:《期待可能性理论与犯罪构成》,载《中国法学会刑法学研究会 2002 年年会论文汇集》,西北政法学院 2002 年印,第 350～351 页。

② [日]野村稔:《刑法总论》,全理其译,法律出版社 2001 年版,第 320 页。

如何认定行为人实施违法行为是否具有期待可能性，西方学者主要提出了三种认定标准：(1)国家标准说，认为法律规范体现着国家意志，应根据国家的利益和法律规范的要求，确定行为人当时是否有实施合法行为的可能。国家标准说也被称为法规标准说。(2)社会标准说，主张法律适用社会上的一切人，应将一般人置身于行为人行为时的情况下，确定行为人当时是否有实施合法行为的可能性。社会标准说又被称为通常人标准说。(3)个人标准说，认为人的心理活动受客观影响的程度因人而异，所以，应根据行为人本人的情况，判断行为时是否具有期待可能性。①

期待可能性理论本来是为了针对行为人的人性弱点而给予的法的救济，所以应考虑那些不能适应国家的期待的行为人，国家标准说则没有考虑这一点。而且，究竟在什么场合国家或法秩序期待行为人实施适法行为，是一个不明确的问题，因此国家标准说实际上没有提出任何标准。通常人标准说毕竟是从行为人的角度考虑的，相比国家标准说似乎合理一些，但是如果行为人的能力低于通常人时，以通常人的标准要求行为人未免苛刻。再说，所谓通常人、平均人也是一个不明确的概念。既然个人责任是现代刑法的基本原则，因而判断期待可能性的有无、程度的标准，只能求之于行为人的情况。可以说，如果不从行为人方面考虑，这个问题就不能解决。因此，行为人标准是科学的。

对于期待可能性理论，既要认识到其价值，又要避免滥用的倾向。不能为了帮助犯罪分子解脱罪责，动辄搬出这一理论。判断期待可能性时，一定要结合行为时的附随情景。只有当时的附随情景确实足以抑制行为人的自由意志或对自由意志形成相当的影响时，才能以此作为出罪和减免刑罚的理由。

## 第七节　排除犯罪性的主观事由

我国《刑法》第 16 条规定："行为虽然在客观上造成了损害结果，但是不是出于故意或者过失，而是由于不能抗拒或者不能预见的原因所引起的，不是犯罪。"根据这一规定，我国刑法学界很多人认为排除犯罪性的事由主要包括不能抗拒的事件和意外事件。

### 一、不能抗拒事件

所谓不能抗拒的事件，是指行为在客观上虽然造成了损害结果，但是不是出于故意或者过失，而是由于不能抗拒的原因引起。传统的观点认为，不能抗拒的事件

① 郑健才：《刑法总则》，台湾三民书局 1985 年版，第 120 页。

也是意外事件的一种。但顾名思义，意外事件是“出乎意料”的事件，而不能抗拒事件却没有这一特点。所谓不能抗拒，是指行为人虽然认识到自己的行为会发生损害结果，但由于当时主客观条件的限制，不可能排除或防止结果的发生。[①] 不可抗拒事件的特点是：(1)行为人在主观上已经预见到了损害结果的发生；(2)损害结果的发生是由于行为人受到外力的限制，遇到了不可克服的困难，无法阻止损害结果的发生。比如，客车司机以正常速度驾驶车辆，突然刹车失灵，导致汽车冲入前面的河流里，死伤数人。虽然行为人在损害结果发生的时点对此有认识，但由于不能抗拒的原因，无法控制自己的行为。这就是典型的不可抗拒的事件。

对于在不可抗拒的原因支配下的行为的属性，有人认为不属于刑法上的行为。因为，人的任何行为都是在其意识和意志的支配下实施的。离开了意识和意志的支配，便不能视为人的行为。不可抗拒的原因支配下的“行为”，实际上已经超过了“行为人”的意志所能支配的范围，因而不能认为是“行为人”的行为[②]。本书也认为，“不可抗拒”从物理上应该抑制了人的自主支配性，不具有刑法上行为的“有意性”的特征，不成立犯罪。

## 二、意外事件

所谓意外事件，是指行为虽然造成了损害结果，但行为人没有意识到而且根据案情也不可能预见到可能发生损害结果。意外事件具有如下特点：(1)行为人的行为在客观上造成了损害结果；(2)行为人对自己造成的损害结果，既没有故意，也没有过失；(3)行为人对损害结果的发生不可能预见。其中，“不能预见”是意外事件的最重要的特征。不能预见的原因，是行为人在其行为引起危害结果发生的当时，根据客观环境和主观条件，不可能预见到这种结果。对由于不能预见的原因造成的结果，行为人是不负刑事责任的。

在实践中，什么属于“可以预见”，什么属于“不能预见”，有的情况下很容易认定。比如，汽车司机在雨夜行车，从农民铺放在公路上的稻草上驶过，轧死了睡在稻草下的一个精神病患者。在当时的情况下，司机不可能预见到有人雨夜睡在稻草下，损害结果的发生无疑属于意外事件。但是，在有的情况下，是否属于意外事件则有很大的争议。比如，一群少年，包括某甲在内，到猎人过冬屋去，他们想出用自制手枪打空罐和空瓶玩。三个人在猎人过冬屋，坐到窗户对面的桌子旁。18点钟左右，天快黑了。某甲是个近视眼，开始围着过冬屋跑，他拿着子弹上膛，扳起扳机，想找个更大的目标。在跑过窗口时，某甲绊了一跤，一挥手，情不自禁地扣动扳机，枪就响了。子弹穿过窗户，坐在屋里的某乙受重伤后死亡。俄罗斯联邦检察院

① 张明楷：《刑法学》，法律出版社2003年版，第213页。

② 马克昌：《犯罪通论》，武汉大学出版社2001年版，第369页。

总检察长对俄罗斯联邦最高法院提出抗诉,认为某甲虽然未预见到自己行为的后果,但他应该和可能预见这种后果。俄罗斯联邦最高法院刑事审判庭驳回抗诉,理由是在上述情况下,某甲没有预见到也不可能预见到他会因看不见的水桶而绊一跤,会挥手情不自禁地扣扳机,子弹还会打进窗户。[①] 应该说,俄罗斯联邦最高法院的判决是正确的。因为,第一,行为人是在屋外活动,准备在屋外射击,一般情况下不大可能预见到子弹会打进屋内;第二,行为人是在夜晚被水桶绊倒的,不可能预见到这种异常情况;第三,在被绊倒的情况下扣动扳机,这属于一种本能的反应。

## 司法考试真题链接

1. 刘某基于杀害潘某的意思将潘某勒昏,误以为其已死亡,为毁灭证据而将潘某扔下悬崖。事后查明,潘某不是被勒死而是从悬崖坠落致死。关于本案,下列哪些选项是正确的?(2008 年司法考试真题)

A. 刘某在本案中存在因果关系的认识错误

B. 刘某在本案中存在打击错误

C. 刘某构成故意杀人罪未遂与过失致人死亡罪

D. 刘某构成故意杀人罪既遂

2. 张某和赵某长期一起赌博。某日两人在工地发生争执,张某推了赵某一把,赵某倒地后后脑勺正好碰到石头上,导致颅脑损伤,经抢救无效死亡。关于张某的行为,下列哪一选项是正确的?(2007 年司法考试真题)

A. 构成故意杀人罪

B. 构成过失致人死亡罪

C. 构成故意伤害罪

D. 属于意外事件

3. 关于故意的认识内容,下列哪一选项是正确的?(2008 年司法考试真题)

A. 甲明知自己的财物处于国家机关管理之中,但不知此时的个人财物应以公共财产论而窃回。甲缺乏成立盗窃罪所必须的对客观事实的认识,故不成立盗窃罪

B. 乙以非法占有财物的目的窃取军人的手提包时,明知手提包内可能有枪支仍然窃取,该手提包中果然有一支手枪。乙没有非法占有枪支的目的,故不成立盗窃枪支罪

C. 成立猥亵儿童罪,要求行为人知道被害人是或者可能是不满 14 周岁的

---

① [俄]库兹涅佐娃、佳日科夫:《俄罗斯刑法教程》(总论上卷),黄道秀等译,中国法制出版社 2000 年版,第 336 页。

儿童

D. 成立贩卖毒品罪，不仅要求行为人认识到自己贩卖的是毒品，而且要求行为人认识到所贩卖的毒品种类

# 第十一章　正当化事由

## 第一节　正当化事由概述

### 一、正当化事由概念

正当化事由是不构成犯罪的情形，是犯罪论的不可或缺的内容，正当化事由之所以在刑法中加以规定，是因为它与犯罪存在形式上的相似性，需要在定罪的过程中予以排除。正当化事由在各国刑法理论中称谓不一，我国常称为排除犯罪性的行为，大陆法系国家称为违法阻却事由，英美法系国家则称为合法抗辩事由。正当化是相对于犯罪化而言的，因而是犯罪化的反面，就此而言，正当化就是非犯罪化。正当化事由是指外表上似乎具备某种犯罪的构成条件，然而实质上不具有社会危害性，是对社会有益的行为。①

我国刑法规定的犯罪概念已经充分说明，行为具有一定的社会危害性，是犯罪最本质、最基本的特征。凡是没有社会危害性的行为，就不能被认为犯罪。在判断某一行为是否犯罪的时候，不能从外表上形式主义地看问题，而必须从实质上是否具有社会危害性来认定。在实际社会生活中，在一定的情况下会遇到某些行为从其外表上看，具有社会危害性、具有某种犯罪构成要件，然而因为它是在某种特殊情况下所实施的，这就使得该行为实质上不仅不具有社会危害性，反而总体上是对国家和社会有益的行为，在刑法理论上把这种行为统称为正当化事由。

### 二、正当化事由的根据

在关于正当化事由的讨论中，正当化事由的根据是一个最为重要的问题。为解决这个问题，各国刑法学者为正当化事由的存在根据提供了理论上的论证：

① 陈兴良：《当代中国刑法新境域》，中国政法大学出版社 2002 年版，第 403 页。

(一)法益权衡说

法益权衡说着眼于利益权衡,认为正当防卫与紧急避险等正当化事由都是法益冲突的结果,在法益冲突的情况下,应当进行法益比较,保全重要法益而牺牲次要法益。因此,法益权衡说,亦称为优越利益说。法益权衡说受到以下两点批评:一是过于注重法益侵害结果;二是难以说明正当范围的合法性。在上述两点批评中,第一点无关紧要,第二点则是直指要害。确实,正当防卫与紧急避险是有所不同的。法益权衡说对于解决紧急避险的正当化根据是十分圆满的,对于正当防卫的正当化根据的论述则颇为牵强。法益权衡使正当化根据实证化,具有可考量性,这是其优越之处,但并非所有正当化事由都可通过法益比较而正当化,因而法益权衡说存在局限性。

(二)目的说

目的说是在批判法益权衡说的基础上提出来的,它不是着眼于结果的价值,而是考虑行为的价值。这种行为的价值又是通过一定的目的得以证明的。这里的目的是指国家所承认的人类共同生活的目的。因此,根据目的说,为达到国家所承认的共同生活的目的而采取的适当手段,就成为正当化事由的根据。目的说招致的批评也有两点:一是国家主义立场;二是标准本身的不明确性。国家主义立场,指的是目的说过于强调法秩序,忽视个人法益的保护,这当然有其片面性,但还不是最主要的。目的说的主要缺陷在于其认定标准的模糊性,在实际适用上会带来一定的困难。

(三)社会相当性说

由于法益权衡说与目的说各有缺陷,因而一种综合上述两说的正当化事由的根据理论应运而生,这就是社会相当性说。社会相当性的观念是基于一种动态的、相对的立场,对正当化事由的根据加以把握。社会生活是不断变动的而非静态的,在社会生活中只有对行动自由加以限制才能形成社会共同生活。但如果法律对所有法益侵害的行为都认为是客观的违法而加以禁止,则社会生活就会停滞。因此,应当在历史所形成的国民共同秩序内,将具有机能作用的行为排除于不法概念之外,并将此种不脱逸社会生活上的常见行为,称为社会相当行为。换言之,行为若符合历史所形成的社会伦理秩序,其行为就具有社会相当性。社会相当性概念的提出,就把法益侵害行为分为两种:一是不具有社会相当性的实质上的违法行为;二是具有社会相当性的行为。具有社会相当性的行为,即使存在法益侵害,也不在法律禁止之列。应该说,社会相当性理论较之法益权衡说和目的说具有更大的包容性，因而可以成为正当化事由的根据。[①]

那么，对社会相当性应如何判断呢？一般认为，对社会相当性应当从以下几个方面加以判断：

1. 目的的正当性。在社会生活中，存在各种利益冲突。行为人基于本人立场，追求本人的目的，只要这种目的符合社会生活的一般伦理秩序，即应视为正当。例如，在正当防卫中，出于防卫的意图，就是一种正当的目的。因此，目的的正当性应从行为人的动机、行为人对正当价值的认识等主观的层面予以把握。

2. 手段的正当性。这里的手段，是指实现正当目的的方法。目的正当，是成立正当化事由的前提，但并非唯一标准。换言之，不能以目的的正当性证明手段的正当性；否则，将允许行为人不惜采取一切手段实现其正当目的，从而有悖于社会伦理观念。因此，手段的正当性具有独立于目的的正当性的判断价值。如果目的虽然正当，但采取不正当的手段，仍然为社会观念所不允许，因而欠缺社会相当性。

3. 法益的均衡性。在判断社会相当性的时候，法益具有重要意义。因此，社会相当性并不排斥法益衡量。在判断社会相当性的时候，应当对保护之法益与损害之法益进行综合判断。通过上述内容，使社会相当性的判断标准具体化，从而避免社会相当性理论的模糊性与暧昧性。

应当指出，在正当化事由的根据问题上，还存在一元论与多元论之争。一元论试图将所有正当化事由统一于一定的根据，即正当化事由具有本质上的相同性，应在统一的原理下予以理解。尽管法益权衡说、目的说与社会相当性说在正当化根据的论证上各不相同，但在试图统一正当化根据的努力上是相同的，此谓一元论。多元论则认为各种正当化事由在性质上是有差别的，因而正当化根据应予个别明确，难以用一个原理加以概括。

上述一元论与多元论并非不能相容，一元论强调各种正当化事由的共性，而多元论则强调各种正当化事由的个性。其实正当化事由的共性与个性是可以统一的。因此，在揭示正当化事由的统一根据的基础上，仍然可以对各种正当化事由的特殊原理加以说明，从这个意义上讲，我们同意一元论的内容。因此，作为正当化事由的统一根据，必然要求具有相当的概括性。社会相当性具有这种概括性，可以成为正当化事由的统一根据。

## 三、正当化事由的分类

在一个法治社会里，正当化事由是基于法秩序的统一性而加以确立的。社会相当性作为正当化事由的一般根据，只是提供了一个基本原理。还要以社会相当性为指导，将各种正当化事由类型化。

---

① 陈兴良：《当代中国刑法新境域》，中国政法大学出版社 2002 年版，第 406 页。

根据法律对正当化事由是否有规定，可以把正当化事由分为法定的正当化事由和超法规的正当化事由：

1. 法定的正当化事由是指刑法有明文规定的正当化事由，正当防卫与紧急避险等涉及重大法益的正当化事由在各国刑法中通常有明文规定。

2. 超法规的正当化事由是指刑法无明文规定、从法秩序的精神引申出来的正当化事由。对于法定的正当化事由，由于其正当化根据在于法律的明文规定，因而易于理解。而超法规的正当化事由，既然法无明文规定何以能够成为正当化事由，需要从理论上加以解释。一般认为，超法规的正当化事由与法秩序的统一原则有关。在大陆法系刑法理论中，正当化事由是一种阻却违法的情形。而违法又有形式违法与实质违法之分。法定的正当化事由阻却的是形式违法，因为正当防卫与紧急避险行为，刑法明文规定为不负刑事责任，因而形式的违法性也不构成。而超法规的正当化事由，由于刑法上并无明文规定，因而阻却的是实质违法。

正当化事由的形式是多种多样的。如正当防卫；紧急避险；依照法律、法令的行为；执行命令的行为；执行职务、业务的行为等等。我国刑法只对容易与犯罪行为相混淆的正当防卫和紧急避险这两种行为作了专门的规定。

## 第二节 正当防卫

**【引 例】**

一名男青年在南京迈皋桥老街一水果店里摸走了钱盒里的100多元钱，被看摊的年过六旬的刘老太发现，她提起一把甘蔗刀一路高喊抓小偷，追出100米后，将男青年截住，要回了被偷的钱。本来事情差不多可以结束了，但不知道是钱被偷了很恼火，还是被自己勇追小偷的豪情感染，刘老太竟然用剁甘蔗的刀对男青年头上连砍三刀，顿时，男青年头部血流如注，继续逃命，但跑出几百米后，昏倒路边，被市民报警送往医院救治。

### 一、正当防卫的概念

根据我国《刑法》第20条第1款规定，正当防卫是为了使国家、公共利益、本人或者他人的人身、财产和其他权利，免受正在进行的不法侵害，对不法侵害人实施必要的防卫行为。

从上述概念可以看出，正当防卫具有两个鲜明的特点：一是在客观方面它是抵御或阻止不法侵害的行为，这种行为本身不具有社会危害性，是对国家、社会和人民有益的、正义的、合法的行为。二是在主观方面行为人不具有引起危害结果发生的故意或过失的心理态度。实施这种行为的动机是由于行为人面临着不法侵害所引起的，其目的是为了保护国家、社会和公民的利益。

我国刑法中的正当防卫，是主观上的防卫意图和客观上的防卫行为的统一。这说明正当防卫行为不仅本身没有社会危害性，不具备犯罪构成，而且是同违法犯罪行为作斗争的正义行为。这就是我国刑法规定的正当防卫行为不负刑事责任的根据。例如为了保卫本人或者他人的生命而与持刀行凶的杀人犯搏斗，在搏斗中杀死了杀人犯；为了抵抗抢劫犯的侵害而打伤抢劫犯等等。这些行为从形式上看，是造成了他人死亡或伤害，似乎与杀人和伤害的犯罪行为没有什么区别。但是，从实质上看，它们不仅不是危害社会的犯罪行为，恰恰是为了防止不法侵害的实现，为维护国家、社会和公民利益而采取的必要措施。因此，不但不应该被认为是犯罪，而且应当受到支持和鼓励。

我国刑法规定公民对正在进行的不法侵害有权采取正当防卫，以及正当防卫行为不负刑事责任，具有重大的现实意义：首先能够及时有效地保障合法权益免受不法侵害。正当防卫能帮助制止有意违法犯罪的人实现违法犯罪意图，使其不能得逞，避免违法犯罪结果的发生，从而能及时有效地保障国家和公民的利益，这正是我国刑法规定正当防卫的根本目的。其次有利于威慑违法犯罪分子，制止和预防犯罪。实行正当防卫，对有意违法犯罪的人有一种威慑力，可以使其惧怕法律，惧怕好人，不敢轻举妄动，从而起到制止和预防犯罪的作用。同时也有利于鼓舞和支持公民同违法犯罪行为作斗争。正当防卫的立法规定，为公民同正在进行的不法侵害行为作斗争提供了法律保障，这就可以使公民敢于更积极主动地同违法犯罪行为作斗争。

应当指出，正当防卫既是公民依法享有的一项权利，也是公民应尽的道义上的义务。对负有同违法犯罪行为作斗争的特定职责的人员更是一项法律义务。如果贪生怕死，致使国家利益、公共利益和公民的合法权益受到严重损害，情节严重构成犯罪的，就应当依法追究其刑事责任。例如人民警察在必须实行正当防卫行为时，应毫不犹豫地制止违法和犯罪行为，如果放弃职守，致使公共财产、国家和人民利益遭受严重损失的，应依法根据情况追究刑事责任或给予行政处分。

## 二、正当防卫的条件

正当防卫是法律赋予公民的一种权利，是公民同违法犯罪作斗争的重要手段，受到法律的支持和保护。正当防卫是以直接损害不法侵害人的权益，用以暴制暴的方式制止不法侵害，保护合法权益的。如果不正确依法实行，就会侵犯不法侵害人的合法权益，从而危害社会，转变为有害于社会的行为，应当负刑事责任。

根据《刑法》第 20 条的规定，实行正当防卫必须具备以下条件：

### (一)起因条件:客观上必须发生了不法侵害

所谓“不法侵害”是指侵害了法律所保护的国家利益、公共利益和公民的合法权益,危害社会的行为。如何理解正当防卫中的不法侵害?由于刑法对此未作明确的具体规定,理论上和实践中都存在着不同的认识。我们认为,正当防卫中的不法侵害行为,既包括犯罪行为,也包括性质较为严重、侵害程度和危险恶性较大的其他违法行为。因为,第一,违法侵害是内容相当广泛的概念,不仅形式各种各样,而且对合法利益的侵袭程度也千差万别。如果不加区别地一律运用正当防卫的方式,对其予以反击,这是不现实的,也不利于有些矛盾的解决。比如对某些轻微的、不会给合法权益造成严重损害的非法行为,就不宜提倡实行正当防卫,否则会造成利益的绝对失衡。第二,将不法侵害解释为仅是犯罪行为,对尚未达到犯罪程度的不法侵害不能实行正当防卫的观点,也是与法相悖的,不利于切实保护合法权益。因为,刑法只规定对不法侵害实行正当防卫,并没有限定不法侵害就是犯罪行为。有些不法侵害虽未达到犯罪的程度,但对合法权益的侵害比较严重,也应允许对其实行正当防卫。比如,一个人毁坏了他人财物,尽管其行为尚未达到故意毁坏财物罪的严重程度,但却使被侵害人的合法权益受到了比较严重的侵害,也可以对之实行正当防卫。否则,公民的财产权利就没有保障,这也不符合正当防卫的立法意图。第三,正当防卫是一种带有积极进攻性、暴力性的反侵害的行为,且是以给不法侵害者造成损害的方式进行的。因此应主要适用于那些采用暴力、具有积极进攻性、破坏性比较大的不法侵害行为,并非对所有的犯罪行为和一般违法侵害行为都能适用正当防卫。因为有些不法侵害行为,既不能形成防卫的紧迫感,亦不能用正当防卫的方式使合法权益免受这些不法侵害行为的侵害。基于上述理由,我们主张,对于不法侵害行为,既不能界定得过宽,也不能限定得过窄,应是那些性质严重、危害较大、侵害剧烈的犯罪行为和其他违法侵害行为。

在认定不法侵害时,应注意以下几个问题:(1)动物的自然侵袭,因谈不上不法与合法,该抵御的就要抵御,不发生正当防卫的问题。不法侵害是就人的行为而言,不包括动物的自然侵袭。但是,对于有人故意驱使动物去侵袭别人,则可以实行正当防卫,因为这时的动物实质上是行为人实行不法侵害的工具,防卫人可以将动物作为不法侵害的工具处置而不负故意毁坏他人财物的责任。如果该动物已经对受害人造成损失,根据案件具体情况,依法制裁动物唆使人。(2)对于精神病人或者无刑事责任能力的未成年人的侵害行为,应当与不法侵害加以区别。对于一般的不法侵害行为,任何人都有实行正当防卫的权利,即使能躲避,也可直接进行正当防卫。但是,对于精神病人或者无刑事责任能力的未成年人的侵害行为,当知道他是精神病人或者无刑事责任能力的未成年人时,原则上不允许实行正当防卫,可以实行紧急避险。如果不知道,而采取了伤害的办法来保护合法权益,应视为正当防卫。

不法侵害是成立正当防卫的前提条件，因此，正当防卫只能适用于不法侵害行为，不能对合法行为实行所谓的正当防卫。对于合法行为，不能实行正当防卫：(1)对于公民依法扭送正在实施犯罪的人犯，被扭送者或者第三人不得借口自己或者他人的权益受到侵害而实行正当防卫。(2)对于执法人员依法拘捕人犯和搜查、扣押、查封财产，强制执行等，人犯和被搜查、被扣押、被查封、被强制执行的当事人或者第三者，不得以人身或财产权益受到侵害，而实行正当防卫。(3)对于正当防卫和紧急避险，不得实行正当防卫。

所谓"客观发生"是指客观上确实发生了不法侵害，它以客观实际为标准，而不论防卫人的主观认识如何。如果实际上没有发生不法侵害，行为人认识上出现了错误，主观臆想发生了不法侵害进而实行所谓的防卫以至于危害他人的，这在刑法理论上叫做"假想防卫"。假想防卫之所以发生，一般是因为行为人有过这方面的教训，或者当时具有造成假想防卫的客观条件，行为人由假想而引起高度精神紧张或神经过敏而实施了所谓的正当防卫，因而造成行为人所不愿发生的危害结果。在假想防卫的情况下，一般可以阻却故意的罪过形式。对于假想防卫，应当依照对事实认识错误的原则处理。假想防卫由于不存在正当防卫的前提，所以不属于正当防卫范畴。假想防卫造成损害后果的，应当根据具体事实情况，或认定为过失犯罪，或认定为意外事件。

### (二)时机条件：不法侵害必须正在进行

根据《刑法》第20条的规定，实行正当防卫的时机，应当选择在不法侵害正在进行中。所谓"正在进行"是指不法侵害行为已经开始而且尚未结束，也就是说，不法侵害处于实行阶段，这是成立正当防卫的时间条件。在司法实践中，由于各种不法侵害表现形式不尽相同，侵害行为的开始和结束的时间也不能一概而论。应当从实际出发，深入研究合法权益所处的危险状态，正确界定"已经开始"和"尚未结束"。

1.不法侵害的开始

在刑法理论上，如何认定不法侵害已经开始，理论上争论较大。第一种观点是"着手说"。以侵害是否着手为标准，认为不法行为的开始就是行为的着手。正当防卫是在犯罪行为着手时进行的。第二种观点是"进入现场说"。认为只要不法侵害者进入现场，实行侵害的危险性就已经存在，被侵害者直接面临威胁，即为不法侵害的开始，防卫者可以实行防卫。第三种观点是"直接面临危险说"。认为不法侵害的开始应该指合法权益已经直接面临不法侵害的侵害危险。包括不法侵害已经着手和不法侵害迫在眉睫两种情况。第四种观点是"综合说"。认为一般以不法侵害着手实施为不法侵害的开始，但对于不法侵害的现实威胁已十分明显，不实行正当防卫就会立即发生危害结果时，也认为不法侵害已经开始。[①]

考虑到不法侵害在实践中的复杂性，综合说应当是可取的。在不法侵害尚未开始之前，不允许实行正当防卫。为了使合法权益免受不法侵害，可以向有关部门检举揭发，对其进行处理，防止不法侵害的发生。同时，还可以作好防范准备，以及时制止不法侵害行为。但是，不法侵害开始前的防范措施，必须以不危害公共安全和不违反治安管理法规为限。比如为了防盗，私设电网或者给食品上投毒等行为，都是法律所不允许的，因为这类行为既不能有效制止盗窃犯罪的发生，又给公共安全造成很大的威胁，会使不特定多数人的生命安全和财产遭受损害。

"已经开始"是指不法侵害人已经着手直接实行侵害行为，使法律所保护的权益处于其直接威胁下。就犯罪行为而言，即已经着手实行我国刑法分则所规定的实行行为。例如杀人犯正在举刀要杀人，就是不法侵害已经开始，应当实行正当防卫。就其他违法行为而言，也可以比照上述原则加以认定。在某些情况下，对于某些不法侵害行为，虽然尚未完全开始，但它对于法律所保护的权益的严重威胁已处于相当逼近的时刻，如果等待完全开始才进行防卫，为时已晚。这就是一般所指合法权益面临直接威胁的情况下，也可以允许正当防卫。例如防卫人发现杀人犯身藏手枪，在杀人犯刚伸手要从身上掏枪的时候，就进行防卫，这也属正当防卫。确定是否已经着手实行，应当从主观和客观的统一出发，根据各种违法犯罪行为各自不同的表现形式，按照刑法分则和有关法律的规定，具体案件具体分析。

2. 不法侵害的结束

与不法侵害的开始一样，在理论上如何判断不法侵害行为的结束，也观点各异。有以侵害行为实施完毕后，行为已经结束，侵害即属过去的"行为完毕说"，有以行为人离开现场为标志的"离开现场说"，有以不法侵害状态是否排除为标准的"排除危险说"，还有以不法侵害被制止的时间为标准的"危害制止说"等等。[②] 通说认为，不法侵害的结束是指这样两个时刻：不法侵害行为已经停止或不法侵害造成的结果已经出现，即使实施正当防卫行为，也不能阻止危害结果的发生或即时即地挽回损失；即使不实行正当防卫，也不会发生危害结果或危害结果不致进一步扩大。这一时刻即为不法侵害结束的时刻。它包括：第一，侵害人行为已经实施完毕，危害结果已经发生，无法挽回。第二，由于不法侵害者的自动中止，而使不法侵害中途归于消失。第三，不法侵害人被防卫人所制服，失去了继续进行侵害的能力。第四，由于不法侵害人意志以外的其他原因，使其不法侵害不能继续进行。[③]

"尚未结束"是指不法侵害形成的危险状态并未消失，威胁并未解除。它包括不法侵害并未实行终了、不法侵害行为并未自动中止和不法侵害并未被迫停止三

① 田宏杰：《刑法中的正当化行为》，中国检察出版社 2004 年版，第 227～228 页。

② 田宏杰：《刑法中的正当化行为》，中国检察出版社 2004 年版，第 230～232 页。

③ 马克昌：《犯罪通论》，武汉大学出版社 1991 年版，第 704～705 页。

种情况。在这些情况下，应当允许实行正当防卫。

总而言之，尚未开始和已经结束的不法侵害，由于其不存在实际侵害的现实威胁，就不能视为正在进行中。对尚未开始或已经结束不法侵害的侵害人实施所谓的防卫，就失去了正当防卫的时机条件。对于尚未开始的侵害和已经结束的侵害行为，不得实行正当防卫，如果实行了所谓的防卫，在刑法理论上叫作“防卫不适时”。因为，正当防卫的目的是为了抵制和阻止正在进行的不法侵害，侵害尚未开始或者已经结束，说明不存在侵害威胁，自然无防卫可言。防卫不适时，不属正当防卫，应根据其不同的实际情况，分别论处。

防卫不适时有以下两种情况：

1. 事前防卫。它是指对只流露出侵害意图或者对为以后实施侵害准备工具、创造条件、尚未开始直接实施侵害行为的人预先进行防卫的行为。例如王某扬言要报复于某并为此买了一把尖刀，于某得知后，趁王某不备把其杀死。王某只实施了为日后侵害准备工具的预备行为，还没有对合法权益造成直接威胁。对于某而言，没有实际发生正在进行的不法侵害，这种事前防卫就失去了合法性。事先防卫不属于正当防卫，构成犯罪的应当以故意犯罪追究刑事责任。

2. 事后防卫。事后防卫是指对不法侵害行为已经结束、合法权益受到的威胁已经消除的不法侵害人进行的所谓的防卫行为。例如甲为报仇把乙砍成轻伤害，劝架的人已把二人分开并控制住了甲，乙发现自己血流不止，想到有人劝架自己不至于吃亏，便掏出水果刀冲过去把甲也刺成了轻伤害。乙用刀刺甲时，甲的不法侵害已经结束，乙的人身权利受到的威胁也已经消除，此时乙又刺伤甲就属于出于报复的事后防卫。事后防卫不属于正当防卫。事后防卫构成犯罪的，应当以故意犯罪追究行为人刑事责任。在司法实践中，根据有关规定，遇有下列情形之一时，应当停止防卫行为：第一，不法行为已经结束；第二，不法侵害行为确已自动中止；第三，不法侵害人已经被制服，或者已经丧失侵害能力。[①] 事后防卫可能出于报复侵害，也可能出于防卫人对事实发生了错误认识，将不法侵害已经过去误认为依然存在，而对其实行防卫。对于认识错误的事后防卫，应视其实际情况分别处理。如果防卫人主观上存在过失的，以过失犯罪论。不存在过失的，是意外事件，不负刑事责任。

引例中，刘老太持刀追截小偷的行为是正当的。本案的关键在于，刘老太在截住小偷，要回被偷钱款后仍然挥刀向小偷的脑袋砍去，并且接连砍了三刀是否仍属正当防卫范畴。依照刑法规定，正当防卫必须是针对正在进行的不法侵害，而刘老太的行为是在小偷已被截住，所得赃款已经退还，不法侵害行为已经结束的情况下发生的。刘老太的行为属于事后防卫，应当承担相应的责任。

---

① 最高人民法院、最高人民检察院、公安部、国家安全部、司法部 1983 年 8 月 10 日《关于人民警察执行职务中实行正当防卫的具体规定》第 3 条。

### (三)主观条件:防卫行为必须是为了制止不法侵害,保护合法权益而实施

防卫目的的正义性,是成立正当防卫的首要条件,也是正当防卫不负刑事责任的重要根据。可见,防卫人主观上的防卫意图,对于正当防卫的成立具有十分重要的意义。保护国家利益、公共利益和公民的合法权益免受不法侵害,是正当防卫的立法宗旨和根本目的。这样的主观目的,决定了正当防卫的正义性和合法性,是正当防卫成立的重要条件,也是正当防卫不负刑事责任的主要原因。在正当防卫的主观条件中,防卫动机是基于合法权益受到或即将受到不法侵害而引发的,防卫目的是希望自己的防卫行为对不法侵害人造成一定的损害而使之丧失侵害能力,停止侵害。

在司法实践中,某些行为,从形式上看似乎符合正当防卫的客观条件,但行为人主观上不具备防卫意图,因此,其行为不得视为正当防卫。下列三种情况,因为不符合正当防卫的主观条件而不属于正当防卫:

1.保护非法利益而实行的防卫。行为人并不是为了法律所保护的合法权益免受侵害,而是为了实现自己非法图利的目的,因而不具有正义性,不视为正当防卫。例如盗窃犯为了保护所窃得的财物而将抢劫其赃物的罪犯打伤或者打死;赌博犯为了保护赌资而将另一行抢的赌徒打伤或者打死;走私犯为了保护走私的赃货而将盗窃其赃货的小偷打伤或者打死等等,都不能视为正当防卫,构成犯罪的,应当追究其刑事责任。

2.挑拨防卫。挑拨防卫又叫防卫挑拨,是指行为人故意激起他人的不法侵害意图,在对方实施侵害行为时,借实行正当防卫之名,蓄意加害对方的行为。它是行为人为了达到某种目的,故意挑逗对方进行不法侵害,尔后借口防卫加害对方的行为。在挑拨防卫中,挑拨者实施的所谓防卫行为,形式上好像符合正当防卫的客观条件,但由于对方的不法侵害是由挑拨者通过挑逗故意诱发的,挑拨者主观上不具有正当防卫意图,客观上实施了不法侵害行为。因此,挑拨防卫具有社会危害性,而且是有预谋的不法侵害,如果构成犯罪,应当追究其刑事责任。

3.斗殴防卫。斗殴防卫是指双方都有侵害对方的意图而互相侵害,貌似正当防卫的行为。例如聚众斗殴或者结伙斗殴的双方互伤对方的行为,因为双方都有加害对方的故意,不符合正当防卫制止不法侵害的主观目的,不能认定为正当防卫。互相斗殴双方都有非法侵犯对方的意图而发生的互相侵害的行为,斗殴的双方主观上都不具有正当防卫的意图,双方都属于不法侵害行为,构成犯罪的,应当追究刑事责任。

### (四)对象条件:防卫行为只能针对不法侵害人本人实施

正当防卫的目的是制止不法侵害,保护合法权益。因此,防卫行为所造成的损

害只能加给不法侵害者本人，而不能加给第三者，否则就收不到制止不法侵害的效果，达不到保护合法权益的目的，也就不能成立正当防卫。正当防卫是由于不法侵害人侵害合法权益而引起的，所以只有对不法侵害者本人进行防卫反击并使其受到一定的损害，才能实现制止不法侵害、保护合法权益的目的。正因为正当防卫往往会给防卫对象造成一定的损害后果，才不能对没有实施不法侵害行为的无辜第三人实行防卫，这也是正当防卫的正义性所要求的。因此不法侵害人既是正当防卫防卫行为的承受者，又是正当防卫防卫结果的承担者。在特殊情况下，例如不法侵害人驱使本人所有的动物侵害合法权益，防卫人打死动物的反击行为，尽管只损害了不法侵害人的财产权，也应当认为防卫反击是对不法侵害人所实施的。

如果对第三人造成损害，又不具备紧急避险的条件，则应根据其有无犯罪的故意或者过失来确定应否负刑事责任。对于以共同犯罪的形式实施的不法侵害，对其中任何一个共同犯罪人进行防卫反击，都应当认为符合正当防卫的对象条件。

应当指出，正当防卫所针对的不法侵害人仅局限于自然人，对犯罪的单位，不得实行正当防卫。

### （五）限度条件：不能明显超过必要限度，造成重大损害

正当防卫是法律赋予公民的一项权利，它是以防卫反击即以暴制暴的方式，对不法侵害人造成一定程度的损害，实现保护合法权益的目的。正当防卫是为了制止不法侵害的合法行为，因此，防卫行为也应当在一定的合法界限内实行。如果明显超过为制止不法侵害所必要的限度并且造成了重大损害，那也自然背离防卫目的，这种行为的性质就已经不再是合法的正当防卫，而变成具有社会危害性的行为了。

在司法实践中，由于各种不法侵害行为的社会危害性不同，对之进行制止所允许的手段、强度和造成的损害也不相同。依据不法侵害行为的性质和危害程度，刑法对正当防卫的限度条件作了如下两种限制：

1. 根据《刑法》第 20 条第 2 款的规定，对一般不法侵害行为进行防卫，不能明显超过必要限度，造成重大损害。

如何正确理解和掌握正当防卫的限度条件？由于原刑法对此规定得过于笼统而意见颇为分歧。有“相适应说”、“基本相适应说”、“必需说”和“有效制止说”等。[①] 多数人主张“有效制止说”，即认为正当防卫的必要限度应是有效制止正在进行的不法侵害所必需的限度。具体内容是：第一，防卫人的防卫行为足以有效制止正在进行的不法侵害行为，而且防卫行为的强度同不法侵害行为的强度基本上相适应。第二，防卫人的防卫行为给不法侵害者所造成的损害是为有效制止不法侵害行为所必需的，而且这一损害结果同不法侵害行为可能造成或者正在造成的

① 以上观点详尽内容见孙国祥：《刑法学》，科学出版社 2005 年版，第 122 页。

危害结果基本上相适应。不可否认，该说对正当防卫必要限度的界定，对认定正当防卫是否超过必要限度造成不应有的损害，起了很大的积极作用。但是，它对正当防卫必要限度的界定仍是一个较为模糊的标准，不可避免地存在着随意性和难以操作的缺陷。现在，刑法对此作了明确规定："正当防卫明显超过必要限度造成重大损害的，应当负刑事责任。"这一规定说明，在界定防卫是否过当时，应当将防卫行为是否明显超过制止不法侵害行为所必要的限度和造成不必要的重大损害结合起来考察。因为对不法侵害人造成重大损害不一定就明显超过必要限度，反之明显超过必要限度也不一定就对不法侵害人造成重大损害。应提及的是，法律允许防卫行为超过制止不法侵害行为的必要限度，只是不得明显超过，法律也允许对不法侵害人造成损害，但不能造成不必要的重大损害。只有防卫行为明显超过制止不法侵害行为的必要限度并给不法侵害人造成不必要的重大损害，才能认为是防卫过当。

所谓"明显超过必要限度"，是指客观事实已清楚地表明防卫行为显著地越过制止不法侵害行为所需要的界限范围。例如，为保护较微小的合法权益，采取过大损害的防卫行为；制止强度较轻的不法侵害行为，采取过重强度的防卫行为；对于较缓和的不法侵害行为，采取激烈的防卫行为等等。这里所说的造成重大损害，我们认为它不是一个绝对的、独立的量概念，而是相对的量比较。即指防卫行为对不法侵害人造成损害较为悬殊的大于制止不法侵害行为应造成的损害和不法侵害行为将造成或者正在造成的损害。概言之，要正确地界定防卫行为是否过当，要对不同的案件作具体分析。根据不法侵害行为所侵害的权益性质，不法侵害的强度，不法侵害的缓急，以及防卫人的防卫能力和客观条件等情况，进行综合分析认定。在对防卫限度问题上，我国刑法理论的通说认为，防卫行为只要为制止不法侵害所必需，防卫行为的性质、手段、强度及造成的损害又不是明显超过不法侵害的性质、手段、强度或造成的损害明显超过不法侵害，但实际造成的损害并不算重大的，均属于正当防卫的范围，而不能认为防卫过当。① 只要防卫人的防卫行为没有明确显著越过制止不法侵害行为所需的界限造成过于悬殊的不必要损害，都属于正当防卫。只有防卫人的防卫行为明确显著地越过制止不法侵害行为所需的界限，造成较为悬殊的不必要损害，才属于防卫过当。

一般来说，这个限度所包括的内容有三种情况：第一，保护较微小的合法权益，不允许防卫行为造成重大的损害。对于没有直接危及人身的不法侵害，一般不宜采用重伤甚至杀害的手段去防卫。第二，制止强度较轻的不法侵害，一般不允许防卫行为采取过重的强度。有时，如果非较重的强度不足以制止不法侵害，则可采取较重的防卫强度。第三，采取较缓和的防卫手段足以制止不法侵害的，一般就不允许采取激烈的防卫手段。有时，如果非激烈的防卫手段不足以制止不法侵害，则可

① 高铭暄、马克昌：《刑法学》，北京大学出版社、高等教育出版社 2000 年版，第 136 页。

以采取激烈的防卫手段。

正当防卫必要限度的基本原则，是指考察必要限度的出发点。正当防卫的必要限度是足以有效地制止不法侵害所必需的限度，因此，在考察必要限度的时候，应当坚持以下几点：(1)从有利于鼓励和支持公民同不法侵害行为作斗争出发，不能约束或限制公民同不法侵害作斗争的手脚。(2)从主客观相统一出发，既应以防卫行为在客观上是否为制止不法侵害所必需为标准，又不能完全不考虑防卫人在紧迫情况下的主观心理状态。因为不法侵害往往是突然袭击，防卫人在一瞬间很难准确地判断侵害行为的性质和危害程度等，更难恰如其分地选择适当的手段和强度。所以，对正当防卫的限度不宜过于苛求。有学者进一步指出，在判断防卫是否过当的问题上，应充分考虑实施正当防卫的客观环境。因为不法侵害都具有紧迫性，防卫人面临正在进行的不法侵害时，往往没有充足的时间去准确认识不法侵害的方式、程度、强度和可能造成的损害结果的大小等，特别是在较为弱小的被害人本人突然面临不法侵害，被害人在猝不及防的情况下实施防卫行为时，更是如此。[①] 同时充分考虑到刑法确定正当防卫制度的目的和 1997 年刑法对正当防卫修改的立法本意，以确定防卫是否符合限度条件，做到既鼓励公民实施正当防卫，又对防卫人加以必要的约束。(3)从实际出发，对案件的时间、地点、环境和双方的体力与智力状况，以及手段、强度、后果等因素，进行全面的、实事求是的具体分析。

对于正当防卫是否超过必要限度，应该在上述基本原则的指导下，主要从以下几方面进行考察：第一，从正当防卫保护的权益的性质考察正当防卫的必要限度。正当防卫保护的权益的性质，决定着不法侵害的性质，在一定程度上也决定着不法侵害的强度和缓急。为防卫重大的权益而将不法侵害人杀死，可以认为是制止不法侵害所必需，因此没有超过必要限度。如果为了保护轻微的权益，即使非此不能保护，造成了不法侵害人重大伤亡，由于其所保护的权益性质决定了不是为制止不法侵害所必需，因此应认为是超过了必要限度。例如对盗窃、抢夺个人少量钱财的不法侵害人造成重伤、死亡的。第二，从不法侵害的强度考察正当防卫的必要限度。不法侵害的强度是对客体造成的损害以及造成损害的手段、工具的性质等因素的综合指数。在防卫强度等于不法侵害强度的情况下，一般来说不存在超过必要限度的问题。在防卫强度大于侵害强度的情况下，要根据具体案件具体认定。如果大于侵害强度的防卫强度是为制止不法侵害所必需，就没有超过必要限度。例如身单力薄的某甲，在遭到身高力大的某乙徒手侵犯时，某甲弱不敌强，顺手抓起木棒向某乙腿部猛击一棒，某乙当即被打倒在地，某甲逃跑，某甲的行为就并未超过必要限度。如果超过侵害强度的防卫强度不是制止不法侵害所必需，那就超过了必要限度。第三，从不法侵害的缓急考察正当防卫的必要限度。所谓不法侵害的缓急，是指不法侵害的紧迫性，它形成对公共利益、本人或者他人的人身和其

---

① 王政勋：《正当行为论》，法律出版社 2000 年版，第 185 页。

他权利侵害的危险程度。不法侵害的缓急不同，不能不影响到正当防卫的必要限度。上述三方面是互相联系，互相渗透，融为一体的。只有把它们结合起来全面分析，才能得出正当防卫是否超过必要限度的正确结论。

所谓"造成重大损害"，一般是指在给不法侵害人造成较小损害就可以制止不法侵害的情况下，却给不法侵害人造成重伤、死亡等严重危害后果的情形。在个别情况下，防卫人为了保护微小的利益，以制止不法侵害所必要为借口，给不法侵害人造成重大损害后果的也在此列。

应当指出，刑法对正当防卫的限度条件所作的"不能明显超过必要限度，造成重大损害"的规定，是一个统一的、不可分割的整体。如果明显超过必要限度并未造成重大损害或者虽然造成了重大损害却并没有明显超过必要限度，都属于符合正当防卫的限度条件。

总之，在司法实践中，界定某一防卫行为是否明显超过必要限度造成重大损害，要从既有利于保护公民实行正当防卫的积极性，又要维护法律尊严、保证正当防卫依法实施为出发点，结合案件发生的时间、地点、环境和防卫人当时的主观心理态度，综合考察不法侵害的强度、紧迫性和所保护的权益性质，全面分析制止不法侵害的客观需要，对防卫行为是否达到了"明显"和"重大"的界线，作出准确的认定。

2. 我国《刑法》第 20 条第 3 款规定："对正在进行行凶、杀人、抢劫、强奸、绑架以及其他严重危及人身安全的暴力犯罪，采取防卫行为，造成不法侵害人伤亡的，不属于防卫过当，不负刑事责任。"这便是我国刑法中的特殊防卫的规定。

所谓特殊防卫，又称特别防卫、无限度防卫、无过当防卫等，是指防卫人在某些特殊情况下，针对某些侵害人身安全的暴力侵害而实施的没有防卫限度限制的反击。这一规定既是对正确界定正当防卫的具体阐明，又是对特殊条件下、对特定不法侵害行为所作的实行特别防卫行为的规定。即法律明确指出，对那些正在进行的严重危及人身安全的暴力犯罪，任何公民都有实行无限防卫的权利，无论对不法侵害人造成何种严重的损害，都不存在防卫过当的问题，从而充分调动和鼓励人民群众同违法犯罪作斗争的积极性，确保国家、公共利益、本人或者他人的人身、财产和其他权利免受正在进行的不法侵害，切实维护社会治安秩序。

特定不法侵害是指严重危及人身安全的暴力犯罪。具体包括杀人、抢劫、强奸、绑架等。如果不法侵害人在放任的心理的支配下，实施危及人身安全的行凶行为，因为正当防卫避免了不法侵害后果的发生而使该行凶行为往往缺少某种犯罪的构成要件，但其严重的社会危害性和社会危险性是显而易见的，所以也包括在特定不法侵害之内。

与普通的正当防卫相比，特殊防卫有以下特征：第一，保护法益的局限性。即特殊防卫保护的对象只限于人身安全，不包括财产权及其他权利。第二，防卫对象的法定性。即特殊防卫对象仅限于《刑法》第 20 条第 3 款规定的对"正在进行行凶、杀人、抢劫、强奸、绑架以及其他严重危及人身安全的暴力犯罪”。对一般的违法行为和其他犯罪行为不能适用特殊防卫。第三，防卫行为的权利性。即这种权利是法律赋予公民保护自己和他人人身安全的权利。第四，防卫行为的无限性。即行为人采取的防卫行为，法律上并无限制，并不要求与侵害行为相适应。第五，行为后果的免责性。即无限防卫的行为人不对其行为的后果承担法律责任，即使造成不法侵害人伤亡，也不负刑事责任。[①] 由于特殊防卫属于正当防卫，所以正当防卫成立的条件，比如防卫意图、时间条件、对象条件等，特殊防卫也必须具备。但在认定时，应该充分注意其特殊性。

(1)对“行凶”的理解。有学者认为，行凶是指故意实施的危及他人生命、健康的暴力犯罪行为。它作为犯罪手段，可以包括多种危及人身安全的暴力犯罪，如故意杀人、故意伤害、聚众斗殴等暴力犯罪行为；同时这些犯罪手段也触犯了相应的不同暴力犯罪罪名。[②] 应该说，从字义上对行凶作这样解释是可行的。但在刑法条文中，使用行凶一词恐非妥当。首先，严格说来，行凶并不是一个法律术语，更不是一个独立的罪名，将其与杀人、抢劫、强奸、绑架并列，不符合逻辑要求。其次，行凶在这里究竟指的是何种行为，并不明确。最后，刑法已经规定了对“其他严重危及人身安全的暴力犯罪”可以实行特殊防卫，行凶完全可以包括在其他严重危及人身安全的暴力犯罪中，没有必要单独规定，故行凶二字未免多余。

(2)对“杀人、抢劫、强奸、绑架”的理解。这四者究竟是四个罪名，还是指的四种形式的犯罪行为？我们认为，这四者应当是指罪行，既包括这四种罪名，同时也包括以这四种手段实施的触犯其他罪名的犯罪行为。比如《刑法》第 240 条第 5 项“以出卖为目的，使用暴力、胁迫或者麻醉的方法绑架妇女、儿童”的行为，在认定罪名上，应当定拐卖妇女、儿童罪。但从犯罪的手段看，这是以绑架手段实施的犯罪，应当符合这里“杀人、抢劫、强奸、绑架”中的绑架，应当可以对此实施特殊防卫。又比如，这里的“抢劫”不仅指的是侵犯财产罪中抢劫罪的抢劫，也应当包括抢劫枪支、弹药、爆炸物罪中的抢劫。

(3)对“其他严重危及人身安全的暴力犯罪”的理解。理论上认为应当从两个方面来确定其他严重危及人身安全的暴力犯罪。一是从暴力犯罪的范围看，现行刑法分则规定中，以暴力手段实施的犯罪范围十分广泛。具体有两种：一种是明示的方式，将暴力手段规定为构成要件的犯罪，例如《刑法》第 123 条规定的暴力危及飞行安全罪。另一种是以隐含的形式规定的以暴力手段作为构成要件的犯罪，例如《刑法》第 240 条规定的拐卖妇女、儿童罪等。二是从暴力范围的程度看，尽管现

---

① 高洪滨：《论无限防卫》，载《刑法问题与争鸣》(第 2 辑)，方正出版社 2000 年版，第 327 页。

② 王作富、阮方民：《关于新刑法中的特别防卫权规定的研究》，载《中国法学》1998 年第 5 期。

行刑法分则中暴力犯罪的范围十分广泛，但并非所有的暴力犯罪都是特殊防卫适用的对象。对于暴力犯罪的程度，可以从以下三个方面来确定：首先，从具体罪名上确定暴力程度。有些犯罪，只要从罪名上即可确定其暴力犯罪达到了严重危及人身安全的程度，因而对于这些犯罪，应当允许进行正当防卫。例如刑法第 121 条规定的劫持航空器罪。其次，根据具体案件中是否存在严重危及人身安全的威胁来确定暴力犯罪的程度。有些犯罪，其暴力程度可能相对比较悬殊，轻的可能致人轻微伤或轻伤，重的则可能致人重伤或者死亡，对于这些犯罪的暴力程度，应当根据具体案件具体分析，从而确定是否可以实施特殊防卫。最后，从法定刑幅度上看。在刑法中，虽然有些犯罪是以暴力为手段的，但这些暴力犯罪都属于较轻的暴力犯罪，在任何时候都不能对其进行特殊防卫，比如侮辱罪等。

综上所述，实行正当防卫必须同时符合以上五个条件。对特定不法侵害实行正当防卫时，除了必须符合正当防卫的起因、时机、主观目的、对象四个条件之外，还必须符合限度条件对特定不法侵害范围的限制，以防止这项防卫权被滥用。

## 三、防卫过当及其刑事责任

### (一)防卫过当的概念

根据《刑法》第 20 条第 2 款的规定，防卫过当是指明显超过制止不法侵害的必要限度，给侵害人造成重大损害，具有一定社会危害性的防卫行为。防卫过当以同时具备“明显超过必要限度”和“造成重大损害”为构成条件。明显超过必要限度造成重大损害是不可分割的统一整体，是成立防卫过当不可缺少的条件。

防卫过当通常表现为防卫人使用的防卫强度以及造成的损害结果明显超过了侵害人的侵害强度以及可能造成的损害结果。比如本来用较缓和的手段就能够制止住不法侵害而采用了激烈的、较重的手段；伤害侵害者就足以制止住不法侵害而将侵害者杀死；保护较小的权益而给侵害者造成严重危害结果等等，都属于明显超过必要限度。由此可见在防卫的手段、强度小于或者相当于不法侵害的手段、强度时，不存在防卫过当的情况。只有防卫的手段、强度明显超过了制止不法侵害所必需的程度，同时又给侵害人造成了重大的损害后果才能认定为防卫过当。

防卫过当是以正当防卫为前提的，它与正当防卫既有联系又有区别。二者的联系在于：在行为的初起状态，防卫过当与正当防卫一样，都是一种合法的反击行为。防卫过当的前提也是进行了合法防卫。二者的区别在于：正当防卫没有明显超过必要限度，造成重大损害，不具有社会危害性。而防卫过当明显超过必要限度且造成了重大损害并具有了社会危害性。

### (二)防卫过当刑事责任

《刑法》第 20 条第 2 款规定：防卫过当的，应当减轻或者免除处罚。这一规定表明，防卫过当已经构成犯罪，对于这种犯罪应当减轻或者免除处罚。可见，防卫过当是一种特殊形式的犯罪，不能与一般犯罪同等看待。

防卫过当之所以应负刑事责任，是由于它已具备了犯罪的特征和构成条件。从主观方面看，防卫过当人具有犯罪的过失或故意(间接故意)，即具有罪过。一般来说防卫人对防卫过当的危害后果的发生，主观上应当预见而没有预见或者已经预见但轻信能够避免，有时还可能持放任发生的心理状态。也就是说，防卫人主观具有罪过，这就具备了负刑事责任的主观基础。从客观方面看，防卫过当明显超过了正当防卫的必要限度造成重大损害，具有相当严重的社会危害性。防卫过当是由不法侵害行为侵犯合法权益而引起的，但是由于它明显超过了法律所允许的限度，并且给不法侵害人造成了重大损害，因而也就具有了社会危害性，这就具备了负刑事责任的客观基础。因此刑法规定防卫过当的，应当负刑事责任。

关于防卫人在防卫过当情况下的罪过形式问题，存在着四种不同意见：一是故意说。认为防卫过当都是故意犯罪，因为防卫人是故意造成损害的。二是过失说。认为防卫过当都是过失犯罪，因为防卫人都是出于正当防卫的意图，并没有危害社会的故意。三是故意与过失并存说。认为防卫过当既有故意犯罪，又有过失犯罪，要根据案件的个体情况分别而定。四是间接故意与过失并存说。认为防卫过当一般是过失犯罪，但也可能有间接故意犯罪，而不可能有直接故意。

我们认为，防卫过当的罪过形式，在大多数情况下是疏忽大意的过失。就是防卫人在实行正当防卫的过程中，应当预见自己的防卫行为可能明显超过必要限度造成重大损害，因为疏忽大意而没有预见，以致发生了重大损害结果。这是因为在通常情况下，防卫人处于与不法侵害人紧张对峙、激烈搏斗之际，由于对采取什么防卫方式，造成多大损害才能制止住不法侵害，难以迅速作出判断，往往也不是由防卫人任意选择的。所以，由此而产生主观方面的疏忽大意，导致不应有的危害结果发生。在少数情况下，防卫过当的罪过形式，也可能是过于自信的过失，就是在正当防卫过程中，防卫人已经预见到自己防卫行为可能明显超过必要限度造成重大损害，因为轻信能够避免而导致不应有的危害结果发生。此外，在个别情况下，防卫人在实行正当防卫的过程中，明知自己的防卫行为会明显超过必要限度造成重大损害，而放任不应有的危害结果发生。这种情况的防卫过当所造成不应有的危害，就不是过失所致，而是间接故意实施的，因此属于故意犯罪行为。

应当注意的是，在防卫过当的场合，防卫人的行为仍然属于防卫的范畴，其主观上出于正当防卫的意图，对正在进行的不法侵害实行防卫反击，只是防卫行为明显超过必要限度造成重大损害。因此，虽然防卫行为是故意实施的，但防卫人并没有危害社会的犯罪目的。防卫人对自己防卫过当所造成的重大损害结果通常并非故意，而是由于他在同不法侵害紧张搏斗时的疏忽或者判断失误才铸成的。因此一般地说，把防卫过当定为过失犯罪是适当的。不过，也不能排除在少数情况下，防卫人明知自己的防卫行为可能明显超过必要限度造成重大损害，而在防卫中却抱着放任这种结果发生的态度。如果这种损害结果真的发生了，就应当按间接故意犯罪处理。此外，由于直接故意犯罪是具有犯罪目的的，而防卫过当的防卫性决定了防卫人只能有正当防卫的目的，二者不可能共处于实施一个行为的同一个人的头脑之中。同时，决不能把防卫人为制止不法侵害而有目的地对侵害者故意实行防卫，同刑法上的故意目的相混淆，这是两个不同的概念。因为故意进行防卫的心理状态中，并不包含防卫人对自己行为的社会危害性及刑事违法性的认识，因而其希望自己的行为造成不法侵害人一定损害结果的心理态度，也就不具有主观恶性。所以防卫过当不可能构成直接故意犯罪。此外，对于防卫行为在客观上虽然造成了不应有的重大损害，但客观事实已证明不是出于防卫人的故意或者过失，而是由于不能抗拒或者不能预见的原因引起的，则应按意外事件处理。

"防卫过当"不是刑法分则中的具体罪名，它只是一种特殊的犯罪形式。在司法实践中，因防卫过当而构成犯罪的，应当结合防卫过当的实际情况，依据刑法分则的具体规定，确定恰当的具体罪名。对于防卫过当应当定什么罪名，我国刑法没有具体规定。实践中只能根据防卫过当的具体案件中防卫人过当的犯罪事实，在认定防卫过当的罪过形式的基础上，依照刑法分则有关条款，正确地对防卫过当分别定为"过失重伤"，"过失致人死亡"或者"故意伤害"（包括致人重伤、死亡）、"故意杀人"等罪名。处理防卫过当的案件，在援引我国刑法分则的有关条款定罪时，同时都必须援引我国《刑法》第 20 条第 2 款的规定，以表明防卫过当的性质，并作为对其减轻或者免除处罚的法律依据。

防卫过当之所以应当减轻或者免除处罚，是因为从主观上看，防卫人是出于合法防卫的目的，虽然对于过当行为所造成的不应有的危害具有罪过，但和一般犯罪相比，其主观恶性要小得多。从客观上看，由于防卫过当存在合法防卫的前提，所以，在其全部损害结果中，实际上有一部分是应有的损害，防卫过当只对其不应有的重大损害结果部分承担刑事责任，其社会危害性比一般犯罪要小得多。

在运用刑法对防卫过当量刑时，应当酌情考虑以下情节：第一是过当程度。即当时造成不应有的危害结果的轻重大小。一般说，过当程度大，则罪行重，处罚亦重；过当程度小则罪轻，处罚亦轻。第二是防卫起因。为保护国家、集体、他人的权益见义勇为而过当的，与因琐事争吵一方侵害导致另一方防卫过当的，在量刑轻重上应有所区别。即对前者处罚应更轻。第三是权益性质。为保护公共利益或他人权益同保护个人权益有所不同；保护重大权益和较小权益应有所区别。为保护公共利益、他人权益而防卫过当的处罚应更轻，保护重大权益而防卫过当的处罚也应更轻。

## 第三节　紧急避险

【引　例】

1990 年 5 月 5 日，某市公交车司机孙劲驾驶公共汽车在正常拐弯时，突然发现前面不远处李彬驾驶一辆出租车违章迎面驶来，眼看一场惨重的车祸就要发生，孙劲见状眼疾手快，急忙转动方向盘，往右一拐，驶入人行道，车祸是避免了，却把在人行道上行走的王海撞伤。王海经过医院治疗，花去医疗费 3 万元。

### 一、紧急避险的概念

根据《刑法》第 21 条第 1 款的规定，紧急避险是为了使国家、公共利益、本人或者他人的人身、财产和其他权利，免受正在发生的危险，不得已采取的损害另一较小的合法权益保全较大的合法权益的行为。

从上述概念可以看出，紧急避险是在两种合法利益不能同时保全的紧急而又不得已的情况下，实施的保全更大合法利益的行为。其特点是：客观上，这种行为是在面临紧急危险而又不得已的情况下实施的，它虽然给国家和人民利益造成了一定的损害，但却保护了国家和人民某种更大的利益；主观上，行为人是为了保全更大合法利益而使另一合法权益可能遭受的损失减少到最低限度，没有犯罪心理。因此，从总体上看，它不仅不具有社会危害性，而且是一种有益于社会的行为。这也正是我国刑法规定的紧急避险不负刑事责任的主客观根据。

引例中，司机孙劲为了违章一方李彬以及本车驾乘人员的生命安全，采取紧急转向手段，将车拐入人行道，虽然造成了无过错第三人王海受伤，但却避免了更大的生命财产损失，符合紧急避险的基本精神。

刑法以授权性的法律规范的形式规定紧急避险，有利于公民发扬识大体、顾大局的集体主义精神，树立一方有难八方支援的道德风尚，鼓励公民在合法权益遇到危险的情况下，正确处理整体利益和局部利益的关系，把合法权益所遭受的损失减少到最低限度。紧急避险既是公民的一项合法权利，又是公民在道义上应尽的一项义务。法律规定紧急避险，其意义就在于鼓励和支持公民在法律所保护的权益遇到危险的情况下，要牺牲局部的、较小的合法利益来保护整体的、较大的合法利益，从而使合法权益可能遭受到的损失减少到最低限度。这对于增进群众之间的团结友爱，培养集体主义精神，发扬共产主义道德风尚，都有着积极的作用，对于保护公共利益和其他合法利益，更具有重要的意义。

## 二、紧急避险的条件

紧急避险虽然是有益于社会的行为，但毕竟使局部利益受到损害，所以必须在一定的法定条件下实行。紧急避险是采用损害一种合法利益的方法来保全另一种遭到危险的合法利益的行为。因此，它必须符合一定的法定条件，才能排除其社会危害性，真正成为对社会有益的、合法的行为。根据《刑法》第 21 条的规定，实行紧急避险必须具备以下 7 个条件：

### (一)起因条件：客观上必须发生了危险

实行紧急避险是客观上发生了能够使合法权益受到损害的危险。概括地说，危险的来源主要有三个方面：一是自然界的力量，例如地震、台风、火灾等等。二是动物的侵袭，例如狂犬的追咬，马车的惊奔等等。三是人的不法侵害，例如劫机、爆炸、精神病人的侵害等等。

对于合法行为，不得实行紧急避险。例如，应当受到法律制裁的犯罪分子为了抗拒公安人员的追捕而损坏他人房舍、侵入他人住所或毁损公私财物以藏匿拒捕、逃脱的，就不是紧急避险。

对于实际上并不存在危险，而只是由于行为人对事实的认识错误，善意地误认为有危险存在的事实，因而实行了所谓的紧急避险，这在刑法理论上叫做“假想避险”。假想避险由于不存在危险的威胁，缺乏成立紧急避险的前提，所以不是紧急避险。对假想避险，应当按事实认识错误的原则处理。

### (二)时机条件：危险必须正在发生

危险正在发生，是指能够使合法权益受到损害的危险状态已经发生、尚未消失。所谓的已经发生，是指直接威胁合法权益的危险，已经直接面临、迫在眉睫。所谓尚未消失，是指危险状态继续存在，合法权益受到的侵犯或者威胁还没有消除。

在危险尚未到来或者已经过去的时候，行为人实施的所谓的避险，这在刑法理论上称为避险不适时。前者称为事前避险，后者称为事后避险。避险不适时的，不属于紧急避险。造成损害后果的，根据实际情况，承担相应的法律责任。

### (三)目的条件：避险必须是为使合法权益免受损害

实行紧急避险的行为人，主观上必须具有使国家、公共利益、本人或者他人的人身财产和其他权利免受损害的目的。这是紧急避险排除危害性的前提条件，也是紧急避险不负刑事责任的重要原因。如果为保护非法利益免受危险而实施的损害另一合法利益的行为，实际上是为了获取非法利益而采取的排除障碍的行为，也就失去了正义性和合法性，不能认定其为紧急避险。

（四）紧迫性要求条件：避险行为必须是在没有其他办法的情况下实施

紧急避险的紧迫性要求条件，是指当危险发生之际，除了损害第三方的合法权益之外，没有其他办法可以免除合法权益受到危险的威胁。如果还有不损害第三方合法权益的其他办法，就不符合紧迫性要求条件。那么，在实践中如何认定“不得已”呢？理论上认为，应该根据危险发生的情况、危险的程度、危险的紧迫性以及行为人主观方面的情况等因素综合认定。认定避险行为是否出于不得已，应当注意对以下几方面的考察：第一，危险是否已经迫在眉睫。第二，迫在眉睫的危险是否马上就会对合法权益造成重大损害。第三，客观上是否存在着避免损害的其他合理方法，如逃避、请求保护等。第四，如果危险系由不法侵害行为引起的，根据双方的情况能否对其进行正当防卫。第五，如果客观上存在着其他合理方法，这些合理方法是否被行为人认识到，或者根据本人认识能力和当时的主客观方面的因素能否被其认识到等等。[①]

（五）对象条件：避险行为只能针对第三方实行

紧急避险是在紧急情况下，将危险的威胁，从较大的合法权益转移到另一较小的合法权益上的减轻损失的行为。所以紧急避险行为所指向的对象，不是危险的来源方，而是无辜的第三方。

（六）限度条件：避险损害的权益必须小于所要保护的权益

如何判断紧急避险的必要限度，在理论上存在多种观点，比如均衡说、必要程度说、折衷说、法益比较说、必要损害说等。[②] 紧急避险是以牺牲另一无辜的合法权益的方法保全较大的合法权益的，如果损害的权益大于或者等于要保护的权益，就失去了紧急避险的目的和意义，对社会整体来说，就具有了社会危害性，从而失去了有益性和合法性。

（七）主体限制条件：职务上、业务上负有特定责任的人员为避免本人危险，不得实行紧急避险

刑法规定紧急避险的目的，就是为了减少各种危险对国家、社会和公民所造成的损害。职务上、业务上负有特定责任的人员，负有同某种危险作斗争的义务，这就要求他们在国家、社会和公民的利益受到危险威胁时，挺身而出，减少或消除危

① 王政勋：《正当行为论》，法律出版社 2000 年版，第 252 页。

② 以上观点详见王政勋：《正当行为论》，法律出版社 2000 年版，第 265 页；马克昌：《犯罪通论》，武汉大学出版社 1991 年版，第 769 页。

险，不得以保护个人利益为借口而假借紧急避险之名放弃职责、临阵脱逃。所以《刑法》第21条第3款规定：紧急避险中关于避免本人危险的规定，不适用于职务上、业务上负有特定责任的人。例如消防队员面对火险，只能积极扑救不能为保护自己的人身权利而借紧急避险之名，放弃履行应尽的义务。

## 三、避险过当及其刑事责任

根据《刑法》第21条第2款的规定，避险过当是指实行紧急避险超过了必要限度造成了不应有的损害，具有社会危害性的行为。避险过当，在主观上行为人是为了保全一定的利益而实施的。在客观上，避险行为超过了必要限度，并且造成了较大的损害后果，使无辜的合法权益受到损害，这就具备了负刑事责任的基础。但是由于行为人的主观动机是善意的，其罪过形式又只能是过失或间接故意的，主观恶性不深。而客观上是以合法的避险行为为前提的，应当负刑事责任的危害结果也相对较小，所以刑法规定：对避险过当的，应当负刑事责任，但是应当减轻或者免除处罚。

## 四、紧急避险与正当防卫的异同

紧急避险和正当防卫都属于正当化事由，两者既有相同点，也有不同点。相同点表现在：(1)目的相同，二者都是为了保护国家利益、公共利益和公民的合法权益而实行。(2)时机相同，二者实行的时机，都必须是合法权益正在受到侵害。(3)结果相同，二者都给某种权益造成一定的损害。(4)性质相同，二者都是对社会有益的行为，对所造成的损害结果都不需要负刑事责任。

紧急避险与正当防卫的不同点表现在：

1.危害来源不同。紧急避险所针对的危险的来源是多方面的；而正当防卫所针对的危害只能是人的不法侵害。

2.对象不同。紧急避险只能针对与危险无关的第三方实行；正当防卫只能针对不法侵害人实行。

3.紧迫性要求不同。紧急避险要求必须在没有其他办法的情况下才允许实行；正当防卫即使在有其他办法免受不法侵害的情况下，也可以实行。

4.限度不同。紧急避险所造成的损害，只能小于所避免的损害；正当防卫造成的损害可以大于或相当于不法侵害可能造成的损害。

5.主体限制不同。紧急避险不适用于职务上、业务上负有特定责任的人为避免本人危险的情况；正当防卫没有主体限制。

## 第四节　其他正当化事由

刑法上的正当化事由，除了正当防卫与紧急避险外，还包括依照法律的行为、履行职务的行为和经权利人同意的行为等。对这些行为的合法性条件，国外刑法都有一些规定。如《日本刑法典》第35条规定："依照法令或者基于正当业务而实施的行为，不处罚。"[①]目前，我国刑法对这些事由未作具体规定。

### 一、依照法令的行为

依照法令的行为，是指根据现行法律、法令而实施的行为。依照法令的行为是公民依法所为，其目的是为了维护国家和人民的根本利益，它虽然有时在外观上与某些犯罪行为相似，但实际上不具有社会危害性，反而是对社会有益的行为。

依照法令的行为应当具备的条件是：

#### （一）实施的行为必须是法令明文规定的当为或者可为的

这里所说的法令，范围相当广泛，既包括中央权力机关和行政机关制订的各种法律、法令，也包括地方权力机关和行政机关制定的各种法规。所谓法令明文规定，就是说行为的内容只能是法律、法令赋予公民的权利或者义务。比如依照法令执行职务的行为，依照法令监护的行为，依照法令扭送人犯的行为等。

#### （二）行为人在主观上必须是出于依法行使权利或者履行义务的意图

即在行为时，行为人认识到自己所实施的是法律、法令赋予的权利行为或者义务行为，而且是为了保护国家、公共利益、本人或者他人的合法权益而为之。如果明知自己的行为是违法的，或者出于其他不正当的目的，造成了危害社会的结果，不能排除其行为的犯罪性。

#### （三）依照法令的行为必须是在法定限度以内实施

国家的法律、法令不仅规定了公民当为与不当为的行为，而且还规定了如何正确实施自己的权利行为和义务行为。行为人只有按照国家法律、法令规范个人的行为，才能达到保护国家和人民利益的目的。因此，依照法令的行为必须是在法定限度以内实行，否则就会给社会造成不应有的损害。所谓法定限度，就是实施行为的方式、强度及其结果都是符合法律、法令规定的行使权利或者履行义务的要

① 张明楷：《日本刑法典》（中译本），法律出版社1998年版，第19页。

求，没有给社会造成不应有的损害。

从我国的实际情况看，法令行为主要分为职务行为和权利（义务）行为两类。所谓职务行为，即国家公务人员根据法律的规定，在法律权限内履行职务、职责的行为。职务行为包括：第一，在法律、法令、法规上有着直接的根据，而由国家公务人员实施的行为，例如根据《刑事诉讼法》的规定，人民警察对犯罪嫌疑人实施的拘留、逮捕、监视居住等强制措施，或者在侦查过程中实施的搜查、扣押书证、物证等收集证据的行为。第二，作为下级的国家公务人员基于上级的职务命令所实施的行为。职务行为的正当性是以有法律根据，在法律权限内履行作为基础的。因此不仅要求公务人员的职务行为在实体上要以法律作为依据，而且还要求在程序上不能违反法律，否则便失去其正当性。所谓权利（义务）行为，即在法律规定上作为公民的权利（义务）的行为。例如，任何公民根据《刑事诉讼法》第 63 条的规定，将正在实行犯罪或者在犯罪后即时被发觉的人，或通缉在案的人，或正在被追捕的人扭送公安机关、人民检察院或者人民法院的行为，均属此类行为。

## 二、执行命令的行为

执行命令的行为，是指按照上级国家工作人员的命令而实施的行为。执行上级命令的行为不是直接依照国家的法令所为，而是启动于上级国家工作人员的命令。下级服从上级、部属受命于首长，完成管理国家的各项使命，这既是每个国家工作人员应尽的职责，也是实现国家职能和保卫社会的需要。因此，虽然这类行为有时形同犯罪，却实系有益于国家和人民的正当行为。例如，公安武警受命执行枪决死刑罪犯，在外观上似乎有故意杀人罪的犯罪构成，而实质上是保护国家和人民利益所必需的合法行为，不具有犯罪性。

执行命令的行为必须具备以下的条件：

### （一）执行的命令必须是所属上级国家工作人员发布的

这里所说的命令，是指上级对下级有指示或者下达的指示。所谓上级国家工作人员包括直属的同级首长，也包括直属的上一级首长。由于国家工作人员只负有执行自己所属上级国家工作人员命令的义务，而没有执行与自己无直属上下级关系的国家工作人员命令的义务，因此，国家工作人员因执行非自己所属上级国家工作人员的命令，给社会造成危害的，不能排除其行为的犯罪性。

### （二）上级国家工作人员所发布的命令必须是其职权以内的事项

所谓职权以内的事项，是指上级国家工作人员业务管辖范围以内的事务。国家工作人员对所属上级国家工作人员业务管辖范围内的命令有服从的义务，但对上级国家工作人员超越职权的命令无需执行。如果明知是超越职权的命令而予以执行，造成严重危害后果，应当承担刑事责任。

(三)命令的形式必须符合法律的规定

上级国家工作人员对下级国家工作人员下达命令，应当符合法定的签发程序，下级国家工作人员才有服从执行的义务。如果受命者明知命令者发布命令的形式是违法的，而予以执行，造成危害社会结果的，就不能排除执行行为的违法性。

(四)发布的命令内容必须没有明显的犯罪性

正确的命令和执行是保卫社会的需要，违法的命令和执行必然给社会造成危害。因而下级国家工作人员若发现上级国家工作人员所发布的命令是违法犯罪的，就应当拒绝执行，否则执行者就是命令者的共同犯罪人。当然，对于受命者在执行时尚未发现命令的犯罪性，而是根据当时的具体情况也不可能预见，则不能认为执行者的行为是犯罪。

(五)执行命令的行为不能超过必要限度

国家工作人员执行上级命令时，必须遵照上级命令的内容从事，不得超过命令的事务范围。因此对于受命者执行命令过限，造成不应有危害的，构成什么罪就应按什么罪追究刑事责任。

## 三、正当业务行为

正当业务行为，是指行为人根据本身所从事的某种正当业务的需要而实施的行为。正当业务行为是法律允许的保全某种合法权益或者发展某项社会事业所需要的行为，虽然有时从客观上看好像具有某种犯罪构成要件，但在实际上是对国家和人民有益的行为。例如，医生为了医疗疾病的需要，切除患者带有病灶的人体器官或者肢体；运动员在拳击、摔跤、柔道等体育竞赛中，击伤或者摔伤了对方的身体。这些业务行为，在形式上似乎具有故意伤害罪的犯罪构成，然而却是法律所允许的正当行为，对社会有益而无害。正当业务行为在现实生活中到处可见，但要排除其犯罪性，应当具备以下的条件：

(一)从事的业务必须是正当的

业务的正当性，包括两方面的内容：一是从业者本身具有从事某种特定业务的实际能力。二是所从事的业务经过了有关主管部门的许可或者事实上已被社会公众认可。只有符合上述条件，才能认为是正当业务，否则既不能认为其业务行为是正当的，亦不排除其行为的犯罪性。

(二)实施的行为必须在其业务的范围以内

任何一种业务都有其自身的特点和专业知识要求,从业者只有在所许可或者认可的特定职业范围以内从事业务活动,才有益于社会。如果其行为超出了所从业的许可界限,由此而产生严重危害结果的,应当负法律责任。

(三)从业人在主观上必须是出于从事正当业务的意图

即从业人在实施某种行为时,认识到自己的行为是在履行所担负的社会职责,并通过自己的行为达到保全某种合法的权益或者发展某项社会事业的目的。如果从业人不是基于上述的意图,而是出于其他不正当的个人意图,其行为构成什么罪就按什么罪处罚。

(四)从事业务的行为不能超过必要限度

正当业务行为都是社会所需要的有益行为,因而每个从业人就必须根据其所从事业务的实际需要严格从事。如果其行为违反了操作规程和有关制度的规定,或者行为结果超过了保全某种合法权益或者发展某项社会事业的所需界限,给社会造成了不应有的损害,就应当依法追究其刑事责任。

## 四、自救行为

所谓自救行为,又称自力救济行为、自助行为,是指合法权益已经受到侵害的人,在事实上按照法律程序依靠国家机关不可能对权益进行恢复或者显著难以恢复时,依靠自己的力量恢复权益的行为。[①] 例如,盗窃、抢夺、抢劫案件的受害人,在其财物已经被行为人非法占有的场合,于紧急状态下(如行为人将毁损财物或携财物逃往外地)以强力损害行为人的方式夺回被非法占有的财物,即属较为典型的自救行为。虽然在此种场合下,自救行为造成了法益的损害,但不具有犯罪的社会危害性,法律承认其正当性。它对保护公民个人的合法权益和挽回不法侵害行为所造成的损害,具有重要的意义。但是,为了维护社会主义法制的尊严和社会秩序的稳定,避免引起不必要的纠纷和混乱,实行自救行为必须符合以下的条件:

(一)自救行为只适用于保护自己的合法权益

自救即自我救助,因而救助的对象只限于保护自己被侵害的合法权益。对于保护他人合法权益所实行的救助行为,不能视为自救行为。

① 张明楷:《刑法学》(上),法律出版社 1997 年版,第 242 页;[日]大仁:《刑法概说》(总论),中国人民大学出版社 2003 年版,第 366 页。

(二)自救行为必须是在情况紧急时实施

所谓情况紧急，是指行为人的合法权益被侵害而又来不及告请国家机关救助，而且不实行自救其合法权益就会丧失或者显然难以保全的危急情况。由此可见，自救属于一种救急行为，如果能及时得到国家机关的救助，或者不实行自救也不会导致被侵害权益的丧失或难以保全的情况，不能实行自救行为。

(三)实行自救行为必须要有不法侵害的状态存在

自救行为的实施是以不法侵害状态的存在为前提的，对于合法行为或者其他正当行为不能实行自救行为。同时，自救行为只能是在不法侵害行为已经结束而不法状态尚存的过程中实施，如果不法侵害行为即将开始或者正在进行，则是进行正当防卫或者实行紧急避险的问题，而非自救行为。

(四)自救行为的方法和强度必须适当

自救行为是在不法侵害已经结束以后实行的，因而其行为的方法和强度应当同不法状态存在的情况相适应，不能给不法侵害者造成不应有的损害。一般地说，自救行为的方法只适宜采用限制不法侵害者的人身自由，或者扣押其财物的形式，而不允许采用暴力伤害或者毁坏财产的方法进行。当然，在遭到不法侵害者反抗的情况下，应视其具体情况，区别对待。

自救行为同正当防卫行为有相似之处，但又有原则的区别。这主要是：

1.前者只限于为了保全自己的合法权益，不包括为了保全公共和他人的权益而实施的行为；而后者既可以是保护自己的权益，也可以是为了使国家、公共利益或者他人的权益免受损害。

2.前者是在不法侵害行为结束之后实施的，是对不法侵害的事后救助；而后者是在不法侵害行为正在进行中实施的，属于对不法侵害已经开始而尚未结束的事中救助。

3.前者的行为方法，一般限于对于不法侵害者限制人身自由或者扣押其财物，不允许采用暴力伤害或者毁坏财物的方式；而后者只要防卫行为没有明显超过必要限度造成重大损害，无论采用何种方式方法，均是正当合法的。

由此可见，自救行为和正当防卫是两种不同的排除犯罪性的行为。二者之间不存在相容的关系。

## 五、经权利人同意的行为

权利人同意的行为，是指经过有处分某种权益的人的同意而实施的损害其权益的行为。这种行为是否属于排除犯罪性的行为，应当根据损害的权益性质、方法及其后果具体论定，不能一概而言。国外刑法理论上有“法律行为说”、“利益放弃说”、“利益衡量说”等观点。我国有学者认为，权利人同意的承诺表明作为利益主体的被害人一方面放弃了自己的利益，另一方面也放弃了法律的保护，在这种情况下，刑法仍然进行干涉，就违反了刑法的目的。[①]

根据刑法的规定和司法实践，经权利人同意的行为，只有符合以下条件，才能认为是排除犯罪性的行为：

### (一)权利人对同意损害的权益必须具有处分权

一个人可以同意他人损害自己的某种权益，如个人的名誉、财产等，但却无权让他人损害有关社会的公共权益和其他公民的权益。因此，经权利人同意的行为要排除犯罪性，只限于损害同意人有权利处理的个人利益。一个人是否有权同意他人剥夺自己的生命，这在理论上有着肯定与否定两种不同的观点。我们认为，根据我国法律的规定，个人属于国家、社会的一员，其生命是个人权益，又是国家和社会的公共权益，因而经他人同意而剥夺其生命权利的行为，不能排除其行为的犯罪性。

### (二)权利人的同意必须是真实的

1. 同意人必须具有辨认和控制自己行为的能力，认识到自己同意行为的性质、意义及其后果，并能独立地进行意思表示。对于经精神病人和未成年人同意而实行的损害其权益的行为，不排除损害行为的犯罪性。

2. 同意行为是出于权利人的自愿和诚意，不违背其意志。如果同意人是在受到强制、威胁、利诱或者开玩笑等情况下所为，则不能认为是真实的同意，亦不属于经权利人同意的行为。

### (三)权利人的同意必须出于有益于社会的意图

即权利人之所以同意他人损害自己的合法权益，只能出于良好的动机和追求正当的目的。例如，同意损害自己的身体健康为了救助他人，同意毁坏自己的财产以资科学实验等。如果同意行为是出于损害国家、公共或者他人的权益，则应依法追究刑事责任。

---

① 张明楷：《刑法格言的展开》，法律出版社 1999 年版，第 256 页。

### （四）经权利人同意所实施的损害行为必须符合社会公德和国家法律的规定

经权利人同意所实施的损害行为必须不违反法律与公序良俗。[1] 经权利人同意的行为要排除犯罪性，其行为的方法和结果不得有悖于社会的道德观念和法律规定，不能损害社会的公共权益和给同意人造成不应有的损害。例如，毁损同意人的财产不得危害公共安全，给病人输血不能伤残献血人的身体等等。否则构成何罪，就按何罪处罚。

关于安乐死是否能排除犯罪性，大多数国家刑法持否定态度，在刑法理论上亦有肯定与否定两种主张。我们认为，安乐死有别于一般的同意他人剥夺其生命的行为，它可以在不损害公益的情况下，使同意人免受病魔的折磨而得以人道主义的关怀。但是，我国刑法没有对安乐死作出肯定的规定，是不能排除其犯罪性的，应当认为是犯罪。当然在处罚时应当酌情予以从轻、减轻或者免除处罚。

## 六、义务冲突

一般意义上的义务冲突，指的是一个人被迫同时履行数个互不相容的义务，因而进退两难的情形。法律上的义务冲突是指存在两个以上不相容的法律上的义务，为了履行其中的某种义务而不得已不履行其他义务的情况。由于法律规定的复杂、多样和庞大，往往难以避免各规定之间发生抵触；而人类生活本身极其丰富，导致了人会同时负有多种义务；但是，单个人甚至人类的能力是有限的，人们在不同时候履行不同义务虽然可能，却难以在同一时间履行互不相容之义务，这就产生了义务冲突的可能性。譬如父亲见两名幼子同时溺水，在情况危急之下，其仅能救出其中之一，该父亲对于其二子负有同时救助之义务，但其履行其中之一时，势必无法同时履行另一义务，即为适例。

可以看出义务冲突是现实生活中的一种两难状态。由于义务冲突中的义务性质的不同，因违背其中一方的义务所要遭受谴责的程度就有差异。并非所有的义务冲突都能被摄入刑法视野。国内外学者通常认为，刑法的义务冲突成立要件必须包括以下几个方面：一是同时存在着数个互不相容的义务；二是被履行的义务应当是法律义务；三是冲突状况的发生不能归责于行为人，即冲突状况的发生不能是由于行为人的故意或者过失所造成的，否则，就排除其行为的合法性；[2]四是为了

① 张明楷：《刑法学》（上），法律出版社 1997 年版，第 242 页；［日］大仁：《刑法概说》（总论），中国人民大学出版社 2003 年版，第 359 页。

② 刘明祥：《紧急避险研究》，中国政法大学出版社 1998 年版，第 144 页。

履行一方的义务不得不侵害他方的义务，因为不能找到其他可以替代的办法来履行数项义务。[①]

## 七、推定的承诺

基于推定的承诺的行为，现实上没有被害人的承诺，但如果被害人知道事实真相后，当然会承诺，在这种情况下，推定被害人的意志所实施的，保护被害人合法权益的行为，就是基于推定的承诺的行为。如发生火灾之际，为了避免烧毁被害人的贵重财产，闯入屋内搬出贵重物品的行为，就是基于推定的承诺的行为。

基于推定的承诺的行为，必须具备以下条件：

1. 被害人没有现实的承诺。

2. 推定被害人知识真相将承诺，这种推定以合理的一般人意志为标准，而不是以被害人的实际意志为标准。

3. 必须是为了被害人的一部分权益牺牲其另一部分权益，但所牺牲的权益不得大于所保护的权益。

4. 必然针对被害人有处分权限的个人权益实施行为。

5. 必须不违反法律。

## 司法考试真题链接

1. 陈某抢劫出租车司机甲，用匕首刺甲一刀，强行抢走财物后下车逃跑。甲发动汽车追赶，在陈某往前跑了40米处将其撞成重伤并夺回财物。关于甲的行为性质，下列哪一选项是正确的？（2007年司法考试真题）

A. 法令行为

B. 紧急避险

C. 正当防卫

D. 自救行为

2. 关于被害人承诺，下列哪一选项是正确的？（2008年司法考试真题）

A. 儿童赵某生活在贫困家庭，甲征得赵某父母的同意，将赵某卖至富贵人家。甲的行为得到了赵某父母的有效承诺，并有利于儿童的成长，故不构成拐卖儿童罪

B. 在钱某家发生火灾之际，乙独自闯入钱某的住宅搬出贵重物品。由于乙

① 冯军：《刑事责任论》，法律出版社1996年版，第74～76页。

的行为事后并未得到钱某的认可，故应当成立非法侵入住宅罪

C. 孙某为戒掉网瘾，让其妻子丙将其反锁在没有电脑的房间一星期。孙某对放弃自己人身自由的承诺是无效的，丙的行为依然成立非法拘禁罪

D. 李某同意丁砍掉自己的一个小手指，而丁却砍掉了李某的大拇指。丁的行为成立故意伤害罪

3. 甲手持匕首寻找抢劫目标时，突遇精神病人丙持刀袭击。丙追赶甲至一死胡同，甲迫于无奈，与丙搏斗，将其打成重伤。此后，甲继续寻找目标，见到丁后便实施暴力，用匕首将其刺成重伤，使之丧失反抗能力，此时甲的朋友乙驾车正好经过此地，见状后下车和甲一起取走丁的财物(约 2 万元)，然后逃跑，丁因伤势过重不治身亡。请回答：(2008 年司法考试真题)

(1)关于甲将精神病人丙打成重伤的行为，下列选项正确的是：

A. 甲的行为属于正当防卫，因为对精神病人的不法侵害也可以进行正当防卫

B. 甲的行为属于紧急避险，因为“不法”必须是主客观相统一的行为，而精神病人没有责任能力，其客观侵害行为不属于“不法”侵害，故只能进行紧急避险

C. 甲的行为属于自救行为，因为甲当时只能依靠自己的力量救济自己的法益

D. 甲的行为既不是正当防卫，也不是紧急避险，因为甲当时正在进行不法侵害，精神病人丙的行为客观上阻止了甲的不法行为，甲不得针对丙再进行正当防卫与紧急避险

(2)关于乙与甲一起取走丁的财物的行为，下列选项正确的是：

A. 乙与甲成立抢劫罪的共同犯罪

B. 甲的行为构成抢劫罪，乙的行为属于抢夺罪，两者在抢夺罪这一重合犯罪之内成立共同犯罪，即成立抢夺罪的共同犯罪

C. 乙既不对丁的重伤承担刑事责任，也不对丁的死亡承担刑事责任

D. 乙不对丁的死亡承担刑事责任，但应对丁的重伤承担刑事责任

4. 关于正当防卫，下列哪一选项是错误的？(2009 年司法考试真题)

A. 制服不法侵害人后，又对其实施加害行为，成立故意犯罪

B. 抢劫犯使用暴力取得财物后，对抢劫犯立即进行追击的，由于不法侵害尚未结束，属于合法行为

C. 动物被饲主唆使侵害他人的，其侵害属于不法侵害；但动物对人的自发侵害，不是不法侵害

D. 基于过失而实施的侵害行为，不是不法侵害

5. 甲遭乙追杀，情急之下夺过丙的摩托车骑上就跑，丙被摔骨折。乙开车继续追杀，甲为逃命飞身跳下疾驶的摩托车奔入树林，丙一万元的摩托车被毁。关于甲

行为的说法，下列哪一选项是正确的？（2009年司法考试真题）

A. 属于正当防卫

B. 属于紧急避险

C. 构成抢夺罪

D. 构成故意伤害罪、故意毁坏财物罪

# 第十二章　故意犯罪停止形态

## 第一节　故意犯罪停止形态概述

### 一、故意犯罪停止形态的概念

故意犯罪停止形态是指故意犯罪在其发生、发展和完成过程中停止下来的各种不同的行为状态。犯罪是极其复杂的社会现象，各种犯罪在其自身发展过程中所形成的状态不尽相同，因此就可能发生犯罪行为的各种不同的停止状态，并以不同的犯罪形态表现出来。一般说，故意犯罪要经过一个犯罪的起意、预备、实行和完成的完整发展过程。例如，故意杀人，一般先有杀人的念头，然后准备杀人工具、寻找被害人等，再实行杀人行为，直至把人杀死，完成犯罪。但是，犯罪是极其复杂的社会现象，各种犯罪在其进行的过程中，所形成的状态又不完全相同。仍以杀人罪为例，有的可能临时起意，不经准备，立即实行杀人行为；有的可能经过一定的准备甚至充分的预谋，再实行杀人行为；有的可能将被害人杀死；有的可能由于犯罪分子意志以外的原因而被害人没有死亡；还有的可能由于犯罪分子自动放弃继续进行杀人或者自动有效地防止了被害人死亡结果的发生。因此，在故意犯罪的过程中，就可能发生犯罪行为的各种不同的停止状态，从而表现为不同的犯罪形态，这就是犯罪预备、犯罪未遂、犯罪中止和犯罪既遂。

上述犯罪形态，不是在一切犯罪中都存在，它严格地受着犯罪构成主观方面和客观方面的限制。犯罪的预备、未遂和中止，只存在于一部分直接故意犯罪之中。因为从主观方面来说，直接故意犯罪表现为对一定的犯罪结果抱希望其发生的态度，具有犯罪目的；从客观方面来说，有的犯罪是以发生一定的犯罪结果或犯罪行为实行到一定程度才算完成(既遂)。实施这类故意犯罪，就可能出现上述几种不同的形态。而间接故意犯罪和过失犯罪，由于其本身的特点所决定，不存在犯罪的预备、未遂和中止。因为间接故意表现为明知危害结果可能发生，对危害结果持放任态度，只有发生了危害结果，才能构成犯罪，如果危害结果没有发生，就不构成犯罪,因此,间接故意也就无所谓犯罪预备、未遂和中止问题。过失犯罪由于犯罪人主观上不具有任何犯罪意图,加之,过失犯罪的成立,必须以过失行为引起了刑法所规定的危害结果为前提,这也就决定了过失犯罪中根本不存在犯罪预备、未遂和中止的问题。

故意犯罪的实施,大都要经过犯罪的准备、实行、完成的发展过程。但是,由于任何一个犯罪在其发展过程中都要受到不同的主客观条件的影响,并非每个犯罪人均能顺利地完成这个过程,实现其预期的犯罪目的。有的在犯罪的准备或者实行过程中,因受到意志以外的阻力而被迫停止;有的因自动放弃犯罪而停止犯罪或者自动有效地防止犯罪结果的发生;有的完成了犯罪的过程,实现了犯罪的目的。这样,就在故意犯罪的过程中,出现和形成了犯罪的预备、未遂、中止和既遂的不同犯罪形态。

犯罪过程中的形态虽与故意犯罪的阶段有着密切的联系,但二者有着原则的区别:第一,前者是故意犯罪过程中业已停止的不同行为状态,属于静态现象;而后者是故意犯罪发展的各个进程,属于动态概念。第二,前者之间没有先后的连续性,不存在发展前进的关系;而后者则不同,各个犯罪阶段之间存在着衔接递进的关系。第三,前者不可能同时并存于一个故意犯罪之中,即一个故意犯罪只能出现一种犯罪形态;而后者则不同,在一个故意犯罪过程中可能有两个、三个不同的犯罪阶段。第四,前者是刑事责任的根据;而后者仅表明一个故意犯罪的发展情况,不是行为人负刑事责任的依据。

从犯罪形成的状态看,全部犯罪过程可分为犯罪的完成形态和犯罪的未完成形态。犯罪既遂是犯罪的完成形态,它标志着某一犯罪行为已完全具备某一具体犯罪构成的全部要件,使犯罪完成。犯罪的预备、未遂、中止是犯罪的未完成形态,它说明某一犯罪未完全具备某一具体犯罪构成的全部要件,但已经构成犯罪,犯罪没有得逞。可见,犯罪的预备、未遂和中止,是与犯罪既遂相对而言的。

由于我国刑法对故意犯罪的刑事责任的追究是从犯罪预备开始的,在这之前单纯的犯意表示属于思想范畴,我国刑法不认为是犯罪。犯罪的起意不能成为一个独立的犯罪形态;而犯罪既遂已在刑法分则中作为各种具体犯罪的构成要件的标准加以规定。因此,刑法总则在关于故意犯罪的形态中只规定了犯罪的预备、未遂和中止。

## 二、研究犯罪故意停止形态的意义

犯罪的预备、未遂和中止虽然都是犯罪的未完成形态,这些行为都对社会产生了不同程度的危害性,从而也决定了犯罪人刑事责任大小的不同。故意犯罪过程中的犯罪形态,乃是一些就其性质、特点以及实现犯罪意图的表现程度等等各不相同的犯罪停止状态,也就是犯罪人在实现其犯罪意图过程中所发生的不同结局。

犯罪形态不同,反映其实现犯意的程度不同,给社会造成的危害不同,从而也决定了犯罪人刑事责任的大小不同,这就为量刑中的罪刑相适应提供了客观依据。因此,了解各种犯罪形态,掌握犯罪预备、未遂和中止的确切概念特征和构成条件,弄清它们之间的关系和区别,划清不同犯罪形态的界限,对于准确认定行为性质,正确适用刑罚,贯彻区别对待,加强同犯罪的斗争,具有重要的意义。

研究犯罪过程中的形态的意义在于:首先,有利于正确地定罪。我国刑法分则所规定的犯罪都是各种犯罪的完成形态,即犯罪既遂。如果行为人的行为具备了刑法分则规定的某一犯罪构成的全部要件,就是犯罪既遂,直接引用分则条文定罪判刑。但是,犯罪预备、未遂和中止是犯罪的未完成形态,行为人的行为与刑法分则的规定并不完全符合。因此,处罚这些行为仅引用刑法分则的条文,其法律根据就不充足,必须结合刑法总则关于犯罪过程中的形态的有关规定,补充说明犯罪预备、未遂和中止应当负刑事责任。所以说研究和掌握刑法总则对犯罪过程中的形态的规定,可以为定罪处罚犯罪预备、未遂和中止提供法律根据。其次,有利于正确地量刑。犯罪过程中的不同形态,不仅说明行为人实现犯罪意图的程度不同,而且也反映出各自对社会的不同危害程度。一般地说,在同一犯罪案件中,犯罪预备比犯罪未遂的社会危害性要轻,犯罪未遂比犯罪既遂的社会危害性要轻,犯罪中止的社会危害性最轻。因此,研究和掌握刑法总则关于犯罪过程中的形态的规定,有助于正确处罚犯罪预备、犯罪未遂和犯罪中止。

## 第二节 犯罪既遂

### 一、犯罪既遂的概念

犯罪既遂,是指行为人故意实施的行为已经具备了刑法分则规定的某种犯罪构成全部要件的状态。

我国刑法分则对具体犯罪的规定,是以既遂为标准的。也就是说,确认犯罪是否既遂,应当以行为人所实施的行为是否具备了刑法分则规定的某种犯罪的全部构成要件作为法定标准,不能以行为人主观上的意志为转移(是否达到了犯罪目的),也不能以行为的客观结果为转移(是否发生了预期的危害结果)。犯罪预备、犯罪未遂和犯罪中止都是与犯罪既遂相对而言的,并且与犯罪既遂有着重要的区别。因此,在对犯罪预备、犯罪未遂和犯罪中止进行研究以前,必须首先对犯罪既遂有正确的了解。

关于确定犯罪既遂的标准,法学界主要存在着三种观点:一是犯罪目的实现说。主张应当以犯罪目的的实现与否作为认定犯罪既遂的标准,实现了犯罪目的,为犯罪既遂,未实现犯罪目的则为犯罪未遂。二是犯罪结果发生说。主张应当以犯罪结果的发生与否作为认定犯罪既遂的标准，发生了犯罪结果的，为犯罪既遂，未发生犯罪结果则为犯罪未遂。三是犯罪构成要件齐备说。主张应当以犯罪构成要件是否齐备作为认定犯罪既遂的标准，具备了犯罪构成的全部要件，就是犯罪既遂，否则就是犯罪未遂。[①] 我们认为，第一、二种观点，虽有一定的道理，并可区分某些犯罪的既遂与未遂。例如杀人犯把被害人杀死了，或者说是犯罪目的实现了，或者说是犯罪结果发生了，这就是故意杀人罪的既遂。但是，这两种观点却不能够区分所有犯罪的未遂与既遂，因为有些犯罪的目的并没有实现，或者说根本就不可能实现其犯罪目的，但从刑法的规定来看已经是既遂了。前者如走私淫秽物品罪、绑架罪、赌博罪等目的犯，刑法规定这些犯罪都是以特定目的为必要条件的，行为人也都是为了营利或者其他目的而实施犯罪的，但这类犯罪既遂的成立，并不要求犯罪目的的实现，只要实施了刑法规定的犯罪行为，即构成犯罪既遂。后者如颠覆国家政权罪、煽动颠覆国家政权罪等，刑法规定行为人在主观上具有推翻社会主义制度的目的，显然这是不可能实现的。如若用犯罪目的的实现说衡量犯罪既遂与否，就会得出有些犯罪没有既遂的错误结论。同样，有一些犯罪也并不要求实际的犯罪结果发生，只要实施了刑法分则规定的犯罪行为，即使没有发生犯罪分子所追求的犯罪结果，也构成既遂。

正确理解犯罪既遂应当注意以下问题：

1. 不能以犯罪目的是否达到作为一切犯罪是否既遂的标准。在我国刑法分则条文规定中，对于许多犯罪来说，是以犯罪目的是否达到作为是否构成既遂的标准的。例如，盗窃罪的犯罪目的，是非法占有公私财物，盗窃犯盗得了财物，就具备了盗窃罪的全部犯罪构成要件，因而构成了盗窃罪的既遂，但是，决不能因此就认为所有的犯罪都是以此作为既遂的标准的。因为有些犯罪，只要行为人实施了某一犯罪行为，即使没有达到犯罪目的，从法律上看，也构成既遂。例如，诬告陷害罪行为人的犯罪目的是意图使他人受到刑事追究，但我国《刑法》并没有规定行为人必须达到诬陷的目的才是既遂，而是只要行为人捏造犯罪事实有意对他人进行了诬告陷害，不论被害人是否因被诬陷而受到刑事追究，即已构成诬告陷害罪的既遂。

2. 不能以预期的犯罪结果是否发生作为一切犯罪是否既遂的标准。一般地说，犯罪既遂应以刑法分则条文规定的行为人预期的犯罪结果发生为根据。但在刑法分则条文中，还规定了有些犯罪只要具有发生预期的犯罪结果的严重危险，就是既遂。例如，犯罪分子为了颠覆火车，将铁轨枕木上的道钉拔出，后被巡道工人发现，及时修复，排除了危险，犯罪分子所预期的结果没有发生。在这种情况下，犯罪分子所实施的行为也是既遂，因为其行为已完全符合刑法第 108 条规定的构成要件。

---

① 孙国祥：《刑法学》，科学出版社 2005 年版，第 137 页。

## 二、犯罪既遂的表现

根据我国刑法分则对各种具体犯罪的构成要件的不同规定，犯罪既遂表现为以下几种形式。

1. 行为犯。以行为的实行或者完成作为既遂的标准，只要行为人实施了刑法分则所规定的行为，不论是否发生了犯罪结果，即构成犯罪既遂。这类犯罪，大都是造成非物质性的、无形的损害结果的犯罪。例如诬告陷害罪，只要行为人实施了捏造犯罪事实，向国家机关作虚假告发的行为，不管被诬告者是否受到刑事追究，都构成诬告陷害罪的既遂。其他如脱逃罪、强奸罪等都属此类。

2. 结果犯。以发生特定的犯罪结果作为既遂的标准，即行为人不仅实施刑法分则所规定的行为，而且只有发生了法定的危害结果，才能构成犯罪既遂。这些犯罪，一般都是造成物质性的、有形的损害结果的犯罪，例如故意杀人犯把被害人杀死了，就是故意杀人罪的既遂。如果没有发生被害人死亡的危害结果，就是故意杀人罪的未遂。盗窃犯非法占有了公私财物，就是盗窃罪的既遂。如果没有发生非法占有公私财物的结果，就是盗窃罪的未遂，等等。这类犯罪在我国刑法中居于大多数。

3. 危险犯。是指行为人实施了刑法分则规定的足以造成某种严重后果的危险状态的行为，即使尚未造成某种严重后果，也构成犯罪既遂。例如破坏交通工具罪，只要行为人实施了足以使火车、汽车、电车、船只、航空器等发生倾覆、毁坏危险的，不论这些交通工具是否实际被倾覆或毁坏，都构成既遂犯。又如放火罪、爆炸罪、投毒罪、生产假药罪等都是危险犯。危险犯的既遂，要求行为人实施的刑法分则规定的某种犯罪行为，只要造成足以发生严重后果的危险状态即为既遂，并不以严重后果的实际发生作为认定犯罪既遂的标准。如果其行为造成了实际的严重后果，则按照刑法规定的加重法定刑处罚。

4. 结果加重犯。就是指行为人实施了基本的犯罪构成要件的行为，发生基本的犯罪构成要件的结果以外的重结果，刑法对它规定加重法定刑的犯罪。例如，故意伤害致人死亡；抢劫致人重伤、死亡等等，都是结果加重犯。结果加重犯不存在未完成形态的问题。

## 三、犯罪既遂的处罚原则

我国刑法分则所规定的各种犯罪构成及其刑事责任，都是以犯罪既遂为标准设定的。对既遂犯，只要根据其所犯之罪直接适用刑法分则有关条文定罪处罚即可。

## 第三节　犯罪预备

### 一、犯罪预备的概念和特征

根据《刑法》第 22 条第 1 款的规定，犯罪预备是指犯罪分子为了犯罪，实施了准备工具和制造条件的行为，但由于意志以外的原因而未能着手实行犯罪的状态。

根据上述概念，我们可以归纳出犯罪预备具有以下特征：

#### （一）主观上行为人具有实施犯罪的直接故意

犯罪预备的目的是为了顺利地进行和完成犯罪，这是预备犯承担刑事责任的主观基础，并决定着犯罪预备行为的性质和方向。具有犯罪预备的目的，即为了便于顺利地进行和完成犯罪。犯罪预备的主观特征，对于成立犯罪预备具有重要的意义。由于工具本身的属性和取得工具的方式都不能决定行为的性质，因此，只从准备工具上是难以断定某一行为是否属于犯罪预备的。例如，某人买了一把菜刀，既可以作切菜用，也可以作杀人的工具；某人买了几包磷化锌，也存在既可以用来毒鼠，又可以用作杀人的工具。在这种情况下，只有行为人主观上具备为了杀人的目的，其行为才是准备犯罪工具，从而也才能成立犯罪预备，否则，既不是准备犯罪工具，更谈不上成立犯罪预备。可见，决不能忽视犯罪预备的主观特征在成立犯罪预备中的作用。当然，司法实践中要确认行为人主观上是否具有犯罪预备的目的，又必须根据客观行为和其他一系列事实来分析判断。

#### （二）客观上行为人已经开始实施犯罪预备行为

犯罪预备行为表明故意犯罪过程已经开始。只有犯罪意图，没有为实施犯罪进行准备的行为，不能成立犯罪预备。犯罪意图属于思想的范畴，没有一定的行为，就无法判断其意图。即使有犯罪意图的流露，也只是一种犯意表示，仍然未超出思想范畴，所以，还是不能成立犯罪预备。例如，盗窃犯某甲，在受审时交代他过去同某乙打过架，自己曾想杀死某乙，并暗中向他的弟弟说过此话。在这里，就不能把甲曾意图杀乙的犯意表示当作犯罪预备。

犯罪预备行为在现实中的表现形式多种多样，概括起来有两个方面：

1. 准备犯罪工具，这是预备行为最常见的一种形式。所谓犯罪工具，是指专门为了实施犯罪而利用的各种物品，比如杀人用的刀、枪、毒药等，它们与犯罪行为紧密联系在一起。就是指搜取供实行犯罪使用的各种物品。从一定意义上讲，准备犯罪工具也是创造犯罪条件。刑法之所以要把准备工具突出写明，就是因为准备犯罪工具是常见的为犯罪创造便利条件的犯罪预备行为。这里所指的犯罪工具，应理解为供实行犯罪过程中利用的所有物品，例如，杀人用的刀、枪、毒物；放火用的引火物;盗窃用的万能钥匙、斧、钳等等。总之,一切能够供犯罪人实施犯罪所利用的物品,都可以成为犯罪的工具。从犯罪工具本身的性质来看,有一种是专供犯罪使用的物品,例如,走私用的夹底箱,盗窃用的万能钥匙等等;另一种是日常生活用具,如菜刀、斧头、绳索、汽油等等。有的犯罪工具本身是违禁品,有的则不是违禁品。准备犯罪工具包括一切取得工具的方式。例如,自制工具、购买工具或者搜集可利用的工具;向他人求借或者去盗窃工具;对工具进行加工使其适合犯罪的需要等等。一般说,工具本身的自然属性以及取得工具的方式虽有不同,但对是否成立犯罪预备行为并无影响。因为任何工具只有同犯罪行为联系在一起,才能成为犯罪工具,从而也才能成立犯罪预备行为。

准备犯罪工具是犯罪预备行为,应当明确的是,有的准备犯罪工具的行为本身就可能单独构成另一种犯罪,比如为了杀人,偷了一支枪,这是杀人的预备,但同时又单独构成了盗窃枪支罪,这种情况属于牵连犯,应按其中最重的犯罪论处。

2.制造犯罪条件。是指除上述准备犯罪工具以外的,为了保证实施犯罪而进行的其他准备活动。比如为了盗窃,探听事主的行踪,熟悉犯罪环境,确定作案时间、地点,策划行动方案,纠集共同作案人,排除障碍等。

在司法实践中,制造犯罪条件主要有以下表现形式:(1)策划犯罪行动方案。凡是以口头或书面方式商定实行犯罪的时间、地点、方法、犯罪人之间的分工以及犯罪后如何毁灭罪迹等,都是策划犯罪行动方案。(2)勾结共同犯罪人。比如事先勾引或邀约他人同自己一起实行犯罪或者帮助隐匿罪迹或隐藏本人,等等。(3)事先调查犯罪场所和被害人行踪。(4)跟踪被害人,守候被害人到来或者引诱被害人到犯罪地点。(5)事先排除实行犯罪的障碍。例如,为了防止被害人报警,事先把电话线割断;为了便于盗窃,事先毒杀被盗人养的狗,等等。(6)筹集犯罪资金,练习犯罪技能,等等。

上述两个方面的内容,只要具备其中之一,即可构成犯罪预备行为。

犯罪预备行为是着手实行犯罪以前的行为。如果是在着手实行犯罪以后(包括着手实行犯罪)的行为,就不属于犯罪预备行为。犯罪预备行为虽然不是我国刑法分则所规定的具体犯罪构成客观方面的实行行为,但由于刑法总则明确规定了犯罪预备行为,所以,它同样具有犯罪构成的内容。当然,在认定犯罪预备行为时,必须结合我国刑法分则规定的有关条文,否则,就无法确定其是哪一种犯罪的预备行为。

由此可见,只有上述主客观特征相统一,才能构成犯罪预备。在实践中,大多数故意犯罪是有预备行为的,否则就无法完成犯罪。例如要伪造公文、印章等,事先必须准备纸张等物,但有时犯罪人在产生犯罪意图之后,不作任何预备就直接实行犯罪,因此不是每一个故意犯罪都必然有预备行为。

## 二、犯罪预备与犯意表示的异同

犯意表示，是指行为人在实施犯罪活动以前，通过口头或者书面方式，将自己的犯罪意图表达出来。例如，甲被乙打了两拳，经群众及时劝开，甲心中怀恨，当众扬言说："等着瞧，我非把他家房子烧了不可。"又如，张某的妻子坚决要与张离婚，张想不通给其父兄写信说，他打算把她杀死。这些行为都属于犯意表示。

犯意表示与犯罪预备在表面上很相似，二者的相同点是：第一，从主观上看，行为人都具有一定的犯罪意图。第二，从客观上看，都具有反映主观犯意的一定行为（口头、书面或其他方式）。第三，从行为后果上看，都未引起犯罪结果发生。[①]

犯意表示与犯罪预备更有本质区别。这种本质区别在于：犯意表示乃是单纯的犯罪思想的流露，这种流露不论从客观上还是主观上都没有为犯罪创造任何便利条件，它对刑法所保护的社会关系不可能造成实际危害，不具有犯罪构成的内容，不是犯罪行为。比如，只是说要杀害某人、要烧某人的房屋，即使说上十遍、百遍，也不可能造成某人死亡、某人的房屋被烧毁。而犯罪预备则不仅是反映犯罪人的犯罪意图，而且是以积极的行为促其犯罪意图的实现，是为着手实行犯罪而创造条件。这种行为在顺利发展的情况下，是能够进一步通过着手实施犯罪行为而引起犯罪结果发生，达到犯罪目的。因此，它对社会存在着实际威胁，具有社会危害性，具备犯罪构成的内容，是犯罪行为。所以，我国刑法规定对于犯罪预备行为应给予一定处罚，而对于犯意表示，则在任何情况下，也不应该被认为是犯罪而给予处罚。犯意表示只是一种错误，可以通过批评教育的方式加以解决。

应当注意，有的行为人的犯罪意图，也可能在准备或实行犯罪过程中以口头、书面等方式表示出来。这时，就已经不能作为单纯的犯意表示来看待了。在这种场合下，犯罪人应对他实际上构成的犯罪行为负责。例如，以口头或书面的方式向人索取毒药，并表明用以毒杀他人，这就不是单纯的犯意表示，而应当是杀人的预备行为。又如，以口头或书面的方式教人用毒药杀害他人，这更不是单纯的犯意表示，而应视其具体情况分别认定为杀人的未遂行为或者既遂行为。

综上可见，正确区分犯罪预备与犯意表示，对于划清罪与非罪的界限，避免放纵罪犯或者冤枉无辜，具有重要的意义。

## 三、犯罪预备的处罚原则

犯罪预备行为使着手实施犯罪成为可能，对社会构成了直接的威胁，因此具有一定的社会危害性，应给予处罚。但预备行为毕竟还没有对社会造成实际危害结

---

① 孙国祥：《刑法学》，科学出版社 2005 年版，第 141 页。

果，其危害性比未遂犯小，比既遂犯更小，所以处罚要相对轻些。《刑法》第 22 条第 2 款规定：对预备犯，可以比照既遂犯从轻、减轻或免除处罚。

由于犯罪预备行为给着手实行犯罪创造了条件，它对客体具有实际危害，对社会构成了威胁，具有相当严重的社会危害性；同时，犯罪预备的行为人主观上是希望将犯罪进行到底的，只是由于其意志以外的原因而未实行犯罪，因此，就其主观恶性而言并未改变。所以，我国刑法规定，对预备犯应予处罚。在司法实践中，确定预备犯的刑事责任时要综合考虑以下几点：

1. 预备犯罪的性质。犯罪的性质决定于其所侵害的客体的性质，犯罪性质不同，社会危害性程度也就不相同。一般说，同是犯罪预备行为，准备破坏军事设施的危害性要大于准备破坏民用设施；准备杀害人的生命的危害性要大于准备伤害人的身体健康；准备抢劫公私财物的危害性要大于准备盗窃公私财物。

2. 犯罪预备的程度。犯罪预备行为的程度反映了实现犯罪意图的程度，也反映了犯罪结果可能发生的程度。犯罪预备程度不同，反映着社会危害性大小不同。预备犯准备犯罪工具越齐全，策划越周密，创造犯罪条件越充分，对社会的危害性就越大。考虑犯罪预备的程度，有助于确定预备行为的社会危害性大小。比如，同样是杀人预备行为，张某已全部准备齐全，李某才开始准备，距离着手杀人还较远，距离犯罪结果的发生则更远，二者的社会危害性程度是不同的，张某危害大而李某危害小。

3. 犯罪预备行为是否牵连另一犯罪。如果犯罪预备行为本身已独立构成另一犯罪，则成立牵连犯罪。在这种情况下，应按从重处断的原则，按其中法定刑最重的一个罪定罪判刑。

总之，在对预备犯追究刑事责任时，首先应根据其所预备实行的犯罪的性质，依照刑法分则有关条文正确确定罪名。其次，应按照刑法分则规定的法定刑幅度，根据刑法总则的规定，综合全部案情裁量决定刑罚。对于情节显著轻微的，可不认为是犯罪；对于危险性较大的，则可比照既遂犯从轻、减轻处罚或者免除处罚。

## 第四节 犯罪未遂

【引 例】

被告人杨林，16 岁，系河南省驻马店市某中专在校生。经查，杨林平日沉溺于网络游戏，每天大部分时间都在网吧，经常在半个月之内就将父母所给的本月的生活费花光。2006 年 6 月 2 日，手头拮据、无钱上网的杨林产生了抢劫出租车的念头，遂于当晚 10 时搭乘丁师傅所驾驶的出租车，要求前往市郊。车行至市郊时，杨林谎称要解手，让丁师傅停车，趁停车之际，抽出随身携带的木棍，朝丁师傅头上猛击数下。不想，丁师傅是退伍军人，身体强壮，头上所伤部位并不致命，只是起了几个大包，丁师傅用擒拿术制服杨林，将其扭送到附近派出所。

## 一、犯罪未遂的概念和特征

根据《刑法》第 23 条第 1 款规定，犯罪未遂是指犯罪分子已经着手实行犯罪，由于其意志以外的原因而未得逞的状态。

根据这一概念，可以揭示出未遂犯具有以下三个特征：

### （一）行为人已经着手实行犯罪

行为人已经着手实行犯罪是成立犯罪未遂的前提条件。所谓“着手”，是指犯罪分子开始实施刑法分则规定的某一具体犯罪构成客观要件的行为。它标志着行为人已经从犯罪预备行为状态进入了犯罪实行行为状态。着手是区别犯罪未遂与犯罪预备的主要标志。这一特征是犯罪未遂与犯罪预备的重要区别。着手已经对犯罪客体造成直接威胁，它就意味着其行为向犯罪结果的发生前进了一大步。所以，判断行为人是否已经着手实行犯罪，一般是以行为对犯罪客体已经造成了直接威胁，能够直接引起犯罪结果发生，具有完成犯罪的作用为标准。否则，仍处于预备行为状态。但是，犯罪是一种极为复杂的社会现象，各种不同的犯罪，其着手的表现形式和内容也是各种各样的，不可能用一个绝对的统一的标准来衡量形形色色的犯罪。因此，具体认定某一犯罪是否着手，只能根据全部案情，把握不同行为在不同情况的犯罪中的意义，严格按照刑法分则有关条文规定的犯罪构成客观要件的行为及其着手的特点具体分析判断。以故意杀人罪为例，由于杀人方式不同，着手实行犯罪的情况就不一样。在持刀杀人的犯罪中，行为人买刀、磨刀、提刀寻找杀人机会都是杀人罪的预备行为，而提刀追杀被害人或者面对被害人举刀砍杀，便是已经着手实行。在投毒杀人的场合下，则不要求行为人面对被害人，只要行为人开始投放毒药，便是杀人行为已经着手实行。同理，盗窃罪由于盗窃方式不同，着手实行也有区别。在客车上进行扒窃时，物色被害对象，接近被害人，寻找下手机会等都属于盗窃罪的预备行为，而伸手扒窃便是已经着手实行；在入室盗窃的犯罪中，配备打开被害人的门钥匙，探察被害人的行踪等均为犯罪预备行为，动手撬门便是已经着手实行。

### （二）犯罪没有得逞

犯罪没有得逞，是指犯罪行为没有完全具备刑法分则规定的某一犯罪的全部构成要件。如杀人犯没有杀死犯罪对象，或误杀了第三人。误将白糖当作毒药，结果没有毒死犯罪对象，这些都是犯罪没有得逞，是故意杀人的未遂。因此，犯罪没有得逞是区别犯罪未遂与犯罪既遂的标志。这里必须再次明确,决不能把犯罪没有得逞单纯理解为没有发生行为人预期的犯罪结果或者没有达到犯罪目的。同时,也不能把犯罪没有得逞理解为在任何情况下没有造成任何危害结果。因为在犯罪没有得逞的情况下,有时可能是什么危害结果也没有造成,例如,甲开枪杀乙,因射击发生偏差未中,没有造成任何危害结果,是犯罪没有得逞。但是,有时也可能造成并非行为人所预期的法律规定的危害结果,在这样的情况下,就不能把实际上造成了另一危害结果视为已经完成犯罪而定为犯罪既遂。仍以甲杀乙为例,甲开枪杀乙,未将乙杀死,而将乙杀伤。由于实际造成的伤害结果既不是行为人所预期的犯罪结果,更不是法律规定的作为杀人罪的犯罪构成客观要件的犯罪结果,因此,不能按伤害结果确定罪责,仍应对甲以杀人罪未遂论处。

### (三)犯罪没有得逞是由于犯罪分子意志以外的原因

犯罪分子在着手实行犯罪以后,未能使犯罪完成而被迫停止下来,其原因是多方面的。法律规定犯罪未遂中犯罪没有得逞是由于犯罪分子意志以外的原因造成的,这一特征是犯罪未遂与犯罪中止的根本区别。

所谓犯罪分子意志以外的原因,是指违背犯罪分子本意的一切原因。也就是说,犯罪分子主观上是希望将犯罪进行到底,如果没有某种违背犯罪分子意愿的原因,迫使其停止犯罪,犯罪就可能得逞。违背犯罪分子本意的原因,应当具有足以阻止犯罪分子继续实行犯罪的力量,也即具有动摇犯罪人犯罪意志的作用。是否足以阻止犯罪意志,应从犯罪人主观感受和影响犯罪完成的因素的客观性质与作用程度两者综合起来考察判断。比如,犯罪人自身的认识错误,被害人强烈反抗、有效的逃避,第三者或司法机关的制止、抓获,自然力、物质的阻碍,时间、地点已经根本不适于犯罪进行,等等。这些因素的性质和作用都达到了足以抑制犯罪意志的程度,因此,应视为意志以外的原因。另外,如被害人或者第三者的哭泣、哀求、劝告、斥责、警告,被害人的轻微反抗,在暴力犯罪情况下被害人发现或认出犯罪人,时间、地点对犯罪进行有轻微的不利影响,包括犯罪人本身具有的对犯罪进行有轻微的不利影响,等等,这些因素一般都不足以阻止犯罪意志,因此,仅由于这些原因而放弃犯罪的,不能认为是犯罪未遂。

犯罪人意志以外的原因是多种多样的,概括起来,主要有两个方面:

1. 客观方面的原因有:(1)被害人的发现、逃避、反抗等。(2)其他人的制止、抓获,政法机关的行动等。(3)自然力的阻碍,例如放火烧公私财物,点燃后,遇下大雨,被浇灭。(4)物质障碍,例如盗窃犯所带工具撬不开保险柜。(5)犯罪分子自身缺乏完成犯罪的足够能力,例如开枪杀人,射不准,没有打中被害人。(6)意外情况的发生,例如小偷将手伸进他人衣袋,衣袋内空无一物。(7)时间、地点、场合对完成犯罪的不利影响,等等。

2. 主观方面的原因有:(1)犯罪分子对实施犯罪的方法、犯罪工具或者犯罪对象在认识上发生错误，因而使犯罪不能按犯罪分子本意去完成。例如，误将无毒药当毒药去投毒杀人。(2)犯罪分子对作案现场周围的客观情况在认识上发生错误，例如，犯罪分子正在实施犯罪，听见有脚步声，误认为是来人已发现自己而逃跑。

引例中，杨林用木棍击打丁师傅头部的行为，已经是抢劫暴力行为的着手实施，只是由于击打部位不准以及丁师傅自身体格健壮等意志以外的因素，使得其犯罪目的没能得逞，属于犯罪未遂，应当按照抢劫未遂定罪处罚。

综上所述，在犯罪未遂的情况下，犯罪分子主观愿望是要将犯罪继续进行到底，追求犯罪结果的发生，客观上犯罪分子没有完成犯罪是不以他本人意志为转移的原因所致。犯罪未遂的三个特征，也就是犯罪未遂成立的三个条件，这三个条件是主观和客观相统一的一个有机整体，必须同时具备，缺少任何一个特征，都不能构成犯罪未遂。

## 二、犯罪未遂的种类

不同种类的犯罪未遂，表现了犯罪行为不同的实行程度，也反映了其行为的社会危害性程度。因此，划分犯罪未遂的种类，对于进一步认识犯罪未遂的性质，正确确定刑事责任，具有重要意义。

按照不同的分类标准，可以将未遂犯分为两类：

1.以犯罪行为是否实行终了为标准，分为实行终了的未遂和未实行终了的未遂。

(1)实行终了的未遂，是指犯罪分子自认为已经完全实施了犯罪所必要的全部行为，由于意志以外的原因以致犯罪没有得逞。例如，甲为了杀乙，某日将乙骗至郊外，乘乙不备，用木棍击昏乙后将乙卡死，当甲回家取掩埋乙的工具返回时，乙已被他人救走未死，甲的行为就是实行终了的杀人未遂。

(2)未实行终了的未遂，是指犯罪分子自知尚未完成犯罪所必要的全部行为，由于意志以外的原因，使犯罪未能得逞。例如，盗窃犯正在被害人家中翻箱倒柜，突然听到门外有脚步声，以为失主回家而慌忙逃跑。这就是未实行终了的未遂。

一般地说，实行终了的未遂比未实行终了的未遂因距离犯罪的完成更近，因而社会危害性就大一些，应负的刑事责任也相应要重。

2.以犯罪行为实际能否构成既遂为标准，分为能犯未遂和不能犯未遂。

(1)能犯未遂，指犯罪分子实际上有可能完成犯罪，但是在已经着手实施犯罪后，由于意志以外的原因而未得逞。在实践中，绝大多数未遂犯都属这一类。造成能犯未遂的原因很多，可以是行为人本身的客观情况，如疾病、能力等。也可以是行为人以外的客观情况，如自然力、被害人的反抗、第三人的干扰等。例如，甲为了杀乙，将毒药放人乙的食物内，乙发现有异味，将食物倒掉；或者乙食后中毒，经他人抢救脱险。甲的行为就是能犯未遂。如果乙未发现异味，不将食物倒掉而吃下；

或者中毒后未经他人抢救脱险，完全有可能被甲毒杀死亡。

(2)不能犯未遂，这是指犯罪分子因对事实认识错误致使其行为不可能完成犯罪，即不可能达到既遂的犯罪未遂。如犯罪分子误把盐当成毒药投毒等。不能犯未遂的实质就在于行为人所实施的危害行为在行为时，不具有完成犯罪的现实可能性，无法达到既遂。

不能犯未遂又可分为两种情况：

(1) 工具不能犯未遂。就是犯罪分子使用了按其客观性能不能完成犯罪，不能实现其犯罪意图的工具。例如，用坏枪去射击杀人，就不能达到既遂。

(2) 对象不能犯未遂。就是犯罪行为所指向的对象当时并不存在，或者由于犯罪对象固有的属性而不能达到既遂。比如，盗窃犯撬开保险柜，里面空无财物；误以兽为人而加以杀害或误将男子当妇女强奸等等，都不能达到既遂。

在不能犯未遂的情况下，行为人主观上具有明显的犯罪故意，客观上实施了犯罪行为，仅仅由于行为人对事实认识错误而没有完成犯罪。如果不发生错误认识，犯罪分子所预期的犯罪结果就会发生。可见，不能犯未遂同时具备了犯罪构成中的主观罪过和客观行为两个方面最基本的因素，因而它具有相当的社会危害性，已构成犯罪。在实践中，应当把工具不能犯未遂与迷信犯加以区别。迷信犯的行为人主观上尽管有犯意，但是基于愚昧无知使客观上实施的行为不具有实际的社会危害性，因而不构成犯罪。例如，用针扎纸人或以诅咒方法杀人，在任何情况下也绝对不可能产生他人死亡的结果。

由于不能犯未遂不仅不会产生犯罪结果，而且也不会造成任何实际损害。因此，在一般情况下，其社会危害性小于能犯未遂。所以，在量刑时，应比能犯未遂要轻。

### 三、犯罪未遂的处罚原则

《刑法》第23条第2款明确规定："对于未遂犯，可以比照既遂犯，从轻或减轻处罚。"

对于未遂犯的刑事责任，应当明确两个问题：

(1)在定罪上，一方面，对未遂犯要与被比照的既遂犯一样，按其犯罪行为所触犯的刑法分则条款确定罪名。例如，强奸未遂的仍应定为强奸罪，而不应定为强奸未遂罪。另一方面，确定罪名又要反映未遂在故意犯罪过程中所呈现的状态，一般可用括号表达，如强奸罪(未遂)。

(2)在量刑上，根据刑法的规定，对未遂犯处罚比预备犯处刑要重，不能免除处罚。因为未遂犯已经进入犯罪的实行阶段，更接近既遂，而且主观上并未放弃犯罪意图，危害性比预备犯大，但是，处罚上比既遂犯处刑要轻。因为未遂犯毕竟还没有完成犯罪，危害性相对比既遂犯要小。当然，对未遂犯的处罚并非一律应当比照既遂犯从轻或者减轻,刑法只规定可以,是否从轻或者减轻处罚还要根据犯罪性质、情节、实行程度(距离犯罪既遂的远近)、实际的危害后果、没有得逞的原因以及犯罪分子个人的情况等综合考虑决定。对于犯罪性质特别严重,情节特别恶劣的未遂犯,也可以不从轻或者减轻处罚。

## 第五节 犯罪中止

**【引 例】**

被告人李张,男,36岁,某国有企业部门经理。经查,被告人在婚后一直不安分生活,与同单位的会计刘林长期通奸,刘林后逼迫李张与妻子赵雅离婚而后与自己结婚,李张深知性格倔强的妻子绝不会答应离婚。于是心生杀意。2004年11月29日,李张趁妻子进厨房盛菜之际,在妻子喝的汤里投入事先准备好的毒药,妻子回来喝下汤后不久中毒。毒药发作之时,妻子问李张为何要毒害自己,李张默不作声。妻子将知道李张和刘林通奸之事,以及对此行为的容忍一一告诉李张,并表示自己仍然爱他。李张听完妻子的话后,心生悔悟,急忙将妻子送往医院,但赵雅终因中毒太深,抢救无效死亡,后李张向公安机关自首。

### 一、犯罪中止的概念和特征

根据《刑法》第24条第1款的规定,犯罪中止是指在故意犯罪过程中,犯罪分子自动放弃犯罪或者自动有效地防止犯罪结果发生的状态。

这一概念表明,犯罪中止有两种情况:一是在犯罪过程中,自动放弃犯罪的作自动中止。二是在犯罪过程中,自动有效地防止犯罪结果发生。这种情况只有在犯罪结果不是与犯罪行为同时发生的犯罪中才存在。如投毒、爆炸,往往是实施犯罪后,要经过一段时间才发生犯罪结果。这种情况下,只要在危害结果发生之前,自动放弃继续实行犯罪行为并有效防止危害结果的发生,也可成立犯罪中止。这种中止叫有效中止。

犯罪中止具有以下特征:

#### (一)时间性

犯罪中止的时间性是指犯罪中止必须发生在犯罪的预备或实行阶段。因此犯罪中止可以存在于犯罪预备阶段,犯罪实行阶段以及行为实行完毕但危害结果尚未发生阶段。如甲欲毒害其妻,准备了毒药伺机投毒,后感到其妻对其不错,便放弃了投毒，这属于犯罪预备阶段的犯罪中止。如果甲刚刚把毒药放在其妻的食物中，因惧怕被发现便将食物倒掉，这属于着手实行犯罪过程中的犯罪中止。如果甲的妻子已将有毒的食物吃下，甲见其疼痛难忍，出于怜悯自动将其送往医院抢救后脱险，这属于犯罪实行后有效防止危害结果发生的犯罪中止。

在实践中，应注意以下两种情况，不能视为犯罪中止，其悔罪表现，可作为量刑时考虑的情节：(1)犯罪既遂以后自动返还原物或者自动赔偿损失的行为，不是犯罪中止。例如，某甲将他人的一台彩色电视机盗回家中，经其父规劝，某甲悔悟，即偷偷地把这台彩电送回原处或者在卖了以后又赔偿他人损失。甲的行为就不是犯罪中止，而是犯罪既遂。因为他不是在盗窃犯罪的过程中停止盗窃行为，而是在已经完备了盗窃罪的全部要件，达到既遂以后的恢复原状或赔偿损失。对于其悔罪表现，可作为量刑时考虑的情节。(2)犯罪未遂以后悔罪的行为，不是犯罪中止。例如，即持刀杀其妻，其妻被砍了两刀，奔跑呼救，甲追杀，邻居赶到将甲抓住。此时，甲后悔自己的行为，并主动同邻居一起将其妻送到医院抢救，其妻未死。甲的行为是杀人未遂，不是犯罪中止。

### (二)自动性

犯罪中止的自动性是指犯罪分子自动地放弃犯罪，即犯罪分子出于自己的意志而放弃了自己认为当时可能进行到底的犯罪行为。只有犯罪分子既在主观上有自愿放弃犯罪的意图，客观上有自动停止犯罪的行为，才能不使犯罪结果发生，从而也才能成立犯罪中止。这一特征是犯罪中止与犯罪预备、犯罪未遂的本质区别，它包含两层意思：一是犯罪分子在行为时自认为可以继续实施与完成犯罪，即能为，这是成立自动性的前提条件。二是必须出于本人的意志而停止了犯罪，即不想为，这是成立自动性的关键条件。如强奸犯面对孤立无援的弱女子使用暴力、胁迫，完全可以达到强奸的目的，由于对被害人的怜悯而自动放弃了强奸意图，停止了暴力、胁迫行为，这就是犯罪中止的自动性。反之，如果强奸犯是因遭到被害人的反抗或被他人发觉而不得不停止强奸行为的，应定为强奸未遂，而不是强奸中止。因为这种停止是被迫中断，不具有自动性。任何因客观上的阻碍而停顿或者被迫放弃犯罪，以及为了等待有利时机而暂时中断犯罪的，都不是犯罪中止。

自动中止犯罪是犯罪分子放弃犯意的客观表现，促使犯罪分子放弃犯罪的动机是多方面的，常见的有：出于真诚的悔悟；对被害人的怜悯、同情；害怕受到法律的制裁和惩罚；犯罪中受到一些不利因素的影响而失去犯罪兴趣等。尽管行为人自动犯罪的动机、悔悟程度不同，但都促使行为人自动放弃了犯罪，因此停止犯罪的动机的多样性并不影响犯罪自动中止的成立。

自动性是中止的本质特征。理解自动停止犯罪必须把握停止犯罪必须是出于犯罪分子本意这一基本点。为此，应当明确以下几点：(1)客观上根本不可能进行到底的某种犯罪，但是，犯罪分子主观上却自认为(误认)能够进行到底而自动停止犯罪行为的，也应认为是犯罪中止。例如，盗窃犯胡某于某日晚潜入本厂财务科办公室，当他将事先配制好的保险柜钥匙接触保险柜时，慑于法律的威力，他离开了现场。其实，他所要打开的保险柜内什么也没有，但是，胡某是在自认为柜内有现金而自己又能开柜拿到现金的情况下自动放弃犯罪的，所以，其行为的性质，符合自动停止犯罪的条件，可以成立犯罪中止。(2)客观上有可能进行到底的某种犯罪，但是，犯罪分子主观上却自认为(误认)不能够进行到底而被迫中断犯罪的，就不应当认为是犯罪中止，而是犯罪未遂。仍以胡某行窃为例，当他将配制好的保险柜钥匙接触保险柜时，忽然听到门外有响声，自认为有人来了会被抓住，因而急忙翻窗逃跑回家，其实并没有人来，而是风吹动邻近办公室的窗门响。这种情况单从外表来看，似乎胡某是自动放弃盗窃犯罪，但实际上却是胡某自己感到当时已不能继续作案而被迫中断其盗窃行为。因此，胡某停止盗窃犯罪行为缺乏自动性，不能视为犯罪中止，而应以犯罪未遂论处。

实践中，放弃重复侵害行为也是一个值得注意的问题。所谓放弃重复侵害行为，是指犯罪分子实施了足以造成既遂结果的侵害行为，但由于意志以外的原因而没有发生犯罪既遂结果，在其有可能实施重复侵害行为的情况下，却自动放弃了重复侵害行为，从而使犯罪停顿下来的情况。例如，某甲为了杀死某乙，举枪向乙射击，第一枪未中，在能够继续向乙开枪的情况下，某甲不再开枪，停止射击。甲的行为是犯罪中止还是犯罪未遂？我国刑法学界存在两种不同的主张：一种主张认为，某甲杀害某乙第一枪未中，是违背某甲意志的，既然某乙的死亡结果未发生是由于某甲意志以外的原因造成的，那么，即使某甲不再开第二枪，犯罪未遂也已经成立，无中止可言。至于甲放弃重复侵害行为，只能说他没有再次实施犯罪。另一种主张认为，某甲是在能够向某乙开第二枪的前提下自动不再开第二枪而放弃杀人行为的，表现了犯罪中止的自动性。在这种情况下，从主客观相统一并结合犯罪实行行为的要求看，他完全有可能以连续的动作将犯罪进行到底，然而他自动放弃了重复侵害行为，应视为犯罪中止。

我们同意后一种主张。如果认为实施了犯罪行为未发生犯罪结果，即便自动放弃能够继续进行到底的侵害行为也只能是犯罪未遂，不仅在理论上将犯罪中止的自动性同犯罪未遂的被迫性这一根本区别混为一谈，而且在适用刑罚上体现不出对主观恶性程度不同的犯罪分子的区别对待，不利于鼓励犯罪分子悬崖勒马，自动放弃犯罪，减少犯罪结果的发生。放弃重复侵害行为属于犯罪中止，其主要理由是：首先，从刑法理论上讲，放弃重复侵害行为符合犯罪中止的条件。因为(1)放弃重复侵害行为发生在犯罪过程中。刑法意义上的侵害行为，可以是人体的单个举动或者动作，也可以是由几个连续举动或者动作组成的一个整体行为。放弃重复侵害的行为本身就说明侵害行为尚在实行过程中，还存在着继续实行侵害的条件。(2)放弃重复侵害行为是自动的。行为人是在认为自己还能够把犯罪进行到底的情况下，放弃犯罪意图，不再实行侵害行为，因此不具有被迫性。(3)放弃重复侵害行为,有效地防止了犯罪结果的发生。其次,从立法上看,刑法上规定犯罪中止的目的就在于鼓励犯罪分子在犯罪结果发生之前,自动放弃犯罪,有效地防止犯罪结果的发生。而放弃重复侵害,正是犯罪分子在实行犯罪的过程中,自动放弃犯罪意图,停止了能够再次实施的重复侵害行为,并避免了犯罪结果的发生。因此,将放弃重复侵害行为认定为犯罪中止,是符合立法精神的。

(三)彻底性与有效性

必须彻底停止犯罪或者有效地防止犯罪结果发生。这里有两个问题:一是中止的彻底性,二是中止的有效性。

1. 中止的彻底性

彻底性是犯罪中止的又一特征。所谓彻底,就是坚决的、完全的,而不是短暂的。所谓彻底停止犯罪,是指犯罪分子彻底放弃已经开始实施的某种犯罪。这里应当明确以下两点:第一,必须是犯罪分子坚决、完全地打消犯罪意图,停止犯罪行为,而不是暂时中断。如果犯罪分子由于准备不充分,认为环境不利或者时机不成熟等而暂时中断犯罪,等待条件适合再干,则不是彻底停止犯罪,也就不能成立犯罪中止。例如,放火犯正在点火时,见有人从远处走来,于是将刚刚点着的火弄灭,打算待来人过去后再干,以免被发现。这就是犯罪的中断进行,而不是犯罪中止。第二,彻底停止犯罪是相对的,就某一具体犯罪而言,就是说犯罪分子已彻底放弃了预备或者着手实施的某种具体的犯罪。因此,不能把它理解为犯罪分子从此以后不再犯任何其他罪。

2. 中止的有效性

犯罪中止必须是避免了犯罪结果的发生,这是犯罪中止的有效性特征。这里包括两种情况:第一,在犯罪预备或者犯罪未实行终了的过程中,犯罪分子只要自动地不再把犯罪行为继续进行下去,就可避免犯罪结果的发生,从而也就可以成立犯罪中止。这就是通常所说的预备中止。第二,在犯罪已经着手实行的情况下,如果犯罪分子在这段时间内采取积极的措施,有效地防止了犯罪结果的发生,仍然可以成立犯罪中止,这叫实行中止。其中包括实行终了的中止和未实行终了的中止两种情况。如果尽管采取了防止犯罪结果发生的积极措施,但未能避免犯罪结果的发生,就不是犯罪中止,而是犯罪既遂。

如果犯罪分子在犯罪行为实行后,虽有悔意并采取措施想避免犯罪结果发生,但犯罪结果没有发生是由于第三者的原因,这也不是犯罪中止,而是犯罪未遂。例如,某甲因家庭琐事与其妻某乙斗气,一时气愤之下,将剧毒农药投入某乙食物内,当甲看到乙刚吃下少量有毒食物时,猛然醒悟,立即将乙送往医院,经抢救脱险。这样,某甲是在将杀人行为实行后,自动采取积极措施有效地防止了某乙死亡结果的发生,可以成立犯罪中止。但是,如果在某甲送某乙去医院前,某乙已由其邻居送至医院,避免了死亡结果的发生,就不是犯罪中止,对某甲应以未遂论处。当然,在量刑时可以考虑某甲自动采取措施防止犯罪结果发生的这一情节。

引例中，李张投毒杀妻，造成妻子赵雅中毒，虽然后来有所悔悟，将妻子送至医院抢救，但赵雅因为中毒太深，抢救无效死亡，故不符合中止行为的有效性，所以对李张仍因按故意杀人既遂定罪处罚，但其悔悟行为可以作为酌定情节在量刑时予以考虑。

## 二、犯罪中止的处罚原则

《刑法》第 24 条第 2 款规定："对于中止犯，没有造成损害的，应当免除处罚；造成损害的，应当减轻处罚。"

由于中止犯在主观上具有犯罪故意，客观上实施了犯罪行为，危害了社会，从法律上讲，中止犯与预备犯、未遂犯一样，均已构成犯罪，因此应当负刑事责任。但是，由于中止犯是自动、彻底地中止了犯罪行为，有效地防止了犯罪结果的发生，因而减少或者消除了犯罪主客观方面对社会的危害。因此，对中止犯的处罚比预备犯、未遂犯都要宽。为了鼓励犯罪分子悬崖勒马，减少对社会的危害，刑法对中止犯首先考虑免除处罚，而且是应当免除或者减轻处罚。之所以还规定减轻处罚，是由于犯罪本身存在不同的情况。有的中止犯虽然防止了该种犯罪结果的发生，但却给被害人造成了其他的损害。比如在用电杀人的情况下，尽管行为人自动断电防止了他人死亡结果的发生，然而却造成被害人肢体残废的后果，心灵的创伤更难愈合，因此，这类案件的行为人应当受到一定的刑罚制裁。

从司法实践看，对于犯罪分子中止犯罪而没有造成任何损害或者损害不大的，一般应当免除处罚。尤其是在犯罪预备过程中中止犯罪的，社会危害性比较小，在大多数情况下都应当免除处罚。对于在中止犯罪之前已经造成一定损害或损害较小的，或者虽未造成严重危害，但犯罪性质严重的，则应当根据其犯罪性质、实际损害和罪犯悔罪的不同程度以及中止犯罪的不同动机等具体案情，酌情予以减轻处罚。

## 司法考试真题链接

1. 李某以出卖为目的偷盗一名男童，得手后因未找到买主，就产生了自己抚养的想法。在抚养过程中，因男童日夜啼哭，李某便将男童送回家中。关于李某的行为，下列哪些选项是错误的？（2007 年司法考试真题）

A. 构成拐卖儿童罪

B. 构成拐骗儿童罪

C. 属于拐卖儿童罪未遂

D. 属于拐骗儿童罪中止

2. 甲乘在路上行走的妇女乙不注意之际，将乙价值12000元的项链一把抓走，然后逃跑。跑了50米之后，甲以为乙的项链根本不值钱，就转身回来，跑到乙跟前，打了乙两耳光，并说："出来混，也不知道戴条好项链"，然后将项链扔给乙。对甲的行为，应当如何定性？（2008年司法考试真题）

A. 抢夺罪（未遂）

B. 抢夺罪（中止）

C. 抢夺罪（既遂）

D. 抢劫罪（转化型抢劫）

3. 甲因父仇欲重伤乙，将乙推倒在地举刀便砍，乙慌忙抵挡喊着说："是丙逼我把你家老汉推下粪池的，不信去问丁。"甲信以为真，遂松开乙，乙趁机逃走。关于本案，下列哪一选项是正确的？（2009年司法考试真题）

A. 甲不成立故意伤害罪

B. 甲成立故意伤害罪中止

C. 甲的行为具有正当性

D. 甲成立故意伤害罪未遂（不能犯）

4. 甲欲枪杀仇人乙，但早有防备的乙当天穿着防弹背心，甲的子弹刚好打在防弹背心上，乙毫发无损。甲见状一边逃离现场，一边气呼呼地大声说："我就不信你天天穿防弹背心，看我改天不收拾你！"关于本案，下列哪些选项是正确的？（2009年司法考试真题）

A. 甲构成故意杀人中止

B. 甲构成故意杀人未遂

C. 甲的行为具有导致乙死亡的危险，应当成立犯罪

D. 甲不构成犯罪

# 第十三章 共同犯罪

【引 例】

张某、孙某、吴某均系某金笔厂职工，三人曾多次密谋盗窃该厂仓库内存放的铱粒。某日深夜，三人共同前往该厂作案。行至途中，吴某因惧怕，借口胃痛不能前往而返回家。当晚十一点钟，张、孙二人趁值班人员不备，潜至仓库门口。张叫孙在门外隐蔽处放风，自己撬开门锁进入仓库。孙在门外等了十多分钟不见张出来，以为张盗得铱粒后从别的出口溜走，遂离开仓库门口，翻墙出厂。厂值班人员听见响动，便前去仓库查看，将正在库内盗窃铱粒的张某抓获。张某、孙某、吴某的行为是否属于共同犯罪？

## 第一节 共同犯罪概述

### 一、共同犯罪的概念

共同犯罪，是相对单个人犯罪而言。刑事犯罪活动中，由一个人实施的较为普遍，但是，两个人或者更多的人勾结在一起，共同实施犯罪的情况也经常出现，对后者，刑法上称为共同犯罪。

根据《刑法》第 25 条第 1 款规定：共同犯罪是二人以上共同故意犯罪。这一定义深刻地揭示了共同犯罪质和量的特点，为确定共同犯罪提供了法律根据。仅就实施犯罪的人数而言，虽然大多数犯罪是一个人单独实施的，然而也有不少犯罪是由二人以上共同实施，而且根据刑法分则条文规定有些犯罪还只能由二人以上共同实施。共同犯罪是一个人单独实施犯罪的扩大和延伸，除应具备一个人单独犯罪的特征以外，还有自己的特征：第一，必须有两个以上的人参加犯罪，一个人不可能构成共同犯罪。第二，必须是故意共同实施犯罪。即参加犯罪的个人、单位都是出于故意并相互合议实施某种或者某几种犯罪行为。如果参加犯罪的个人、单位双方或者各方共同过失犯罪，或者一方是过失而另一方是故意，都不能构成共同犯罪。第三，社会危害大。共同犯罪人多势众，共同谋划，联合行动，能够实施单个人难以实施的犯罪，而且容易完成犯罪和实现预定的犯罪目的。犯罪后又互相包庇，毁灭罪证，易于逃避侦查和审判。因此，共同犯罪较之单个人犯罪具有更大的社会危害性，其主犯特别是首要分子历来都是刑法打击的重点。

共同犯罪这一定义特别强调行为人在主观上必须要有共同犯罪的故意，才能构成共同犯罪。这实际上反映了共同犯罪质的特点。为此，《刑法》第 25 条第 1 款特别指出："二人以上共同过失犯罪，不以共同犯罪论处。应当负刑事责任的，按照他们所犯的罪分别处罚。"这款规定是对共同犯罪概念的重要补充说明。

## 二、共同犯罪的构成条件

根据刑法规定，构成共同犯罪必须同时具备以下三个要件：

### （一）犯罪主体上必须是两个以上的自然人或单位

两个以上是共同犯罪区别于单个人犯罪的主体特征。共同犯罪人必须是两个以上达到刑事责任年龄，具有刑事责任能力的自然人。没有达到刑事责任年龄和不具备刑事责任能力的人不能成为单独犯罪的主体，自然也不能成为共同犯罪的主体，他们参与实施危害社会的活动，实际上是受人指使被当作工具使用，应追究指使人的罪责。因此，有的危害社会的行为，虽然是多数人共同实施的，但如果其中只有一个人达到刑事责任年龄、具有刑事责任能力，而其他人都未达到刑事责任年龄或者不具有刑事责任能力，不能成立共同犯罪，应当依法认为是前者一个人单独实行犯罪。例如，某甲诱使邻居的 10 岁孩子和一个痴呆者一起去盗窃他人财物，由于 10 岁孩子未达到刑事责任年龄，痴呆者缺乏刑事责任能力，这两人均不能成为犯罪主体，当然不构成共同犯罪，只应当看作是某甲单独实施犯罪。

由于刑法已明确规定单位可以成为部分犯罪的犯罪主体，因此，"二人以上"的人应包括单位——一种拟制的人。从目前我国刑法规定来看，共同犯罪的主体结构包括三种情形：(1)两个以上自然人构成的共同犯罪；(2)两个以上单位构成的共同犯罪；(3)自然人和单位构成的共同犯罪。

### （二）客观上必须具有共同的犯罪行为

在共同的犯罪活动中，各共同犯罪人所处的地位、具体分工和参与的程度可能有所不同，但他们的行为彼此联系，相互配合，指向同一犯罪客体，追求同一犯罪目的，每个人的行为都是整个犯罪活动的有机组成部分，都和犯罪结果之间具有因果关系，这些共同的犯罪行为是犯罪结果发生的共同原因。这是每个共同犯罪人对共同犯罪结果担负刑事责任的客观基础。

所谓共同犯罪的行为，有两层意思：一是共同犯罪人都共同参与实施了某种犯罪活动，各个共同犯罪人的行为紧密联系，互相配合，是为了完成一个共同的犯罪而实行。二是每个共同犯罪人的犯罪行为都是整个共同犯罪活动的有机组成部分，都同犯罪结果之间具有因果关系。

所谓各个共同犯罪人的犯罪行为是紧密联系，互相配合的，是指各个共同犯罪人在实施某种共同犯罪活动中，虽然他们所处的地位、具体分工、彼此参与程度可能有所不同，但是，各个共同犯罪人的犯罪行为都是一致指向一个共同的犯罪目标，为完成同一犯罪而活动，从而使他们的犯罪行为在客观上有机地结合起来，形成一个统一的共同犯罪的行为。

所谓每个共同犯罪人的犯罪行为同犯罪结果之间都具有因果关系，是指各个共同犯罪人的犯罪行为在整个共同犯罪活动中，都是不可分割的有机组成部分，他们各自的犯罪行为都对共同犯罪结果的发生起着不同程度的作用。这些行为共同促使了共同犯罪结果的发生，从而每个共同犯罪人的犯罪行为与犯罪结果之间都具有因果关系。例如，甲勾结乙、丙二人盗窃仓库财物，已在门外望风，甲进仓库搬东西，丙在墙外接应赃物，造成仓库财物被盗，损失价值 4 万元。本案中，甲、乙、丙三人虽然分工、参与犯罪程度等有所不同，但他们的行为都是一致指向盗窃仓库财物这一目标而进行的。他们的犯罪行为彼此联系，互为条件，相互作用，其行为的总和是造成仓库财物被盗的统一原因，从而甲、乙、丙的行为同仓库财物被盗这一犯罪结果之间都具有因果关系。

共同犯罪人的共同犯罪行为的表现形式，有以下几种情况：一是共同作为的形式。即各个共同犯罪人的犯罪行为都是积极的作为形式。二是共同不作为的形式。即各个共同犯罪人的犯罪行为都是消极的不作为形式。三是一方是作为，另一方是不作为的形式。

### （三）主观上必须具有共同的犯罪故意

共同故意包含有三层意思：一是每个共同犯罪人都意识到自己不是孤立地实施犯罪，而是同他人相互配合共同实施犯罪。这就是说，各个共同犯罪人不仅主观上都有犯意，而且要有犯意的联系，他们之间的犯意互相沟通、彼此协调。只有这样的共同故意，才能使共同犯罪人的活动具有内部的一致性。二是对于自己与他人共同实施的行为性质及其可能造成的危害结果有明确的认识。三是对于自己与他人共同实施的行为将要引起的危害结果都是抱着希望或者放任的故意态度。正是这种共同的犯罪故意，使每个共同犯罪人的个人意志联结成为一个共同的犯罪意志，使他们在行为上互相配合，构成目标一致的共同犯罪活动。这是每个共同犯罪人对共同犯罪行为所造成的犯罪结果担负刑事责任的主观基础。

在共同犯罪的案件中，共同犯罪人主观上的共同犯罪的故意是每个共同犯罪人对其共同犯罪行为负担刑事责任的主观基础。因此，不能把任何由多数人的行为共同造成危害结果的都当作是共同犯罪。下列情况就不是共同犯罪：

(1)二人以上的共同过失行为造成一个危害结果的。例如，医生某甲疏忽大意开错药方，司药某乙没注意核查，误照错药方发药，致婴儿服药后死亡。由于甲、乙二人没有共同犯罪的故意，不能以共同犯罪论处。如果构成犯罪，需要追究刑事责任，应分别按其过失所犯之罪处罚。

(2)一方故意犯罪，另一方无犯意而造成某种危害结果的。例如，某甲蓄意盗窃厂房附近堆放的木料，即骗某乙说自己买了木料，向乙借汽车去帮助拉回，乙深信无疑，答应帮助。于是，甲、乙共同装车，将木料拉回。本案中，乙的行为虽然在客观上起着帮助甲进行故意犯罪的作用，但乙纯属受甲欺骗，他根本不知道帮甲拉回的木料是盗窃之物，乙在主观上没有犯意，更谈不上有共同犯罪的故意，所以，不能构成共同犯罪，应认为是甲一人单独故意犯罪。

(3)过失地引起或者过失地帮助他人故意犯罪。例如，民兵某甲在闲谈中向社员乙、丙、丁等人谈了队上的枪支、子弹乱放在办公室无人照管，随便拿走都不会被发觉等情况。社员丙听后，便起意并于次日晚去队办公室盗走步枪 2 支，子弹 57 发。本案中，因双方缺乏共同犯罪的故意，不构成共同犯罪。

(4)故意教唆或者故意帮助他人过失犯罪。例如，甲欲杀乙，故意将装上子弹的枪支交给丙，并欺骗说是空枪，叫丙向乙射击以恐吓乙，丙疏忽大意，不加检查即向乙开枪，意图恐吓乙，结果乙中弹身亡。在这里，因甲、丙二人主观上缺乏共同犯罪的故意，不构成共同犯罪，应分别论罪。

(5)二人以上同时或者先后在同一场所实施某种故意犯罪，但彼此在主观故意和客观行为上都互无联系。例如，某晚，甲去盗窃某火车站铁路旁堆放的农药，刚到现场，乙也来盗窃农药，甲、乙各自盗走农药两袋。甲与乙在主观上和客观上均无联系，因此不构成共同犯罪，应各自单独负刑事责任。

综上可见，共同犯罪人主观上的共同犯罪的故意和客观上的共同犯罪的行为，是共同犯罪的两个显著特征，缺少其中任何一方面，都不能成立共同犯罪。

在引例中，张某、孙某、吴某成立盗窃罪的共同犯罪。首先，具备了共同犯罪的主体要件，他们均是达到刑事责任年龄，具有刑事责任能力的自然人。其次，三人实施了共同的盗窃行为，虽然吴某在前往盗窃地点的途中因为害怕而假装胃痛，没有去犯罪现场，但是他参与了事前的密谋行为，就是说他参与实施了盗窃行为的一部分，具有共同行为。再次，三人具有实施盗窃犯罪的共同的故意，这可以从三人多次进行密谋并共同前往犯罪地点反映出来。

## 第二节　共同犯罪的形式

共同犯罪的形式，是指二人以上共同犯罪的结构或者共同犯罪人之间的结合形式。共同犯罪的形式不同，其性质和对社会的危害性程度也不同。研究这一问题，有助于我们贯彻区别对待政策，正确适用法律，更好地同共同犯罪作斗争。

刑法理论从不同的角度，用不同的标准，对共同犯罪的形式作过多种分类，主要有以下几种：

## 一、以共同犯罪能否任意形成为标准，可分为任意共同犯罪和必要共同犯罪

任意共同犯罪，是指根据刑法分则规定可以由一人单独实施的犯罪，而由二人以上共同实施。即这类犯罪可以由一人单独实施，也可以由多人共同实施。如盗窃罪、抢劫罪、杀人罪等等都属于这一类。必要共同犯罪，是指只能由二人以上共同实施而不能由单个人实施的犯罪。即这类犯罪只能以共同犯罪的形式出现。如刑法第 290 条规定的聚众扰乱社会秩序等，只能由二人以上共同实施才构成犯罪。从刑法分则对必要的共同犯罪的规定看，大体上有以下几种情况，(1)聚合性共同犯罪，又称聚合犯，即以不特定的多数人的聚合行为为犯罪构成要件的犯罪。例如，武装叛乱、暴乱罪，聚众哄抢罪，聚众冲击国家机关罪，聚众扰乱公共场所、交通秩序罪，聚众斗殴罪，聚众淫乱罪，赌博罪，暴动越狱、聚众劫狱罪，扰乱军事禁区秩序罪，扰乱军事管理区秩序罪，等等。这种犯罪都是由首要分子组织、策划、指挥众多的人进行的犯罪活动。(2)对行性共同犯罪，又称对向行性犯，即指以双方的对向行为为构成要件的犯罪。根据我国刑法分则规定，对这种共同犯罪有的定为同一罪名并适用同一法定刑，如投标人相互串通投标或者投标人与招标人串通投标，都构成串通投标罪，法定刑轻重相同。而有的对双方的行为规定不同的罪名并适用不同的法定刑，如对受贿与行贿分别规定为受贿罪和行贿罪，前者依照第 383 条规定的法定刑处罚，后者根据第 390 条规定的法定刑处罚。(3)集团性共同犯罪，即以组织、领导或者参加犯罪集团为构成要件的犯罪。根据我国刑法分则规定，这种犯罪的构成有两种情况：一是组织、领导和积极参加犯罪集团才能构成犯罪。例如，组织、策划、实施分裂国家、破坏国家统一的，构成分裂国家罪；组织、策划、实施颠覆国家政权、推翻社会主义制度的，构成颠覆国家政权罪；组织、领导和积极参加恐怖活动组织的，构成组织、领导、参加恐怖组织罪；组织、领导和积极参加以暴力、威胁或者其他手段，有组织地进行违法犯罪活动，称霸一方，为非作恶的，构成组织、领导、参加黑社会性质组织罪等等。二是只要参加犯罪组织即可构成犯罪。如参加间谍组织或者接受间谍组织及其代理人的任务的，构成间谍罪等。刑法分则对必要的共同犯罪作了规定，与此相应，刑法总则对个人能够单独实施的犯罪而两个人以上共同实施的犯罪情况，即任意的共同犯罪作了统一的规定。

## 二、以共同故意形成的时间为标准，可分为事前有通谋的共同犯罪和事前无通谋的共同犯罪

事前有通谋的共同犯罪，是指共同犯罪人在着手实施犯罪以前对具体犯罪已作了不同程度的商议和必要的准备，其共同故意是在实行犯罪之前形成的。这是实践中比较常见的共同犯罪形式。事前无通谋的共同犯罪是指共同犯罪人的犯罪故意是在犯罪实施过程中形成的情况。一般来说，事前有通谋，犯罪完成的可能性较大，作案后也比较容易逃避侦查，因此其社会危害性比事前无通谋的共同犯罪的社会危害性要大。这主要表现在：一是犯罪完成的可能性大；二是可以使更多的人卷入参与犯罪；三是在着手实行犯罪前就可能给社会造成较大的物质损耗；四是将对社会造成更大的危害；五是比较易于逃避侦查。

应当明确，事前无通谋与无犯意联系是两个完全不同的概念。前者是就共同犯罪故意形成的时间而言的，其前提是具有共同犯罪的故意，只是在着手实行犯罪以前未通谋。而后者则是指犯罪人之间在主观上没有共同故意犯罪的意思联系，根本不存在共同犯罪的故意，两者性质各异，不能混淆。

## 三、以共同犯罪人之间有无分工为标准，可分为简单共同犯罪和复杂共同犯罪

简单共同犯罪，是指所有共同犯罪人都是实行犯，即所有共同犯罪人都直接实行了具体犯罪构成客观要件的行为。这种情况主要存在于人数较少、组织较简单的共同犯罪中。复杂共同犯罪，是指各共同犯罪人在共同犯罪中有不同的分工，如有组织、指挥者，直接实施者、帮助者等，由于各人在共同犯罪中分工不同，其在共同犯罪中的地位和作用以及对社会的危害性程度也不同，在定罪量刑上应正确区别对待。在复杂共同犯罪的场合下，由于共同犯罪人之间分工比较复杂，因而每个人所处的地位、参与犯罪的程度、所起的作用都各不相同，其社会危害性程度也有所不同，这就决定了他们负担刑事责任的差别。为此，对这种形式的共同犯罪，需要认真研究，以便区别对待，正确定罪量刑。

如何解决简单共同犯罪人的刑事责任？我们认为应当遵循如下原则：

1. 各共同犯罪人对共同实行的犯罪行为整体负责，而不只是对自己实行的犯罪行为负责。如甲乙共谋投石伤丙，甲投石击中丙左眼致盲，而乙未投中，则乙与甲同样作为故意伤害既遂的共同实行犯处罚。这在外国刑法理论上称“一部行为

全部责任原则”。[1]

2.各共同犯罪人只能对共同故意实行的犯罪负责，对有人超出共同故意的范围之外实行的犯罪，属共犯的逾越行为，只能由该行为人自己负责。

3.根据各共同犯罪人在共同犯罪中的作用和社会危害程度，分别按主犯、从犯、胁从犯处罚。

4.考查各共同犯罪人的人身危害程度和犯罪后态度，实行区别对待。具备从重或从轻、减轻、免除处罚情节的，予以从重或从轻、减轻、免除处罚。[2]

## 四、以共同犯罪人之间有无组织形式为标准，可分为一般共同犯罪和特殊共同犯罪即犯罪集团

一般共同犯罪，是指二人以上没有特殊组织形式的共同犯罪，其特点是各共同犯罪人的结合比较松散，通常是为了实行某一犯罪，事前或临时纠集在一起，完成犯罪后即散伙，共同犯罪的形式不再存在。也有的多次纠合在一起共同实施犯罪，但还不具备特殊组织形式。

特殊共同犯罪即犯罪集团，是一种有组织的共同犯罪形式，它是指由较多的人，在较长时间里，为了实行某种或多种犯罪而建立起来的带有相对稳定性的犯罪组织。

1.犯罪集团的概念与特征

我国《刑法》第26条对犯罪集团的概念作了如下规定：“三人以上为共同实施犯罪而组成的较为固定的犯罪组织，是犯罪集团。”根据上述规定并结合司法实践来看，犯罪集团同一般共同犯罪相比，具有以下特征：(1)人数较多。至少三人以上，这是犯罪集团区别于一般共同犯罪的首要特征。(2)具有一定的组织性。有明显的首要分子；有比较固定的基本成员，有比较明确的组织分工。有的集团还有名称，有纲领，有计划。(3)具有较严格的纪律性。(4)具有相对的稳定性。(5)具有明确的犯罪目的性。以上五个特点的统一，是构成犯罪集团的规格，也是区分犯罪集团和一般共同犯罪的标准。

犯罪集团是危害性最严重的一种犯罪形式，历来是我国刑法打击的重点。因此，对犯罪集团的认定，一定要坚持讲规格，讲标准，既要防止把集团性犯罪错定为一般共同犯罪，也要防止把因后果严重或者情节恶劣，为了从重处理而把一般共同犯罪拔高为犯罪集团。

2.犯罪集团的认定和处罚

正确认定犯罪集团，是正确处罚集团犯罪的前提。因此，在认定犯罪集团时，

---

① [日]板仓宏：《新订刑法总论》，劲草书房1998年版，第305页。

② 高铭暄、马克昌：《刑法学》，北京大学出版社、高等教育出版社2000年版，第172页。

必须严格划清以下罪与非罪、犯罪集团与非犯罪集团的界限：

(1)犯罪集团与事前通谋的一般共同犯罪的界限。二者有相同之点：即都是事前有通谋、有计划地进行共同犯罪活动。二者的主要区别是：第一，前者有较严密的组织，首要分子领导、指挥普通成员进行犯罪活动。有较为固定的组织分工；后者虽然也可能有分工，但不固定，而且没有领导与被领导的关系。第二，前者有相对的稳定性，集团成员之间联合比较牢固；后者大多是实行了预定的犯罪后即行散伙，成员之间比较松散。第三，前者有较严密的行动计划，犯罪手段复杂，逃避法律制裁的能力较强；后者不具有这些特点。

(2)犯罪集团与犯罪团伙的界限。犯罪团伙是司法实际工作中的一个用语，是针对结伙犯罪案件在刑事侦查阶段，尚不能确定其性质是集团性犯罪还是一般共同犯罪的情况下所使用的一个词语。我国刑法中没有犯罪团伙的规定，因而它不是一个法定概念。所谓犯罪团伙，即有团有伙，既包括犯罪集团，也包括一般共同犯罪，是二者的统称。一般是指三人以上结合比较松散的一种共同犯罪。其特征是：结合比较松散，成员不太固定，没有明显的首要分子，一般成员多是青少年，没有经常共同作案的明确目的和预谋，往往是三五成群，临时纠集作案，带有一定突发性。作案分工、手段都比较简单，活动比较暴露。犯罪团伙不等于犯罪集团，但是一旦混进了惯犯、累犯，就很有可能向有组织、有计划的犯罪集团方向发展。犯罪团伙不是一种独立的共同犯罪形式，而是一种介于犯罪集团和一般共同犯罪之间的共同犯罪形式。对其处理应当根据实际情况，实事求是地区别对待，凡符合犯罪集团基本特征的应定为犯罪集团，不符合犯罪集团基本特征或者定犯罪集团没有把握的，则按一般共同犯罪处理。

(3)犯罪集团与聚众犯罪的界限。聚众犯罪在我国刑法总则中有规定，刑法分则中也规定了一些具体罪名。如《刑法》第268条规定的聚众哄抢公私财物罪，第290条规定的聚众扰乱社会秩序罪等等。聚众犯罪是以聚众为构成要件的一种共同犯罪。所谓聚众就是聚集众人从事一定的犯罪活动。聚众犯罪的主要特点是：一般参与人数较多，成员不固定，随时会有增加或者减少，其中有为首者和积极参加者，也有一般参加者和受蒙骗的群众，其作案方式往往是在一个或几个为首分子煽动下，一哄而起实施犯罪，除为首分子有明确的犯罪目的外，一般参与人未必都有自己的犯罪目的，有的仅是出于一种起哄凑热闹、找刺激或者借以发泄一下心中不满的心态，事毕即散。聚众犯罪在某些方面具有与犯罪团伙相类似的性质和特点，也是一种介于犯罪集团和一般共同犯罪之间的共同犯罪形式，我国刑法也没有把它作为一种独立的犯罪形式。因此，对此类犯罪的处理，凡是符合犯罪集团基本特征的应定为犯罪集团，不符合犯罪集团基本特征的，则按一般共同犯罪处理。

在追究犯罪集团成员的刑事责任时，应当依法从重处罚首要分子，根据刑法第97条的规定，犯罪集团的首要分子，是指在犯罪集团中起组织、策划、指挥作用的犯罪分子。首要分子是犯罪集团的核心人物，组织和领导犯罪集团的一切活动，诸如首先发起建立犯罪集团，筹划发展成员，拟定犯罪计划，指挥其他成员进行犯罪活动等等。因此，他不仅要对自己直接实行的具体犯罪行为负刑事责任，而且对其他成员按照集团的犯罪计划所实施的一切犯罪也要负刑事责任。这是因为其他成员按犯罪计划所实施的犯罪无论在客观上、主观上都与首要分子的行为有着密切的联系：从客观方面来看，该集团的一切按犯罪计划实施的犯罪行为都是在首要分子组织、领导、指挥下进行的。首要分子的活动决定其他成员的活动。从主观方面来看，其他成员按犯罪计划实施的犯罪活动是包括在首要分子的犯罪意图之内的，即具有共同的故意。但是，如果该集团中的某个成员实行了超出该集团的犯罪计划以外的犯罪，则首要分子对此种犯罪不负刑事责任。因为这种犯罪计划以外的犯罪，在客观上和主观上都与首要分子的行为没有直接联系。例如，某一盗窃集团的犯罪计划是盗窃财物。如果该集团中某个成员在盗窃财物的过程中又犯了强奸罪，则首要分子对强奸罪行不负刑事责任。犯罪集团的其他成员，应按其在共同犯罪中所处的地位和所起的作用，对其参与实施的具体罪行分别负责。

## 第三节 共同犯罪人的种类及其刑事责任

【引 例】

强某因与他人的妻子通奸而遭到痛打，遂产生了盗枪报复的念头。某日晚11时许，强某窜入本单位武器库，叫醒正在睡觉的值班人员岳某，哄骗岳某开门，强行进屋，用尖刀逼住岳某，令其打开武器库。岳某被迫打开武器库的房门锁头。强某取走两支半自动步枪。在强某离开现场时，岳某让强某把自己绑起来。强某就用撕碎的床单布条将岳某绑起，口塞破布，推倒在地。两人是否构成共同犯罪？

在共同犯罪中，各共同犯罪人所处的地位、所起的作用和对社会的危害性程度各不相同，其刑事责任也应有所不同。为了正确贯彻对犯罪分子实行区别对待的政策，做到罚当其罪，有必要对共同犯罪人作一定的分类。我国刑法实行罪责自负，反对株连原则。在共同犯罪活动中，由于各个共同犯罪人所处的地位和所起的作用以及对社会的危害性不同，因而他们各自承担的刑事责任也就应当有所不同。对共同犯罪人进行正确的分类，就是为了分清各犯罪人在共同犯罪中的刑事责任，以便区别对待，正确定罪量刑。

各国刑事立法，按照不同的分类标准，对共同犯罪人有不同的分类，基本上存在两种分类方法：一是按照共同犯罪人的行为性质和活动分工的特点，把共同犯罪人分为三种或者四种，如正犯、教唆犯和从犯，或者实行犯、教唆犯和帮助犯，或者是在三分法的基础上加上组织犯。二是按照共同犯罪人在共同犯罪中所起的作用，把共同犯罪人分为主犯和从犯。

以上两种分类方法，第一种方法解决定罪问题比较好，第二种方法解决量刑问题比较好。但这两种方法都存在不足之处。我国刑法总结了我国司法实践的经验，吸收了上述两种分类方法的优点，以犯罪分子在共同犯罪中所起的作用为主要标准，适当照顾到共同犯罪人行为的性质和活动分工的特点，把共同犯罪人分为主犯、从犯、胁从犯和教唆犯，从而把组织犯包括在主犯中，把帮助犯包括在从犯中，对实行犯则按其在共同犯罪中的作用分别包括在主犯或从犯中。这样的分类，就把共同犯罪中的定罪量刑问题基本上都概括进去了，有利于指导司法机关明确打击重点，实行区别对待，准确地依法定罪量刑。

## 一、主犯及其刑事责任

### (一)主犯的概念和种类

《刑法》第 26 条规定:“组织、领导犯罪集团进行犯罪活动或者在共同犯罪中起主要作用的，是主犯。”《刑法》第 97 条规定:“本法所称首要分子，是指在犯罪集团或者聚众犯罪中起组织、策划、指挥作用的犯罪分子。”

根据这两条规定可以看出，我国刑法中规定的主犯有三种:一是在犯罪集团中起组织、领导、策划、指挥作用的首要分子。二是在聚众犯罪中起组织、策划、指挥作用的首要分子。三是在共同犯罪中起主要作用的分子，这部分主犯既可以存在于犯罪集团、聚众犯罪中，也可以存在于一般共同犯罪中。首要分子和主犯的区别在于:首要分子包括在主犯中。换言之凡是首要分子都是主犯，主犯却不一定都是首要分子。一个犯罪集团或聚众犯罪案件中，主犯可能有多人，在这些主犯中只有起组织、领导、策划、指挥作用的才是首要分子。可见，在共同犯罪中首要分子比不属于首要分子的主犯社会危害性更大。

### (二)对主犯的认定

在司法实践中，正确认定共同犯罪中的主犯，尤其是首要分子，对于共同犯罪的定罪量刑具有重要的意义。如刑法规定的聚众扰乱公共场所秩序罪、聚众扰乱交通秩序罪等，只有其中的首要分子才构成犯罪，对于一般参与者，不应认为构成犯罪。

主犯是在共同犯罪中起主要作用的犯罪分子(包括首要分子)。认定共同犯罪人是否主犯，即是否起了主要作用，主要应当根据他在参加实施共同犯罪活动中所处的地位、实际参加的程度、具体罪行大小、对造成危害结果的作用等，全面分析判断。从主犯参加活动的情况来看,他们一般在事前拉拢、勾结他人,出谋划策;实施犯罪时积极参加,担任主角,协调他人行动,所犯具体罪行较重,或者直接造成严重的危害结果;有的事后还策划掩盖罪行、逃避惩罚的活动。分析认定主犯应注意以下问题:(1)要从实质上而不是单从形式上看问题。不能单看有无领导称号,不能单看过去表现,更不能单看年龄大小,要从实质上看犯罪人在共同犯罪活动中实际上是否起主要作用来认定。(2)要全面分析共同犯罪人在整个犯罪中所起的作用。特别是认定犯罪集团中的主犯时,更要根据他在犯罪集团内多次犯罪活动中所起的作用进行全面的分析判断。(3)在一个共同犯罪案件中,可能只有一个主犯,也可能有几个主犯,这都只能严格依照主犯的条件标准来认定。(4)主犯与主犯之间,也还有罪恶大小不等之分,不是完全没有差别,绝不能因为有差别就硬把主犯降格为从犯。

### (三)对主犯的处罚原则

主犯在共同犯罪中起主要作用,对社会造成的危害和人身危险性都比一般成员要大,为了做到罪刑相适应,我国刑法对首要分子和其他主犯规定了以下处罚原则:(1)《刑法》第 26 条第 3 款规定:"对组织、领导犯罪集团的首要分子,按照集团所犯的全部罪行处罚。"(2)《刑法》第 26 条第 4 款规定:"对于第三款规定以外的主犯、应当按照其所参与的或者组织、指挥的全部犯罪处罚。"(3)在我国刑法分则中,也有些条文对主犯特别是首要分子作了从重处罚的明确规定。如《刑法》第 291 条规定的聚众扰乱公共场所秩序、交通秩序罪,只规定对首要分子处 5 年以下有期徒刑、拘役或者管制,对非首要分子不追究刑事责任。

## 二、从犯及其刑事责任

从犯在共同犯罪中所处的地位,从属于主犯。从犯的犯罪行为,必须依从于主犯的犯罪行为而起作用。从犯在共同犯罪中,只起促进或者帮助作用,而主犯则起决定性作用。从犯的犯罪行为表现为协助完成犯罪,或者协助隐匿犯罪,其行为是造成危害结果的原因之一,但不是主要原因。

### (一)从犯的概念

《刑法》第 27 条第 1 款规定:"在共同犯罪中起次要或者辅助作用的,是从犯。"根据这一规定,从犯可以分为两种:一种是在共同犯罪中起次要作用。另一种是在共同犯罪中起辅助作用。

从犯是相对于主犯而言的,在共同犯罪中所处的地位从属于主犯。从犯在客观上,对主犯实施犯罪有帮助行为,在共同犯罪中起次要或者辅助作用。在主观上,认识到主犯所实施的犯罪和这种犯罪将要产生的危害结果,也认识到自己的行为是在帮助主犯实施犯罪，并且希望或者放任通过自己的帮助行为使主犯能顺利完成犯罪。这是从犯担负刑事责任的主客观基础。

### （二）从犯的认定

在共同犯罪中起次要作用的从犯，即次要的实行犯。所谓起次要作用，是指虽然直接参加了实施犯罪的行为，但只是在主犯指挥、带领下参与了某些犯罪活动，在整个犯罪过程中只起了次要的实行犯的作用，如参与盗窃时望风放哨、搬运赃物等等。所谓起辅助作用，通常指帮助犯，是指没有直接参加实施犯罪的行为，只是为实行犯完成犯罪提供了某些帮助。表现为物质上、体力上的帮助和精神上的帮助两种。前者如为实行犯提供作案工具、窥探被害人行踪等等；后者如为实行犯出谋划策、鼓劲打气，以坚定其犯罪信心等等。根据刑法规定，同犯罪分子事前有通谋，事后窝藏、包庇犯罪分子的或者为犯罪分子窝藏、代为销售赃物的，以共同犯罪论处，对这类行为人一般也按从犯处理。

认定从犯，要从犯罪分子在共同犯罪活动中所处的地位、实际参加的程度、具体罪行的大小、对危害结果所起的作用大小等方面，去具体判断，看他在共同犯罪中是否起次要或者辅助的作用。

认定从犯时应注意以下几个问题：(1)要把起次要作用的实行犯同主犯严格区别开来，绝不能不加分析地认为凡是直接实施了犯罪构成要件行为的共同犯罪人都是主犯。(2)按照我国刑法规定和刑法原理，对于在犯罪完成前没有通谋，只在犯罪完成后窝藏、包庇、消灭罪迹、窝赃、销赃等犯罪分子，不能定为共同犯罪中的从犯，而应当分别独立构成窝藏罪、包庇罪或者窝赃罪、销赃罪。因为在这种情况下，犯罪分子在客观上所实施的窝藏、包庇等犯罪行为与其他犯罪分子所实施的先前行为互无联系，与已经造成的犯罪结果之间无因果关系，主观上也不具有共同犯罪的故意，所以不能构成共同犯罪，当然就谈不上认定为从犯了。例如，甲将乙杀死后，才邀约丙一起共同毁尸灭迹。丙应该单独构成包庇罪，而不能构成杀人罪的从犯。

### （三）对从犯的处罚原则

由于从犯在共同犯罪中不起主要作用，其罪行和人身危险性比主犯相对要小，担负的刑事责任也应比主犯相对要轻，所以《刑法》第 27 条第 2 款规定："对于从犯，应当从轻、减轻处罚或者免除处罚。"从犯的刑事责任与同案主犯应负的刑事责任相对而言，比同案主犯应受到的刑罚处罚要轻。这是就两者罪行本身的差距而言的，但这绝不等于说所有从犯同主犯实际受到的处罚相比较都要轻。因为有的主犯可能另具有从轻或者减轻甚至免除处罚的情节，所以，主犯实际受到的处罚比应受到的处罚也有差距。如果从犯并不另具有与主犯相同的情节，自然不应随主犯的从轻减轻或者免除处罚而从轻、减轻或者免除处罚。

## 三、胁从犯及其刑事责任

### (一)胁从犯的概念

根据《刑法》第 28 条规定，胁从犯是指被胁迫参加犯罪的分子。

胁从犯的本质在于是被胁迫参加犯罪的。所谓胁迫实质上是一种精神强制，行为人由于受到威胁、逼迫，处于一种精神恐惧的状态，从而不敢反抗，不得不参加犯罪。从客观方面看，胁从犯是在被胁迫的情况下，参与实施了某些共同犯罪的活动，在整个共同犯罪过程中，处于被动地位，所起的作用较小，罪行比较轻。从主观方面看，胁从犯是知道或者基本上认识到是在进行犯罪，但不是自愿或者完全自愿的。在这种情况下，行为人还有一定的意志自由，因而其行为仍然是有意识的，是犯罪行为。例如，甲欲杀乙，但不知乙在何处，某晚，甲找着乙的好友某丙，用刀威逼某丙，迫使其带路到乙家将乙骗出门，让甲将乙杀死。本案中，某丙就是被胁迫参加杀人犯罪的胁从犯。

### (二)胁从犯的认定

胁从犯的特点是：在主观上，本人不愿意或者不完全愿意参加犯罪，而是在他人威逼、强制下参加的。但是行为人对所参加的犯罪及其后果是有一定认识和预见的，也没有完全丧失意志自由，在是否参加的问题上，仍可依据自己的意志作出选择，其最终选择参加犯罪，归根结底是受自己意志支配的。因而主观上具有罪过和共同的犯罪故意。在客观上，行为人毕竟参加了犯罪活动，具有共同的犯罪行为，只是在共同犯罪中主观恶性较小，处于被动地位，所起的作用也较小，罪行较轻。胁从犯具备构成犯罪的主客观要件，因而应承担相应的刑事责任。

认定胁从犯时应注意以下问题：(1)要把胁从犯同身体上完全受强制、失掉了意志自由的人严格区别开来。因为完全被强制人主观上不具有罪过，不构成犯罪，当然谈不上构成胁从犯。例如，某铁路的扳道员被犯罪分子捆绑起来，火车到时，扳道员因身体完全受强制不能正常地履行扳道职责，以致发生了车毁人亡的重大事故。该扳道员无罪，不能成为胁从犯。(2)要把胁从犯与从犯区别开来。两者的主要区别是：在主观上，从犯是完全自愿，而且是一开始就自愿参加犯罪的，也就是自觉地参加犯罪；胁从犯则始终是不自愿或者不完全自愿参加犯罪的，带有被胁迫的性质。这是两者区别的关键。在客观上，从犯是主动地实施犯罪，在共同犯罪中起次要或者辅助的作用，罪行比胁从犯严重。胁从犯是被动地偶尔参与犯罪，所起作用较小，罪行较轻。

引例中，岳某与强某虽然没有事前的共同故意，但是，在明知强某的抢劫意图后，贪生怕死，在强某的逼迫下，打开了武器库，让强某取走两支半自动步枪。岳某虽然受到逼迫，但在当时情况下，很难说完全失去了意志自由。况且，作为武器库的管理人员，其职责也不允许在受胁迫之下放弃职守。因此，本案中，岳某打开武器库房门锁头的行为为强某实施犯罪提供了客观的便利条件，在主观上，虽受胁迫，但并未完全丧失自由，事后共同伪造现场也可证明这一点。因此，岳某在这起案件中应被视为胁从犯。

### （三）对胁从犯的处罚原则

胁从犯在共同犯罪中所起的作用较小，主观罪过较轻，是共同犯罪人中社会危害性最小的一类。因此，我国刑法对胁从犯采取了比处罚从犯更轻的处罚原则。《刑法》第 28 条规定：对胁从犯"应当按照他的犯罪情节减轻处罚或者免除处罚"。如何理解对胁从犯的处罚"应当按照他的犯罪情节"？一般来说，应在查明胁从犯在共同犯罪中的全部犯罪情节基础上着重考虑两点：一是考虑胁从犯被迫的程度。程度愈轻，其参加犯罪的自觉自愿程度就愈大，行为的社会危害性也愈大；反之则愈小。二是考虑胁从犯在共同犯罪中所起的作用。作用愈小，罪行就愈轻；反之则愈大。

## 四、教唆犯及其刑事责任

### （一）教唆犯的概念

根据《刑法》第 29 条第 1 款的规定，教唆犯是指故意教唆他人犯罪的分子。

教唆犯的本质特征在于：他本人并不直接实行犯罪，而是故意唆使他人产生犯罪意图进而实行犯罪，教唆犯的犯罪意图也是通过被教唆人的犯罪行为来实现的。教唆犯具有较大的主观恶性和人身危险性，历来是我国刑法打击的重点。

构成教唆犯，必须具备主客观两方面的条件：

1. 在客观方面，必须有教唆他人犯罪的教唆行为，即有引起他人产生某种犯罪意图的行为，并且教唆行为与被教唆人的实行犯罪行为之间具有因果关系。教唆的方式多种多样，如煽动、怂恿、劝说、授意、刺激等等。可能当面进行，也可以托人转告；可以采取公开的方式，也可以采取秘密的方式；可以口头表达，也可以书面表达。总之凡是有意挑动他人进行犯罪的行为，都属教唆行为。它包括以下几点：

(1)教唆行为的内容必须是教唆他人犯罪。教唆行为必须是具体的、明确的，即必须是教唆一定的人去实行一定的犯罪。因此，如果只是笼统地说一说，而无具体内容，就不能轻易认定为教唆行为。

(2)教唆行为的成立，并不要求被教唆人非实行被教唆的犯罪不可，而是只要能给被教唆人以犯罪的决心就能成立。如果被教唆人不同意实行所教唆的犯罪行为，则不成立共同犯罪，而只对教唆人单独定罪论处。

(3)教唆行为必须是引起和决定被教唆人实施犯罪行为的原因,即教唆行为与被教唆人所实施的犯罪行为之间具有刑法上的因果关系。这种因果关系包括引起被教唆人产生犯罪的意图和加强被教唆人原有的但不坚定的犯罪意图。

(4)教唆行为的形式必须是积极的作为,消极的不作为不能构成教唆行为。

2.在主观方面,必须有教唆他人实施犯罪的故意。即教唆犯明知自己的教唆行为会引起被教唆人产生某种犯意进而实施这种犯罪,并且希望或者放任他去实施这种犯罪。可见教唆犯只能由直接故意或者间接故意构成,不能由过失构成。

### (二)教唆犯的认定

认定教唆犯,应注意以下问题:(1)教唆行为必须是教唆他人犯罪的行为。如果是唆使他人去实施一般的违法、违纪行为,尽管他人因受到上述唆使有可能进而去犯罪,但上述唆使不属于犯罪的范畴,因而行为人不构成教唆犯。(2)教唆没有达到刑事责任年龄和没有刑事责任能力的人实施危害社会行为,不构成共同犯罪。因为被教唆人不具有自己独立的意志,实际上是被利用当作犯罪工具,应视同教唆者本人直接实施犯罪。对此刑法理论上称为间接正犯。(3)教唆行为的目的是使本无犯意的人产生犯意。如对犯意已定并决定去实施的人予以支持、鼓励或者出谋划策,意在促其犯罪尽快实施和顺利完成,不属教唆犯。

### (三)对教唆犯的处罚原则

教唆犯是犯罪的发动者和犯意的制造者,他的犯意是通过被教唆人实行犯罪来实现的,所以对教唆犯的刑事责任在一定程度上要随着被教唆人实行犯罪的情况而转移,即具有明显的从属性。根据我国刑法规定,教唆行为本身就是一种犯罪行为,即使被教唆人没有实行教唆犯所教唆的罪,教唆犯仍然要负教唆的刑事责任,即具有相对的独立性。这种二重性是教唆犯刑事责任的特点。对教唆犯进行处罚时,不可忽视这个特点。

根据《刑法》第29条规定,对于教唆犯的处罚,可分为以下几种情况:

1.被教唆人犯了被教唆的罪,对于教唆犯应当按照他在共同犯罪中所起的作用处罚。在共同犯罪中如果起的是主要作用,则依照处罚主犯的原则处罚;如果起的是次要作用,则依照处罚从犯的原则处罚。从司法实践看,教唆犯在共同犯罪中一般都是起主要作用,所以教唆犯通常被视同主犯,是从重打击的对象。

2.被教唆人犯了被教唆的罪既遂或者未遂,教唆犯也要负既遂或者未遂的罪责;被教唆人在犯罪过程中自动中止犯罪,教唆犯仍应负未遂的罪责,因为被教唆人中止犯罪,只是表明被教唆人的悔悟,不能因此减轻教唆犯的罪责。

3.《刑法》第29条规定:“如果被教唆的人没有犯被教唆的罪,对于教唆犯,可以从轻或减轻处罚。”这种情况在刑罚理论上称为教唆未遂。在教唆未遂的情况下,教唆犯与被教唆人之间不存在共同犯罪关系,但不能排除教唆行为本身的犯罪性质，所以对教唆犯应当单独处罚。处罚原则相当于对未遂犯的处罚原则。

4. 教唆犯实行教唆后要中止犯罪，如果采取措施防止了结果发生，应当按中止犯处理；如果采取措施未能防止结果发生，仍应负教唆的全部罪责。其防止行为表明有悔悟，量刑时可适当考虑。

5.《刑法》第 29 条规定："教唆不满 18 岁的人犯罪的，应当从重处罚。"教唆未成年人犯罪具有更大的腐蚀性和破坏性，是教唆犯中最恶劣的情况。为了更好地保护未成年人，使其健康成长，有必要对这种教唆犯从重处罚。

6. 被教唆人实行被教唆的罪时，又实行了别的罪，教唆犯不对没有教唆的罪负责。例如，张三教唆李四盗窃，李四在盗窃后又放火毁迹。张三只对盗窃罪负教唆的罪责，因不存在放火的共同故意，不对放火罪负责。

7."教唆犯"不是罪名，不能定教唆罪。对于教唆犯，应当按照他所教唆的罪确定罪名，例如教唆杀人的应定故意杀人罪，教唆盗窃的应定盗窃罪，不能笼统地以教唆犯作为罪名。

## 第四节　共犯中的其他问题

刑法中的身份，是指刑法所规定的影响行为人刑事责任有无、大小的行为人人身方面特定的资格、地位或状态。在单个人犯罪的情况下，身份犯只能由具有法定身份的人实施，没有法定身份的人则不能实施。但无法定身份者可以与有特定身份者构成身份犯的共同犯罪。这说明，身份对于身份犯而言，在单个人犯罪和共同犯罪的情况下的意义是不同的。与共同犯罪有关的主要有构成身份和加减身份，不同种类的身份会给共同犯罪人的定罪量刑带来不同的影响。

### 一、无身份者教唆、帮助有身份者实施或者与其共同实施真正身份犯的问题

1. 无身份犯能否成为真正身份犯的教唆犯、帮助犯

对此刑法理论上的问答是肯定的，刑法立法和司法解释也持肯定的态度。例如，《刑法》第 382 条第 1 款、第 2 款分别规定贪污罪的主体是国家工作人员和受国家机关、国有公司、企业、事业单位、人民团体委托管理、经营国有财产的人员。而该条第 3 款规定："与前两款所列人员相勾结，伙同贪污的，以共犯论处。"这规定表明，不具有国家工作人员身份或者不具有受国家机关、国有公司、企业、事业单位、人民团体委托管理、经营国有财产人员身份的人，既可以成为贪污罪的教唆犯，也可以成为贪污罪的帮助犯。2000 年 7 月 8 日起最高人民法院明确指出："行为人与国家工作人员勾结，利用国家工作人员的职务便利，共同侵吞、窃取、骗取或者以

其他手段非法占有公共财物的，以贪污罪的共犯论处。”[1]这表明，非国家工作人员无论是帮助还是教唆，只要利用国家工作人员的职务便利，共同侵吞、窃取、骗取或者其他手段非法占有公共财物，就可构成贪污罪的共犯。

2. 无身份者能否与有身份者构成真正身份犯的共同实行犯

关于无身份者能否与有身份者构成真正身份犯的共同实行犯问题，理论上有否定说与肯定说两种不同的看法。以强奸罪为例，有著述认为，强奸罪的实行犯只能是男子，妇女可以成为强奸罪的教唆犯和帮助犯。另有著述认为，在共同犯罪中，妇女不仅可以成为强奸罪的帮助犯，也可以成为强奸罪的实行犯。我们赞成否定说，理由是真正身份犯的实行行为必须是具有构成身份的人利用自己的身份实施的，离开了身份，就不可能有身份犯的实行行为。就强奸罪而言，其实行行为只能是男子利用自己的男性特征对妇女强行奸淫的行为，离开了强行奸淫这一要素，就不能构成强奸罪的实行行为。因此，妇女虽然可以对被害妇女实施暴力、胁迫行为，但因为妇女不能实施奸淫妇女的行为，因而不能成为强奸罪的实行犯。再如，受贿罪的实行行为只能是国家工作人员利用职务上的便利，索取或者非法收受他人财物的行为，离开了国家工作人员利用职务上的便利这一内容，也不可能有受贿罪的实行行为。因此，非国家工作人员虽然可以实行帮助受贿的国家工作人员收受财物的行为，但这种行为不是受贿罪的实行行为。

## 二、有身份者教唆无身份者实施真正身份犯的问题

由于无身份者实施真正身份犯的客观方面行为的全部是不可能的，因此，有身份者教唆无身份者实施真正的身份犯，是指有身份者教唆无身份者实施真正身份犯客观方面行为的部分行为，而有身份者也实施部分行为的情况。例如，国家工作人员甲教唆其妻非国家工作人员乙收受他人贿赂，而本人利用职务上的便利为他人谋取利益。对于此种情况，我们认为应该按受贿罪的共同犯罪处理。因为有身份者教唆无身份者实施真正身份犯，实际上是有身份者教唆无身份者帮助其实施部分犯罪行为，其中部分行为必须由有身份者实施，一旦无身份者实施了有身份者所教唆的行为，当然只能构成真正身份犯的共同犯罪。理论上有人认为，上述情况下，有身份者构成间接实行犯，无身份者成立间接实行犯的从犯。我们认为这种观点值得商榷。

---

[1] 参见最高人民法院 2000 年《关于审理贪污、职务侵占案件如何认定共同犯罪几个问题的解释》第 1 条。

## 司法考试真题链接

1. 关于教唆犯,下列哪一选项是正确的?(2009年司法考试真题)

A. 甲唆使不满16周岁的乙强奸妇女丙,但乙只是抢夺了丙的财物一万元后即离开现场,甲应成立强奸罪、抢夺罪的教唆犯

B. 教唆犯不可能是实行犯,但可能是帮助犯

C. 教唆他人吸食、注射毒品的成立吸食、注射毒品罪的教唆犯

D. 有的教唆犯是主犯,但所有的帮助犯都是从犯

2. 甲、乙夫妇因8岁的儿子严重残疾,生活完全不能自理而非常痛苦。一天,甲往儿子要喝的牛奶里放入“毒鼠强”时被乙看到,乙说:“这是毒药吧,你要给他喝呀?”见甲不说话,乙叹了口气后就走开了。毒死儿子后,甲、乙二人一起掩埋尸体并对外人说儿子因病而死。关于甲、乙行为的定性,下列哪一选项是正确的?(2008年司法考试真题)

A. 甲与乙构成故意杀人的共同犯罪

B. 甲构成故意杀人罪,乙构成包庇罪

C. 甲构成故意杀人罪,乙构成遗弃罪

D. 甲构成故意杀人罪,乙无罪

3. 四位学生在课堂上讨论共同犯罪时先后发表了一下观点,其中正确的选项是:(2008年司法考试真题)

A. 甲:对犯罪集团的首要分子,应当按照集团所犯的全部罪行处罚,即应当对集团成员所实施的全部罪行承担刑事责任

B. 乙:在共同犯罪中其主要作用的是主犯,对于犯罪集团首要分子以外的主犯,应当按照其所参与的或者组织、指挥的全部犯罪处罚;对于从犯的处罚应当轻于主犯,所以,对于从犯不得按照其所参与的全部犯罪处罚

C. 丙:犯罪集团的首要分子都是主犯,但聚众犯罪的首要分子不一定是主犯,因为聚众犯罪不一定成立共同犯罪

D. 丁:一开始被犯罪集团胁迫参加犯罪,但在着手实行后,非常积极,成为主要实行人之一,在共同犯罪中起主要作用的,应认定为主犯

4. 关于共犯,下列哪一选项是正确的?(2007年司法考试真题)

A. 为他人组织卖淫提供帮助的,以组织卖淫罪的帮助犯论处

B. 以出卖为目的,为拐卖妇女的犯罪分子接送、中转被拐卖的妇女的,以拐卖妇女罪的帮助犯论处

C. 应走私犯的要求,为其提供资金、账号的,以走私犯的共犯论处

D. 为他人偷越国(边)境提供伪造的护照的,以偷越国(边)境罪的共犯论处

# 第十四章 罪数形态

【引 例】

1998年11月，被告人罗某到长沙帮助香港商人徐某收回湖南省宝丰实业有限公司欠其债权人民币600万元，徐某给罗某20万元人民币作为费用。被告人罗某到达长沙后，以洽谈业务为由，于1998年11月19日将湖南宝丰实业有限公司副总经理王某骗至罗的住地——湖南省衡东县大桥乡复兴街三号。被告人罗某伙同曹某(在逃)等人非法将王关押达3天之久。在此期间，罗多次与湖南省宝丰公司负责人联系，让宝丰公司交钱赎人。11月22日下午5时许，王某趁看守他的人不备，逃回长沙市。另查明，王在被关押期间被曹等人殴打致伤，经法医鉴定构成轻微伤。

## 第一节 罪数形态概述

### 一、罪数形态研究的意义

罪数指一个人所犯之罪的数量，罪数形态论是研究行为人的行为究竟是成立一罪还是成立数罪。因此罪数形态也叫一罪与数罪形态，研究罪数形态的理论就叫作罪数形态论。[①] 行为人的行为是构成一罪还是成立数罪，一般情况下不难区分，但是现实生活中，由于犯罪现象的千姿百态，以及法律规定的错综复杂，使得一罪与数罪的认定显得十分复杂。有些犯罪形似数罪而实质上为一罪或法律规定为一罪，或者虽然是实质的数罪法律规定也为数罪但是在司法实践中却被作为一罪来处理；而有些犯罪则形似一罪但实质上却为数罪。因此，罪数形态的认定是司法实践中经常会遇到的难题，也是刑法理论需要深入研究的一个基本问题。罪数形态的研究对于准确定罪适当量刑具有重要意义。

① 陈立：《中国刑法》(总论)，厦门大学出版社1999年版，第287页。

### (一)有利于准确定罪

定罪不仅要求准确地认定行为人的行为是否构成犯罪,构成此罪还是彼罪,而且要求准确地认定行为人的行为是构成一罪还是数罪,以及犯罪的完成与未完成,共同犯罪等犯罪形态。[①] 因此,罪数形态的研究有利于准确地界定行为人是犯了一罪还是数罪,使定罪准确。如果不能准确界定行为人的罪数,定罪就不准确。例如,行为人持刀故意杀死被害人而后取财,是成立抢劫罪一罪还是故意杀人罪和盗窃罪二罪?故罪数形态的研究有利于准确定罪。

### (二)有利于适当量刑

对犯罪裁量决定刑罚,必须考虑多方面的因素,罪数问题是影响刑罚裁量的重要因素,因此,研究罪数形态对量刑有着重要意义。一般而言,对一罪只能一罚,对数罪则应当并罚。如果将一罪定为数罪,通常会无根据地加重了行为人的刑事责任,而将数罪定为一罪,则通常会无根据地减轻了行为人的刑事责任,造成量刑上畸轻畸重的现象。但是在某些情况下,定一罪的刑事责任可能会重于定数罪的刑事责任。原因在于:把两个独立的轻罪定为一个重罪,就可能导致行为人被判重刑。例如,甲在乙下班的路上拦截乙,对乙捅了一刀致乙重伤昏迷,而后取走乙身上数额较大的财产。此案如果按抢劫罪处理,最高刑是死刑,而如果认定为一个伤害罪(一般重伤)和一个盗窃罪,数罪并罚后,最高刑不过是有期徒刑。因此,正确区分一罪与数罪,才能够正确定罪,适当量刑。

因此,罪数形态的研究对准确定罪,恰当量刑,贯彻刑法的基本原则和正确执行刑法,实现司法公正,都具有重要意义。

## 二、罪数判断标准

正确区分一罪还是数罪,需要解决罪数的判断标准问题。在外国刑法理论界中,关于判断罪数的标准,存在多种学说。

### (一)罪数区分标准的主要学说

1.行为标准说。该说认为,犯罪的本质是行为,没有行为就没有犯罪,所以应当以行为的数量作为区分一罪与数罪的标准。实施一个行为的为一罪,实施数个行为的为数罪。基于对行为所持观念的不同,该说又存在自然行为说和法律行为说。自然行为说认为,行为的个数应当以自然的行为个数为标准,人的一个动作或者举动就是一个行为。如一人一次开枪打死两人,因为只有一个行为,所以是一

① 陈立:《中国刑法》(总论),厦门大学出版社 1999 年版,第 287 页。

罪。如果连发两枪才将被害人打死,因其有两个行为,就成立两罪。法律行为说则认为,犯罪行为不同于自然意义上的行为,故应当依据法律上的观念来认定行为。[①] 依照法律规定,数个举动可能只是一个法律意义上的行为。例如装子弹、举枪瞄准、开枪射击(可能射击两次以上)、致使被害人死亡,这一系列的举动从法律上看只是一个杀人行为。再比如抢劫罪的行为就包括预备行为、实行行为,暴力的、胁迫的、或者其他形式的手段行为,劫取财物的行为,这一系列的行为也视为一个行为。比较而言,法律行为说更接近犯罪的本质,但并不完整,确认犯罪还需要行为的结果和犯罪人的主观罪过。由于犯罪行为只能根据法律行为来评价,故自然行为说显然不妥当,而法律行为说也没有考虑行为的结果和行为人的主观形态,它解决不了出于相同犯意实施的数行为只能定一罪的问题,也解决不了两个客观上完全相同的行为由于主观犯意的不同须定数罪的问题。因而行为标准说具有片面性。

2.法益标准说。持该种观点的学者认为,犯罪的本质是对法益的侵害或者威胁,刑法之所以将某种行为规定为犯罪,就是为了保护法益。因此,区分一罪还是数罪应以侵害、威胁法益的个数为根据。侵害、威胁一个法益的为一罪;侵害、威胁数个法益就是数罪。如某行为人开一枪打死一人,且打伤一人,如果根据行为标准说,行为人实施一个行为构成一罪。如果根据法益标准说,行为人的行为就侵害了生命权、健康权两个法益,则应构成两个罪。根据犯罪的本质是法益侵害,由法益侵害的个数决定罪数的方法,虽然应当说基本上是妥当的,但该学说忽略了其他构成要件对一罪与数罪的区别意义,而在犯罪的成立上行为及其他构成要件是不可或缺的,因此法益标准说仍然是欠妥当的。[②]

3.犯意(意思)标准说。该说认为犯罪是行为人主观犯罪意思的外部表现,而行为只是行为人犯罪意思或主观恶性的表征,所以一罪与数罪的区分应当以犯罪意思的个数为标准。如果行为人出于一个犯罪意思,无论造成什么样的后果,均成立一罪;如果行为人基于数个犯罪意思实施犯罪的就成立数罪。如一次爆炸致使多人死亡,因为行为人只有一个犯罪意思,只能构成一个犯罪;如果一行为人杀死一个人之后又想杀死另一人而再实施杀人行为的,则成立数罪。犯意标准说注意到犯罪主观方面对罪数区分的意义,有利于克服行为标准说与法益标准说的缺陷,但犯意标准说片面强调主观方面对定罪的意义,忽略了客观方面对罪数判定的影响。因此,犯意标准说也有一定的片面性。

4.构成要件标准说。该说认为,犯罪首先是符合构成要件的行为,如果不具备构成要件符合性就谈不上成立犯罪,所以区分罪数只能以要件为标准。在构成要

---

① 马克昌:《刑法学》,高等教育出版社 2003 年版,第 180 页。

② 高铭暄、马克昌:《刑法学》,北京大学出版社、高等教育出版社 2000 年版,第 186～187 页。

件的评价中，行为一次符合构成要件的，是一罪，数次符合构成要件的，为数罪。此说在日本刑法理论界为通说。由于在大陆法系刑法理论中，构成要件包含着行为、结果或法益侵害以及故意等要素，所以与行为说、法益说、犯意说等相比，构成要件标准说较为合理，避免了上述各学说的片面性。但此说仍有缺陷，在大陆法系犯罪构成理论中，构成要件符合性只是犯罪成立的条件之一，行为构成犯罪，还必须具备违法性和有责性，否则犯罪就不能成立。所以，行为符合构成要件的次数不等于犯罪的个数，从而以构成要件为标准并不能准确地将一罪与数罪加以区分。①

此外，关于罪数判断标准的学说还有"结果标准说"，以行为造成危害结果的数量作为判断一罪或数罪的标准；"目的标准说"，强调行为人主观目的对区分一罪与数罪的作用；"因果关系标准说"，主张因果关系是最重要的犯罪构成要件，犯罪事实中行为与结果之间存在一个因果关系的为一罪，存在数个因果关系的为数罪；"法规标准说"，认为应当以犯罪行为触犯法案的个数来确定一罪还是数罪，因为犯罪法定，应依法定的单复来确定犯罪的个数；"个别化标准说"或者"折衷标准说"认为：行为说、法益说、犯意说与构成要件说等都是以一个标准来区分罪数的，因为罪数有不同种类，以一个标准对所有种类的罪数进行区分是困难的。例如，构成要件标准说对于区分是否单纯一罪是合适的，但该标准不能说明连续犯、牵连犯、吸收犯等现象的一罪性。该学说主张根据犯罪的具体情况和刑法的具体规定，分别采取不同的学说。此学说的优点是灵活、便捷，能适应区别刑法规定的各种犯罪罪数的需要，但存在标准过于多元化的问题。②

### （二）我国刑法学界判断罪数标准的主流观点

在我国，以犯罪构成为标准区分罪数的单复是我国刑法学界的主流观点，成为一种通说。犯罪构成标准说认为犯罪构成是主客观要件的统一，是犯罪成立要件的整体，行为符合犯罪构成，犯罪即可成立，所以判断一罪还是数罪应当以犯罪构成为标准。与大陆法系构成要件说不同的是，我国的犯罪构成说以行为符合犯罪构成的个数为标准，而不是以行为符合犯罪构成的次数为标准。即行为充分满足一个犯罪构成的为一罪，行为充分满足数个犯罪构成的为数罪，行为数次符合同一犯罪构成的也是数罪（同种数罪）。此说在罪数领域里贯彻了我国刑法学的核心理论，即犯罪构成理论。犯罪构成主要指刑法分则条文对各种具体犯罪所规定的具体的犯罪构成，在刑法分则规定的每一具体犯罪的构成要件中，既有犯罪客体、对象、行为、危害结果等客观要件，又有故意或过失、目的等主观要件。我国刑法学理

① 马克昌：《刑法学》，高等教育出版社 2003 年版，第 181 页。张明楷：《犯罪论原理》，武汉大学出版社 1991 年版，第 402 页。

② 各学说的内容参见张明楷：《刑法学》（上），法律出版社 1997 年版，第 315～316 页；王作富：《刑法》，中国人民大学出版社 2004 年第 2 版，第 148～149 页。

论界的主流观点认为此标准既克服了行为标准说、法益标准说、结果标准说等片面强调客观要件的弊端，又克服了犯意标准说、目的标准说等片面强调主观要件的弊端，为判断罪数提供了主客观相统一的较为科学的依据。但是，我们认为犯罪构成标准说也有一定的局限性。就区分单纯的一罪与实质的数罪而言，犯罪构成标准说是可取的，但由于我国刑法规定存在错综复杂的问题，该标准难以在任何情况下都予以适用。比如：(1)根据犯罪构成标准说，有些行为成立数罪，但刑法却规定为一罪或事实上只能以一罪论处。如行为人三次贪污，每次都独立符合贪污罪的犯罪构成，严格地按照犯罪构成标准说，应成立三个贪污罪，但刑法却规定按一罪处理。[①] 再如行为人盗窃数额较大的财产之后又予以毁坏的，符合盗窃罪和故意毁坏财物罪两个犯罪构成，但对这种行为仅以盗窃罪论处，因只侵害一种权益。(2)有的行为事实上符合两个以上犯罪构成，但刑法却规定仅以一罪论处。如以勒索财物为目的绑架他人后又杀害被绑架人的，符合绑架罪和故意杀人罪的犯罪构成，但依刑法第 239 条的规定又仅以绑架罪论处。[②] 因此，区分一罪与数罪，既要以犯罪构成为标准，同时也要考虑其他因素，最重要的是要以刑法的规定为依据。从这个意义上说，前述“个别化标准说”有可取之处。

### (三)罪数的类型

世界各国的刑事立法和刑法理论均将数罪划分为一罪与数罪两种类型。但对究竟何为一罪何为数罪，各个国家的刑法规定并不相同，学术见解也不一，即使同一国家的刑事立法和刑事理论也并非完全一致。[③] 如我国刑法对牵连犯就存在数罪并罚、从一重从重处罚、从一重处罚等不同的态度。

我国刑法学界的通说是将一罪分为三类：一是实质的一罪，指形式上具有某些数罪特征的行为，但实质上是一罪，因此刑法规定为一罪或处理时作为一罪的情况。包括继续犯、想象竞合犯和结果加重犯三种。二是法定的一罪，是指数个独立的犯罪行为，在刑法中规定为一罪的情况，具体包括结合犯与惯犯两种；三是处断的一罪，即实质上属于数罪，法律规定上也为数罪，但在司法处理时作为一罪的情况，具体包括连续犯、牵连犯与吸收犯三种。这种分类方法排除了单纯的一罪，只

---

① 《刑法》第 383 条第 2 款“对多次贪污未处理的，按照累计贪污数额处罚”。

② 《刑法》第 239 条规定：“以勒索财物为目的绑架他人的，或者绑架他人作为人质的，处十年以上有期徒刑或者无期徒刑，并处罚金或者没收财产；致使被绑架人死亡或者杀害被绑架人的，处死刑，并处没收财产。”

③ 吴振兴：《罪数形态论》，中国检察出版社 1996 年版，第 35 页以下；赵秉志：《新刑法教程》，中国人民大学出版社 1997 年版，第 226～246 页；张明楷：《刑法学》(上)，法律出版社 1997 年版，第 321～331 页。

是对貌似数罪的复杂一罪作了划分。① 单纯的一罪无论从形式上还是从实质上均不会与数罪混淆，故本章所述一罪的类型是除单纯一罪之外复杂一罪的形态，注重解决区分一罪与数罪的一个难点。

至于数罪的类型，我国刑法理论界则存在不同的认识，学者根据不同的标准把数罪划分为不同的类型。常见的有以下几种：(1)实质数罪与想象数罪，(2)异种数罪和同种数罪，(3)并罚的数罪与非并罚的数罪，(4)判决宣告前的数罪和刑罚执行期间的数罪。② 本章第三节"数罪的认定"不论及数罪的类型划分，也不论及单纯的数罪，主要阐述那些貌似一罪但实为数罪的犯罪形态，注重解决区分一罪与数罪的另一个难点。

## 第二节 一罪的类型

### 一、实质的一罪

#### (一)继续犯

1.继续犯的概念和特征

继续犯，又称持续犯，是指作用于同一对象的一个犯罪行为从着手实行到行为终了其犯罪行为与不法状态同时处于继续状态的犯罪。③ 我国刑法第 238 条规定的非法拘禁罪是典型的继续犯，重婚罪与遗弃罪也被认为属于继续犯。在非法拘禁罪中，行为人非法拘禁他人的行为和他人人身自由被非法剥夺的状态在时间上一直处于继续状态，无论继续的时间多长，都只构成一罪。继续犯具有以下主要特征：

(1)行为人只实施一个犯罪行为。继续犯之所以是一个犯罪行为，是因为在主观上支配继续犯行为的犯意只有一个，并且这种犯意贯穿实行行为的始终。在客观上，对继续犯而言，无论行为持续的时间有多长，无论行为实施的地点如何辗转，只要行为不间断，都仍然是一个行为。如某甲非法拘禁某乙长达 30 天，曾经转换三个地点，虽然甲的行为过程可以分成若干段，但是由于甲非法拘禁的行为不曾间

① 单纯的一罪，指出于一个犯意，实施一个行为，侵犯一种合法权益的犯罪。如基于一个杀人的故意，开枪打死一个被害人，就是单纯的一罪。

② 邱兴隆：《刑法学》，中国检察出版社 2002 年第 2 版，第 88～89 页；李春雷：《刑法学》，中国民主法制出版社 2004 年版，第 141～143 页；陈立：《刑法总论》，厦门大学出版社 1999 年版，第 304～305 页；王作富：《刑法》，中国人民大学出版社 2004 年第 2 版，第 161 页。

③ 马克昌：《刑法学》，高等教育出版社 2003 年版，第 183 页。

断，则甲的犯罪行为仍然是一个非法拘禁行为，而不能分解成数个非法拘禁行为。

(2)行为在继续期间只作用于同一对象。继续犯中继续的行为必须是作用于同一对象，如果行为作用的是多个对象，就不是一个继续犯。如甲在连续的时间内相继非法拘禁了乙、丙、丁，则甲实施的就是数个犯罪行为，而不能认定为一个犯罪行为，也不属于继续犯。

(3)犯罪行为与不法状态同时继续。这是构成继续犯的重要条件，也是继续犯与其他相似犯罪形态相区别的一个显著特征。这一特征意味着：首先，犯罪行为具有继续性。其次，犯罪行为所引起的不法状态具有继续性。所谓不法状态，是指由于犯罪行为使法益遭受侵害的状态。再次，犯罪行为与不法状态同时处于持续的过程中，二者同时发生，共同存在，同时结束。否则，不是继续犯。如行为人实施盗窃之后占有赃物这种不法状态虽然发生并持续，但因为盗窃行为并不处于继续状态，因而，盗窃罪不是继续犯。而在非法拘禁罪中，非法拘禁的犯罪行为和他人人身自由权被侵害的不法状态同时存在并继续，所以非法拘禁罪是继续犯。

(4)继续犯的不法行为和不法状态必须在时间上处继续状态。具有时间上的持续性，是继续犯的又一特征。如果没有一定的时间过程，就谈不上犯罪行为和不法状态的继续，从而不能构成继续犯。例如，拘禁时间相当短暂的行为，不宜定非法拘禁罪。但至于构成继续犯究竟应以多长时间为标准，法律并没有规定，应当根据具体犯罪的性质和情节予以认定。

例如在引例中，被告人罗某的非法拘禁行为就是典型的继续犯，符合继续犯的特征。因为被告人罗某等人只实施了拘禁王某的一个行为；在时间上处于继续状态，而且持续作用于同一对象，即王某；犯罪行为与其造成的不法状态同时继续，即对王某的拘禁行为和王某被限制人身自由的不法状态同时存在。

2.继续犯与类似犯罪形态的区别

(1)继续犯与状态犯的区别。状态犯，指犯罪既遂后，其实行行为所造成的不法状态处于持续之中的犯罪形态。[①] 状态犯较为常见，盗窃、抢劫、诈骗、抢夺等犯罪都属于状态犯。例如：甲盗窃乙的电脑，甲占有控制了乙的电脑，则盗窃既遂，盗窃行为也随之结束，但是由甲盗窃行为形成的不法状态(合法所有人乙的电脑在盗窃犯甲的手中)依然存在。这种情形属于状态犯而非继续犯。继续犯与状态犯的主要区别是：①继续犯的不法状态从犯罪实行行为发生之时开始，并与行为共同持续；状态犯的不法状态则发生于犯罪行为既遂之后。②继续犯的犯罪行为与不法状态同时继续；而状态犯则只是不法状态的继续。

(2)继续犯与即成犯的区别。即成犯指犯罪行为实行终了，犯罪即告完成的犯罪形态，如故意伤害罪。继续犯与即成犯的主要区别是：继续犯以犯罪行为和不法状态在一定时间继续为要件，而即成犯没有时间的要求。如故意伤害罪，可能一枪

---

① 马克昌：《刑法学》，高等教育出版社 2003 年版，第 185 页。

致人重伤，也可能将被害人持续殴打了两个小时造成重伤。即便即成犯的犯罪行为持续时间较长，也不能认定为继续犯。

(3)继续犯与接续犯的区别。接续犯又称徐行犯是指行为人基于一个犯罪故意，连续实施数个在刑法上无独立意义的举动(动作)或危害行为，这些举动或危害行为的总和构成在刑法上具有独立意义的一个犯罪行为，因而触犯一个罪名的犯罪形态。接续犯的一种情形是行为人为逃避法律追究故意将一个独立的犯罪行为化整为零连续实施。例如某甲意图毒杀某乙，将足以致命的毒药均分为三份(每份未达致死量)，在一周内分三次给某乙服食，结果造成某乙死亡。再如，某丙将 50 克海洛因分装成 10 小包，分 10 次卖给同一人。另一种情形则是由于客观因素的影响，如体力有限或其他客观原因等，致使行为人只能以数个举动完成一个独立的犯罪行为。继续犯与接续犯的主要区别在于：接续犯以数个相同的举动组成一个犯罪行为，但没有犯罪行为与不法状态的同时继续；而继续犯则是犯罪行为和不法状态同时处于持续之中。

3.继续犯的处罚原则

在处罚上，由于我国刑法分则对属于继续犯的犯罪设立专条加以规定，并配置相应的法定刑，因此对继续犯应依法以一罪论处，不实行数罪并罚。但是继续犯继续时间的长短，可以作为量刑的情节加以考虑。

## (二)想象竞合犯

1.想象竞合犯的概念与特征

想象竞合犯，又称想象的数罪或观念的竞合，是指出于一个犯罪故意或过失，实施一个犯罪行为，触犯数个罪名的情况。例如，开一枪，打死了甲，又打伤了乙，就属于想象竞合犯。想象竞合犯的主要特征是：

(1)行为人只实施了一个行为。这是构成想象竞合犯的前提条件。在这里，一个行为是指一个犯罪行为。想象竞合犯的行为通常是作为，但也可能是不作为。从实际情况看，想象竞合犯可能是一个故意行为，如故意开枪向人群射击，打死一人，打伤二人；也可能是一个过失行为，例如，某甲擦枪，不慎走火，打死一人，重伤一人；还可能是实施一个行为，但主观上既出于故意同时存在过失。如甲向乙投掷石头，担心伤害了乙身边的丙，遂转移到一个不易伤害丙的角度，但结果不仅将乙砸死，而且还将丙砸成重伤。甲的行为对乙是故意对丙却是过失。

(2)一个行为触犯了数个罪名。所谓数个罪名，是指一行为表面上同时符合刑法分则规定的数个犯罪构成，触犯了数个不同的罪名。不过，数个罪名存在同种数罪与异种数罪之分。根据我国刑法理论的一般认识，如果行为人的一个行为触犯的是数个同种罪名，则不构成想象竞合犯。只有触犯了数个不同的罪名，才构成想象竞合犯。如甲一枪打死了两个人，触犯的两个罪名都是故意杀人罪，将它作为想象竞合犯，对审判工作没有实际意义，实践中也作为一罪从重处罚，并未按想象竞合犯来处理。但若甲一枪打死一人，打伤一人，甲则可能既触犯故意杀人罪又触犯故意伤害罪，构成想象竞合犯。[①] 承认想象竞合犯并认为想象竞合犯触犯的是数个不同的罪名，目的是为解决选择适用何罪名予以定罪量刑的问题。根据我国刑法理论的犯罪构成标准说，想象竞合犯只构成一罪，不构成数罪。因为想象竞合犯虽然出现了数个结果，侵害了数个法益，但是由于其行为的单一性和犯意的单一性，其符合的犯罪构成个数也具有单一性，故只成立一个犯罪。

2. 想象竞合犯与法条(法规)竞合的区别

想象竞合犯与法条竞合有相似之处，容易混淆，应予以区别。法条竞合或称法规竞合，通常是指一种犯罪行为因刑事立法对法条的错综规定，导致数个法条规定的犯罪构成要件在其内容上发生重合或交叉的情形。[②] 发生法条竞合时，犯罪行为只产生一个危害结果，属于单纯的一罪，不发生数罪问题，在法律适用时只能选择适用一个罪名而排斥其他罪名的适用，其选择适用的原则主要是“特别法优于一般法”和“重法优于轻法”。[③] 如某行为人抢劫枪支弹药，则同时触犯抢劫枪支弹药罪与抢劫罪两个罪名，而抢劫枪支、弹药罪和抢劫罪之间存在犯罪构成上的从属关系，此种情形应依“特别法优于一般法”的原则，选择适用特别罪“抢劫枪支、弹药罪”。而想象竞合犯的一行为则产生了数个结果，属于观念上的数罪，其行为所触犯的数个罪名之间不存在犯罪构成上的从属或者交叉关系，只是由于犯罪人的行为，偶然地使两个罪名发生了关联，其法律适用不是选择罪名问题，而是数个罪名应同时认定，只是在量刑时应选择最重一罪来确定刑罚。

3. 想象竞合犯的处罚原则

想象竞合犯因为一行为触犯数罪名，从外观上来看，造成两个犯罪结果，具有数罪的特征。但由于想象竞合犯只有一行为，若以数罪论，则势必违反禁止重复评价的原则。因此，在刑法理论上对想象竞合犯适用从一重处断的原则，即按所触犯的数罪中法定刑较重的罪名定罪处刑，而不实行数罪并罚。我国刑法分则第 329 条的规定可视为对想象竞合犯处罚原则的范例。刑法第 329 条第 1 款规定了抢夺、窃取国有档案罪，第 2 款规定了擅自出卖、转让国有档案罪，第 3 款则规定：“有前两款行为，同时又构成本法规定的其他犯罪的，依照处罚较重的规定定罪处罚。”

值得注意的是，我国刑法也存在想象竞合犯数罪并罚的立法例。刑法第 204 条规定了骗取出口退税罪，第 2 款规定：“纳税人缴纳税款后，采取前款规定的欺骗方法，骗取所缴纳的税款的，依照本法第 201 条的规定定罪处罚(偷税罪)；骗取税

---

① 也有可能甲构成一个故意杀人罪，一个过失致人重伤罪；或甲出于射杀二人的故意，则只触犯故意杀人罪一个罪名。

② 屈学武：《刑法总论》，社会科学文献出版社 2004 年版，第 279 页。

③ 陈兴良教授认为，法条竞合的处理原则包括特别法优于一般法、全部法优于部分法、实害法优于危险法、重法优于轻法、新法优于旧法等。

款超过所缴纳的税款部分，依照前款的规定处罚（骗取出口退税罪）。"依此规定，如果行为人实施一个骗取出口退税的行为，因超过了所缴纳的税款，则可能构成偷税罪和骗取出口退税罪两个罪名，实行数罪并罚。

### （三）结果加重犯

1.结果加重犯的概念与特征

结果加重犯，也称加重结果犯，是指实施基本犯罪构成要件的行为，发生了基本犯罪构成要件以外的重结果，因而刑法规定加重其刑罚的犯罪形态。[①] 刑法第234条规定的故意伤害罪是典型的结果加重犯。其基本犯罪构成为故意伤害（轻伤），处3年以下有期徒刑、拘役或者管制；致人重伤的，处3年以上10年以下有期徒刑；致人死亡或者以特别残忍手段致人残疾的，处10以上有期徒刑、无期徒刑或者死刑。此外，非法拘禁罪、虐待罪、暴力干涉婚姻自由罪等也是结果加重犯的立法例。[②] 结果加重犯的特征如下：

（1）实施了基本犯罪行为。基本犯罪行为是结果加重犯存在的前提。如故意伤害致人死亡，行为人首先必须实施了故意伤害他人的行为。其基本犯罪行为不限于故意犯罪，从我国刑法规定看，也存在对基本犯罪持过失的结果加重犯。在我国刑法分则"危害公共安全罪"中有大量的过失犯罪，其中就存在结果加重犯的立法例。[③] 而且，结果加重犯也不限于结果犯，如非法拘禁罪的基本犯罪不是结果犯，但若致人重伤、死亡，则同样构成结果加重犯。

（2）发生了基本犯罪构成以外的加重结果。加重结果，是指超出法律规定的基本犯罪的罪质范围的结果，而且，此重结果必须是由基本犯罪行为所引起的，即基本犯罪行为与加重结果之间存在因果关系。

（3）行为人对加重结果在主观上有罪过。但至于行为人对加重结果在主观上到底是故意还是过失，我国学者有不同的认识。我们认为，根据我国刑法规定，在

---

① 马克昌：《刑法学》，高等教育出版社2003年版，第187页。

② 《刑法》第238条："非法拘禁他人或者以其他方法非法剥夺他人人身自由的，处三年以下有期徒刑、拘役、管制或者剥夺政治权利。……犯前款罪，致人重伤的，处三年以上十年以下有期徒刑；致人死亡的，处十年以上有期徒刑。……"；第260条："虐待家庭成员，情节恶劣的，处二年以下有期徒刑、拘役或者管制。犯前款罪，致使被害人重伤、死亡的，处二年以上七年以下有期徒刑。第一款罪，告诉的才处理。"《刑法》第257条："以暴力干涉他人婚姻自由的，处二年以下有期徒刑或者拘役。犯前款罪，致使被害人死亡的，处二年以上七年以下有期徒刑。第一款罪，告诉的才处理。"

③ 如《刑法》第131条规定的航空安全事故罪："航空人员违反规章制度，致使发生重大飞行事故，造成严重后果的，处三年以下有期徒刑或者拘役；造成飞机坠毁或者人员死亡的，处三年以上七年以下有期徒刑。"再如，第136条规定的危险物品肇事罪："违反爆炸性、易燃性、放射性、毒害性、腐蚀性物品的管理规定，在生产、储存、运输、使用中发生重大事故，造成严重后果的，处三年以下有期徒刑或者拘役；后果特别严重的，处三年以上七年以下有期徒刑。"

某些结果加重犯中，行为人主观上对重结果的发生只能出于过失，如故意伤害致人死亡这种结果加重犯，行为人对死亡结果的发生只能出于过失，如果出于故意，则应成立故意杀人罪；但在其他一些结果加重犯中，行为人对重结果的发生既可以出于过失也可以出于故意，如故意伤害致人重伤、抢劫致人重伤、死亡的结果加重犯等等。但是，像抢劫致人死亡、强奸致人死亡这样的结果加重犯，是否包含被害人自杀这种情形？如果包含被害人自杀这种加重结果，是否还能够坚持“行为人对加重结果在主观上有罪过”？这是值得进一步研究的问题。

(4)刑法就加重结果规定了加重法定刑。这里的加重法定刑，是相对于基本犯罪的法定刑而言的。如故意伤害罪的基本刑是3年以下有期徒刑、拘役或者管制，致人重伤的加重法定刑是3年以上10年以下有期徒刑。如果虽然行为人实施了基本犯罪行为并产生了超出基本犯罪的严重结果，但刑法并没有规定更重的法定刑，则不属于结果加重犯。

2.结果加重犯的罪名确定和处罚原则

由于结果加重犯仅有一个犯罪行为，因而从犯罪构成角度分析，此行为仍然属于一罪。根据我国刑事立法与司法实践，结果加重犯的罪名与基本犯罪的罪名一致，如果出现加重结果而转化为其他罪处理，则不再属于结果加重犯，如刑法第238条关于非法拘禁罪的规定，“……犯前款罪，致人重伤的，处三年以上十年以下有期徒刑(属于结果加重犯)；致人死亡的，处十年以上有期徒刑(属于结果加重犯)。使用暴力致人伤残、死亡的，依照本法第二百三十四条(故意伤害罪)、第二百三十二条(故意杀人罪)的规定定罪处罚(不再属于结果加重犯)”。

在刑罚方面，由于刑法分则对结果加重犯规定了专门的法定刑，因此对结果加重犯只能依照刑法对结果加重犯的规定处罚。

## 二、法定的一罪

法定的一罪，是指实质上属于数罪，法律将之规定为一罪的犯罪形态。法定的一罪依照我国刑法学界的主流观点，认为包括结合犯和惯犯。

### (一)结合犯

1.结合犯的概念和特征

结合犯，是指原为数个独立的犯罪，根据刑法的明文规定，结合成为另一个独立的新罪的犯罪类型。如《日本刑法》第241条规定的强盗强奸罪就是典型的结合犯。我国刑法中没有典型的结合犯。结合犯的主要特征是：

(1)结合犯所结合的数罪，原为刑法规定的数个独立犯罪。这里说的独立犯罪，是指不依附其他犯罪，而符合独立犯罪构成的行为。并且数个独立的犯罪，罪名各不相同。如前例强盗强奸罪，就由强盗罪和强奸罪两个独立的罪名结合而成。

(2)结合犯将数个独立的犯罪结合成另一个独立的新罪。刑法之所以通过结合犯的形式将数个犯罪结合在一起,往往是由于数个犯罪行为之间具有一定的牵连关系,或者因为被结合的犯罪在现实生活中同时发生的概率比较高。将之作为结合犯来处理,也可以降低控方证明标准,提高司法效率。结合犯的结合方式有两种,其一可以简单表述为"甲罪+乙罪=甲乙罪",如上述"强盗罪+强奸罪=强盗强奸罪";其二可以简单表述为"甲罪+乙罪=丙罪",这种结合方式在结合犯中比较少见。

(3)数个独立的犯罪结合成一个独立的新罪,是基于刑法的明文规定。如果虽有数罪的结合,但刑法却没有明文规定为新罪,而是作为基本犯罪的加重情节或加重结果,就不是结合犯,而是情节加重犯或结果加重犯。如《刑法》第263条规定的犯抢劫罪而致人重伤、死亡的情况就不是结合犯,而是抢劫罪的结果加重犯。再如,刑法第239条规定的犯绑架罪而致使被绑架人死亡或者杀害被绑架人的情况也不是结合犯,而是绑架罪的结果加重犯。[①] 由于刑法对结合犯作出了专门的规定,因此结合犯属于法定的一罪。数个原本独立的犯罪结合成为一个新罪之后,便失去了原有的独立犯罪的意义。

2.结合犯的处罚

尽管我国刑法尚没有结合犯的立法例,但从刑法理论来看,由于结合犯是刑法规定将原来的数罪结合成一个新罪,并规定了相应的法定刑,故对其应当依照刑法规定的新罪一罪论处,而不按原来的数罪规定实行数罪并罚。

### (二)惯犯

1.惯犯的概念和特征

惯犯,是指以某种犯罪为常业,以犯罪所得为主要生活来源或者挥霍来源,或者犯罪已成习性,在较长时间内反复多次实施某种犯罪的情形。[②] 以犯罪为常业的称为常业惯犯,犯罪成习性的称为常习惯犯。近年刑法理论界有学者主张以"集

---

① 《刑法》第263条:"以暴力、胁迫或者其他方法抢劫公私财物的,处三年以上十年以下有期徒刑,并处罚金;有下列情形之一的,处十年以上有期徒刑、无期徒刑或者死刑,并处罚金或者没收财产:(一)入户抢劫的;(二)在公共交通工具上抢劫的;(三)抢劫银行或者其他金融机构的;(四)多次抢劫或者抢劫数额巨大的;(五)抢劫致人重伤、死亡的;(六)冒充军警人员抢劫的;(七)持枪抢劫的;(八)抢劫军用物资或者抢险、救灾、救济物资的。"其中,抢劫数额巨大的,抢劫致人重伤、死亡的,可视为结果加重犯,其余情形可视为情节加重犯。《刑法》第239条:"以勒索财物为目的绑架他人的,或者绑架他人作为人质的,处十年以上有期徒刑或者无期徒刑,并处罚金或者没收财产;致使被绑架人死亡或者杀害被绑架人的,处死刑,并处没收财产。……"关于抢劫致人重伤、死亡的结果加重犯,绑架致人死亡或者杀害被绑架人的结果加重犯,在刑法理论上,学者也称之为"包容犯"。

② 张明楷:《刑法学》(上),法律出版社1997年版,第327页。

合犯”取代惯犯概念。[1] 为了方便理解，本教材仍然延用惯犯这一概念。惯犯的主要特征如下：

(1)惯犯主观上具有犯罪的习癖性。指犯罪已经成为一种恶习，因而具有某种犯罪人格，表明犯罪人的人身危险性较大。

(2)惯犯客观上实施了数个同种的犯罪行为，具有犯罪的惯常性。这里的惯常性，是指在相当长的时间内反复重犯同一之罪。

(3)惯犯具有法定性，是由刑法明文规定的。在惯犯的情况下，实际上是多次犯有同种之罪，由于这些犯罪之间具有内在同一性，立法上将其规定为一罪，予以整体性评价。

2. 惯犯的认定与处理

惯犯虽有数个同种之罪，在立法有明文规定的情况下，应以法定的一罪处理。

1979 年刑法规定了盗窃罪、诈骗罪，同时对犯盗窃罪或者诈骗罪成习性的犯罪分子以“惯窃罪、惯骗罪”定罪量刑。在 1997 年刑法取消了惯窃罪、惯骗罪二罪名之后，作为法定一罪的盗窃惯犯和诈骗惯犯不复存在。虽然实践中的常习惯犯或者常业惯犯仍然存在，如盗窃、诈骗、敲诈勒索、抢劫、强奸、贪污、受贿、贩卖毒品等成习性，且每次行为都能够单独构成犯罪。但因刑法并没有将之规定为惯犯，因此，只能认定为同种数罪。一般来说，只有在同种数罪实行并罚的情况下，作为法定的一罪，惯犯才纳入罪数形态的研究范畴。但我国刑事司法实践中对同种数罪并不实行并罚，惯犯也不会在区分罪数上发生困难，因而刑法中对于常习惯犯未作规定。一些学者认为，在 1997 年刑法取消了惯窃罪、惯骗罪等典型的惯犯罪名之后，我国刑法仍然存在一些惯犯的罪名，并且将赌博罪和非法行医罪视为典型罪名。[2] 但是，我国刑法理论历来将惯犯归类为“法定的一罪”。我们认为，赌博罪和非法行医罪虽然属于实践中的常业惯犯，但是我国刑法实际上是将行为人的常业行为规定为一罪，而并非将同种数罪规定为更重的一罪。[3] 因此赌博罪和非法行

---

① 集合犯，是指行为人以实施不定次数的同种犯罪行为为目的，实施了数个性质相同的犯罪行为，刑法却规定作为一罪论处的犯罪形态。参见李春雷主编：《刑法学》，中国民主法制出版社 2004 年版。

② 马克昌：《刑法学》，高等教育出版社 2003 年版，第 190 页；李春雷：《刑法学》，中国民主法制出版社 2004 年版，第 137 页。

③ 《刑法》第 303 条：“以营利为目的，聚众赌博、开设赌场或者以赌博为业的，处三年以下有期徒刑、拘役或者管制，并处罚金。”2006 年 6 月 29 日公布施行的《刑法修正案(六)》之十八规定：“将刑法第 303 条修改为：‘以营利为目的，聚众赌博或者以赌博为业的，处三年以下有期徒刑、拘役或者管制，并处罚金。开设赌场的，处三年以下有期徒刑、拘役或者管制，并处罚金；情节严重的，处三年以上十年以下有期徒刑，并处罚金。’”《刑法》第 336 条“未取得医生执业资格的人非法行医，情节严重的，处三年以下有期徒刑、拘役或者管制，并处或者单处罚金；严重损害就诊人身体健康的，处三年以上十年以下有期徒刑，并处罚金；造成就诊人死亡的，处十年以上有期徒刑，并处罚金。……”

医罪应视为单纯的一罪，而非“法定的一罪”。从这个意义上说，将惯犯归入“法定的一罪”并不妥当。当然，惯犯作为一种犯罪形态，在量刑时具有一定意义。在我国刑事立法和司法实践中，对于惯犯往往是累加数额处理或者作为加重情节处理。

## 三、处断的一罪

处断的一罪，即实质上属于数罪，法律规定上也为数罪，但在司法处理时作为一罪的情况，我国刑法理论认为处断的一罪具体包括连续犯、牵连犯与吸收犯三种形态。

### (一)连续犯

1.连续犯的概念和特征

连续犯，是指基于同一的或者概括的犯罪故意，连续实施性质相同的独立成立犯罪的数个行为，触犯同一罪名的情况。连续犯的主要特征是：

(1)基于同一的或者概括的犯罪故意。同一的犯罪故意是指数次犯罪行为都在犯罪人的预定计划之中。如某甲基于复仇心理，计划逐一杀害仇人全家。概括的犯罪故意是指虽然没有明确具体的犯罪计划，但是有一个概括的犯罪意向，有一个总的犯罪意图。如某乙计划在三年之内，实现贪污巨款一百万的计划，乙每次的行为均可单独构成贪污罪，每次行为都是一百万总目标的一部分。

(2)实施了性质相同的独立成罪的数个行为。连续犯数次实施的犯罪行为，分开看每一次行为都可以单独构成犯罪。例如，多次抢劫、多次杀人等。如果行为人将一个犯罪行为化整为零，以数个举动完成一个犯罪行为，则不属于连续犯，而属于前面所讲的接续犯。

(3)数个犯罪行为之间具有连续性。行为人出于单一的犯罪故意，在一定时间内，实施性质相同的犯罪行为，这些行为就有连续性，否则就是没有连续性。如果几个性质相同的犯罪行为不是出于同一的或者概括的故意，在时间上和空间上都缺乏内在联系，则不是连续犯，而是同种数罪，或者属于实践中的惯犯。

(4)数行为触犯同一罪名。如行为人多次行为都触犯抢劫罪。如果触犯的不是同种罪名而是异种罪名，就不成其为连续犯。至于什么是同一罪名，应注意的问题是：在单一罪名中，行为必须触犯该同一罪名；在概括性罪名中，如破坏交通工具罪，若行为人基于同一犯罪故意，连续实施了对不同具体对象的破坏行为，也可以成立连续犯。如行为人先破坏电车、又破坏汽车等；在选择式罪名中，如刑法规定的伪造、变造、盗窃、抢夺、毁灭公文、证件、印章罪。若一行为人连续实施了数个不同行为形式或不同犯罪对象的行为，也可以成立连续犯。如，某甲出于同一个犯罪故意，先是伪造公文，继而又变造证件，就可以视为数次行为触犯同种罪名，是连续犯。

2.连续犯的处罚原则

连续犯本为数罪,由于触犯同一罪名,数行为之间具有连续关系,我国刑法理论和实践将其作为一罪来进行处理,不实行数罪并罚。在实践中对连续作案次数多的,根据刑法分则条文中规定的"情节严重","情节特别严重"的刑罚幅度量刑。但根据我国《刑法》第70条、第71条的规定,对于连续犯,如果在处罚时没有发现全部的罪行,在处罚后才发现还有同种罪行没有处罚的,如果行为人的刑罚没有执行完毕,应实行数罪并罚;如果刑罚已经执行完毕,则可以单独定罪量刑。

值得注意的是,根据我国刑事立法,对于同种数罪包括连续犯、惯犯(非法定一罪的惯犯)、以及一般的同种数罪均存在以一罪处刑的立法例。[①] 而司法实践中,对诸如盗窃罪、诈骗罪、抢劫罪、抢夺罪、受贿罪等贪利性的犯罪也往往是累加数额以一罪处理;对于其他的连续犯、惯犯或者一般的同种数罪,也往往视为严重情节以一罪处理。这使得连续犯的研究失去了意义。另外,我们认为,对于应当并罚的同种数罪一概以一罪处理,可能导致罪刑失衡,与人权保障的原则相背离。如前所述,"在某些情况下,定一罪的刑事责任可能会重于定数罪的刑事责任"。这种情况应引起重视。

### (二)牵连犯

1.牵连犯的概念和特征

牵连犯,是指出于一个犯罪为目的,而其犯罪的手段行为(或称方法行为)或结果行为又触犯其他罪名的犯罪形态。如私刻公章进行诈骗就属于典型的牵连犯。牵连犯的主要特征是:

(1)以实施一个犯罪为目的。目的行为是牵连犯的本罪,牵连犯是为了实施本罪,其手段行为或者结果行为又构成了另一独立的犯罪,即他罪。如果行为人不是以实施一个犯罪为目的,而是出于实施数个犯罪的目的,并在这样的目的支配下实施了数个犯罪,则不成立牵连犯。

(2)实施数个犯罪行为。牵连犯必须具有数个犯罪行为,这是牵连犯与只有一个行为的想象竞合犯的重要区别。

(3)数个犯罪行为之间具有牵连关系。所谓牵连关系,是指两个以上行为之间存在目的与手段或者原因与结果的关系。这里的目的行为与原因行为指的都是本罪,只不过在与手段行为相对应时称为目的行为,在与结果行为相对应时称为原因行为。需要指出的是,这里的目的行为、手段行为、原因行为、结果行为均指一个独立的犯罪行为,不同于犯罪目的、犯罪手段、犯罪的动机、危害结果。牵连犯有两种牵连方式:一种是目的行为与手段行为的牵连。如行为人为了杀人(目的行为)而

① 《刑法》第347条:"……对多次走私、贩卖、运输、制造毒品,未经处理的,毒品数量累计计算。"《刑法》第383条:"……对多次贪污未经处理的,按照累计贪污数额处罚。"

盗窃枪支(手段行为),构成故意杀人罪和盗窃枪支罪;再如,为了诈骗财物(目的行为)而伪造公文(手段行为),则行为分别构成了诈骗罪和伪造公文罪。另一种是原因行为与结果行为的牵连。如为盗窃枪支防身,而秘密窃取枪支、弹药(原因行为),得逞后又伪造持枪证(结果行为),其行为分别构成盗窃枪支、弹药罪和伪造国家机关证件罪。再如,为了盗窃财物偷了别人的提包(原因行为),发现包内装有毒品后将其私藏起来(结果行为),则分别构成盗窃罪和非法持有毒品罪。

(4)数行为触犯不同罪名。与目的行为牵连的方法行为或结果行为必须符合另一个罪名,否则就不是牵连犯。如,盗窃财物后自己出卖赃物的行为就不是牵连犯,因为刑法没有把自己销赃的行为规定为另一个独立的罪名。再如,为了盗窃而盗窃机动车辆的,也不能构成牵连犯,因为盗窃机动车辆仍然构成盗窃罪而非他罪。①

2.牵连犯的处罚原则

对牵连犯如何处理,我国刑法总则没有规定。刑法理论上认为,牵连犯属于实质的数罪,但因为各行为间存在牵连关系,按一罪处理更为合适,因而是处断的一罪。但是,我国 1997 年修订的刑法对牵连犯的规定相当复杂和混乱。包括:(1)从一重罪处断。如第 399 条第 3 款规定,司法工作人员贪赃枉法,有前两款行为的,同时又构成本法第 385 条规定之罪的,依照处罚较重的规定定罪处罚。(2)从一重罪从重处断。如刑法第 253 条规定,邮政工作人员私自开拆或者隐匿、毁弃邮件、电报的,处 2 年以下有期徒刑或者拘役。犯前款罪而窃取财物的,依照本法第 264 条的规定定罪从重处罚。(3)规定按某一犯罪处断。如刑法第 196 条规定,盗窃信用卡并使用的,按照刑法第 264 条的盗窃罪处罚。(4)规定实行数罪并罚。如刑法第 198 条规定,投保人、被保险人故意造成财产损害的保险事故,骗取保险金,投保人、受益人故意造成被保险人死亡、伤残或者疾病,骗取保险金,同时构成其他犯罪的,依照数罪并罚的规定处罚。

当然,我国刑法只对部分牵连犯的处罚作了明确规定,对大多数牵连犯的处罚没有规定。实践中,对于法律没有规定的牵连犯应当依照刑法理论定一罪,从一重罪处罚,如果刑法明确规定了对牵连犯的处罚原则,则应当按照法律规定定罪量刑。

(三)吸收犯

1.吸收犯的概念和特征

① 根据《关于审理盗窃案件具体应用法律若干问题的解释》第 12 条的规定,为盗窃其他财物,盗窃机动车辆当犯罪工具使用的,被盗机动车辆的价值计入盗窃数额;为实施其他犯罪盗窃机动车辆的,以盗窃罪和所实施的其他犯罪数罪并罚;行为人盗窃后为掩盖盗窃罪行为或报复等,故意破坏公私财物构成犯罪的,应当依盗窃罪和构成的其他犯罪实行数罪并罚。

吸收犯，是指一个犯罪行为为另一个犯罪行为所吸收，从而失去独立存在的意义，仅成立吸收行为一个罪名的犯罪。如行为人盗窃枪支后，私藏在家里，则私藏枪支的行为被盗窃枪支的行为所吸收，仅成立盗窃枪支罪。吸收犯的主要特征是：

(1)具有数个独立的犯罪行为。这是吸收犯成立的前提。首先，要有数个行为，只有数个行为，才存在谁吸收谁的问题，否则不能成立吸收犯；其次，数个行为必须都构成犯罪，如果只有一个行为符合犯罪构成，也不成立吸收犯。吸收犯是数个犯罪行为，这是吸收犯与想象竞合犯的重要区别。

(2)吸收犯的数个行为触犯了不同罪名。吸收犯是罪与罪之间的吸收，如果行为人触犯的是数个相同的罪名，也不存在吸收的问题，只需按其触犯的罪名处断即可。这也是吸收犯与连续犯的区别所在。

(3)吸收犯的数个犯罪行为之间具有吸收关系。这是成立吸收犯的关键。所谓的吸收，是指一个行为包容其他行为，只有一个犯罪行为构成犯罪，其他行为构成的犯罪失去存在的意义。根据刑法理论界的通说，这种吸收关系主要有：①重行为吸收轻行为，即行为性质较重的行为吸收行为性质较轻的行为。如行为人先以伤害的目的将被害人打伤，后害怕被害人告发，又将被害人杀死，其故意杀人行为吸收其故意伤害行为。②主行为吸收从行为，如在共同犯罪中，起主要作用的行为吸收起次要作用或辅助作用的行为。当不同的犯罪行为有主次或者主从之分时，也成立主行为吸收从行为。如行为人入室盗窃，同时触犯了非法入侵住宅罪和盗窃罪，其行为的主要特征是盗窃而不是侵犯住宅，故认为盗窃罪吸收非法入侵住宅罪。③实行行为吸收非实行行为，一般为实行行为吸收预备行为。我国刑法学者张明楷教授认为，对于吸收犯只存在重行为吸收轻行为。①

2. 吸收犯的处罚原则

刑法理论认为，对于吸收犯，应依照吸收行为所构成的犯罪处罚，不实行数罪并罚。我国司法实践中，在追究吸收犯的刑事责任时也是按照这一原则来操作的。

## 第三节 数罪的认定

第二节讨论一罪的类型，说明貌似数罪实为一罪或法定一罪或作为一罪处断的现象，但貌似一罪实为数罪的现象也是客观存在的，本节将简要阐述貌似一罪实为数罪的认定问题。

---

① 张明楷教授认为，对于吸收犯，只存在重行为吸收轻行为这一种形式。认为，实行行为吸收预备行为，不仅没有意义，而且会引起混乱。而所谓主行为吸收从行为，也是不成立的。具体理由参见张明楷：《犯罪论原理》，武汉大学出版社 1991 年版，第 423 页。

## 一、行为触犯一个分则条文实为数罪的情况

在通常情况下，一个分则条文规定一个具体的犯罪。正因为如此，容易造成一种假象：凡是触犯刑法分则一个条文的，就是一个罪。但是，从我国刑法分则的体例来看，不少条文规定的是数罪，在定罪量刑时应当注意。如，刑法第151条规定的走私类犯罪，一个条文就包括走私武器、弹药罪，走私核材料罪，走私假币罪，走私文物罪，走私贵重金属罪，走私珍贵动物、珍贵动物制品罪，走私珍稀植物、珍稀植物制品罪等罪名。这些数罪之间互相不能吸收，走私不同的对象，则构成不同罪名，依法应当数罪并罚。再如，刑法修正案（三）对危害公共安全罪的修改，其中之一，将《刑法》第114条修改为："放火、决水、爆炸以及投放毒害性、放射性、传染病病原体等物质或者以其他危险方法危害公共安全，尚未造成严重后果的，处三年以上十年以下有期徒刑。"此一个条文就包含了放火罪、决水罪、爆炸罪、投放危险物质罪、以其他方法危害公共安全罪五个罪名。

因此，当行为触犯了数罪的条文，符合数个犯罪构成时，应以数罪论处，不能因为行为只触犯了一个条文，而以一罪论处。

## 二、行为侵害同一对象实为数罪的情况

行为侵害同一对象，常常成立一罪。但也存在例外的情形，应当准确认定。因为同一对象具有多种属性，可以体现不同性质的合法权益，如财物既可能体现公共安全，也可能体现财产所有权，还可能体现社会管理秩序；而且人享有多种权利，因而可能体现多种合法权益。所以，对侵害同一对象的行为，不能均认定为一罪，应注意其中的数罪情况。对于同一对象，如果行为人出于不同的犯意，实施不同性质的犯罪行为，则应当成立数罪。如，对同一女性，行为人先实施强奸，继而又杀人灭口，则构成强奸罪和故意杀人罪二罪，而不能认定为一个强奸罪（致人死亡），也不能认定为一个故意杀人罪。

## 三、着手实行犯罪后另起犯意构成数罪的情况

行为人着手实行犯罪后，由于某种原因另起犯意，实施另一犯罪行为的，构成数罪。在某些情况下，行为人另起犯意表现得十分明显。如，某行为人拦路抢劫，以暴力手段劫取财物之后，因被害人是女性，又产生了强奸的犯意，对该女性实施了性暴力侵害，认定其行为成立抢劫罪和强奸罪没有问题。但在某些情况下，行为人另起犯意表现得不明显，使得其行为貌似一罪。如，被告人某甲，在某火车站偷扒上一辆待发的货车，意欲进县城游玩。甲上车后，见车厢内只有一名女性乙（贩

卖天麻的小贩)，便顿生性侵犯念头。列车开动后，甲猛扑上去，将乙按倒，在解乙的裤带时，发现乙裤带上串有一黑色钱包，内装有钱，遂将乙钱包抢过来。这时，乙吓得发抖，甲再也没有理睬她。约 20 分钟后，列车减速进站，甲跳车逃走。[①] 本案中，甲的行为貌似一个抢劫罪，实则为一个强奸罪(中止)和一个抢劫罪(既遂)。着手实行犯罪后另起犯意的，行为人出于数个犯意，实施了数个犯罪行为，符合数罪的构成要件，应认定为数罪。至于是否需要数罪并罚，则要看数罪之间的关系，那是另外一个问题。

### 四、在犯罪过程中超出原犯罪的范围成立数罪的情况

犯罪行为是一个过程，对一个犯罪过程中的行为，一般认定为一罪。但在某些情况下，行为人在犯罪过程中的不法行为，超出了原犯罪的范围，另成立其他独立犯罪，对此应认定为数罪。例如，行为人长期虐待被害人，情节恶劣，且最后一次实施了伤害行为，造成被害人重伤，这种致人重伤的行为已经超出了虐待罪的范围，应认定为虐待罪与故意伤害罪。再如，行为人在运送他人偷越国(边)境的过程中，对被运送人实施的杀害、伤害、强奸、拐卖等犯罪行为，超出了运送他人偷越国边境的犯罪，另成立独立的犯罪，故属于数罪。我国刑法 321 条明确规定对这种行为应当实行数罪并罚。

此外，貌似一罪实为数罪的情况还包括触犯同一罪名，实为数罪的情况。如前所述，在我国刑事司法实践中，对于不存在连续关系、不属于惯犯又不适合作一次评价的同种数罪，一般也不实行数罪并罚。但是这种处断方式可能导致罪刑失衡，我们认为应当予以纠正。

### 司法考试真题链接

1. 甲长期以赌博所得为主要生活来源。某日，甲在抢劫赌徒乙的赌资得逞后，为防止乙日后报案，将其杀死。对甲的处理，下列哪一选项是正确的?(2009 年司法考试真题)

A. 应以故意杀人罪、抢劫罪并罚

B. 应以抢劫罪从重处罚

C. 应以赌博罪、抢劫罪并罚

D. 应以赌博罪、抢劫罪、故意杀人罪并罚

2. 关于罪数的说法，下列哪一选项是错误的?(2008 年司法考试真题)

---

① 案例参见张明楷:《刑法学》(上)，法律出版社 1997 年版，第 317 页。

A. 甲在车站行窃时盗得一提包，回家一看才发现提包内仅有一支手枪。因为担心被人发现，甲便将手枪藏在浴缸下。甲非法持有枪支的行为，不属于不可罚的事后行为

B. 乙抢夺他人手机，并将该手机变卖，乙的行为构成抢夺罪和掩饰、隐瞒犯罪所得罪，应当数罪并罚

C. 丙非法行医3年多，导致1人死亡、1人身体残疾。丙的行为既是职业犯，也是结果加重犯

D. 定在绑架过程中，因被害人反抗而将其杀死，对丁不应当以绑架罪和故意杀人罪实行并罚

3. 关于罪数的认定，下列哪些选项是正确的？(2007年司法考试真题)

A. 甲使用暴力强迫赵某与自己进行商品交易，造成赵某重伤。对甲的行为应以故意伤害罪和强迫交易罪实行并罚

B. 乙借用李某的摩托车后隐匿不想归还。李某要求归还时，乙谎称摩托车被盗。乙欺骗李某的行为不单独构成诈骗罪

C. 丙为杀人而盗窃枪支，未及实施杀人行为而被抓获，丙的行为构成故意杀人(预备)与盗窃枪支罪的想象竞合犯

D. 丁盗窃信用卡并使用的行为，属于盗窃罪和信用卡诈骗罪的吸收犯

# 第三篇

# 刑事责任论

LAW

# 第十五章　刑事责任

## 第一节　刑事责任概述

刑事责任作为刑法学的基础范畴[①]，关系到刑法理论与刑事实务的全局，整个刑法体系都是以刑事责任为核心，围绕有无存在刑事责任、为什么追究刑事责任以及如何追究刑事责任来实现保护合法权益的刑法目的。因此，研究刑事责任对刑法学体系的科学建构与刑法理论的自身完善具有重要作用。

### 一、刑事责任的概念

#### (一)刑事责任的定义

刑事责任这一概念，在现代各国刑事法律中广泛使用，我国刑事法律中也颇为常见。例如，我国刑法典共计452个条文中，就有13个条文21处使用到"刑事责任"这一术语，尤其是刑法总则第二章第二节的标题即为"犯罪和刑事责任"。而在司法实践及日常生活中，"刑事责任"一词使用率也是相当高。由此，弄清刑事责任的含义，意义重大。刑事责任的概念是刑事责任本质属性的反映，是认识刑事责任的基础和逻辑起点。由于现行刑法未对刑事责任进行明确界定，刑事责任的概念被不同学者在不同范围上定义：

1. 义务说

该说认为刑事责任是指"行为人对违反刑事法律义务的行为(犯罪)所引起的刑事法律后果(刑罚)能够提供衡量标准的、体现国家对行为人否定评价的刑事实体性义务"[②]。

2. 负担说

---

① 曲新久：《刑法的精神与范畴》，中国政法大学出版社2000年版，第229页。

② 高铭暄、马克昌：《刑法学》(上编)，中国法制出版社1999年版，第382页。

该说认为刑事责任是刑事法律规定的，因实施犯罪行为而产生的，由司法机关强制犯罪者承受的刑事惩罚或单纯否定性法律评价的负担。①

3.责难说

该说认为刑事责任是指行为人因其犯罪行为所应承受的，代表国家的司法机关根据刑事法律对该行为所作的否定评价和对行为人进行的谴责的责任。②

4.后果说

该说认为刑事责任是指因犯罪行为而产生的应由犯罪人本人承担，并由司法机关依据刑事法律加以确认的刑事法律后果。③

上述种种观点，从不同的角度，对刑事责任的本质、特征或主要内容都有不同程度的揭示，因而都不乏合理之处，但也有一些缺陷或不完善之处。义务说认为刑事责任的本质在于国家赋予的刑事实体性义务，混淆了法律责任与法律义务的关系，“法律义务是相对于法律权利的当为状态，法律责任是相对于国家权力的必为状态”④，“义务可以履行也可以不履行，但发生责任时责任人没有选择必须履行”⑤，两者不应混同。责难说认为刑事责任的本质在于对犯罪行为的否定性评价和犯罪人的谴责性，将刑事责任的本质看作一种抽象的规范评价，忽略了刑事责任是作为客观实在而存在的事实。后果说认为刑事责任是国家针对犯罪行为所确认的一种法律后果，将刑事责任视为一种机械的自然事实，忽略了刑事责任所包含的价值评价内容。

在借鉴、比较上述刑事责任的各种见解基础上，按照概念应当准确、全面地揭示被反映事物的本质和主要特征的要求来考虑，我们认为，对刑事责任的界定应从国家和犯罪人两方面进行，因此，刑事责任可以表述为：

刑事责任是指代表国家的司法机关依照刑法规定，根据行为人的犯罪行为而给予否定评价并强制其承担刑事不利后果的负担。因为，首先刑事责任实际上可归结为一种刑事负担，从本体论上看“法律责任来源于国家这一共同体的外在强力以及共同体成员间的同意或者承诺，其可以理解为违反一定义务而导致的法律上的负担”⑥；从语用学上看刑法条文在使用“刑事责任”一词时主要是同“负”、“不负”连用的，其可以理解为是与负担为核心的概念。例如《刑法》第17条第1款规定：“已满16周岁的人犯罪，应当负刑事责任。其次刑事责任应当是实体范畴和关

① 高铭暄、马克昌：《刑法学》，北京大学出版社、高等教育出版社2000年第3版，第208页。

② 张明楷：《刑法学》，法律出版社2003年第2版，第380页。

③ 刘艳红：《刑法学总论》，北京大学出版社2006年第2版，第247页。

④ 刘作翔、龚向和：《法律责任的概念分析》，《法学》1997年第10期。

⑤ ［俄］Н·Ф·库兹涅佐娃、И·М·佳日科夫：《俄罗斯刑法教程（总论）》（上卷·犯罪论），黄道秀译，中国法制出版社2002年版，第198页。

⑥ 叶传星：《法律责任的哲学根据》，载《法制与社会发展》1998年第6期。

系范畴的统一,一方面作为表现为法律后果的客观实在而存在,另一方面作为表现为谴责非难的规范评价而存在,也即刑事责任既是客观实体与规范评价的统一,又是法律后果与谴责评价的统一。

### (二)刑事责任的特征

根据上述刑事责任的概念,可以得知其具有如下特征:

1. 刑事责任的追究主体是司法机关

刑事责任是由代表国家的司法机关依法追究的刑事负担,从犯罪人方面来看是犯罪人向国家必须承受的负担,从国家方面来看是由其代表即司法机关所强制给与的负担。这一特征具体而言包含两层含义:一是刑事责任只能由司法机关加以确认,并非任何人都可以确认刑事责任。为了保障刑事追究的权威性、公正性与合理性,只能由司法机关依据刑事诉讼程序来确认行为人应否负刑事责任,负什么程度的刑事责任以及怎样负刑事责任。刑事责任不同于民事责任,民事责任要求责任人向被破坏的法律关系中的权利人承担责任,而刑事责任则要求责任人直接向国家承担责任。二是刑事责任必须依法确认。刑事责任是一种法定责任。行为人对其行为应否负刑事责任,负什么程度的刑事责任、怎样负刑事责任,都必须由刑法作出明文规定。这是罪刑法定原则的基本要求。

2. 刑事责任的承担对象是犯罪者个人

首先,刑事责任是一种个人责任。刑事责任只能由犯罪人本人承担,具有专属性①,不可转嫁也不能替代。实行株连、殃及无辜,是奴隶社会和封建社会刑法的重要特征。资产阶级革命以后,在刑法中确立了个人责任原则,行为人只对自己的罪行负责,即使与犯罪人之间存在着某种亲密关系,但只要没有参与实施犯罪行为,行为人即不负刑事责任。其次,刑事责任是一种限定责任。在民法上因侵权行为带来的赔偿责任,其实际承担主体,可能因加害人死亡或无责任能力而发生转移,而刑事责任是不可转移的限定责任,由于刑事责任人死亡或责任能力丧失,不存在刑事责任实际承担主体的转移问题,而只能导致刑事责任的消灭或中断。

3. 刑事责任的主要内容是不利后果和谴责非难

刑事责任从客观上讲是一种不利后果,体现了国家对犯罪行为的反应遏制和对犯罪人的惩罚强制,从主观上讲是一种谴责非难,体现了国家对犯罪行为的否定评价和对犯罪人的人格报应。刑事责任的表象是使犯罪人承担某种刑事法律后果,刑事责任的实质是国家对犯罪行为的否定性评价和对犯罪人的谴责非难。刑事责任以刑罚为主要实现方式,是一种最严厉的法律责任。在古代,对犯罪人适用刑罚是刑事责任的唯一实现方式。近现代以来,虽然刑事责任的实现方式出现了多元化趋势,但刑罚仍然是刑事责任的最主要实现方式。

---

① 高铭暄:《刑法学原理》(第1卷),中国人民大学出版社1994年版,第418页。

4. 刑事责任的产生原因是犯罪行为

首先，犯罪行为是刑事责任的产生原因。不仅只有犯罪行为才产生刑事责任，而且只要有犯罪行为就产生刑事责任，无犯罪行为则无刑事责任。其次，犯罪行为是刑事责任的量定基础。罪行严重则刑事责任重，罪行轻微则刑事责任轻，犯罪人仅应承担与其犯罪行为的客观危害和其人身危险程度相当的刑事责任。这是报应与预防犯罪的基本要求。因为如使重罪之人承担较轻的刑事责任，则报应不足，犯罪有利可图，不利于预防犯罪；反之使轻罪之人承担较重的刑事责任，则报应过度，无异于变相鼓励犯罪人实施重罪。

5. 刑事责任的基本性质是一种刑事负担

刑事责任作为一种刑事负担，首先具有必然性。一旦行为人选择实施犯罪行为，就必然承受刑事上的不利后果和谴责非难，因为从维护正义和预防犯罪的角度看，犯罪以后不追究刑事责任既违反平等公正，又损害了国民对法律的信赖不利于实现威慑预防。其次具有强制性。一旦行为人选择实施犯罪行为，就被强制承受刑事上的不利后果和谴责非难，因为刑事责任是由作为国家代表的司法机关运用国家强制力来保证实施的，不允许犯罪人有拒绝的权利，也不容许犯罪人私了或者放弃。

## 二、刑事责任的地位

传统刑法学以犯罪和刑罚为基石概念，认为刑法学是研究犯罪和刑罚的科学，刑事责任在刑法学理论中不具有独立实体意义。但是随着对犯罪法律后果的研究深入，刑事责任逐渐与刑罚相区别而获得独立地位，理论上也围绕刑事责任来建构刑法理论体系。

### (一)刑事责任在刑法学中的重要意义

在我国刑法学领域中刑事责任具有重要意义，全部的刑事立法工作和刑事司法实务以及刑法理论研究都是围绕如何解决人的刑事责任这一基础性问题而展开活动。首先，刑事责任是刑事立法的基础。刑事立法的过程其实就是立法者基于社会防卫的需要，围绕着某一行为要不要追究刑事责任、追究什么样的刑事责任及如何实现刑事责任等问题展开的。

其次，刑事责任是刑事司法的中心。整个刑事司法活动的中心问题就是为了准确、及时地查明行为人是否应对其行为负刑事责任以及负何种刑事责任，以使有罪的人受到刑事追究、无罪的人不予法律制裁：离了刑事责任问题，刑事诉讼就不存在。

再次，刑事责任是刑法理论的核心。“刑事责任关系到刑法理论的全局，几乎所有的刑法问题都与刑事责任密切相关”[①]。如犯罪是产生刑事责任的前提，行为符合犯罪构成是行为人承担刑事责任的法律根据；而存在刑事责任是适用刑罚的前提，刑罚是刑事责任的最主要实现方式。刑法典分则其实不过是应负刑事责任行为的明细表，该明细表详细开列了各种行为所应负的刑事责任。

### (二)刑事责任在刑法学体系中的定位

正是基于刑事责任在刑法学中的重要意义，刑事责任在刑法学的体系建构中居于核心地位。但是由于学者们的理论出发点不同，关于刑事责任在刑法学中的体系设置也存在不同模式。

1. 罪、责、刑模式。该说认为，犯罪、刑事责任、刑罚是各自独立又互相联系的三个范畴，刑事责任是介于犯罪与刑罚之间连接犯罪和刑罚的纽带。一方面犯罪是刑事责任的前提，刑事责任是犯罪的法律后果；另一方面刑事责任是刑罚的前提，刑罚是刑事责任的基本方式。因而刑法学的体系应当是犯罪论——刑事责任论——刑罚论的体系。[②]该说是目前刑法学界的主流学说。

2. 责、罪、刑模式。该说认为，从整个刑法特别是刑事立法的角度看，总是刑事责任在先、犯罪在后，没有刑事责任，就不存在犯罪；而刑事责任又是刑罚的前提，没有刑事责任，也就不应当受到刑罚处罚。因此，刑事责任是刑法的内在生命。所以应当按照刑事责任——犯罪——刑罚的逻辑顺序来建构刑法学体系，包括建立州法典总则体系。[③]

3. 罪、责模式。该说认为，犯罪是刑事责任的前提，刑事责任是犯罪的法律后果；刑罚只是刑事责任的基本实现方式，而不是刑事责任的唯一实现方式，刑事还有其他实现方式，刑罚与非刑罚处罚方法一样，是刑事责任的下位概念。因此，犯罪——刑罚的体系应改变为犯罪——刑事责任的体系，这样才能澄清犯罪与刑事责任关系。[④]

4. 罪、刑模式。该说可以分为两个阶段，早期观点认为刑事责任等同于刑罚或者附属于刑罚，刑法学体系直接为犯罪——刑罚模式。晚近观点否定刑事责任的概念，仅在作为犯罪成立条件的有责性的角度来考虑刑事责任的有关内容。[⑤]

5. 改造模式。该说认为，刑法中的所有问题都是围绕刑事责任展开的，因此应当以刑事责任为主线重新构筑刑法学体系，即分为刑事责任的确定——刑事责任的排除与修正——刑事责任的实现——刑事责任的终结。[⑥]

---

① 冯军：《刑事责任论》，法律出版社 1996 年版，第 3 页。

② 高铭暄、马克昌：《刑法学》，北京大学出版社、高等教育出版社 2000 版，第 212 页。

③ 杨敦先：《刑法运用问题探讨》，法律出版社 1992 年版，第 26～28 页。

④ 张明楷：《刑事责任论》，中国政法大学出版社 1992 年版，第 149～150 页。

⑤ 陈兴良：《刑法学》，复旦大学出版社 2003 年版，第 133 页。

⑥ 张旭：《关于刑事责任的追问》，载《法学研究》2005 年第 1 期。

我们认为，厘清刑罚与刑事责任的关系是确立刑事责任地位的关键。从刑事责任与犯罪的关系来看，犯罪与刑事责任具有内在的统一性，二者是相平行的概念，例如刑法典总则第二章第一节即以“犯罪和刑事责任”相并列作为标题。从责任与刑罚的关系来看，刑罚不过是刑事责任的一种最主要的实现方式，除了刑罚以外刑事责任还存在其他实现方式，因此刑罚只是刑事责任的下位概念。由此可见，刑罚和犯罪之间不可能是并列关系。

罪、责、刑模式认为责任与刑罚是并列、平行关系，这在逻辑上是不能成立的。同时该说视刑事责任为与刑罚的中介，导致刑事责任成为一种空洞理论而失去实质性内容，刑事责任在刑法中的作用和意义也无法得到具体体现。责、罪、刑模式虽然具有一定道理，但此说仅在刑事立法学上才能成立。从司法的角度看，此说颠倒了犯罪和刑事责任的关系，因此就司法而言是先有犯罪才有刑事责任，而不是先有刑事责任才有犯罪。罪、刑模式中的早期观点没有认识到刑事责任与刑罚的区别，忽略了刑事责任的作用和意义。晚近观点不仅具有导致将非刑罚处理方法与刑罚混同的逻辑缺陷，而且其所采用的犯罪论体系并未为我国犯罪论体系的通说所肯定。改造模式将刑事责任作为刑法学的唯一主线来构建体系，同样存在着倒果为因即不是为了追究刑事责任而认定犯罪，而是发生犯罪后才追究刑事责任的缺陷。

相比之下，只有罪、责模式理顺了犯罪，刑事责任与刑罚的关系，符合刑事责任的地位和作用。首先，罪、责模式正确确立了刑事责任的独立实体地位。由刑事责任论取代刑罚论，摆正了刑事责任与刑罚的关系，不仅使不属于刑罚论的某些范畴如非刑罚处罚方法能够在刑法学体系中找到其应有的归宿和位置，而且使刑事责任理论获得与其地位相符的实质性发展空间。其次，罪、责模式正确反映了刑事责任在刑法学中的重要作用。犯罪的法律后果，除了刑罚之外，还有非刑罚处罚以及单纯有罪宣告。为此，必须概括出一个上位概念来涵盖这三种情形。这一上位概念自然就是刑事责任。不能因为刑罚目前是犯罪的主要法律后果，就否认刑罚是刑事责任下位概念的事实。

## 第二节 刑事责任的根据

刑事责任的根据所要回答的是国家为什么可以针对行为人的犯罪行为而强制给予以否定评价与不利后果为内容的刑事负担，这一问题涉及刑事责任的正当化根据问题。在一个民主社会里，刑法不是以暴力强迫公民去遵守，而是以其正当性获得民众的认同和服从，因此研究刑事责任的根据，是国家合理地设立与确认刑事责任的重要保证，也是防止国家滥用刑事责任而保障国民自由的重要保障。

## 一、刑事责任根据的含义

运用概念必须首先界定概念的指涉范围，了解概念的所指以及能指。但是在刑事责任根据的研究中，有关刑事责任根据的含义却存在较大分歧，不少学者将刑事责任的根据同刑事责任的本质、刑事责任的基础等同起来，直接导致争论各说各话无法在同一层面上进行。

关于刑事责任根据的含义，理论上存在着基础说、缘由说、标准说、来源说之争：(1)基础说，即站在刑事责任产生和存在的根本原因的高度理解刑事责任，认为"刑事责任的根据是指刑事责任赖以产生和存在的基础"。[①](2)缘由说，即把刑事责任根据理解为说明行为人刑事责任有无以及程度的理由，认为"刑事责任的根据旨在说明犯罪人应负刑事责任的理由，即国家凭什么追究犯罪人的刑事责任，或者说，犯罪人实施犯罪行为后为什么要承担刑事责任"。[②] (3)标准说，即把刑事责任根据看成是刑事责任是否存在以及实际存在何种程度的刑事责任的标准，认为"刑事责任的根据也就是司法机关决定犯罪人应否承担刑事责任以及承担多大刑事责任的标准"[③]。(4)来源说，即把刑事责任根据等同于刑事责任的来源，认为刑事责任的根据是指如何认定刑事责任的决定力问题，也即究竟是什么决定刑事责任是否存在及存在的大小。[④]

我们认为，所谓事物的根据就是指事物存在的正当性，包括事物存在的合理性与合法性两个方面。因此刑事责任的根据是指刑事责任的正当性问题，其回答的问题是为什么国家给予刑事责任或者犯罪人承担刑事责任是正当的，其合理性理由和合法性来源是什么。因此，刑事责任的根据不同于刑事责任的基础，刑事责任的基础是指刑事责任存在的根本或起点，刑事责任的根据是指存在的价值和理由。刑事责任的根据不同于刑事责任的本质。刑事责任的本质是指刑事责任区别于其他事物的质的规定性，刑事责任的根据是指说明刑事责任存在正当性的理由。刑事责任的根据也不同与刑事责任的标准，刑事责任的标准是判断国家对犯罪人给予何种刑事责任以及多大刑事责任的具体方法，而刑事责任的根据是判断刑事责任有无反映刑事责任正当性的依据。刑事责任的根据不同于刑事责任的来源和理由，刑事责任的来源及理由只是刑事责任根据的一部分。

---

① 何秉松：《刑事责任论(下)》，载《政法论坛》1995 年第 5 期。

② 余许：《论刑事责任的归责要素》，载《中央政法管理于部学院学报》1999 年第 2 期。

③ 罗本琦：《刑事责任若干问题探析》，载《安庆师范学院学报》1994 年第 3 期。

④ 徐立：《刑事责任根据论》，中国法制出版社 2006 年版，第 91 页。

## 二、刑事责任根据的争论

关于什么是刑事责任的根据，刑法理论上存在较大分歧，这里仅将主要观点略述如下：

1. 犯罪构成根据说。此说由苏联刑法学者A·H·特拉伊宁提出，他认为："犯罪构成是刑事责任的唯一根据。如果在某人的行为中具备犯罪构成，那么便有根据对他适用刑罚；如果在这行为中缺乏犯罪构成，那么便免除刑事责任。"[①]这一观点传入我国一度处于刑法理论的主要地位，但由于该说忽略了犯罪构成的规范性、类型性特点，因而遭到大多数学者批评，现今我国基本上已不采此说。

2. 社会危害性根据说。此说认为刑事责任的根据是行为人的社会危害性。如苏联学者采列捷夫认为："如果只是形式上具备犯罪构成的各个特征，该行为只是单纯与刑法规范相抵触而没有社会危害性，同样也不能作为刑事责任的根据。"我国刑法学者也有主张此说，其理由是犯罪的本质属性是社会危害性，因此从社会危害性中寻找刑事责任的内在根据，是解决刑事责任根据问题的正确途径。此说虽然存在一定的合理性，但是忽略了犯罪的形式性、程度性特征，无法区分犯罪与违法。

3. 罪过根据说。此说认为刑事责任的根据在于行为人实施危害行为时的主观恶意，为苏联刑法学者首倡。如苏联刑法学者B·C·尼基福洛夫指出："刑事责任的根据是某人在实施犯罪行为的罪过，这种罪过既包括属于犯罪构成的情节，也包括判刑时加以考虑的其他许多情节，尤其是能说明分子个人情况的情节。"[②]我国也有学者采此说，认为"如果把在刑法上具有违法性的危害行为视为刑事责任的基础，那么在这个基础上把人为什么要对自己的危害行为承担刑事责任以及要求人对自己的危害行为承担刑事责任的正当化理由亦即刑事责任的根据说成是罪过，就有充分的理由"[③]。由于该说或者割裂了主观与客观之间的联系来说明刑事责任根据，或者造成了罪过概念的混乱，故难以对刑事责任根据进行合理的说明。

4. 事实总和根据说。这种观点将影响刑事责任的一切事实因素都归结为刑事责任的根据，认为一切能够反映和影响刑事责任的存在、性质、范围、程度和实现等事实或情况，都是刑事责任的根据。它包括两个层次的法律事实，即决定刑事责任有无的法律事实和决定刑事责任程度的法律事实。

---

① [苏]特拉伊宁：《犯罪构成的一般学说》，王作富等译，中国人民大学出版社1958年版，第81页。

② [苏]B.C.尼基福洛夫：《苏联刑法科学史》，曹子丹等译，法律出版社1984年版，第49页。

③ 张智辉：《刑事责任通论》，警官教育出版社1995年版，第147页。

5. 行为符合构成要件说。该说以行为是否符合法律规定的犯罪构成来作为认定刑事责任的根据，认为“单纯的犯罪成立条件（法律形式）和单纯的犯罪行为（犯罪的客观事实）都不应是刑事责任的根据。二者相结合的产物——犯罪，才是刑事责任的根据”[①]。

6. 二元根据说。此说认为刑事责任的根据应该是二元的，即反映已然之罪本质属性的行为的严重社会危害性和反映未然之罪本质属性的行为人的人身危险性，二者是统一的。前者是决定刑事责任的质的根据，而两者的统一则是决定刑事责任的量的根据。

7. 多元说。此说在我国当代刑法学界颇为流行，认为刑事责任根据包括实质根据、事实根据、法律根据、理论根据等等。

上述刑事责任根据的各种观点都有其理论价值和实践意义，但从发展的角度看，一些刑事责任根据观点又有一定的局限性。比如，“罪过根据说”反映了人的主观活动支配人的行为的合理性，却忽视了事实和行为在法律中的体现；“社会危害性根据说”虽然揭示了刑事责任所要触及的本质，但“社会危害”不是一个具体的法律事实，将其作为刑事责任根据则会失之于抽象，在司法实践中难以操作；“犯罪构成根据说”从刑事法律的要件上揭示了犯罪，但是犯罪与刑事责任不是同一概念，如将“犯罪构成”作为刑事责任的唯一根据，无论从逻辑上还是司法实践上，抑或在犯罪与刑事责任的理论和本质的区别上，都会引起混乱；“多元根据说”从不同的角度对刑事责任之根据寻找了“根据”之源，但这种包容性恰恰是对刑事责任根据特性的否定。

## 三、刑事责任根据的界定

刑事责任的根据是什么，这一问题可以分解为两个提问：为什么“国家”能够给予刑事责任，给予作为负担的刑事责任是正当的吗？为什么能够归责于“行为人”，归责于行为人是正当的吗？由于第一个问题针对一般的抽象的人和行为，因此可以归结为对刑事责任理论根据的追问；而第二个问题针对具体的现实的人和行为，因此可以归结为对刑事责任事实根据的追问。

### （一）刑事责任的理论根据

所谓刑事责任的理论根据，是指国家基于何种理由强制给予犯罪人以刑事负担，也即国家强制给予犯罪人以刑事负担的刑事责任的正当性问题。对此，刑事古典学派、刑事实证学派从不同的立场出发，得出了不同的答案。

1. 罪行报应根据

---

① 周其华：《刑事责任解读》，中国方正出版社2004年版，第117页。

刑事古典学派从哲学上的意志自由论出发，主张道义责任和报应刑论，认为人具有自由意志存在着自由选择的可能性，行为人基于自由意志决定实施违法行为而不实施合法行为就应该受到道义上的非难，根据此道义非难给予相均衡的报应就是正当的。因此，刑事责任的根据在于国家对行为人给予与其恶的自由意志选择相均衡的报应。

2.危险预防根据

刑事实证学派从哲学上的意志决定论出发，主张社会责任和预防刑论，认为人之意志为个人与社会原因所决定而受自然法则的支配并不自由，犯罪行为是由个人素质和外部环境决定下的行为人人身危险性的外部表现，根据此人身危险性给予相均衡的社会防卫预防才是有效的正当的。因此，刑事责任的根据在于国家对行为人给予与其人身危险性相均衡的预防。

3.综合一体根据

由于古典学派的意志自由和实证学派的决定论过于绝对机械，违反了物质决定意识、同时意识又具有能动作用的哲学原理，因此古典学派和实证学派的部分学者分别对自己的哲学立场进行了修正，因而出现了相对的意志自由。相对的意志自由主张行为人既可以实施某行为也可以不实施某行为，既可以这样实施也可以那样实施，既可以实施此行为也可以实施彼行为。正因为有了相对的意志自由，行为人才有了实施犯罪与不实施犯罪的选择可能。在具有相对意志自由的前提下，如果行为人选择实施了犯罪行为，其自由意志就体现出了主观恶性，并且该行为侵害了社会，因而行为人应当对此承担刑事责任。此时，要求行为人承担刑事责任是合理的，也是正当的。因此，从相对自由论出发，刑事责任的根据在于国家对行为人给予与其犯罪恶性与人身危险性相均衡的报应与预防。

### （二）刑事责任的事实根据

刑事责任的事实根据有实质根据与形式根据之分，实质根据主要从实质上回答为什么行为人实施犯罪行为以后就应承担刑事责任，形式根据主要从形式上回答司法机关追究刑事责任的正当性。

1.刑事责任的实质根据

刑事责任的实质根据是犯罪的社会危害性。从立法看，之所以要追究行为人的刑事责任，就是因为该行为具有严重的社会危害性，立法者往往根据自己所处的社会历史条件，从维护国家和国民利益出发，来认定哪些行为具有犯罪的社会危害性从而认定其为犯罪，追究行为人的刑事责任。从司法看，行为必须具有严重的社会危害性，不具有严重程度的社会危害性，不可能成立犯罪也不可能追究刑事责任。因此，行为人之所以承担刑事责任从实质上说是因为它侵犯了合法权益，具有严重的社会危害性。

社会危害性是主观与客观的统一，不仅包括行为的客观上的危害，而且包括行为人的主观罪过与人身危险性。社会危害性是定性与定量的统一,其不仅决定了刑事责任的有无,而且决定了刑事责任的程度,是衡量行为人是否应负刑事责任及负多大刑事责任的尺度。凡是能够说明行为的社会危害性的事实,都是影响刑事责任程度的因素。社会危害性所综合的事实情况包括:(1)犯罪前的主客观情况;(2)犯罪时的主客观情况;(3)犯罪后的主客观情况。这些事实都反映了犯罪人的主观恶性和实际危害,是决定刑事责任及其程度的重要因素。

2.刑事责任的形式根据

追究刑事责任的形式根据是指行为符合犯罪构成。所谓行为符合犯罪构成,是指:(1)必须存在犯罪事实才能追究事责任。《刑事诉讼法》第 84 条第 1 款规定:"任何单位和个人发现有犯罪事实或者犯罪嫌疑人,有权利也有义务向公安机关、人民检察院或者人民法院报案或者举报。"第 83 条规定:"公安机关或者人民检察院发现犯罪事实或者犯罪嫌疑人,应当按照管辖范围,立案侦查。"这就表明,只有在客观上有一定的证据表明有犯罪发生的情况下,司法机关才可发动刑事诉讼程序追究刑事责任;只有如此,司法机关启动刑事诉讼程序才是正当的。(2)必须符合犯罪构成才能确认刑事责任。犯罪是刑事责任的前提,刑事责任是犯罪所引起的法律后果。因此,行为人的行为是否符合犯罪构成,是判断行为人应否负刑事责任的唯一标准,除此以外,单纯的犯意、罪过或者行为的严重社会危害性,都不是行为人应否负刑事责任的根据。(3)必须满足罪行均衡才能确认刑事责任,罪刑均衡原则要求刑事责任的轻重应当与犯罪行为的客观危害和犯罪人的人身危险程度相当。

犯罪构成是决定行为的社会危害性及其程度、而为该行为成立犯罪所必须具备的一切客观要件和主观要件的有机整体。因此,犯罪构成不仅决定着刑事责任的质(有无),而且在很大程度上也决定着刑事责任的量(轻重)。当然,行为人的行为符合犯罪构成对于解决刑事责任的轻重来说,只是主要根据,而不是唯一根据。因为影响刑事责任轻重的因素除了犯罪构成的因素以外,还有其他诸如自首、累犯等法定情节,以及诸如犯罪的动机、犯罪人平时的一贯表现等酌定情节。这些法定情节和酌定情节也能够影响刑事责任的程度。所以,确认刑事责任轻重时,应以行为所符合的犯罪构成为主,同时考虑一切能够说明犯罪行为的客观危害和犯罪人的人身危险性的事实情节,以做到犯罪人所承担的刑事责任与其犯罪行为的客观危害和犯罪人人身危险程度相当。只有这样,司法机关追究犯罪人的刑事责任才是完全正当的。

## 第三节 刑事责任的实现

【引 例】

自诉人,何桦,女,21 岁。被告人何武,男,57 岁。何武之女何桦,与所在单位同事王亮经自由恋爱,感情融洽,准备于 2005 年底到民政部门办理婚姻登记。何武嫌王亮家境一般,不能提供大额的现金作为彩礼,于是反对二人的婚姻,并采取打骂、反锁等手段,不允许女儿同王亮接触。2005 年 10 月 15 日,其女趁家人不注意,逃出家中,并向所在地 A 区人民法院以暴力干涉婚姻自由罪,对何武提起自诉。

人民法院经审理后认为,被告人何武采用打骂、反锁等方式阻止何桦同王亮来往的行为,构成暴力干涉婚姻自由罪,但考虑到被告人犯罪情节轻微,认罪态度较好,故不予处罚,责令其具结悔过,保证不再干涉女儿的婚姻自由。

### 一、刑事责任的实现阶段

由于行为符合犯罪构成时应当追究行为人刑事责任的唯一依据,因此当行为符合犯罪构成之时起,就是行为人应当承担刑事责任的开始时间。但是,应当承当刑事责任并不等于实际承担刑事责任,从应当承担刑事责任到刑事责任的实现,可以分为刑事责任的产生、确认和履行三个阶段。

#### (一)刑事责任的产生阶段

刑事责任始于何时,在我国刑法理论上主要有行为时开始说与裁判时开始说之争。行为时开始说认为刑事责任始于犯罪行为实施之时。理由是刑事责任伴随犯罪而产生,无犯罪则无刑事责任,有犯罪必有刑事责任。犯罪行为实施之后,不论是否发现这种犯罪,行为人的刑事责任即同时产生,并客观地存在着。司法机关追究刑事责任,只是使这种客观存在的刑事责任现实化的过程,并不是刑事责任产生的过程。裁判时开始说认为刑事责任始于法院作出有罪判决之时。理由是刑事责任是犯罪的法律后果,只能由犯罪人来承担。而在人民法院依法作出有罪判决之前,很难说行为人就是犯罪人,也就不能要求其承担刑事责任。

我们认为,由于第二种观点混淆了刑事责任产生的时间与人民法院使行为人负刑事责任的时间两个概念,因此第一种意见是正确的。理由是:首先,刑事责任是犯罪的必然后果,刑事责任是刑事追诉的前提。只要有犯罪行为客观上必然产生刑事责任,只有产生刑事责任后才能启动司法追诉。其次,刑事责任始于行为实施之时具有实定法的基础。从刑法的规定看,刑事责任的开始总是同实施犯罪联系在一起的。例如《刑法》第 17 条第 1 款规定:“已满十六周岁的人犯罪,应当负刑事责任。”应当负刑事责任,以存在刑事责任为前提,表明实施了犯罪,客观上产生了刑事责任。从刑法规定追诉时效制度来看,也应当认为刑事责任开始于实施犯罪之时。追诉时效,指对犯罪人追究刑事责任的有限期间。刑法规定,犯罪经过一定的期限不再追诉。所谓不再追诉,即不再追究刑事责任,说明实施犯罪后刑事责任即产生了,否则,就不发生不再追诉的问题。

在理解“实施犯罪之时起”时,要注意区分情况:对于故意犯罪来说,实施犯罪预备时,刑事责任即行产生;如果犯罪预备不受处罚,着手实行犯罪时,刑事责任便产生;对于过失犯罪来说,犯罪结果发生时,刑事责任才产生。在这一阶段,行为人的刑事责任虽然已经客观地存在着,但司法机关还没有追究刑事责任的活动。这可能是因为犯罪没有被发现,或者告诉才处理的犯罪,被害人没有告诉。如果在法定的追诉期限内没有追诉,刑事责任就可能消灭,从而就不存在刑事责任的下一阶段。在司法机关立案之前,行为人可能出现自首或立功等情况,会影响刑事责任的程度,这仍然属于刑事责任的产生阶段。

### (二)刑事责任的确定阶段

刑事责任的确定阶段从司法机关立案时起,到人民法院作出有罪判决生效时止。在这一阶段,司法机关根据法定程序,查证行为人是否实施了犯罪行为,应否承担刑事责任,应当承担何种刑事责任以及如何实现刑事责任。

所谓从司法机关立案时起,指由公安机关管辖的案件,从公安机关立案侦查时起,由检察机关管辖的案件,从检察机关立案侦查时起,人民法院依法直接受理的案件,从人民法院受理时起。公安、检察机关进行侦查时,必须客观、公正、实事求是,严禁刑讯逼供和以其他非法方法收集证据。收集证据必须全面,犯罪嫌疑人有罪或者无罪、罪轻或者罪重的证据材料都应收集、调取。在侦查过程中,讯问犯罪嫌疑人、询问证人、勘验、检查、搜查等活动,都必须符合法律的规定,以保证有效地开展侦查工作。对侦查终结的案件,需要提起公诉的,一律由检察机关审查决定。《刑事诉讼法》第 137 条规定:“人民检察院审查案件的时候,必须查明:(一)犯罪事实、情节是否清楚,证据是否确实、充分,犯罪性质和罪名的认定是否正确;(二)有无遗漏罪行和其他应当追究刑事责任的人;(三)是否属于不应当追究刑事责任的;(四)有无附带民事诉讼;(五)侦查活动是否合法。”经过审查,如果认为犯罪事实已经查清,证据确凿、充分,需要追究刑事责任的,检察机关应当作出提起公诉的决定;如果认为不构成犯罪或者有其他法定不起诉情形的,检察机关应当或者可以作出不起诉的决定。审判机关对提起公诉的案件进行审查后,符合开庭审判条件的,应当决定开庭审判。在审判中主要解决如下问题:1. 行为人的行为是否构成犯罪?应否负刑事责任? 2. 如果应负刑事责任,还应综合考虑各种有关情节,确定应负何种程度的刑事责任? 3. 如何实现刑事责任?即主要应判何种刑罚?这些问题的解决，都要以事实为根据，以刑法的规定为准绳。

上述侦查、起诉、审判三个刑事诉讼阶段，就大多数犯罪来说，是刑事责任的确认阶段不可缺少的组成部分。只有经过这三个刑事诉讼阶段，刑事责任才可能得到确认和实现。

（三）刑事责任的实现阶段

刑事责任的实现阶段从人民法院作出有罪判决生效时起，到所决定的刑事制裁措施执行完毕或赦免时止。刑事责任的实现是刑事责任的最后阶段，也是刑事责任阶段的核心。刑法规定刑事责任，依法追究刑事责任，最终都是为了实现刑事责任，所以这一阶段具有特别重要的意义。刑事责任的实现，基本方式是执行刑罚。执行刑罚，主要由司法行政机关完成，持续时间的长短，则因刑种的不同和判决刑期长短的不同而不同。至于因犯罪情节轻微不需要判处刑罚的案件，法院仅宣告有罪而免予刑罚处罚。这种免予刑罚处罚的判决，只要一经发生法律效力，刑事责任即行实现，不存在时间的持续过程。在刑事责任的实现阶段，可能出现刑事责任变更的情况。这主要是：(1)死刑缓期执行二年期满的减刑；(2)管制、拘役、有期徒刑、无期徒刑的减刑；(3)特赦；(4)由于遭遇不能抗拒的灾祸确实有困难时罚金的减免。

值得研究的问题是：假释是否刑事责任的变更？一种观点认为假释也是刑事责任的变更，另外一种观点认为假释宜视为刑事责任实现方法的变更。我们赞同后一种观点，因为在假释时，所确定的刑罚并没有变更，只是将犯罪分子附条件提前释放，被假释者违反法定的条件，假释即被撤销，而且在假释考验期限内，被假释者由公安机关予以监督。可见，刑事责任本身并未因假释而变更。

如何理解刑事责任的终结？一种观点认为，刑事责任的终结包括两种情况：一是因刑事责任的实现而终结，终结时间由于刑事责任实现的不同而不同。以刑罚为实现方式的，终结时间是刑罚执行完毕或赦免之时；以非刑罚处理方法为实现方式的，终结时间为非刑罚处理方法执行完毕之时；以免予刑罚处罚为实现方式的，终结时间为法院有罪判决发生法律效力之时。二是因刑事责任的消灭而终结。刑事责任的消灭有犯罪人死亡、犯罪已过追诉时效、告诉才处理的犯罪、没有告诉或撤回告诉。终结时间就是上述情况出现之时。另一种观点认为，刑事责任的终结是指刑事责任的实现，而刑事责任的消灭是没有追究其刑事责任，二者的性质和效果完全不同，所以认为刑事责任的消灭也是刑事责任的终结，这就将两种不同性质、不同效果的情况混为一谈。我们同意第一种观点，理由是刑事责任可以因其实现而终结，也可以因其消灭而终结。例如犯罪在未过追诉时效期限时，犯罪人的刑事责任时刻都处于可以追究之中；如果已过追诉时效期限，刑事责任即归于消灭，不能再予以追究，这在事实上也就是犯罪人的刑事责任已经终结。与刑事责任的实现不再追究行为人的刑事责任，在这一根本点上并无差别。

## 二、刑事责任的实现方式

刑事责任的实现是指犯罪人由承担刑事责任的应然状态变为实际承担刑事责任，即刑事法律后果被实际强加于犯罪人。只有使犯罪人实际承担刑事法律后果，才能杜绝犯罪人的侥幸心理，从而不敢重新犯罪，并且才能对社会上的不稳定分子起到警戒作用，从而实现刑事责任的双面预防目的。刑事法律对社会的调控主要是通过刑事责任的实现来完成的。刑事责任的实现离不开一定的方法和手段。刑事责任的实现方式必须是刑事法律明文规定可以适用于刑事责任承担主体的方式。这是刑事责任法定原则的基本要求。司法机关不能随意确定刑事责任的实现方式。在我国，刑事责任的实现方式有：

### （一）定罪判刑方式

所谓定罪判刑方式，是指人民法院对犯罪人作出有罪判决的同时适用相应的刑罚。根据《刑法》第 13 条，应受刑罚处罚性是任何犯罪的属性，故绝大多数犯罪人都是以实际承担刑罚而告终的，由此决定了刑罚是最为主要的刑事责任实现方式。在我国，刑罚分为主刑和附加刑两大类。管制、拘役、有期徒刑、无期徒刑和死刑属于主刑，罚金、剥夺政治权利、没收财产和驱逐出境属于附加剂。无论是主刑还是附加刑，都明显体现出国家对犯罪行为的否定评价和对犯罪人的责难。

### （二）非刑罚处理方式

所谓非刑罚处理方式，是指人民法院对犯罪人认定有罪作出定罪判决虽免除刑罚，但给予非刑罚处理方法的处理。例如《刑法》第 37 条规定："对于犯罪情节轻微不需要判处刑罚的，可以免予刑事处罚，但是可以根据案件的不同情况，予以训诫或者责令具结悔过、赔礼道歉、赔偿损失，或者由主管部门予以行政处罚或者行政处分。"第 383 条贪污罪规定："情节较轻的，由其所在单位或者上级主管机关酌情给予行政处分。"

引例中，被告人虽然构成了暴力干涉婚姻自由罪，但是由于其情节轻微，认罪态度较好，社会危害性不大，因此法院采取了非刑罚处罚措施，只是责令其具结悔过。可见，非刑罚处理方式也是实现当事人责任的一种方式。

### （三）单纯宣告有罪方式

所谓单纯宣告有罪是指作出定罪判决但免除刑罚处罚也不给予任何处分。《刑法》第 67 条规定："对于自首的犯罪分子，可以从轻或者减轻处罚。其中犯罪较轻的，可以免除处罚。"单纯宣告有罪也是犯罪行为所可能产生的法律后果，也体现了国家对犯罪行为的否定评价和对犯罪人的责难，因而具有刑事责任的实质内容，自然也属于刑事责任的实现方式之一。正因为如此，如果行为人对于单纯有罪宣告不服时，有权提出上诉与申诉。

### （四）消灭处理方式

所谓消灭处理方式，是指行为人的行为已构成犯罪，应负刑事责任，但由于法律规定的阻却刑事责任事由的存在，使刑事责任归于消灭。这时国家不再追究行为人的刑事责任，行为人也不再负刑事责任。

### （五）转移处理方式

所谓转移处理方式，是指行为人的刑事责任不由我国司法机关解决，而通过外交途径解决。《刑法》第 11 条规定："享有外交特权和豁免权的外国人的刑事责任，通过外交途径解决。"这是转移处理方式解决刑事责任的法律依据。刑事责任的这种解决方式，是根据国际惯例和国家之间的平等原则而采用的。

# 第十六章 刑罚概说

## 第一节 刑罚的本质

### 一、刑罚的定义

在现代法治社会,刑罚与犯罪一起构成了整个刑法的两大基本范畴。犯罪与刑罚密不可分,犯罪是刑罚的前提和基础,刑罚则是犯罪引起的最主要法律效果。刑罚也是国家维系法律秩序的必要手段。任何一个国家如果没有刑罚,则其法律秩序必将终止,国家、社会和公民个人的利益也将会轻易地受到侵害。

所谓刑罚是指由国家最高立法机关在刑法中确立,由法院根据刑事诉讼法规定的刑事诉讼程序对犯罪人适用并通过特定的机构执行的最为严厉的法律制裁方法。据此,刑罚有如下特征:

1.刑罚由国家最高立法机关在刑法中加以确定

刑法是一种非常严厉的法律制裁方法,会严重损害受刑主体的权利,因此,世界各国在州罚的确定上都非常慎重,大多是由国家最高立法机关制定。我国也不例外,在我国,刑罚的确定只能由全国人民代表大会及其常委会进行,其他任何机关都无此项权力。刑罚的种类及适用标准在刑法中的明文规定有助于保证刑罚制度的统一性,是罪刑法定原则的基本要求。

2.刑罚以法院为科刑主体

在任何一个国家,法院都是适用刑罚的唯一机关,虽然检察机关在一些国家可能有刑罚适用的建议权。在我国,法律明确规定,刑罚适用的主体只能是人民法院,其他任何国家机关或团体包括检察机关和公安机关都无权适用。个人之间的复仇,国家之间的战争虽也有制裁性质,但不能谓之刑罚。

3.刑罚以犯罪的个人或单位为受刑主体

刑罚是以犯罪为前提,是犯罪所引起的必然法律后果,它实际上一方面是对犯罪人的犯罪行为所作出的评价,表现出对犯罪人的社会伦理上的谴责和社会正义观念。另一方面,它也是对犯罪人个体利益的剥夺和限制。与之相适应,刑罚处罚的对象只能是实施了犯罪行为的犯罪人,包括自然人或者单位。刑罚严格遵循罪责自负的原则,坚决反对适用于任何没有参与实施犯罪行为的人。

4.刑罚依刑事诉讼法规定的程序加以适用

法院是有权适用刑罚的唯一机关,但其适用刑罚必须严格依照刑事诉讼法规定的诉讼程序进行,不得随心所欲。法定程序是国家追究和惩罚违法犯罪活动,保障司法公正,维护社会稳定的有力手段和根本途径。司法公正包括实体公正和程序公正两个不可分割的方面。没有程序公正,实体公正就不能实现,司法公正也就无从谈起。在现代法治社会,公开与公正往往是一个词的两个方面,只有公开,才能够有公正。法定程序就是司法公开的一种保障,遵守法定程序有利于保障这种"看得见的公正"的实现。

5.刑罚由特定的机构执行

刑罚的执行机构具有特定性。在我国,刑罚的执行机构包括法院、公安机关、监狱以及其他劳动改造机关。根据刑法和刑事诉讼法的规定,死刑、罚金和没收财产由人民法院执行,"死缓"、无期徒刑和有期徒刑由监狱或其他劳动改造场所执行,管制、拘役和剥夺政治权利由公安机关执行。上述各机构必须各司其职,不得越权。

6.刑罚是最严厉的法律制裁方法

刑罚是对受刑主体一定权益的限制和剥夺。在整个法律制裁方法体系中,刑罚表现得最为严厉。从形式上说,刑罚不仅可以剥夺受刑主体的一定的财产和特定的资格,而且可以剥夺其自由,直至剥夺其生命。而其他制裁方法,都不涉及生命问题,一般只涉及财产,最多只是人身自由的短期剥夺。从内容上说,刑罚的确定,表明社会对其犯罪行为具有一种社会伦理性的谴责,使其留下难以抹去的前科纪录。其他制裁方法则达不到这种效果。可见,刑罚比任何其他制裁方法都来得严厉。

## 二、刑罚正当化的根据

### (一)实现正义

正义是现代法治的基本价值,诚如约翰·罗尔斯所指出的:"正义是社会制度的首要价值,正像真理是思想体系的首要价值一样。"[①]刑罚是社会制度的重要组成部分,正义当然在刑罚制度中占有极其重要的价值位置。由于正义仍然是刑罚追求的主要价值目标,报应思想就当然被认为是国家刑罚权正当性的理论基础。

---

① [美]约翰·罗尔斯:《正义论》,何怀宏等译,中国社会科学出版社 1988 年版,第 1 页。

正义是基于报应思想，即刑罚是对犯罪的一种回报，制造痛苦的人承担责任的方式就是承受痛苦。它源于原始社会"以牙还牙"、"以眼还眼"的朴素观念，再加上宗教中的"恶有恶报、善有善报"的信条，从而成为人类相当古老的一个解决人们之间冲突的基本思想。由于它从表面上看极其符合民众公平正义的要求，从社会心理上看也被视为理所当然，因而具有广泛的社会基础，古今中外亦然。康德在其《伦理的形而上学》一书中就将报应和正义视为不容破坏的法则，并将"以牙还牙"、"以眼还眼"的反坐思想加以确立。他指出，"正义之不存，则民将无法存在于地球至上"，以此来强调报应的正义的必要性①。报应思想是从犯罪人个人的角度来说明刑罚的正当性，揭示了适用刑罚的社会伦理基础。

正义与刑罚有着永远不可割舍的联系，可以说，刑罚就是为了实现正义而存在的。在一个社会里，如果有罪不罚或无罪受罚，那么，正义无法实现，刑法也就丧失了其正当性。在这个意义上，报应是正当性的题中应有之义。在现代刑法中，报应思想完全不同于原始状态下的简单报复。报复只是希望抚平仇恨的心理，并无节制可言，不能体现出刑罚存在的社会价值。而现代报应思想以实现社会公平正义为使命，一方面强调透过正式的刑事追诉，防止私人间的报复；另一方面强调善与善、恶与恶之间的对等关系，刑罚程度与犯罪内容的比例关系，追求"均衡的正义"。这种均衡正义，按照黑格尔的观点，并非是量的绝对均等，而是一种以价值平等为基础的等价报应，也就是说，对犯罪行为的否定，不再是自然现象的思考，而是法律规范的价值判断，具有价值象征性②。均衡是正义的应有之义，并已独立地成为项法律价值。"罪刑均衡"是报应思想的核心，强调重罪重罚、轻罪轻罚和有罪必罚的观念，已在文明国家法律中所体现。有了这种均衡，就可以防止刑罚漫无目的或无节制的超量的运用，所以，它被认为是正义理念的表征。一般认为，报应思想的确立须有三个先决条件：一是国家具有刑罚权，以刑罚的痛苦来报应犯罪的恶害；二是罪责的程度具有可分性并可以使其与刑罚的轻重保持相称性；三是对犯罪人的处罚可使社会公众感受到公平与正义。

### （二）预防犯罪

预防犯罪是发挥刑罚防范犯罪的功能，防患于未然，以避免造成无以弥补的损害。一方面，通过对犯罪的严厉刑罚惩罚，发挥出刑罚威慑力，进而产生出制压与遏阻犯罪的功能。另一方面，凭借刑罚对于犯罪人的公正制裁，满足社会大众对于正义的需求，同时昭示社会大众，法益与法律秩序的不可破坏性，从而产生社会教育的作用，达到预防犯罪的效果。

预防思想的产生是因为人们发现了报应思想的不足。因为刑罚不应为了惩罚

---

① 转引自柯耀程：《变动中的刑法思想》，中国政法大学出版社 2003 年版，第 368～369 页。

② 转引自柯耀程：《变动中的刑法思想》，中国政法大学出版社 2003 年版，第 369 页。

而惩罚，而应有其追求的目标。报应思想虽然可以使犯罪人得到公正的报应，但是难以弥补犯罪所造成的损害，无法修复犯罪引起的社会裂痕。预防主义与报应主义不同在于它是通过惩罚犯罪所追求的功利价值来证明刑法的正当性。贝卡利亚认为刑罚目的在于："阻止罪犯再重新侵害公民，并规诫其他人不要重蹈覆辙。"[①]。所以，预防主义包括一般性预防和个别性预防两个方面，即所谓的双面预防。一般性预防希望凭借刑罚对于社会公众在心理上产生的威慑作用，收到一种普遍性的预防效果；个别性预防则是以刑罚作为矫治罪犯的手段，陶冶犯罪人的品行，加强其社会责任意识，帮助其再社会化，以收预防犯罪之效。预防思想也有三个内在先决条件：一是人的行为可以被确实而可靠地预测；二是刑罚要依人的人身危险性（犯罪倾向性）而定；三是犯罪的倾向可以通过刑罚得到有效的抗制，从而有产生预防效果的可能。预防主义改变了报应主义的因果机械性，强调惩罚的目的性，使刑罚不仅有被动性，而且具有了一定的主观能动性。预防主义是从社会的角度来说明刑罚的正当性。

#### （三）维护社会生存

犯罪是严重危害国家、社会或个人利益的不法行为，是对法秩序的严重破坏，不仅威胁国家的统治，也威胁到人类自身的生存。国家以刑罚这种最为严厉法律制裁手段制裁犯罪人，并进而抗制和阻遏犯罪，就是为确保社会共同生活的基本价值，建立社会共同生活所必需的法律秩序。

惩罚行为人是一种不得已但却是维持社会秩序的必要手段。从早期有人类群居开始，惩罚即是社会控制的手段之一，以强迫行为人遵守社会习俗与法律规范。国家产生以后，刑罚就成为最正式、最严厉也是最能达到社会控制的方法。人类之所以需要刑罚，实际上就是要为人类自身建立一个行为规则，明白什么可以做，什么不可以做。没有一个行为规则的社会必将是一个弱肉强食的社会，与动物界无异，必将影响人类自身生存。刑罚的基本任务就是要维护一个平稳有序的社会环境，虽然其在解决犯罪、维护社会秩序上并非万能，但却是一种不可或缺的方法。维护社会生存可以说是刑罚存在和施用的最基本根据。

### 三、刑罚的原则

人道，是刑罚的基本原则，也是现代刑法追求的价值目标之一。人道按《现代汉语词典》的解释是关爱生命、尊重人格和权利的道德。刑罚人道已经成为刑罚基本原则，它是指国家在创制、适用和执行刑罚过程中表现出的善良与博爱的态度与作法。人道的核心在于"人"，以人为根本目的和最高价值。在任何一个法治国家，

---

① ［意］贝卡利亚：《论犯罪与刑罚》，黄风译，中国大百科全书出版社 1993 年版，第 5 页。

人道都是法律中不可或缺的基本概念。人道原则已经成为许多国家刑罚权的指导原则以及刑事政策的基石。

一般来说，人道原则包括下列几层含义：

1. 保护与尊重罪犯人性尊严

国家在惩罚犯罪的时候，应当以一种人性的态度来对待罪犯，把犯罪人当作人来看待。罪犯犯了罪，哪怕是非常严重的罪行，他在受到国家审判以及惩罚的时候，其人性的尊严也应当受到保护与尊重，就是说，对任何人的惩罚，都要受到人道的原则和规则的规制和约束。

2. 禁止把犯罪人作为达到刑罚目的的工具

这是哲学家康德提出的一项内容。他认为每个人都应当被尊重，不可把一个人当作实现某种目的手段而加以利用。运用到刑罚上就是，犯罪人虽因犯罪而受惩罚，但其在刑事司法上仍具有独立自主的人格，不能被当作警戒社会大众的工具。把个案中的行为人当作威吓大众的工具，与法治国家的原则相悖。

3. 给罪犯以人道待遇，禁止使用残酷的、藐视人权的刑罚手段

在现代法治国家，残酷、野蛮的刑罚方法都是一律被禁止的，基于刑罚谦抑的思想，刑罚的宽和、人道和轻缓化已经成为发展趋势。按人道主义的观点，惩罚的目的有两个，一个是罪犯灵魂的改造，另一个是社会的道德化。酷刑和野蛮的刑罚并不能保证这两个目的的实现，反而易使罪犯更加堕落和极端，对社会道德的重整也无助益。在行刑中给罪犯人道待遇，比如，避免过分拥挤的囚房、过差的伙食、超负荷的或毫无目的的劳动等，会使犯罪人充分感受到人间的温情和人性的力量，从而唤起其良知，有助于其重新回归社会。

总之，无论是从报应刑还是从功利刑的观点来看，惩罚必须以人道作为尺度，均应受到人道主义的制约，亦即刑罚的分量与内容不可为了实现道德应报或是功利的理由而无限膨胀。刑罚所应当做的是给罪犯予惩罚，而不是报复，不应忽略现代刑事政策中人道关怀的内容。

## 第二节　刑罚的功能

刑罚功能是与刑罚目的密切联系的一个问题。它是指国家创制、适用和执行刑罚所产生的社会作用或效应。刑罚所产生的作用既可是积极的，也可能是消极的，正像德国著名刑法学家耶林所言："刑罚如两刃之剑，用之不得其当，则国家与个人两受其害。"[①]但是，刑罚自诞生以来，随着社会的进步，在经历了严重的社会现实挑战和理论上的诘难以后，仍然作为世界各国对付犯罪的主要方法，表明其所

① 转引自林山田：《刑罚学》，台湾商务印书馆 1983 年版，第 127 页。

发挥的作用是无以替代的。它实际表明，人类至今还没有找到比刑罚更好的对付犯罪的方法，人们目前对它的功能的关注更主要的还是在它的积极面。这也是刑罚得以在现代社会安身立命的原因。

### 一、对犯罪人的惩罚功能

刑罚是对犯罪人的制裁手段，能够发挥惩罚的作用。这一功能以剥夺或限制犯罪人一定的权益为内容，并由此使犯罪人深切地感受到刑罚制裁的痛苦，产生对刑罚的敬畏，萌发不再犯的决心。任何刑罚都具有惩罚功能，这是刑罚的共性；但不同种类的刑罚则会发挥不同程度的惩罚作用，这又是刑罚的个性。比如生命刑、自由刑、财产刑和资格刑对犯罪人的惩罚强度是不同的。如何来确定惩罚的强度，一般须考虑以下三点：第一，对犯罪者的惩罚要恰到好处地反转其因犯罪所得的快乐，也即惩罚的强度要超过犯罪所获。但不应由此得出刑罚强度越高越好的结论；第二，惩罚带来的痛苦旨在防止罪行重演，因此，刑罚以其制造痛苦的固有特征，在用禁止、强制、束缚等符号向犯罪人传递信息的时候，应尽量扩展惩罚的观念，而不是体罚的现实，要给予充分的想象空间；第三，对犯罪者的惩罚不仅要给犯罪者造成强烈震撼，而且要带给社会大众持久而深刻的印象。虽然惩罚具有相对性和临时性，效果也会因人而异，但不能因此否定刑罚的惩罚功能的存在。

### 二、对犯罪人的矫治功能

刑罚是对犯罪人的惩罚，但在惩罚的同时要矫治犯罪人，促使其能悔过自新，不再犯罪。这也实际上就是对犯罪人的再社会化功能。它是在对传统刑法报应思想进行反省后，基于社会防卫理论而来。矫治是指通过医疗、教育等手段，使犯罪人悔改向上，重新适应社会生活。它大力提倡在监狱实行医疗模式，即将医院治疗病患的观念与矫治理念结合后纳入矫正体系中，其基本流程是把犯罪人视为病人，从入狱开始就进行调查、诊断、分类，然后拟定个别化处遇方案和治疗计划，再结合假释制度等，让表现良好的犯罪人提前出狱，回归社会。在此种情况下，监狱兼有医疗、教育、职业及心理分析等多重功能。犯罪者在付出代价之后，终将重回社会（被判死刑者除外），所以，通过矫治，使犯罪者再社会化已受到近现代各国的高度关注和重视，成为各国刑事政策和刑罚制度共同的方向。但在20世纪后期，矫治对人力物力的大量消耗和受刑人更生的现实困难引起人们对矫治成效的质疑。目前西方国家在刑事政策已经有了一些重大转向措施，如非罪化、非刑化以及转向处分制度的运用等。

## 三、对被害人的安抚功能

安抚功能是指通过惩罚犯罪人,对被害人及其亲属在心理上和精神上的一种安慰和补偿。犯罪会激起被害人及其亲属的义愤,刑罚的适用能在一定程度上满足被害人要求惩罚犯罪的强烈愿望和正义呼声,使其精神创伤得到抚慰,愤怒情绪得以平息,尽快从被害所造成的痛苦中解脱出来,从而防止他们对罪犯的私力报复。对罪犯进行复仇,是人类的自然情感,但法治国家禁止进行私力救济,这就要求国家在行使刑罚"代位权"的时候,充分考虑被害人愿望。尽管现代刑法已突破原始复仇思想,但安抚被害人及其亲属的功能始终是存在的。从刑事司法的发展趋势上来看,被害人的法律地位正在逐步上升。在发达国家广泛实行的修复性司法就是具体体现。

## 四、对社会其他成员的威慑功能

刑罚具有威慑功能源于刑事古典学派的主张。其基本假设是:如果没有刑罚威慑的制衡,人人都有犯罪的可能性和潜能,所以,犯罪的动机无需解释,犯罪是基于行为人的理性抉择。这些思想引起了各国的重视,在此基础上产生起来的刑法威慑主义已成为今日各国刑事政策的一部分,各国无不在刑罚的设置和运用方面就如何发挥刑罚的威慑效力作文章。刑罚是为全社会而设,它的着眼点在于社会大众。国家通过刑罚的明确化和实定化以及惩治犯罪就是要告诫社会大众法律不可侵犯,法律秩序不容破坏。因此,刑罚不仅对潜在犯罪人具有威慑作用,而且在一定程度上对社会大众也产生教育作用。

但是,对刑罚的威慑功能应有全面的认识,要认识到刑罚的威慑作用也有很大的局限性,不可能借严刑峻法达到"禁一奸之罪而止境内之邪"的预防效果。威慑思想的确蕴涵着某些值得肯定的积极因素,因为它从人的追求功利的本性出发,通过抑制人的犯罪动机来抑制犯罪,有一定程度的合理性。但也要看到,现实生活中的犯罪并非都是基于人的理性抉择,而可能是基于其他原因发生,比如确信犯、激情犯和过失犯等,在这种情况下,刑罚就不会产生效果。另外,过度强调刑罚的威慑作用,就容易产生重刑思想,会忽略社会其他规范的作用,混淆各种社会规范的分工。因为刑法本身仅是社会规范的一环,而不是社会规范的总成。正如刑事实证学派的学者所言:"有效的犯罪控制力量不是来自刑罚,而是来自良好的社会政策和多种预防措施。未来的趋势是,制裁越来越多地由预防措施所替代,刑罚在犯罪控制过程中的地位会逐渐下降,退居次要位置。"①

① 魏平雄等:《中国预防犯罪通鉴》,人民法院出版社 1998 年版,第 2277 页。

## 第三节　刑罚的目的

### 一、刑罚目的基本理论

所谓刑罚目的，是指国家创制、适用和执行刑罚所期望达到的结果。刑罚目的的理论是刑罚论的核心，是刑罚理论中一个古老而又常新的论题。刑罚目的不论是在理论中还是在实践中，都有着重要的指导意义，因为它决定或制约着刑罚的创制、适用和执行。几百年来，在刑罚目的问题上，由于受到报应与预防两大基本思想的影响，一直存在绝对理论和相对理论之争。

#### （一）绝对理论

绝对理论是以报应思想为基础的刑罚目的理论，是早期报应思想主宰时代的产物。绝对理论认为刑罚本质是单纯的，是解除罪责的唯一方法，是自然法则的一部分，刑罚希冀达到的目的就是对犯罪人进行公正报应，以其承受的痛苦来均衡其罪责，从而实现公平与正义。所以，绝对理论又称为正义理论或报应理论。同时，绝对理论还认为由于刑罚的公正报应，犯罪人得到了向社会赎罪的机会，从而与社会言归于好，故绝对理论亦有称为赎罪理论。

报应理论，由于受到不同时期不同思想的影响，可以分为神意报应论、道义报应论和法律报应论等多种理论。神意报应论认为天地万物受神支配，神是正义的象征，犯罪违反了神意，应受神的惩罚；道义报应论认为社会的伦理道德是维护社会秩序的基础，是正义之所在，主张以行为人道德罪过作为报应的对象；而法律报应论则认为正义的根据在于法律，主张以法律规定的客观危害作为报应的基础。这些理论尽管有着不同的思想基础，但基本精神都是一致的，即强调罪与刑的均衡性。

#### （二）相对理论

相对理论是以预防思想为基础的刑罚目的理论，故又称为预防理论。相对理论认为刑罚目的是为了预防犯罪，其自身只是达到这一目的的必要手段。离开了这一目的，刑罚就变得盲目，就缺乏存在的正当性。刑罚权的根据正是在于刑罚的合目的性和有效性。犯罪只应是刑罚的先决条件，而不应是刑罚的理由。预防目的可以通过威慑和矫治两个方面来实现，从而达到刑罚的功利效果，所以，相对理论又称为目的理论或功利理论。

相对理论，因其预防对象和运作方式的不同，可区分为一般预防理论与特别预防理论。

1. 一般预防理论

一般预防理论又分为消极一般预防和积极一般预防两种。消极一般预防是以社会大众为预防对象，透过刑事法律的明示和刑事司法的运作，对社会形成威慑力，从而达到预防犯罪的目的。这一理论以“刑罚威慑理论”和“心理强制理论”为其立论依据，以“刑罚作为威慑手段，能改变人的意图”为其基本假设，认为人类是理性的动物，具有趋利避害的本能，其行为的动机是要获取快乐和避免痛苦，为了不使犯罪人从犯罪中获取快乐，就必须使刑罚的痛苦程度超越其可能获得的快乐程度。可见，它是通过法律事先的明定以及随后刑罚的执行对犯罪人以及社会公众形成一种“威慑”的心理状态，从而达到预防犯罪的效果，其意义在于透过刑事立法和司法达到警世作用，以抑制人们的犯罪意念和行为。但是，运用刑罚抗制犯罪的效果的取得并不取决于其严厉性，而主要取决于其确定性。单纯依靠“威慑”，其效果只能是消极的。

第二次世界大战以后，一种对刑罚的新的思维开始出现，从原本对犯罪和犯罪人的思考转变成对于法规范的伦理性思考，从而产生积极一般预防理论。该理论认为，刑罚是一种维护法规范的威慑手段，借由刑罚的威慑效应，达到尊重规范的目的，并从对破坏规范者的处罚，强化社会大众的规范意识，以达到规范信赖之目的。刑罚的核心目的和任务是“法秩序防卫”，即在对犯罪人进行再社会化和合规范人格化的过程中，达到“规范内化”的目标，其效应有三：(1)学习效应，通过社会教育性学习，习得对于法律的信赖；(2)信任效应，借由刑罚的作用，使民众看得见法律的贯彻实施；(3)平复效应，借由对犯罪人的制裁，使民众因犯罪而产生的不安的法意识得以平复，并同时对犯罪人内在的压力和外在的冲突加以排解①。

2. 特别预防理论

特别预防理论又称个别预防理论。该理论以“改善理论”和“隔离理论”为其立论依据，认为刑罚目的在于通过教育或矫治犯罪人，使其能够适应社会生活，重新回归社会，即使其“再社会化”，刑罚应该是教育犯罪人或促使犯罪人再社会化的必要手段。此外，通过刑罚的制裁，使得犯罪人与社会隔离也是特别预防的另一重要方面。它强调，为达成这一目的，刑罚的轻重程度应与使犯罪人再社会化所需要的程度相适应，也即强调刑罚个别化。

随着对犯罪与刑罚问题认识的深化，人们发现无论是绝对理论还是相对理论都有不足的一面。绝对理论中“公正报应”观念无疑是正确的，符合社会大众的期望，所以现在的刑事立法和司法实务无不受到正义理念的支配与指导。但是报应理论也有如下不足：(1)过于强调报应，无异于复仇，不仅无法维持社会秩序，而且与刑罚的目的相悖；(2)刑罚不仅是对犯罪的报应，也不单纯是为了正义的实现，更不是只为满足社会大众对正义感的愿望或只为满足犯罪人的赎罪需求。事实上，

---

① 柯耀程：《变动中的刑法思想》，中国政法大学出版社 2003 年版，第 375 页。

国家行使刑罚权，应具有多元性的目的。单纯强调报应仅是为了符合公平原则，但却往往忽略了个人对刑罚的感受；(3)有罪必罚并不妥当，因为刑法的主题并非只有犯罪行为，而且还有犯罪人，否则刑法并无空间允许犯罪学和刑事政策的存在；(4)报应理论虽然符合社会大众"有罪必罚，罚当其罪"的期待，但在如何做到这一点方面却存在实际困难[①]。

预防理论的主旨是罪犯的再社会化，希冀罪犯经由刑事矫治以适应社会生活而不再犯罪。要达此目标，刑罚必将由治疗性的措施来代替。这在理念上具有先进性，但它也受到如下批评：(1)无法满足社会大众对正义感的需求，强调对犯罪人的再社会化，促使刑罚终将由治疗性措施替代，造成"伦理非难"效力的降低，而且可能导致"重罪轻罚，轻罪重罚"的结果；(2)偶犯与惯犯的界限并不分明，难以确定；(3)某些犯罪人并无再社会化的必要；(4)对有迹象显示要犯罪之人即加以处置，违背罪刑法定原则；(5)矫治措施的效果受到质疑，且资源投入巨大；(6)对犯罪人再犯可能性的鉴别难度巨大，可能会侵犯人权并造成监狱人满为患[②]。

绝对理论与相对理论的缺陷以及对立和争论，促使人们重新审视这两个理论。由于这两个理论均无法完整说明刑罚的意义和目的，因而对理论的调和成为重要的方向，从而引起合并主义(综合理论)和分配主义的出现。

合并主义融合了绝对理论与相对理论的主张，以正义性(即因为犯罪，要予处罚)和合目的性(即为不使犯罪，予以处罚)作为刑罚权的根据，认为刑罚必须是既能满足正义的需求又能有效防止犯罪的刑罚，应该在公正报应的基础上实现一般预防和特殊预防的目的，强调公正的刑罚必须是讲求罪行均衡的刑罚，不可过分强调对社会大众的威慑或对犯罪人的教化，应避免损害刑罚公正报应的本质。值得提到的是，合并主义并非绝对理论和相对理论的简单折衷，而是两者的密切结合。刑罚的预防目的须在报应的正义范围内，即以正义为基础，才具有合理性及合目的性。相应地，正义只有在具备合目的性的情况下，才能达到实质的正义[③]。

分配主义主要由德国刑法学家麦耶所主张。分配主义也认同正义和预防观念的存在，将刑罚划分为刑之制定、刑之量定和刑之执行三个阶段，认为在不同的阶段，应有不同的指导原则，无论是正义还是预防都不能也无法贯穿整个过程。在立法阶段，强调正义(报应)；在量刑阶段，强调刑罚的确认；在行刑阶段，则强调预防(目的)。各种观念不应予以结合，而应予以分配。这个理论承认各种理念的存在，以动态的观念来考察刑罚，但似乎也有缺陷，因为它忽视了立法者对特别预防的重视，也忽视了司法者对报应与预防的双重考虑，同时还忽略了刑法的多元化和个别化功能。

---

① 徐福生:《刑事政策学》，台湾三民书局 2005 年版，第 245 页。

② 徐福生:《刑事政策学》，台湾三民书局 2005 年版，第 249 页。

③ [日]大冢仁:《刑法概说(总论)》，有斐阁 1997 年版，第 51 页。

鉴于社会发展迅速，并呈多元化趋势，因此，新近又发展出多元性、发展性和个别性刑罚理论，其基本观点是[①]：(1)在刑事立法上，立法者最优先考虑的刑罚目的应是一般预防，以公正报应为基础，以建立社会大众对法的信赖感。同时，从人性尊严角度考虑，在清算犯罪人责任时，应注意其再社会化的需要，兼顾特别预防。(2)在刑事司法上，司法者的目的是进行犯罪人责任清算和再社会化。为此，责任应有限度，即使特别预防的需要特别强烈，也不应超过这一限度。在此阶段，虽然报应、一般预防和特殊预防同时并存，但报应和特殊预防应作为优先考虑事项。(3)在刑罚执行上，特殊预防则成为其随追求的唯一目的。特殊预防可分为消极和积极两种。前者是指单纯"隔离"，此种无法达到刑罚的目的；后者是指"改善"、"再社会化"，这才是达到刑罚目的的真正方式。

## 二、我国刑罚的目的

### (一)我国刑法学界有关刑罚目的的各种观点

刑罚的目的到底是什么？历来是刑法学界重视的一个问题。理论界可谓众说纷纭。目前，我国刑法学界对刑罚目的的代表性观点主要有以下几种[②]：

1.教育改造说。认为刑罚的目的就是改造教育犯罪人，惩罚只是手段，这是由我国的社会主义性质决定的。

2.惩罚改造说。认为刑罚既有改造的目的，同时也有惩罚的目的。

3.双重预防说。认为适用刑罚的目的是预防犯罪，包括两个方面：一是特殊预防，即通过对犯罪分子适用刑罚，防止其再次犯罪；二是一般预防，即通过创制、适用和执行刑罚防止社会上一般人犯罪。

4.刑罚功能充分发挥说。认为刑罚目的是追求刑罚功能的充分发挥，以最大限度地预防犯罪。

5.直接目的和终极目的说。认为刑罚的直接目的是惩罚、威慑、教育、安抚和改造；终极目的是保护社会主义生产力和生产关系。

6.直接目的和根本目的说。认为刑罚直接目的包括：(1)惩罚犯罪、伸张社会正义；威慑犯罪分子和社会不稳定分子，抑制犯罪意念；改造犯罪分子，使其自觉遵守社会主义法律秩序。根本目的是预防犯罪、保卫社会。

7.刑罚目的二元论说。认为刑罚目的是报应和预防的辩证统一。前者体现了刑罚目的中的正当原则；后者则体现了刑罚目的中的效率原则。

---

① 这些观点最初由日本刑法学者金泽文雄提出，转引自徐福生：《刑事政策学》，台湾三民书局2005年版，第254～255页。

② 高铭暄：《刑法专论》(上编)，高等教育出版社2002年版，第514～515页。

以上观点有不少是共同的或相近的，他们都不乏有其合理的一面，但对有些问题分歧意见较大，仍需进一步探讨。比如惩罚和教育究竟是刑罚的目的还是刑罚的属性，防卫社会到底是刑罚的目的还是刑罚的功能，等等。尽管理论观点多种多样，但预防犯罪是我国刑罚的目的则是理论界的共识。鉴于刑罚预防的犯罪包括已然之罪和未然之罪两种情况，相应地，犯罪预防也包括特殊预防和一般预防两个方面。

### （二）特殊预防与一般预防

#### 1. 特殊预防

所谓特殊预防，也称个别预防，是指希望通过对犯罪人适用一定的刑罚，使之不再犯罪。特殊预防是通过对犯罪人适用刑罚来实现的。在其早期，主要是通过对犯罪人肉体摧残的方法来实现，如盗者截手、淫者去势等。随着社会的进步，对罪犯的矫治则成为世界各国特殊预防的主要方法。目前，在我国，刑罚实现特殊预防的方式表现为：(1)通过对极少数罪行极其严重的犯罪人适用死刑，永远剥夺其再犯能力。(2)通过对绝大多数犯罪人适用自由刑，在使其与社会相对隔离的同时，对其进行教育和矫治，促使其回归社会后不再犯罪。(3)通过对部分犯罪人适用财产刑，剥夺其重新犯罪的物质条件。(4)通过对某些犯罪人适用资格刑，剥夺他们利用这些权利或资格再次犯罪的可能。

#### 2. 一般预防

所谓一般预防，是指希望通过刑罚的制定、适用和执行，防止社会上的其他人特别是不稳定分子走上犯罪道路。一般预防的核心是威慑，威慑是借助于刑罚的威力在社会成员心理上产生的一种阻吓效应。一般预防的方式主要包括：(1)通过制定、适用和执行刑罚，威慑、警戒社会上的不稳定分子，抑制其犯罪意念，使其不敢犯罪。(2)通过制定、适用和执行刑罚，教育群众增强法制观念，并且鼓励群众积极同犯罪作斗争。(3)通过惩罚犯罪人，安抚被害人，防止进行私人报复。

#### 3. 特殊预防与一般预防的关系

特殊预防和一般预防是刑罚目的的两个方面，它们之间是紧密结合、相辅相成的。它们在目的上，具有同一性；在功能上，具有互补性。然而，特殊预防和一般预防所作用的对象毕竟有所不同，前者是以犯罪人为对象的，后者则是以可能的犯罪人为对象的，因此，刑罚运用方式应该有所不同。此外，在刑罚的不同环节，应有不同的侧重点。在刑罚的制定环节，应突出刑罚的一般预防；在刑罚适用环节，一般是特殊预防和一般预防的并重，当然，根据犯罪人的个人情况，如累犯、初犯等，也可有所侧重；在刑罚执行环节，则应突出刑罚的特殊预防。总之，对任何一个犯罪人适用刑罚，都必然要考量特殊预防和一般预防两个方面，二者不可偏废。

## 三、刑罚目的的实现

刑罚目的的实现就是要使人们在制定，适用和执行刑罚过程中所期望的结果变成现实。刑罚目的的实现比刑罚目的的确立要复杂得多。一般来说。要实现刑罚目的，需要注意以下几个方面：

1. 刑罚公正

公正是刑罚赖以存在的正当性根据，是刑罚的灵魂。刑罚的运用，就是要表达正义观念，实现社会公正。公正的刑罚首先要保证刑罚的平等适用，也就是对任何犯罪分子，不论他们的家庭出身、社会地位、职业性质、财产状况、政治面貌、才能业绩等，都要平等地适用法律。这不仅可使犯罪人心悦诚服，而且可以提高公民对于法律的信赖感，增强刑罚的公信力。其次，要做到罪刑均衡，也就是既要依据报应的需要也要依据预防的需要来考虑刑罚轻重程度，要充分考虑犯罪的危害和犯罪人的人身危险性程度与刑罚轻重的等价。只有做到刑罚公正，才能充分发挥出刑罚效果。因为这种公正合理的刑罚才会增强民众的法意识，并提高民众对于法与不法的感受性，才会产生社会伦理上的效果，形成一种伦理上的约束力。

2. 刑罚严厉

刑罚严厉是指对犯罪者应依据其行为的严重性而给予足够惩罚，以保证刑罚威慑效果，也即对犯罪者的惩罚除了考虑其对社会的危害程度以外，还应考虑反转其因犯罪所得之快乐的需要。惩罚过轻，无法实现刑罚威慑效果；惩罚过重，则会制造不公平状况。为此，在刑事立法上，要严密刑事法网，充实和完善刑罚，以提高犯罪的风险和成本。在刑事司法上，要形成“立法从宽、执法从严”的法治国理念，要在平等和公正的司法中体现严厉。通过对犯罪分子政治上、道德上、人身自由上和财产上的惩罚，形成多方面的得失效应，从而对犯罪分子产生一定的心理约束，以达到预防犯罪的目的。

3. 刑罚迅速

刑罚迅速是指刑罚对犯罪的迅速回应，也即使犯罪者迅速受到刑罚制裁。贝卡利亚曾经说：“惩罚犯罪的刑罚越是迅速和及时，就越是公正和有效……犯罪与刑罚之间的时间隔得越短，在人们心中，犯罪与刑罚这两个概念的联系就越突出、越持续，因而，人们就很自然地把犯罪看作起因，把刑罚看作不可缺少的必然结果。”[①]刑罚迅速不仅会使犯罪人印象深刻，在内心感到强烈震撼，而且也会使被害人的感情受到抚慰。如果让犯罪人长时间地逍遥法外，法律的威严必将受到损坏，刑罚的威慑效果也会大打折扣。

---

① ［意］贝卡利亚：《论犯罪与刑罚》，黄风译，中国大百科全书出版社 1993 年版，第 56～57 页。

4. 刑罚确定

刑罚确定是指犯罪者受逮捕和惩罚的概率。如果犯罪者因执法机关的不力而逍遥法外，或者犯罪者利用自己的优越的社会政治和经济地位逃避法律制裁，都会使刑罚的威慑力大大下降。贝卡利亚曾指出："如果让人们看到他们的犯罪可能受到宽恕，或者刑罚并不一定是犯罪的必然结果，那么就会煽惑起犯罪不受处罚的幻想。"[①]犯罪学研究一再表明，刑罚的确定性（入监概率）比刑罚的严厉性（刑期）更有威慑效力。犯罪分子对判刑可能性的关注远胜于对判刑轻重的关注。刑期长短和服刑方式只是满足人们的报应心理需求，对威慑犯罪作用不大。因此，要实现刑罚的目的，就必须按照有罪必罚的原则精神，真正做到法网恢恢，疏而不漏，让任何犯罪人都难以逃脱法律制裁。

## 第四节 刑罚的体系和种类

### 一、刑罚体系

刑罚体系是指按照一定的顺序将法定的刑罚方法进行排列的刑罚结构。

犯罪的复杂性决定了同犯罪作斗争手段的多样性。各国都规定了轻重有别，内容各样的刑罚方法，以满足惩罚不同犯罪的需要。实际上，刑罚体系反映了一国的生产力水平和法治的发展程度，同时还反映了一国的用刑目标和重点。我国的刑罚体系是建国以后在同犯罪作斗争的长期实践中逐步完善的。早在 1956 年，最高人民法院在总结司法实践经验的基础上，确立了我国的 10 种刑罚方法，即死刑、无期徒刑、有期徒刑、劳役、管制、驱逐出境、剥夺政治权利、没收财产、罚金和公开训诫，从而为建立我国的刑罚体系奠定了基础。我国现行《刑法》第 32 条规定：刑罚分为主刑和附加刑。其中，《刑法》第 33 条规定主刑包括管制、拘役、有期徒刑、无期徒刑和死刑五种；《刑法》第 34 条规定附加刑包括罚金、剥夺政治权利和没收财产三种；《刑法》第 35 条还规定了驱逐出境。此外，根据现行的《中国人民解放军军官军衔条例》第 27 条的规定："军官犯罪，依法判处剥夺政治权利或三年以上有期徒刑，由法院判处剥夺军衔。"由此，剥夺军衔也成为一种专门针对军官适用的资格刑。

我国的刑罚体系是依据惩办与宽大相结合刑事政策，并在"依靠专门机关和贯彻群众路线相结合的同犯罪作斗争"的方针指引下制定的，它体现了社会主义的人道主义精神，借鉴了国际上先进的立法经验，在一定程度上顺应了世界刑罚体系的

① ［意］贝卡利亚：《论犯罪与刑罚》，黄风译，中国大百科全书出版社 1993 年版，第 60 页。

发展潮流。从上列我国刑罚体系来看，总的来说反映了它具有如下特点：(1)主从相分。刑罚有主有从，主刑和附加刑(国外称之为从刑)既互相区分又互相配合，每个刑种的性质和意义十分明确；(2)轻重有序。刑罚有重有轻，按照由轻到重的次序排列，相互衔接，连接紧密，结构严谨；(3)类别齐全。刑罚包含生命刑、自由刑、财产刑和资格刑(名誉刑)四大类。每一类都有特定的内容并发挥特定的作用；(4)层次分明。刑罚采用多层次的刑罚方法，具有很强的适应性，可以满足在不同情况下惩罚各种不同犯罪的需要。

## 二、刑罚种类

刑罚种类，简称刑种，是指依据一定的标准进行划分的刑罚的不同类型。

首先，依据剥夺犯罪人权益性质的不同，可将刑罚分为五大类，即生命刑、身体刑、自由刑、财产刑和资格刑(名誉刑)。生命刑即死刑，是剥夺犯罪人生命的刑罚方法；自由刑是以剥夺或限制犯罪人的人身自由为主要内容并对其进行刑事矫治的刑罚方法的统称；财产刑是以剥夺犯罪人的财产利益为内容的刑罚方法统称；资格刑是以剥夺或限制犯罪人一定资格为内容的刑罚方法的统称；身体刑则是以损害犯罪人健康或制造肉体痛苦为内容的刑罚方法的统称，如鞭刑、杖刑等。此种方法因不符合刑罚人道原则，目前只在新加坡等少数国家存在。

其次，依据刑罚适用方法的不同，可将刑罚划分为主刑和附加刑两类。主刑是对犯罪人适用的基本刑法方法，只能独立适用，不能相互附加适用。也就是说，对同一个犯罪人或一种犯罪行为只能适用一个主刑，不能同时适用两个以上主刑。我国现行刑法规定的主刑包括管制、拘役、有期徒刑、无期徒刑和死刑五种。附加刑又称“从刑”，是既可附加主刑适用，也可以独立适用的刑法方法。但是无论附加适用还是独立适用，均应以刑法分则的明文规定为准。我国现行刑法规定了四种附加刑，即罚金、剥夺政治权利、没收财产与驱逐出境。

再次，以刑罚的轻重为标准，可将刑罚分为重刑和轻刑。国外的许多刑法中还有违警刑的规定，属最轻的刑罚。关于重刑和轻刑的划分，各国并不一样。德国是1年，而法国是3年。日本刑法规定死刑、无期或者6年以上的惩役或禁锢是重刑，6年以下的惩役或禁锢或罚金是轻刑。我国刑法中没有重刑和轻刑的规定，但某些刑罚期限是重要的分界点，如3年有期徒刑是确定属人管辖权和保护管辖权的根据，关系到是否追究当事人刑事责任问题。

## 第五节 主 刑

### 一、管制

管制是指人民法院依法判处，对犯罪分子不予关押，但限制其一定自由，在群众监督下，由公安机关执行的刑罚方法。管制是我国独创的唯一刑罚方法，它适应了刑罚轻缓化和非机构化的发展要求，有利于充分发挥社会力量，对维护犯罪人家庭的稳定以及社会的安定与和谐具有一定的作用。

管制适用于罪行较轻、人身危险性较小、不关押也不致再对社会造成损害的犯罪人。我国刑法分则规定可以适用管制的犯罪主要集中在妨害社会管理秩序和妨害婚姻家庭罪中。其特点有：

1. 由人民法院依法对犯罪分子判处，其他任何机关或任何个人都无权适用这种国家强制方法。

2. 对被判处管制的犯罪分子不予关押，只限制其一定活动的自由。这是管制刑与其他自由刑相区别的重要标志。根据《刑法》第 39 条的规定，限制自由的内容是：(1)遵守法律、行政法规，服从监督；(2)未经执行机关批准，不得行使言论、出版、集会、结社、游行、示威自由的权利；(3)按照执行机关规定报告自己的活动情况；(4)遵守执行机关关于会客的规定；(5)离开所居住的市、县或者迁居，应当报经执行机关批准。

3. 管制的执行是在人民群众监督下，由公安机关予以执行。管制是一种开放性的刑罚方法，被判刑人不脱离其家庭生活、原有单位或所在社区(乡村)，所以，群众的监督是必要环节，同时，被判刑人也必须接受公安机关的管束。这充分体现管制是我国专门机关与群众相结合原则的产物。

根据《刑法》第 38 条、第 69 条、第 41 条的规定，管制的期限为 3 个月以上 2 年以下，数罪并罚时不得超过 3 年。管制的刑期，从判决执行之日起计算；判决执行以前先行羁押的，羁押 1 日折抵刑期 2 日。依据第 40 条之规定，管制期满，执行机关应即向本人和其所在单位或者居住地的群众宣布解除管制。

此外，对于被判处管制的犯罪分子，在劳动中应当同工同酬。

### 二、拘役

拘役，是人民法院依法判处剥夺犯罪分子短期人身自由，由公安机关就近关押并实行教育改造的刑罚方法。

拘役与拘留(刑事拘留、行政拘留、民事拘留)一字之差，但完全不同，表现在：

(1)性质不同。拘役是刑罚方法;刑事拘留是刑事诉讼中依法剥夺现行犯或重大犯罪嫌疑人人身自由的一种刑事强制措施;民事拘留是民事诉讼中的一种强制措施,具有司法性质,又称司法拘留;行政拘留是对违反治安管理的行为人所适用的一种行政处罚方法。(2)适用对象不同。拘役适用于罪行较轻的犯罪分子;刑事拘留适用于具有《刑事诉讼法》第61条的7种情形之一的现行犯或重大嫌疑人;民事拘留适用于《民事诉讼法》第102条规定的6种妨害民事诉讼行为之一的诉讼参与人或者其他人;行政拘留的对象是不构成犯罪但违反治安管理规定的行为人。(3)适用机关不同。拘役由人民法院判决;民事拘留须经人民法院院长批准,刑事拘留、行政拘留由公安机关直接适用。(4)法律依据不同。判处拘役的根据是刑法,而拘留依性质不同则分别以诉讼法和行政法规为依据。

拘役是介于管制和有期徒刑之间的一种轻刑,主要适用于那些罪行较轻,但又必须短期剥夺其人身自由并进行劳动改造的犯罪人。

根据《刑法》第42条、第64条规定,拘役的期限为1个月以上6个月以下,数罪并罚时不得超过1年。依据刑法典第44条之规定,拘役的刑期,从判决执行之日起计算;判决执行以前先行羁押的,羁押1日折抵刑期1日。

《刑法》第43条第1款规定:"被判处拘役的犯罪分子,由公安机关就近执行。"所谓"就近执行",是指由犯罪分子生活居住的县、市或市辖区公安机关设置的拘役所执行;尚未设立拘役所的可放在就近看守所或劳改队里执行,但要实行分管分押,以防交叉感染并休现区别对待。

《刑法》第43条第2款规定:"在执行期间,被判处拘役的犯罪分子每月可以回家一天至两天;参加劳动的,可以酌量发给报酬。"所谓"酌量发给报酬",是根据犯罪人参加生产劳动的表现、技术水平和生产收入情况等,发给适当的报酬。

依法判处拘役的刑期,从判决执行之日起计算;判决执行前先行羁押的,羁押1日折抵刑期1日。

## 三、有期徒刑

有期徒刑是指人民法院依法判处剥夺犯罪分子一定时间内的人身自由权利,并在监狱或其他劳动场所强制实行劳动改造的一种刑罚方法。

有期徒刑是自由刑中最重要的方法,由于其最能体现罪刑均衡原则以及适合施以刑罚的个别化,再加上具有刑期幅度大,适用面宽以及运用灵活的特点,因而成为世界各国运用最广的刑罚方法,发挥了重大的作用。总的来说,有期徒刑至少有两方面功用,从一般预防角度来说,通过对犯罪人限制或剥夺自由,向社会昭示犯罪行为的不可接受以及后果,从而对社会一般人产生威慑作用,达到防卫社会,预防犯罪的目的;从特殊预防角度来说,通过剥夺或者限制犯罪人自由并且强制其进行生产劳动,可以发挥三方面作用,一是令犯罪人忍受精神痛苦,以示对其惩罚,以激发其产生悔改从善、重新做人的愿望；二是通过劳动，习得出狱后自食其力的手段；三是将其与社会隔离，以免危害社会。但是，有期徒刑也存在着其自身的局限性。首先，把犯罪人关押在监狱，使其与社会隔离，中断与社会的联系，久而久之会生产“监狱化”人格①，造成重返社会艰难，从而与其初衷相悖。其次，将犯罪人集中关押在一起，容易交叉感染，可能使其犯罪恶习更深、犯罪技能更大和犯罪意志更强。最后，有期徒刑的执行会增加国家财政负担，监狱设施、狱警管理、犯人处遇等都需要大量资源投入，一定程度上说，有期徒刑的成功取决于国家财政的投入。

根据我国《刑法》第 45 条、第 56 条及第 69 条的规定，有期徒刑的期限为 6 个月以上 15 年以下；死缓减为有期徒刑时为 15 年以上 20 年以下；数罪并罚时不得超过 20 年；刑期从判决执行之日起开始计算；判决执行以前先行羁押的，羁押 1 日折抵刑期 1 日。

根据《刑法》第 46 条的规定，被判处有期徒刑的犯罪分子，在监狱或者其他执行场所执行。

《刑法》第 46 条规定，被判处有期徒刑的犯罪分子，“凡有劳动能力的，都应当参加劳动，接受教育改造”。此处劳动改造是强制性的，除丧失劳动能力的以外，都必须参加劳动。从这一意义上讲，我国刑法中的有期徒刑不同于某些西方国家刑法中单纯剥夺犯罪人人身自由的监禁刑。

### 四、无期徒刑

无期徒刑是人民法院依法判处剥夺犯罪分子终身自由，并强制其在监狱或者其他执行场所实行劳动改造的刑罚方法。

无期徒刑没有期限限制，所以在国外通常称终身监禁。由于无期徒刑关押没有期限，剥夺终生自由，是自由刑中最为严厉的刑罚方法，其严厉性仅次于死刑，故而只适用于严重的故意犯罪。

由于无期徒刑极为严厉，因而立法上都是将其作为选择刑加以规定。我国《刑法》对无期徒刑的规定有三种形式：一是把无期徒刑与有期徒刑以及其他刑种作为选择性刑种规定在一个条文中，无期徒刑作为其中的法定最高刑；二是把无期徒刑与死刑规定在一个条文里，作为选择性刑种；三是把死刑作为最高刑，将无期徒刑

---

① “监狱化”首先由美国学者克莱默(D, Clemmer)提出，它指服刑人员从进入监狱开始至出狱为止，逐渐适应监狱习惯、生活和环境以至被同化，从而导致个人思想和行为方式以及价值观改变的过程。克莱默认为，监狱生活对服刑犯而言，是一个逐渐适应监狱次文化的过程。一般来说，服刑时间越长，监狱化会越深。服刑人员之间的交往，服刑人员与管教人员的交往以及管教人员之间的交往，都是促成监狱次文化的动力。参见 Clemmer, D. (1960) The Prison Community. Halt: Rinehart & Winston.

和处10年以上有期徒刑规定在一个条文中，作为量刑的选择性刑种。

《刑法》第46条规定，被判处无期徒刑的犯罪人，在监狱或其他执行场所执行；凡具有劳动能力的，应参加劳动，接受教育改造。

无期徒刑虽然从法律上或从理论上来说，是对犯罪人的终身监禁，但由于法律同时规定了减刑、假释、赦免等制度，因而在刑罚的执行过程中，可能会出现不同的情况：(1)如果犯罪人不认罪、不悔罪，则在监狱中终身服刑；(2)如果犯罪人有悔改或者立功表现，将被减为有期徒刑；(3)如果犯罪人实际执行10年以上，根据其表现还可能获得假释；(4)犯罪人因赦免而得以缩短刑期或直接出狱。由于上述各种不同情况，在我国的行刑实践中，绝大多数的犯罪人都不会因被判无期徒刑而在监狱服刑终身。

## 五、死刑

### (一)死刑

死刑是人民法院依法判处剥夺犯罪分子生命的刑罚方法。死刑是最为严厉的刑罚方法，因为死刑是以剥夺犯罪人的生命为其内容。生命是一切权利的基础，几乎所有的权利都是依附于生命权利而存在，因而死刑具有最大的惩罚性，而且惩罚后果的不可逆转也足以造成对犯罪人以及社会一般人的最人威慑力。人们正是期待能通过死刑这种惩罚和威慑展现和发挥出其功能，以达到特殊预防和一般预防的功效。

死刑是人类历史上最古老的一种刑罚手段，其历史至少和国家和法律的历史一样漫长。但自意大利著名刑法学家贝卡利亚1764年在其名著《论犯罪与刑罚》中首倡废除和限制死刑的主张以后，就开始了长达200多年的论战。人们争论的焦点主要是死刑是否违背社会契约，是否符合人道精神，是否具有强大的威慑效果，能否达到特殊预防效果，是否能满足被害人需要等方面。争论的结果是形成针锋相对的“死刑保留论”和“死刑废止论”两大阵营。

进入20世纪以后，特别是联合国的《公民权利和政治权利国际公约》和《关于废除死刑的国际公约》等制定以后，废除死刑的呼声越来越高，俨然成为国际性的潮流趋势。联合国大会1989年12月15日决议通过的《旨在废除死刑的〈公民权利和政治权利国际公约〉第二任择议书》就明确指出：“废除死刑有助于提高人的尊严和促进人权的持续发展”，“在本协议书缔约国管辖范围内，任何人不得被处死刑。每一缔约国应采取一切必要措施在其管辖范围内废除死刑”。[①] 据大赦国际

① 转引自邱兴隆：《比较刑法》(第一卷・死刑专号)，中国检察出版社2001年版，第226页。

统计,截止2004年1月,世界上已有79个国家与地区的法律上明确废除了所有罪行的死刑,15个国家和地区废除了普通犯罪的死刑(军事犯罪或战时犯罪除外),还有23个国家和地区在实践中事实上废除了死刑(过去10年内没有执行过死刑、并且确信其不执行死刑的政策将继续下去或者它已向国际社会作出承诺不再使用死刑)。就是说,现今在法律上或事实上废除死刑或者废除普通犯罪死刑的国家和地区已多达117个,而相应地只剩下相对少数的78个国家和地区仍然保留死刑①。在保留死刑的国家中,对死刑的罪名也作了严格的控制,绝大部分国家死刑罪名都在20种以下,并且许多国家的死刑仅仅运用于谋杀、叛国等重罪。如日本刑法中的死罪是18种;韩国刑法典中死罪有17种;美国的死刑罪名如果不重复计算,数量不超过9种,并且有29个州的死刑仅适用于谋杀罪。印度也仅将死刑适用于几种严重谋杀罪和两种军事犯罪②。

尽管死刑的废除已是当代全球化的趋势,但具体到中国来说又有一些需要具体考虑的因素。因为死刑的存置和废除都是有条件的,不仅有国际环境的影响,更重要的是取决于一个国家的基本国情,取决于一个国家的文化传统、民族感情、经济条件、文明程度、现实情况等诸多因素。也就是说,废除死刑不仅是一个法律问题,更是一个复杂的社会问题。当前,我国无论是从经济社会发展水平,还是从维护政治和社会秩序的需要以及民众的思想观念等方面来说,都还没有作好准备,因此,在现阶段乃至今后相当长的一段时期内废除死刑都是不切实际的。严格限制死刑的适用,才是一个最为现实的举措,才是一个具有重大现实意义的理论和实践问题。

基于上述立场,我国刑法从立法与司法两方面严格限制死刑的适用,主要表现在如下方面:

1. 死刑适用范围的限制。《刑法》第48条规定:“死刑只适用于罪行极其严重的犯罪分子”,这实际上是规定了严格的死刑适用条件。“罪刑极其严重”,指罪行对国家和人民利益的危害特别严重,手段极其残忍,情节特别恶劣,同时行为人具有极其严重的人身危险性,主观恶性特别巨大。

2. 死刑适用对象的限制。《刑法》第49条规定:“犯罪的时候不满18周岁的人和审判的时候怀孕的妇女不适用死刑”,这为死刑的适用对象作出了限制。也就是说,对于犯罪的时候不满18周岁和审判的时候怀孕的妇女,即使其属于罪行极其严重的犯罪分子,也不能适用死刑。此处所谓“犯罪的时候”,是指犯罪人实施犯罪之日。所谓不适用死刑,是指既不能判处死刑立即执行,也不能判处死刑缓期2年执行。所谓“审判的时候”,是指从羁押到审理的整个诉讼过程,而不是仅指法院审判阶段。对于怀孕的妇女,无论是羁押期间还是受审期间,都不应当为了要判处死

① 赵秉志:《中国逐步废止死刑论纲》,载《法学》2005年第1期。

② 乐欣:《四位刑法学家视野中的死刑改革》,载《检察日报》2005年12月27日第3版。

刑而给其进行人工流产；已经人工流产甚至自然流产的，仍应视为审判时怀孕的妇女，不能适用死刑。

3. 死刑核准程序的限制。《刑法》第 48 条规定："死刑除依法由最高人民法院判决的以外，都应当报请最高人民法院核准。死刑缓期执行的，可以由高级人民法院判决或者核准。"这是我国刑法中关于死刑核准程序的规定。死刑核准程序是在一般的一审、二审程序之外，对死刑案件予以审核批准的特别监督程序。这一程序的建立，有利于保证死刑判决的质量，客观上也限制了死刑适用的数量。

4. 死刑执行上的限制。《刑法》第 48 条规定："对于应当判处死刑的犯罪分子，如果不是必须立即执行的，可以判处死刑同时宣告缓期二年执行。"这就是我国刑法独创的死刑缓期执行制度。死缓制度的创立，大大地缩小了死刑的适用范围。

至于死刑的执行方法，在当今世界各国各不相同，主要有绞刑、电刑、枪决、毒气和注射毒药等方法。我国目前采用枪决或注射毒药的方法执行死刑。

### (二)死刑缓期执行制度

死刑缓期执行制度，简称死缓，是指对于应当判处死刑的犯罪分子，如果不是必须立即执行的，在判处死刑的同时宣告缓期执行的制度。死缓不是一种独立的刑种，而是依附死刑的一项刑罚制度。这一刑罚制度富有中国特色，为我国所独创，但它现已越来越为外国所重视和关注。

适用死刑缓期执行制度的条件是：(1)罪该处死，即根据刑法的规定与罪行的严重程度，应当判处死刑。这是适用死缓的前提条件。(2)不是必须立即执行。这是适用死缓的基本条件。所谓"不是必须立即执行"，司法实践中通常是指犯罪后自首、立功或有其他法定从轻情节的；在共同犯罪中罪行不是最严重的；因被害人的过错导致被告人激愤犯罪或者有其他表明容易改造的情节的；有令人怜悯的情节的；有其他应当留有余地的情况。

由于死缓只是死刑的一种执行方法，故判处死缓会出现不同结局。根据《刑法》第 50 条规定，对于死缓犯，有三种处理结局：(1)在死刑缓期执行期间，没有故意犯罪的，2 年期满以后，减为无期徒刑；(2)在死刑缓期执行期间，有重大立功表现的，2 年期满以后，减为 15 年以上 20 年以下有期徒刑；(3)在死刑缓期执行期间，故意犯罪的，由最高人民法院核准，执行死刑。这是说在 2 年考验期内，只要故意犯罪并经查证属实的，随时可以依法核准执行死刑，无须等到 2 年以后。

死缓的考验期限为两年。根据《刑法》第 51 条规定："死刑缓期执行的期间，从判决确定之日起计算。死刑缓期执行减为有期徒刑的刑期，从死刑缓期执行期满之日起计算。"这就是说，死缓判决确定之前的羁押时间不计算在缓期 2 年的期限之内，缓期 2 年届满后至裁定减为有期徒刑之前的关押日数，则应计算在减刑之后的有期徒刑的刑期之内。死缓可以由高级人民法院判决或者核准，在监狱内执行。

## 第六节 附加刑

### 一、罚金

罚金是人民法院依法判处犯罪分子向国家缴纳一定数额金钱的刑罚方法。罚金是一种刑罚方法，属财产刑，它与作为行政处罚的罚款在性质上完全不同。罚金是人民法院依照刑法对犯罪分子作出的刑事惩罚；而行政罚款则是行政机关依照行政法规对违法行为人所作的行政处罚。

国际立法和司法的实践表明，罚金刑在刑罚体系中的地位，已完成了由从刑到主刑、由偶尔用之的辅助刑到普遍适用的基本刑的转变，它在刑罚体系中的地位日渐提高，作用日益增强。罚金刑之所以越来越为人们所接受，越来越重要，主要是因为它具有如下优点：(1)能避免自由刑，特别是短期自由刑的弊端；(2)可以保有自由刑的优点，可按情节分成许多等级，以犯罪人的罪行和责任轻重决定等级，实现罪行均衡；(3)符合刑罚经济原则，执行费用低廉，无需太多社会成本；(4)具有匿名性，对受刑人的社会关系影响不大，即使发生错误，也容易补救；(5)弹性较大，可以根据受刑人的资产、收入和性格而运用灵活；(6)从特殊预防的角度来说，可以在一定程度上剥夺犯罪人再次犯罪的条件；(7)对经济犯罪和财产犯罪来说，具有独特的惩罚效果；(8)对日益增多的法人犯罪，它是一个适当而有效的方法。但罚金刑的弱点在于它的威慑效果相对较弱。此外，受罚者经济状况的不同会对刑罚的感受程度产生较大差异，在其无力缴纳罚金而被易科其他刑罚时更会产生不公平感受。

罚金刑虽在我国刑罚体系中仍属附加刑，但其地位已得到大大的提升，比较1979年和1997年两部刑法典就可以明显看出。1979年刑法典规定有罚金的条文只有20个，其中，单处的有5条，并处的有8条，单处或并处共有的有7条。而1997年刑法典中的罚金刑的适用范围大大扩展，规定罚金刑的条文增加到139条，占全部刑法分则条文的39.7％。罚金刑可以适用的犯罪包括危害公共安全犯罪、破坏社会主义市场经济秩序犯罪、侵犯公民人身权利和民主权利犯罪、妨害社会管理秩序犯罪和危害国防利益犯罪，涉及的具体罪种达到180个，约占全部罪种的43.6％。罚金刑在适用范围上现已成为仅次于有期徒刑的一种刑罚方法，这一状况确立了新的刑罚结构，改变了刑罚体系的布局，具有很大的现实意义。

罚金是一种经济制裁方法，所以在我国它主要适用于经济犯罪、财产犯罪和其他牟利性犯罪。此外，在刑法明确规定对犯罪单位施以双罚制时，对单位一律适用罚金刑。罚金刑的适用有四种方式：(1)选处罚金，即将罚金规定为选择法定刑，只能单独适用，不能附加适用。(2)单处罚金，即罚金只能单独判处，此一情况只适用于犯罪的单位。如《刑法》第387条规定的单位受贿罪和第393条规定的单位行贿罪。(3)并处罚金,即罚金只能附加适用不能单独适用。(4)并处或者单处罚金,即罚金既可以附加适用,也可以独立适用。如《刑法》第 312 条规定,窝赃、销赃罪,处 3 年以下有期徒刑、拘役或者管制,并处或者单处罚金,应根据犯罪分子所犯罪行的情节轻重来确定。

《刑法》第 52 条规定:"判处罚金,应当根据犯罪情节决定罚金数额。"目前,罚金数额的确定主要有五种情况:(1)无限额罚金制。即刑法分则只规定单处或者并处罚金,不规定罚金的具体数额限度,而由人民法院依据刑法总则确定的原则,根据犯罪情节自由裁量罚金数额。(2)限额罚金制。即刑法分则相应条款规定罚金数额的下限和上限,人民法院在规定的数额幅度内裁量罚金。如《刑法》第 170 条的规定的伪造货币罪,处 3 年以上 10 年以下有期徒刑,并处 5 万元以下罚金。(3)比例罚金制。即以犯罪金额的百分比决定罚金的数额。如《刑法》第 158 条规定的虚报注册资本罪,处 3 年以下有期徒刑或者拘役,并处或者单处虚报注册资金额 1%以上 5%以下罚金。(4)倍数罚金制。即以犯罪金额的倍数决定罚金的数额。如《刑法》第 202 条规定的抗税罪,处 3 年以下有期徒刑或者拘役,并处拒缴纳税款 1 倍以上 5 倍以下罚金。(5)倍比罚金制。即同时以犯罪金额的比例和倍数决定罚金的数额。如《刑法》第 141 条规定的生产、销售假药罪,处 3 年以下有期徒刑或者拘役,并处或者单处销售金额 50%以上 2 倍以下罚金。

根据《刑法》第 53 条的规定,罚金有以下五种执行方式:(1)一次缴纳,即要求犯罪人在判决指定的期限内一次性缴纳完所判罚金的数额。(2)分期缴纳,即要求犯罪人在判决确定的期限以内分期缴纳所判罚金的方式。(3)强制缴纳,指在判决确定的期限届满以后,犯罪人未缴纳或未全部缴纳的,由人民法院强制其缴纳的方法。(4)随时追缴,指对于不能全部缴纳罚金的犯罪人,人民法院在任何时候发现其有可以执行的财产的,应随时予以追缴的方法。(5)减免缴纳,即如果由于遭遇不能抗拒的灾祸使犯罪人缴纳确实有困难的,可以酌情减少或免除其缴纳数额的方法。

## 二、剥夺政治权利

剥夺政治权利是指人民法院依法判处剥夺犯罪分子参与国家管理和社会政治活动权利的刑罚方法。根据《刑法》第 54 条的规定,剥夺政治权利是剥夺下列权利:(1)选举权和被选举权;(2)言论、出版、集会、结社、游行、示威自由的权利;(3)担任国家机关职务的权利;(4)担任国有公司、企业、事业单位和人民团体领导职务的权利。

剥夺政治权利属于资格刑的范畴。从国际的立法实践看,资格刑越来越受到重视,在刑罚体系中的地位也愈来愈重要。因为资格刑可以发挥如下机能:一是评价机能。资格刑的本质表明,国家对犯罪人政治上、伦理上的不信任,明白无误地表明了国家对犯罪人及其行为的否定评价，最直接反映了国家对其政治上的否定态度。二是惩罚机能。资格刑的运用，使得犯罪人丧失了荣誉、权利、地位乃至其赖以生存的某种职业、身份，使其在一定时期内无法重操旧业，这种方式既会对犯罪人发挥出独特的惩罚效果，也易满足社会的报应情感。三是防卫机能。即通过对犯罪人某种资格的剥夺，有效地防止其利用这种资格再进行犯罪活动，即剥夺其再犯能力，从而起到防卫社会的作用。四是维护机能。通过对犯罪人一定资格的剥夺，可以起到维护国家机关威信和声誉的作用。资格刑内容中很大一部分涉及担任国家公职的权利，剥夺或防止犯罪人享有这些权利，使他们丧失参与管理国家的资格，无疑有助于维护国家机关的威望。

目前，我国刑法中只有剥夺政治权利一种资格刑，是附加刑的一种，既可以附加适用，又可以独立适用。在适用对象上，既包括严重犯罪，也包括一些较轻的犯罪。

剥夺政治权利附加适用的，又可分为两类：一类是应当附加剥夺政治权利，根据《刑法》第 56 条与第 57 条的规定，适用于危害国家安全的犯罪分子和被判处死刑、无期徒刑的犯罪分子。所谓应当，就是必须一律附加，是刚性规定。另一类是可以附加剥夺政治权利，根据《刑法》第 56 条规定，这是针对故意杀人、强奸、放火、爆炸、投放危险物质罪等暴力犯罪的犯罪分子。所谓“可以”，是指根据犯罪的情节、危害结果等情况综合予以考虑，可以附加，也可以不附加，由人民法院裁量。

剥夺政治权利独立适用的，通常是针对罪质较轻的犯罪分子，或罪质严重但情节较轻的犯罪分子。对此，应以刑法分则的明确规定为依据，如果刑法分则没有规定独立适用剥夺政治权利，就不得予以适用。我国刑法典分则中，可以单独判处剥夺政治权利的条文共 22 条，主要涉及危害国家安全罪、侵犯公民人身权利民主权利罪、妨害社会管理秩序罪和危害国防利益罪四类。如《刑法》第 103 条规定，煽动分裂国家，破坏国家统一的，处 5 年以下有期徒刑、拘役、管制或者剥夺政治权利。这里剥夺政治权利与三种主刑并列，作为选项之一，只能独立适用。

剥夺政治权利的期限有四种情况：(1)独立使用或判处拘役、有期徒刑附加剥夺政治权利的，剥夺政治权利的期限为 1 年以上 5 年以下；(2)判处管制附加剥夺政治权利的期限与管制的期限相等；(3)对于判处死刑、无期徒刑的犯罪分子，应当剥夺政治权利终身；(4)在死刑缓期执行减为有期徒刑或者无期徒刑减为有期徒刑的时候，应当把附加剥夺政治权利的期限改为 3 年以上 10 年以下。

剥夺政治权利的期限计算也有以下几种情况：(1)判处管制附加剥夺政治权利的，剥夺政治权利的期限从管制判决执行之日起计算，并与管制的刑期相等，同时执行；(2)判处拘役附加剥夺政治权利的，剥夺政治权利的期限从拘役执行完毕之日起计算；(3)判处有期徒刑附加剥夺政治权利的，剥夺政治权利的期限从有期徒刑执行完毕或者假释之日起算。剥夺政治权利的效力及于主刑执行期间；(4)单处剥夺政治权利的，从判决执行之日起计算；(5)判处死刑、无期徒刑因而剥夺政治权利终身的，从主刑执行之日开始执行剥夺政治权利；(6)死刑缓期执行或者无期徒刑减为有期徒刑的，其刑期应从减刑后的有期徒刑执行完毕之日或者假释之日起计算。

剥夺政治权利由公安机关执行。根据刑法典第 58 条第 2 款的规定，被剥夺政治权利的犯罪分子在执行期间，应当遵守法律、行政法规和国务院公安部门有关监督管理的规定，服从监督，不得行使刑法典第 54 条规定的各项权利。

## 三、没收财产

没收财产是人民法院依法判处将犯罪分子个人所有财产的一部或者全部强制无偿收归国家所有的刑罚方法。没收财产是一种财产刑，是一种经济制裁手段，其重要作用不仅仅在制裁本身，而且对防止犯罪人利用其财产再次犯罪也是一项行之有效的手段。

没收财产刑在我国刑罚体系中的地位也同样上升，适用范围更加广泛。在 1979 年刑法典中，只有 23 个条文规定有没收财产，占分则条文总数(103 个)的 22%强，涉及反革命罪、破坏社会主义经济秩序罪、侵犯财产罪和妨害社会管理秩序罪等四个犯罪类型。而 1997 年刑法典共有 59 个条文、69 个罪名适用没收财产，分别占分则条文总数(351 个)和罪名总数(413 个)的 16.8%和 16.7%，涉及刑法分则规定的所有十大类犯罪。其中，适用最多的是破坏社会主义市场经济秩序犯罪，共有 30 个条文、37 个罪名适用没收财产，均超过适用没收财产刑条文总数和罪名总数的 50%。

没收财产的适用范围主要包括：(1)危害国家安全罪。《刑法》第 113 条规定，对所有的危害国家安全罪都可以并处没收财产；(2)严重的经济犯罪。刑法分则第三章的破坏社会主义市场经济秩序罪中，对某些严重的经济犯罪可以没收财产；(3)严重的财产犯罪；(4)其他严重的刑事犯罪。

根据我国刑法分则的规定，没收财产主要有以下三种适用方式：(1)并处没收财产，即应当附加适用没收财产。(2)可以并处没收财产，即在量刑时，既可以对犯罪人附加适用，也可以不附加适用。(3)并处罚金或者没收财产，即对罚金或者没收财产必须择一判处，且只能附加适用。

我国《刑法》第 59 条规定："没收财产是没收犯罪分子个人所有财产的一部或者全部。没收全部财产的，应当对犯罪分子个人及其扶养的家属保留必需的生活费用。""在判处没收财产的时候，不得没收属于犯罪分子家属所有或者应有的财产。"这一规定非常明确地确定了没收财产的范围：首先，没收财产只能是没收犯罪分子本人所有财产，不得没收其家属所有或者应有的财产。犯罪分子家属所有的财产即其家属个人财产；犯罪分子家属应有的财产则指其家中共有财产中应得的部分。其次，没收财产可以没收犯罪分子个人财产的一部或全部，至于是一部还是全部则由人民法院依犯罪性质、情节和条件的具体情况而定。再次，即使是犯罪分子个人财产，必要时应给其家属留下必要的生活资料和生产资料，以维持其生计。

根据《刑法》第 64 条的规定："犯罪分子违法所得的一切财物，应当予以追缴或者责令退赔；对被害人的合法财产，应当及时返还；违禁品和供犯罪所用的本人财物，应当予以没收。没收的财物和罚金，一律上缴国库，不得挪用和自行处理。"犯罪分子违法所得和违禁品，本不属于犯罪分子所有，理应追缴、退赔或没收；被害人的合法财产，应当及时返还，以体现对公民合法财产的保护；供犯罪所用的本人财物，因成为犯罪的工具，也应属没收之列。

《刑法》第 60 条又规定："没收财物以前犯罪分子所负的正当债务，需要以没收的财产偿还的，经债权人请求，应当偿还。"这里明确了从没收财产中偿还正当债务的四项条件：(1)必须是犯罪分子财产被没收前产生的债务；(2)必须是正当债务；(3)必须经债权人请求；(4)以没收的财产为偿还必要，如有其他财产可用偿还债务，则不得以没收的财产偿还。

没收财产由人民法院执行，必要的时候可以会同公安机关执行。没收财产作为附加刑，从理论上说可以附加适用或者独立适用，但我国刑法现有规定不存在独立适用的情况。

## 四、驱逐出境

驱逐出境，是指人民法院依法判处，强制犯罪的外国人或无国籍人离开中国国(边)境的刑罚方法。它只适用于在我国境内犯罪，且其继续居留对我国有害的外国人或无国籍人。它并非对所有犯罪的外国人或无国籍人都适用。适用与否，由人民法院根据案件的具体情况，兼顾国际关系和国际形势综合考虑。

我国是一个独立的主权国家，除了依法对享有外交特权和豁免权的外国人的刑事责任通过外交途径解决外，对于在我国境内犯罪的外国人和无国籍人，一律适用我国刑法追究刑事责任。因此，我国《刑法》第 35 条明确规定："对于犯罪的外国人，可以独立适用或者附加适用驱逐出境。"

我国《刑法》第 34 条规定的附加刑的种类中，虽然没有包括驱逐出境，但是，从刑法相关规定来看，驱逐出境符合附加刑的基本特征，事实上已成为一种专门适用于外国人或无国籍人的特殊附加刑。

独立适用的驱逐出境主要针对罪行较轻的外国人或者无国籍人，从判决生效之日执行；附加适用的驱逐出境则针对罪行较重的外国人或者无国籍人，从主刑执行完毕之日起执行。

应当注意的是，作为刑罚的驱逐出境与我国《外国人入境出境管理法》第 30 条规定的驱逐出境有本质的不同。前者是刑罚方法，适用于犯罪的外国人或者无国籍人，而后者是行政处罚方法，适用于违反行政法规的人。此外，前者由人民法院依据刑法规定判处，而后者则由公安机关依据行政法规决定。

## 第七节　非刑罚处理方法

非刑罚处理方法，是指人民法院根据犯罪人的犯罪情节，依法对其适用的刑罚以外的处理方法。它的主要依据是犯罪情节轻微，不需要判处刑罚，但以构成犯罪为前提。非刑罚处理方法不是刑罚方法，不具有刑罚所产生的法律后果，但是其在教育犯罪人，安抚被害人方面具有重要作用。根据《刑法》第 36 条和第 37 条的规定，非刑法处理方法包括：赔偿经济损失、赔偿损失、训诫、责令具结悔过、赔礼道歉、行政处罚和行政处分。

### 一、赔偿损失

赔偿损失是指人民法院根据犯罪人的犯罪行为给被害人造成的损失情况，判处或责令犯罪人给予被害人一定的经济赔偿的方法。赔偿损失包括两种情况：一是《刑法》第 36 条规定的赔偿经济损失；二是《刑法》第 37 条规定的赔偿损失。二者的区别在于：(1)适用对象不同。赔偿经济损失是对被判处刑罚的人适用，而赔偿损失的适用对象是依法被免予刑事处罚的人；(2)处理的方式不同。赔偿经济损失是用判决的方式，而赔偿损失是用责令的方式；(3)处理结果不同。赔偿经济损失的适用条件是罪行较重需要判刑，因此，此种方法是与刑罚并用，即又罚又赔，而赔偿损失的适用条件是犯罪情节轻微不需要判刑，因此，犯罪人是只赔不罚。

### 二、训诫、具结悔过和赔礼道歉

训诫，是指人民法院对犯罪分子当庭进行公开谴责或批评的 ·种教育方法；

具结悔过，是指人民法院责令犯罪分子用书面方式承认错误，保证悔改的一种教育方法；

赔礼道歉，是指人民法院责令犯罪分子公开向被害人承认错误，表示歉意的一种教育方式。

上述三种非刑罚处理方法的适用条件是：(1)适用的对象必须是犯罪情节轻微不需要判处刑罚而被免于刑罚处罚的犯罪分子；(2)根据案件的具体情况又必须给予一定的处理。这既不同于“犯罪情节显著轻微，不构成犯罪”的情况，也不同于对犯罪分子只需作有罪宣告而不必予以非刑罚处罚的情况。

### 三、建议主管部门予以行政处罚(分)

行政处罚(分),是指人民法院根据案件和犯罪人的具体情况作出免予刑罚处罚的同时,建议犯罪人主管单位给予其一定行政处罚(分)的办法。这种方法适用的对象必须是犯罪情节轻微不需要判处刑罚而被免于刑罚处罚,但根据案件的具体情况又必须给予一定的处理的犯罪分子。行政处罚和行政处分均有相关的行政部门作出决定,均属行政处理方法,但在处理依据和种类等方面都有不同。前者包括行政拘留、罚款、劳动教养等;后者包括警告、记过、留用察看、开除等。

## 司法考试真题链接

1. 关于没收财产,下列哪一选项是正确的?(2009 年司法考试真题)

A. 甲抢劫数额巨大,对其可以判处罚金 1 万元并处没收财产

B. 乙犯诈骗罪被判处没收全部财产时,法院对乙未满 18 周岁的子女应当保留必需的生活费用,对乙的成年家属不必考虑

C. 丙盗窃珍贵文物情节严重,即便其没有可供执行的财产,亦应当判处没收财产

D. 丁为治病向李某借款 5 万元,1 年后丁因犯罪被判处没收财产。无论李某是否提出请求,一旦法院发现该债务存在,就应当判决以没收的财产偿还

2. 审判的时候怀孕的妇女依法不适用死刑。对这一规定的理解,下列哪一选项是错误的?(2007 年司法考试真题)

A. 关押期间人工流产的,属于审判的时候怀孕的妇女

B. 关押期间自然流产的,属于审判的时候怀孕的妇女

C. 不适用死刑,是指不适用死刑立即执行但可适用死缓

D. 不适用死刑,既包括不适用死刑立即执行,也包括不适用死缓

# 第十七章 刑罚的裁量

## 第一节 刑罚裁量概述

### 一、刑罚裁量的概念

刑罚裁量，即量刑，是指人民法院对犯罪分子所犯罪行，依法裁量决定刑罚的一种审判活动。

量刑作为一种刑事司法活动，主要包括以下内容：

1.决定是否对犯罪人判处刑罚。量刑的基础是行为人的行为构成犯罪。而犯罪的基本特征之一是行为应当受到刑罚处罚即具有应受刑罚处罚性。对于绝大多数犯罪人而言，其被判处刑罚是其行为必然产生的后果。但是，我国刑法规定有多种免除刑罚的情节，对于具有某种情节的罪犯应当或者可以免除刑罚处罚。所以，量刑首先要解决是否有必要对犯罪人判处刑罚的问题。

2.决定对犯罪人判处何种刑罚和多重的刑罚。我国刑法所规定的法定刑多为相对确定的法定刑，不仅有较大的量刑幅度，而且相当数量的法定刑规定了两种以上的主刑或者两种以上的主刑和附加刑，可供司法人员选择的余地很大。在这种情况下，量刑活动就必须决定具体应判处的主刑刑种及其轻重程度，以及是否判处附加刑。

3.决定对犯罪人所判处的刑罚是否立即执行。对绝大多数犯罪人而言，所判刑罚一旦产生法律效力就应当立即交付执行。但是由于我国刑法规定了缓刑制度，在符合法定条件的情况下，对犯罪人所判处的刑罚可以暂缓执行。因此，在刑罚裁量中，自然包括决定所判处的刑罚是否立即执行的内容。

4.将数个宣告刑合并为执行刑。在一人犯数罪的情况下的刑罚裁量还包括将因犯数罪而将判处的刑罚依照数罪并罚的原则合并为执行刑，从而宣告执行刑的问题。

量刑与定罪是人民法院刑事审判活动中两个紧密相连的重要部分。定罪是量刑的必要前提，量刑是定罪的必然归宿。没有定罪，量刑无从谈起；定罪不准，量刑必然不当。前者运用的是犯罪构成理论，后者适用的是量刑原则。准确定罪，适当量刑，是正确适用刑法的必然要求。

## 二、刑罚裁量的意义

量刑作为人民法院运用刑罚的一项活动，在刑事审判中具有重要的作用：

从刑事司法的过程性上看，由于量刑是在认定行为人的行为构成犯罪即定罪的基础上进行的一项刑事诉讼活动，同时，它又是刑罚执行的先决条件，所以，在国家刑事活动的三个环节即定罪、量刑、行刑中，量刑处于中心地位，有承上启下的作用。

从量刑活动的功能上看，量刑是使法定的罪刑关系变成实在的罪刑关系的必要要件。因为只有通过量刑，才能使刑罚的特殊预防功能和一般预防功能切实得以发挥，进而为刑罚目的的实现奠定不可缺少的基础。量刑的偏差或者失当，都会对刑罚目的的实现造成不良影响；相反，量刑正确，就可以有效地实现预防犯罪的刑罚目的。

## 三、刑罚裁量的原则

量刑的一般原则，是指人民法院在法定刑的范围内或基础上，决定对犯罪分子是否适用刑罚以及处罚轻重的指导思想和准则。

我国《刑法》第 61 条规定："对于犯罪分子决定刑罚的时候，应当根据犯罪的事实、犯罪的性质、情节和对于社会的危害程度，依照本法的有关规定判处。"根据这一规定，量刑的一般原则可以概括为：以犯罪事实为根据，以刑事法律为准绳。

### (一)量刑必须以犯罪事实为根据

犯罪事实是量刑的客观根据，没有犯罪事实就无法确定犯罪，量刑就失去了前提。犯罪事实有广义与狭义之分，这里讲的犯罪事实是广义的犯罪事实，是指客观存在的与犯罪有关的各种事实情况的总和，具体包括以下四项内容：

1. 犯罪基本事实，即狭义的犯罪事实。它是指犯罪构成要件的各项基本事实情况。查清犯罪事实就是要查明何人在何种心态支配之下，针对何种对象实施了危害行为，侵犯了何种合法权益。另外，对于某些以"情节严重"为构成要件的犯罪来说，犯罪的事实还包括犯罪情节，这种情节称为定罪情节。犯罪事实是量刑的首要根据，也是正确认定犯罪性质、分析犯罪情节和衡量犯罪社会危害程度的前提。

2. 犯罪的性质。它是指犯罪行为的法律性质，即某一危害社会的行为经由法律规定并通过审判机关确认的犯罪属性，表现为行为人的行为构成什么罪，应定什么罪名。在量刑前应当在查清犯罪事实的基础上，运用犯罪构成的理论和刑法分则的有关规定,正确地认定犯罪性质。因为我国刑法分则对各种不同的具体犯罪规定了不同的法定刑,所以确定了犯罪性质就意味着选定了与之相对应的法定刑,从而为准确量刑做好了准备。

什么是犯罪性质的决定因素?学者们有不同的认识。有的学者认为决定犯罪性质的主要因素是犯罪的直接客体,也有学者认为是特定行为方式,还有学者认为是特定危害行为与特定直接客体的统一。① 我们认为,这些观点虽有一定的科学性,但都不够全面和准确。犯罪的性质应当由整个犯罪构成所决定,不能认为犯罪性质是由某一个或某几个犯罪构成要件所决定,否则就无法区分罪与罪之间的界限,从而无法确定犯罪的真正性质。只要"证明某人行为中具有法律所规定的犯罪构成的一切因素,也就证明了这些行为具有社会危害性";因此"只有全部因素的总合才能决定某个具体犯罪的实质"。②

3. 犯罪情节。刑法上的犯罪情节有两种:一种是定罪情节,即影响犯罪性质的情节,它是构成犯罪的必备要素。另一种是量刑情节,是指犯罪构成基本事实以外的其他影响和说明犯罪社会危害性程度的各种事实情况。如犯罪的动机、手段、环境和条件,以及犯罪分子的一贯表现、犯罪后的态度、直接或间接的损害后果,等等。这些事实情况虽然不影响定罪,但其在一定程度上决定着量刑。这主要是因为量刑情节不同,犯罪行为的社会危害程度和犯罪人的人身危险性大小也有不同,因而量刑时所判处的刑罚也必然不同。刑法正是根据不同的量刑情节,对同一犯罪规定了不同的量刑幅度。因此,量刑时在确定了犯罪性质后,必须全面掌握犯罪情节,根据不同的情节,决定在哪个量刑幅度内或者以下裁量应处刑罚或者免除刑罚。

4. 对社会的危害程度。它是指犯罪行为对社会造成或者可能造成损害结果的程度。社会危害性是犯罪的最基本特征。社会危害性程度大小是区分罪与非罪,罪轻与罪重以及由此而决定的对犯罪分子是否适用刑罚、如何适用刑罚的重要根据。社会的危害程度,是由犯罪的一系列主观因素和客观因素综合而成的,包括犯罪事实、犯罪的性质、情节以及犯罪人的主观恶性程度等。因此,正确地判断犯罪行为对社会的危害程度,必须将犯罪的各种因素全面综合地加以考虑,防止片面地强调其中某一方面的因素。只有这样才能避免出现量刑畸重畸轻、罪刑不相适应的现象。

### (二)量刑必须以刑事法律为准绳

量刑必须以刑法为准绳,人民法院在认定犯罪事实的基础上,必须按照刑法的

① 高铭暄、马克昌:《刑法学》,北京大学出版社 2005 年版,第 271 页。

② [苏]特拉伊宁:《犯罪构成的一般学说》,薛秉忠等译,中国人民大学出版社 1958 年版,第 65 页。

有关规定作出对犯罪分子是否判刑、判什么刑、判刑轻重以及如何执行刑罚的判决。量刑以刑法为准绳，主要是遵守以下规定：

1. 刑法总则中关于刑罚原则、制度、方法及其适用条件的一般规定。如对预备犯、中止犯、未成年犯罪人，共同犯罪中的主犯、从犯、教唆犯、胁从犯的处罚原则；有关自首、立功、累犯、缓刑、数罪并罚等制度；有关从重、从轻、减轻以及免除刑罚处罚的规定等等。

2. 刑法分则中有关各种具体犯罪的法定刑及其量刑幅度的具体规定。刑法分则对每一具体犯罪都规定了法定刑，除极少数犯罪只有一个法定刑幅度外，绝大多数犯罪都有两个或两个以上的法定刑幅度。在对实施了不同具体犯罪的犯罪分子裁量刑罚时，必须按照刑法分则所确定的法定刑进行。在一个罪有几个法定刑幅度的情况下，应按照与具体犯罪情况相对应的量刑幅度量刑。在量刑时超越法定的刑种和量刑幅度即为违法。

## 第二节 刑罚量刑情节

### 一、量刑情节的概念

量刑情节，是指由刑事法律规定或认可的定罪事实以外的，体现犯罪行为社会危害程度和犯罪人的人身危险性大小，据以决定对犯罪人是否处刑以及处刑轻重所应当或可以考虑的各种具体事实情况。

量刑情节具有以下特征：

1. 量刑情节与犯罪构成事实无关，是犯罪构成事实之外的事实情况。如果某种事实情况是犯罪构成必不可少的，那就不是量刑情节而是定罪情节。因为犯罪构成事实的作用是区分罪与非罪、此罪与彼罪的界限，而量刑情节只是对是否判处刑罚、判处何种刑罚，以及是否立即执行刑罚具有影响。因此，只有犯罪构成事实以外的事实才是量刑情节。

2. 量刑情节对犯罪的社会危害程度和犯罪人的人身危险性具有影响作用。犯罪的社会危害程度和犯罪人的人身危险性是量刑的两大根据，这就决定了作为量刑情节的事实要么影响犯罪的社会危害程度，要么影响犯罪人的人身危险性。既不影响犯罪的社会危害程度，又不影响犯罪人的人身危险性的事实，自然不能成为量刑情节。

3. 量刑情节是在对犯罪人裁量决定刑罚时需要考虑的事实情况。人民法院在刑事审判中需要考虑的事实情况很多，有的事实情况是定罪时需要考虑的，有的事实情况是量刑时需要考虑的，只有后者才是量刑情节。

量刑情节的内涵丰富，外延广泛，性质各不相同。根据不同的标准，对量刑情节可以作不同的分类。一般而言,以刑法是否就量刑情节及其功能作出明确规定为标准将其分为法定情节与酌定情节。[①]

## 二、法定量刑情节

法定量刑情节,是指法律明文规定其具体内容、能够影响量刑轻重的事实情况。它既包括刑法总则规定的对各种犯罪共同适用的情节,也包括刑法分则规定的对特定犯罪适用的情节。

我国刑法共规定了以下四种法定情节:

1. 从重处罚情节。它是指在法定刑的限度以内,对有从重情节的犯罪分子判处较重的刑种或较长的刑期。依照《刑法》第 62 条的规定,从重处罚应当在法定刑的限度以内判处刑罚,不允许法外加刑、破格判刑。否则,从重处罚就成了加重处罚。属于法定的从重处罚的情节,在刑法总则和分则中都有规定。如刑法总则规定的教唆不满 18 周岁的人犯罪的教唆犯以及累犯;刑法分则规定的武装掩护走私的、奸淫不满 14 周岁的幼女的、索贿的等等,都应当从重处罚。

2. 从轻处罚情节。它是指在法定刑的限度内,对具有从轻情节的犯罪分子判处较轻的刑种或较短的刑期,例如刑法第 22 条规定,对于预备犯,可以比照既遂犯从轻处罚,犯罪的预备就是从轻处罚情节。

3. 减轻处罚情节。它是指依法在法定最低刑之下,对具有减轻情节的犯罪分子判处刑罚。根据《刑法》第 63 条的规定,减轻处罚分为两种情况:一是法定减轻。即犯罪分子具有法律明文规定的减轻处罚情节的,应当在法定刑以下判处刑罚,例如《刑法》第 67 条规定,对自首犯可以减轻处罚,自首就是减轻处罚情节;二是酌定减轻。即犯罪分子虽然不具有法律规定的减轻处罚情节,但是根据案件的特殊情况,经最高人民法院核准,也可以在法定刑以下判处刑罚。

4. 免除处罚情节。它是指对犯罪分子作出有罪宣告,同时免除其刑罚处罚。免除处罚是以行为人的行为已经触犯刑律,构成犯罪,应受刑罚处罚为前提条件,只是因行为人犯罪情节轻微,不需要判处刑罚,或者有其他法定免除处罚情节,免予刑事处罚。例如《刑法》第 68 条规定,犯罪后自首又有重大立功表现的,应当减轻或者免除处罚,那么自首同时又重大立功就是免除处罚情节。

对于犯罪情节轻微,不需要判处刑罚的,依照《刑法》第 37 条的规定,在判决免

① 有学者在理论上将量刑情节分为:法定情节、司法解释情节、定罪剩余的犯罪构成事实转化的从重情节和酌定情节;体现行为社会危害性程度的情节和体现行为人人身危险性程度的情节;从重处罚情节和从宽处罚情节;单功能情节和多功能情节;总则性情节和分则性情节;命令性情节和授权性情节等六大类。参见高铭暄、马克昌:《刑法学》,北京大学出版社 2005 年版,第 276~277 页。

予刑事处罚的同时，可以根据案件的不同情况，采用非刑罚的方法处理，即予以训诫或者责令具结悔过、赔礼道歉、赔偿损失，或者由人民法院交由主管部门予以行政处罚或者行政处分。这些措施是了结案件、进行善后处理的办法，不是刑事处罚或者司法机关给予的行政处分。

### 三、酌定量刑情节

酌定情节，又称裁判情节，是指刑法没有明文规定，而是根据立法精神从审判实践经验中总结出来的，反映犯罪行为的社会危害性程度和犯罪人的人身危险性程度，在量刑时酌情适用的情节。

酌定量刑情节是多种多样的，概括起来，常见的酌定情节主要有以下几种：

1.犯罪动机。犯罪动机不同，反映犯罪分子的主观恶性不同。一般地说犯罪动机卑鄙恶劣的，其主观恶性大，社会危害性及改造的难度也大，处刑应重些。

2.犯罪手段。犯罪手段残酷、狡猾的程度不同，反映出犯罪人是否具有犯罪的经验和对社会的仇视程度，说明其行为的社会危害性程度也有所不同。

3.犯罪的时间、地点等当时的环境和条件。相同类型的犯罪，在不同的政治、经济形势和社会治安情况下发生，所造成的社会危害大不相同。比如在自然灾害时，抢劫、盗窃、抢夺救灾物资的犯罪，其社会危害程度比平时的一般犯罪危害要大。

4.犯罪侵害的对象。侵害对象的具体情况不同，其社会危害性也有差异。如挪用救灾、救济款物比挪用一般的公款危害更大。因此处刑轻重也应有所不同。

5.犯罪所造成的损害结果。作为非构成要件的损害结果的大小是量刑轻重的重要根据。这里的损害结果包括直接的、有形的结果(如对被害人造成的物质损害)和间接的、无形的损害(如行为对社会的危害和恶劣影响等)，它们虽然对定罪没有影响，但是，其能够直接表明犯罪行为对刑法所保护的社会关系所造成的损害程度，因而是重要的酌定情节。结果的不同，显然对刑罚的轻重有重要的影响。至于通常所说的“民愤”，则可以看作是社会对犯罪行为所造成的危害的反映，在量刑时也可以作为酌定情节加以考虑。

6.犯罪人的个人情况和一贯表现。量刑的依据，主要是犯罪的事实、性质、情节和对社会的危害程度，但也可以参考犯罪人的个人情况和一贯表现。这些情况和表现是指与犯罪有关的思想和行为的表现，而不是犯罪人的个人出身情况、职业甚至政治面貌等。除法律有规定的累犯、犯罪集团的首要分子等以外，犯罪人的个人情况和一贯表现，也从一个侧面反映出犯罪人的人身危险性大小，是量刑时应当斟酌考虑的。

7.犯罪人犯罪后的态度。除法定情节以外，行为人是否积极实施挽救行为，以防止结果的发生，是否积极退赃，是否主动赔偿损失，是否坦白交代罪行等，均能表明其悔罪程度、主观恶性如何，对此情节在量刑时应当适当加以考虑。

## 四、量刑情节的运用

### （一）恰当运用功能选择性情节

有的法定情节既可以作为从轻情节运用，也可以作为减轻情节运用，还可以作为免除情节运用。这就是一种情节同时具有多种功能，审判人员要选择其中一种功能运用于量刑。

对法定情节的功能的选择也不是可以随意进行的，而是要根据以下两个方面的情况作出：

1. 根据不同功能的排位。例如，刑法第 22 条第 2 款规定，对于预备犯，可以比照既遂从轻、减轻处罚或者免除处罚。由于立法者将从轻处罚放在首要位置，因此，对于预备犯量刑时，一般情况下首先考虑的是从轻处罚，其次考虑减轻处罚，最后才考虑免除处罚。

2. 根据案件的具体情况。例如，同是预备犯，对于犯罪较轻、犯罪动机善良的预备犯，可以选择免除处罚；对于犯罪较重、犯罪动机卑鄙的预备犯，则可以选择从轻处罚；对于犯罪极其严重，犯罪动机又十分卑鄙的预备犯，可以不予任何从宽处罚。[①]

### （二）严格运用法定情节，合理兼顾酌定情节

在量刑时必须严格运用法定情节，这是对罪刑法定原则的贯彻，因为法定情节是刑法明文规定的从宽情节和从严情节。[②]

对于法定情节中的“应当型”情节，审判人员在量刑时必须不折不扣地加以运用。例如，《刑法》第 24 条第 2 款规定，对于中止犯，没有造成损害的，应当免除处罚；造成损害的，应当减轻处罚。据此，审判人员在给中止犯量刑时，必须严格执行这一规定，对于没有造成损害的，必须毫不犹豫地减轻处罚。

对于法定“可以型”情节，审判人员在量刑时也不能随心所欲地决定运用或舍弃。立法者规定犯罪人具有某种事实情况时，可以从宽处罚或者从严处罚，其立法倾向是在一般情况下，都要从宽处罚或者从严处罚，只有在特殊情况下，才不予从宽处罚或者从严处罚。例如，《刑法》第 67 条规定，对于自首的犯罪分子，可以从轻或者减轻处罚。其中，犯罪较轻的，可以免除处罚。根据这一规定，对于自首犯，一般情况下都要给予从轻处罚，只有在罪行极其严重的情况下，才不予从轻处罚。审

① 陈兴良：《刑法总论》，人民法院出版社 2002 年版，第 101 页。
② 陈兴良：《刑法总论》，人民法院出版社 2002 年版，第 102 页。

判人员在运用法定“可以型”情节时，必须从立法者本身的倾向出发，决不能凭个人好恶随意取舍。

在严格运用法定情节的同时，还必须重视酌定情节。酌定情节虽然不是刑法明文规定的情节，但审判人员在量刑时也不能对其忽略不计，而是要给予其应有的考虑，有时还应将酌定情节放在十分重要的位置，使之对量刑结果产生重大作用。例如，“大义灭亲”并不是法定情节，而是酌定情节。但在司法实践中对“大义灭亲”类的故意杀人犯，往往处罚很轻。这说明酌定情节在量刑时也有重要作用，决不可对酌定情节置之不理。

## 第三节 累犯

### 一、累犯的概念

累犯，是指因犯罪而受过一定的刑罚处罚，在刑罚执行完毕或者赦免以后，在法定期限内又犯一定之罪的罪犯。

累犯与初犯和其他犯罪分子相比，其所实施的犯罪行为具有更为严重的社会危害性，同时表明具有比初犯和其他犯罪分子更深的主观恶性与人身危险性。因此，根据罪则刑相适应原则与刑罚个别化原则，应当对累犯判处更加严厉的刑事处罚，作为从重处罚的刑罚法定情节。只有如此，才能有效地保证刑罚的特殊预防和一般预防的目的的实现，保证刑法总任务的实现。这也正是刑法规定累犯的意义所在。

### 二、累犯的种类和构成条件

我国《刑法》第65条规定了一般累犯，《刑法》第66条规定了危害国家安全罪的特别累犯。两种累犯在构成条件上存在着差别。

#### (一)一般累犯的概念和构成条件

根据《刑法》第65条的规定，一般累犯，是指被判处有期徒刑以上刑罚的犯罪分子，在刑罚执行完毕或者赦免以后，5年内再犯应当判处有期徒刑以上刑罚之罪的犯罪分子。

一般累犯的构成条件包括以下方面：

1. 前罪与后罪都是故意犯罪，此为构成累犯的主观条件。如果前后两罪都是过失犯罪，或者前后两罪中其一是过失犯罪，则不构成累犯。刑法将过失犯罪排除在累犯之外，对累犯的主观构成要件作出严格限制，主要是因为：一方面，故意犯罪的犯罪人比过失犯罪的犯罪人具有更为严重的人身危险性和更大的主观恶性，理应受到重罚；另一方面，在我国，经常发生并对国家、社会和公民危害最大的主要是故意犯罪而非过失犯罪，因此，将累犯制度设立为防止犯罪人再犯故意之罪的法律措施，是有实际意义的。

2.前罪被判处有期徒刑以上刑罚，后罪应当被判处有期徒刑以上刑罚，这是构成累犯的刑度条件。换言之，构成累犯的前罪被判处的刑罚和后罪应判处的刑罚都是有期徒刑以上刑罚，如果前后各罪所判处的刑罚都低于有期徒刑，或者有一罪低于有期徒刑的，都不构成累犯。所谓“前罪被判处有期徒刑以上刑罚”，是指人民法院根据犯罪的全部情况，最后确定其宣告刑为有期徒刑以上刑罚。这里的有期徒刑以上刑罚，除了有期徒刑以外，还包括无期徒刑和死刑缓期2年执行。所谓“后罪应当被判处有期徒刑以上刑罚”，是指根据后罪社会危害性的大小，实际上应当判处有期徒刑以上刑罚。

3.后罪发生在前罪的刑罚执行完毕或者赦免以后5年之内，这是构成累犯的时间条件。我国刑法以刑满或赦免以后5年内再犯罪作为累犯成立的时间条件，如果后罪发生在前罪的刑罚执行期间，则不构成累犯，而应适用数罪并罚；如果后罪发生在前罪刑满或赦免5年以后，也不构成累犯。这里的“刑罚执行完毕”，法律没有明文规定，一般认为是指主刑执行完毕，不包括附加刑在内。主刑执行完毕以后5年内又犯罪的，即使附加刑还未执行完毕，也可以构成累犯。[①]

被假释的犯罪分子，如果在假释考验期内又犯新罪的，不构成累犯，而应在撤销假释之后，适用数罪并罚。因为假释是附条件提前释放，在假释犯撤销假释后，原判的刑罚仍须继续执行，而不是已执行完毕。如果假释犯在假释考验期满后5年内再犯新罪的，则可以构成累犯。

### (二)特别累犯的概念和构成条件

根据我国《刑法》第66条的规定，特别累犯即危害国家安全罪的累犯，是指因犯危害国家安全罪受过刑罚处罚，刑罚执行完毕或者赦免后，在任何时候再犯危害国家安全罪的犯罪分子。

特别累犯的构成条件是：

1.前罪和后罪必须均为危害国家安全罪。如果行为人实施的前后两罪都不是危害国家安全罪，或者其中之一不是危害国家安全罪，就不能构成危害国家安全罪的特别累犯。当然，这并不排除其构成一般累犯的可能。

2.前罪被判处的刑罚和后罪应判处的刑罚的种类及其轻重不受限制。即使前后两罪或者其中一罪判处管制、拘役甚至单处附加刑，也不影响危害国家安全罪特别累犯的构成。

---

① 高铭暄、马克昌：《刑法学》，北京大学出版社2005年版，第299页。

3.后罪可以发生在前罪刑罚执行完毕或者赦免后的任何时候,不受两罪相隔时间长短的限制。

### 三、累犯的处罚

根据我国刑法第65条的规定,对累犯应当从重处罚。据此,对累犯裁量刑罚,确定其应当承担的刑事责任时,应注意把握以下几个方面的问题:

1.对于累犯必须根据一定的标准从重处罚。即无论具备一般累犯的构成条件者,还是具备特别累犯的构成条件者,都必须对其在法定刑的限度以内,判处相对较重的刑罚,即适用较重的刑种或较长的刑期。对于累犯从重处罚,必须根据其所实施的犯罪行为的性质、情节和社会危害程度,确定具体应判处的刑罚,应切忌毫无事实根据地对累犯一律判处法定最高刑的作法。

对于累犯应当比照不构成累犯的初犯或其他犯罪人进行从重处罚。具体而言,"就是当累犯所实施的犯罪行为与某一不构成累犯者实施的犯罪行为在性质、情节、社会危害程度等方面基本相似的条件下,应比照对不构成累犯者应判处的刑罚再予以从重处罚"。[①] 虽然我国刑法并未明文规定对于累犯应当比照不构成累犯者从重处罚,但基于刑法设置累犯制度的宗旨和累犯制度的基本精神,这应是对于累犯采用从重处罚原则,以解决其刑事责任所须遵循的基本立法精神。

2.对累犯"应当"从重处罚,而不是"可以"从重处罚。"可以"是选择性规范,即适用者可以选择从重,也可以不选择从重。"应当"从重则是命令性规范,法官没有灵活选择的余地。即凡是符合累犯条件而构成累犯的,审判人员就必须对犯罪人在法定刑的幅度内处以较重的刑罚,否则就有悖于罪刑相适应的刑法原则。

3.对于累犯不适用缓刑,这是刑法第74条明确规定的;另外,对累犯不得假释,这是刑法第81条第2款规定的。因为缓刑和假释的适用,都要求以犯罪人不致再危害社会为条件,而累犯则属于屡教不改,具有较大人身危险性的人。对累犯适用缓刑和假释,不利于对累犯的教育、改造,起不到预防犯罪的刑罚目的,更不能保证社会的安全。

---

① 赵秉志:《新刑法教程》,中国人民大学出版社1997年版,第348页。

## 第四节　自首和立功

### 一、自首

#### （一）自首的概念

自首，是指犯罪人犯罪以后自动投案，如实供述自己罪行的行为，或者被采取强制措施的犯罪嫌疑人、被告人和正在服刑的罪犯，如实供述司法机关还未掌握的本人其他罪行的行为。

我国刑法设置的自首制度及其所确立的对自首犯从宽处罚的原则，对分化瓦解犯罪势力，迅速侦破刑事案件，感召犯罪分子主动投案，激励犯罪分子改过自新，减少社会不安定因素，及时打击和预防犯罪起着积极的作用。

#### （二）一般自首的概念及成立条件

根据《刑法》第 67 条规定，自首分为一般自首和特别自首两种。一般自首是指犯罪分子犯罪以后自动投案，如实供述自己罪行的行为。

根据刑法和最高人民法院 1998 年 4 月 6 日发布的《关于处理自首和立功具体应用法律若干问题的解释》（以下简称《解释》）的规定，一般自首须具备下列条件、符合下列相关规定：

1.自动投案

所谓“自动投案”，是指犯罪分子于犯罪之后，被动归案之前，自行投于有关机关或个人，承认自己实施了犯罪，并自愿置于所投机关或个人的控制之下，等候交代犯罪事实，并最终接受国家的审理和裁判的行为。对此，可以从以下几个方面来加以理解：

（1）自动投案须发生在尚未归案之前。所谓“尚未归案”，是对自动投案的时间限定。投案行为通常实行于犯罪分子犯罪之后，犯罪事实未被司法机关发觉以前；或者犯罪事实虽然已被司法机关发觉，但犯罪人尚未被查获以前；或者犯罪事实和犯罪分子均已被发觉，而司法机关尚未对犯罪分子进行讯问或者采取强制措施以前。

另外，犯罪分子的罪行尚未被司法机关发觉，仅因形迹可疑被有关组织盘问、教育后，主动交代自己的罪行的；或者犯罪分子因病、因伤或为了减轻犯罪后果，委托他人代为投案；或者先以信件、电报、电话投案；犯罪分子在犯罪后，在被通缉、追捕的过程中，自动投案；经查实犯罪分子确已准备去投案，或者正在去投案的途中，被公安机关逮捕的，也应视为自动投案。至于犯罪后被群众扭送归案的，或被公安机关逮捕归案的，或者在追捕过程中走投无路当场被捕的，或者经司法机关传讯、采用强制措施被动归案的，均不能认为是自动投案。

(2)自动投案必须是基于犯罪分子本人的自愿意志。也就是说，犯罪分子的归案，并不是由违背犯罪分子本意的原因所造成的。

自动投案的动机是多种多样的，有的出于真诚悔罪，有的为了争取宽大处理，有的经亲友规劝而醒悟，有的慑于法律的威严，有的潜逃在外生活无着，等等。这些动机都不影响归案行为的自动性。

至于司法实践中经常出现的送子女或亲友归案的情形，一般并非出于犯罪分子的主动，而是经家长、亲友规劝，陪同投案的。无论是公安机关通知犯罪分子的家长后，或者家长、监护人主动报案后，犯罪分子被送去归案的，只要犯罪人后来如实供述了自己的罪行，一般也应按自首处理。

(3)自行投案于有关机关或个人，并将自己置于该机关或者个人的控制之下。自动投案，通常是指向有关机关投案。这些机关首先是指对犯罪负有侦查、起诉、审判职能的公安机关、人民检察院和人民法院及其派出单位，如街道派出所、基层人民法庭等。其次是指公、检、法以外的其他国家机关以及犯罪人所属的国家机关、国有公司、企业、事业单位、人民团体的保卫部门或乡、村政府及其治保组织。犯罪人投案的机关，未必是对其犯罪具有刑事管辖权的机关或与自己有关的机关、单位、组织等。

犯罪分子犯罪后，也可以向某些个人投案。也就是说，犯罪分子在犯罪之后，投于肯定会把自己的犯罪事实告知司法机关的人，也应属于自动投案。这些"个人"主要是指非在执行职务之中的司法机关及其他国家机关、企业事业单位的国家工作人员。如果是向正在依法执行职务的国家工作人员投案，则属于向其所属的机关、单位投案。此外，接受投案的个人也可以指某些非国家工作人员，如村长、治保主任等。

犯罪人投案于有关机关或个人，并不限于必须到有关机关去或者直接投向有关个人。犯罪分子因病、因伤委托他人代为投案；或者先以信件、电报、电话投案的，也应允许。需要指出的是，犯罪嫌疑人自动投案后又逃跑的，不能认定为自首。

2. 如实供述自己的罪行

犯罪分子自动投案以后，只有如实供述自己的罪行，才足以证明其具有真诚悔罪的表现。所以，能否如实供述自己的罪行是自首成立的一个重要条件。

(1)投案人所供述的必须是犯罪的事实，也即客观存在的犯罪的一切实际情况的总和。这种事实不是投案人违反道德或一般的违法行为与事实，更不是与犯罪无关的其他行为与事实。此外，投案人基于对法律和事实的认识错误而交代了一些与犯罪无关的行为或事实，也不能视为是自首。

(2)犯罪人自动投案之后交代的犯罪事实，指的是主要犯罪事实，而不是指犯罪的全部事实细节。所谓主要犯罪事实，也就是足以证明行为人的行为构成犯罪的基本事实。如果犯罪人在供述罪行的过程中推诿责任，保全自己，意图逃避制裁；大包大揽，庇护同伙，意图包揽罪责；歪曲罪质、隐瞒情节，企图蒙混过关；掩盖真相，避重就轻，试图减轻罪责，等等，都不属于“如实供述自己的罪行”，不能成立自首。当然，交代犯罪事实时，只要犯罪人对自己犯罪事实的认识和表述与客观存在的犯罪事实基本相一致就行，而并非要求完全一致。

(3)投案人所交代的必须是自己实施或支配他人实施并应由自己承担刑事责任的罪行。这些犯罪事实既可以是投案人单独实施的，也可以是投案人和他人共同实施的；既可以是一罪，也可以是数罪。如果交代的是自己耳闻目睹的他人罪行，那么属于检举揭发或立功，而不是自首。

要强调的是，犯罪嫌疑人自动投案并如实供述自己的罪行后又翻供的，不能认定为自首；但在一审判决前又能如实供述的，应当认定为自首。

### (三)特别自首的概念与成立条件

根据《刑法》第67条第2款的规定，特别自首，亦称准自首，是指被采取强制措施的犯罪嫌疑人、被告人和正在服刑的罪犯，如实供述司法机关还未掌握的本人其他罪行的行为。

特别自首的成立条件包括以下几个方面：

1.特别自首的主体必须是被采取强制措施的犯罪嫌疑人、被告人和正在服刑的罪犯。这里的强制措施是指我国刑事诉讼法所规定的拘传、取保候审、监视居住、拘留和逮捕等措施。所谓正在服刑的罪犯，是指人民法院已经判决，正在被执行所判刑罚的人。只有上述三种人，才能构成特别自首的主体。

2.必须如实供述司法机关还未掌握的本人其他罪行。这有两方面的内容：一是所供述的必须是本人已经实施但司法机关还不知道、不了解或尚未掌握的犯罪事实；二是被采取强制措施的犯罪嫌疑人、被告人和正在服刑的罪犯所供述的罪行在犯罪性质或者罪名上与司法机关已经掌握的罪行不同。

### (四)自首认定中的特殊问题

1.共同犯罪自首的认定

根据上述《司法解释》的规定，共同犯罪人自首时所应供述的自己罪行的范围，必须与其在共同犯罪中所起的作用和具体分工相适应。

(1)主犯应供述的罪行范围。主犯中的首要分子必须供述的罪行，应包括其组织、策划、指挥下的全部罪行；其他主犯必须供述的罪行，应包括其在首要分子的组织、策划、指挥的支配下自己实施的罪行以及与其他共同犯罪人共同实施的犯罪行为。

(2)从犯应供述的罪行。从犯中次要的实行犯必须供述的罪行，应包括犯罪分子自己实施的犯罪，以及与自己共同实施犯罪的主犯和胁从犯的犯罪行为；从犯中的帮助犯必须供述的罪行，包括自己实施的犯罪帮助行为，以及自己所帮助的实行犯的犯罪行为。

(3)胁从犯应供述的罪行范围。包括自己在被胁迫下实施的犯罪，以及其所知道的胁迫自己犯罪的胁迫人所实施的罪行。

(4)教唆犯应供述的罪行范围。包括自己的教唆行为，以及所了解的被教唆人产生犯罪意图之后实施的犯罪行为。

2.数罪自首的认定

正确认定数罪的自首，关键在于判断犯罪人是否如实地供述了所犯全部数罪，并应根据具体情况区别对待。根据上述《司法解释》的规定，分为两种情况：

(1)一般自首。对于犯罪人自动投案后如实地供述所犯全部数罪的，应认定为全案均成立自首。对于犯罪人自动投案后仅如实供述所犯全部数罪的一部分的，应当分别予以处理：若行为人所犯数罪为异种数罪的，其所供述的犯罪成立自首，其未交代的犯罪则不成立自首，即其自首的效力仅及于如实供述之罪；若行为人所犯数罪为同种数罪，则应根据犯罪人供述犯罪的程度，决定自首成立的范围。如果所供述的犯罪与未供述的犯罪在性质、情节、社会危害程度等方面大致相当的，只应认定所供述之罪成立自首，即自首的效力仅及于如实供述之罪。如果犯罪人如实供述了所犯数罪中的主要或基本罪行，应认定为全案成立自首，即自首的效力及于所犯全部罪行。

(2)特别自首。被司法机关依法采取强制措施的犯罪嫌疑人、被告人，如实供述司法机关还未掌握的本人非同种罪行的；或者正在服刑的罪犯，如实供述判决宣告前发生、判决确定的罪行以外的司法机关还未掌握的同种罪行或者非同种罪行的，以自首论。

3.区分自首与坦白的界限

所谓坦白，是指犯罪分子被动归案之后，自己如实交代所被指控的犯罪事实，并接受国家审查和裁判的行为。因此，自首和坦白均属于犯罪人犯罪后对自己所犯罪行的态度范畴。

自首和坦白存在以下相同之处：均以行为人实施了犯罪行为为前提；在归案后犯罪人都能如实交代自己的犯罪事实；两者都要求犯罪人接受国家的审查和裁判；两者都是从宽处罚情节。

自首与坦白存在着明显的区别：自首是犯罪人自动投案之后，主动如实供述自己犯罪事实的行为，这表明犯罪人的人身危险性相对较轻，也正是因为这一点，刑法将自首作为法定的从宽处罚情节；坦白则是犯罪人被动归案之后，如实交代自己所被指控的犯罪事实的行为，犯罪人的人身危险性与自首犯比相对较重，因此，坦白只是酌定从宽处罚情节。

### (五)自首犯的处罚

我国《刑法》第 67 条第 1 款规定,对于自首的犯罪分子,可以从轻或者减轻处罚。其中,犯罪较轻的,可以免除处罚。可见,我国采取了相对从宽处罚的原则。

根据立法的精神,在对自首犯进行处罚时,应当注意以下问题:

1. 对自首犯要根据其主观恶性的大小和自首的具体情节来决定是从轻还是减轻处罚,如投案早晚、投案动机、对罪行的交代程度等。对于主观恶性较小、悔改表现明显的,可以考虑减轻处罚;对于其他的自首犯,则可以从轻处罚。

2. 对于犯罪较轻的自首犯,主观恶性较小、悔改表现十分明显的,可以免除处罚。较轻之罪与较重之罪的标准,目前理论界尚无定论。有学者提出:"应当判处的刑罚为 3 年以上有期徒刑的犯罪可视为较重之罪,应当判处的刑罚为不满 3 年有期徒刑的犯罪可视为较轻之罪。"①这一问题有待于进一步研究。

3. 对于犯有数罪的人,投案后仅供述其中一罪的,只对其所供述的罪按自首从轻或者减轻处罚。但是,如果供述数罪的主要罪行的,也可以对全案按自首处理。

## 二、立功

### (一)立功的概念和条件

立功,是指犯罪分子揭发他人的犯罪行为并经查证属实的,或者提供重要线索从而得以侦破其他案件的行为。

立功的条件,主要包括:

1. 立功的主体只能是犯罪分子,即被采取强制措施的犯罪嫌疑人、被告人和正在服刑的罪犯;

2. 犯罪分子所揭发、检举的行为属于他人的犯罪行为或者他人犯罪的重要线索;

3. 犯罪分子揭发、检举的内容真实,对破案有效,其内容经查证属实或者据以侦破了其他犯罪案件。

立功制度是我国 1997 年刑法所确立的刑罚量刑制度。我国刑法所确立的立功制度和对立功犯从宽处罚的原则,具有重大的意义:一方面,这一制度可以激励犯罪分子改过自新,重新做人,使其能以较为积极的态度协助司法机关工作,提高司法机关办案的效率;另一方面,这一制度可以有效地瓦解犯罪势力,促使其他犯罪分子主动归案,减少因犯罪而对社会造成的不安定。

---

① 周振想:《刑法学教程》,中国人民公安部大学出版社 1997 年版,第 271 页。

### (二)立功的表现形式

对于立功的表现形式,立法上采取了列举和概括式相结合的立法方法。依据《刑法》第 68 条第 1 款的规定,包括以下两种形式:

一是犯罪分子揭发他人的犯罪行为,并经查证属实的。犯罪分子被羁押或者归案后,不仅如实地交代自己的犯罪,而且还主动地揭发其他人的犯罪行为,包括揭发同案犯共同犯罪事实以外的其他犯罪行为。这种揭发必须经司法机关查证属实。如果经过查证,发现其揭发的情况不是事实,或者无法证实,或者不属于犯罪行为,则这种揭发不是立功。

二是犯罪分子提供重要线索,使侦查机关从而得以侦破其他案件的。重要线索应是指司法机关尚未掌握的重要犯罪线索,即能够证明犯罪的重要事实、犯罪人或者有关证人等。提供的重要线索必须是实事求是的,司法机关能够据此查明犯罪,侦破案件。如果经过侦查,发现提供的线索不实,或者无法证明发生过犯罪,或者不属于犯罪行为的,就不应当认为是立功。

根据 1998 年 4 月最高人民法院《关于处理自首和立功具体应用法律若干问题的解释》的规定,下列情形,也属于立功:

1. 犯罪分子阻止他人的犯罪活动的。这种情况一般发生在羁押场所,或者在监狱里。犯罪分子为制止他人的犯罪活动,协助司法机关维护劳动改造场所的秩序,承担了一定的风险,这是以实际行动证实其有悔改的诚意,所以应属立功表现。

2. 犯罪分子协助司法机关缉捕其他犯罪嫌疑人,包括同案犯的。这种协助可以是多种方式,如为司法机关指认、辨认犯罪嫌疑人的,带领司法人员去犯罪嫌疑人住处、隐匿处抓捕犯罪嫌疑人,协助司法人员堵截、诱捕犯罪嫌疑人,等等。

3. 犯罪分子有其他有利于国家和社会的突出表现的。如有重要的发明创造,对提高生产、促进建设有利;积极抢险救灾,减少或防止了国家损失,保护了他人的安全等等。

### (三)立功的种类

根据《刑法》第 68 条的规定,我国刑法中的立功分为一般立功和重大立功两种。

1. 一般立功

所谓一般立功,是指犯罪分子揭发并查证属实的他人罪行属于一般罪行;犯罪分子提供重要线索并据以侦破的案件属于一般案件,等等。

根据《刑法》第 68 条和 1998 年 4 月最高人民法院《关于处理自首和立功具体应用法律若干问题的解释》的规定,一般立功指下列情形:犯罪分子揭发他人罪行,查证属实的;提供侦破案件的重要线索,经查证属实的;阻止他人的犯罪活动的;协助司法机关缉捕其他犯罪嫌疑人的;具有其他有利于国家和社会的突出表现的。

2.重大立功

所谓重大立功，是指经犯罪分子揭发并查证属实的他人罪行属于重大罪行；犯罪分子提供重要线索并据以侦破了重大案件，等等。

根据《刑法》第 68 条和 1998 年 4 月最高人民法院《关于处理自首和立功具体应用法律若干问题的解释》的规定，重大立功指下列情形：犯罪分子揭发他人重大罪行，查证属实的；提供侦破重大案件的重要线索，经查证属实的；阻止他人的重大犯罪活动的；协助司法机关缉捕其他重大犯罪嫌疑人（包括同案犯）的；对国家和社会有其他重大贡献等突出表现的。

上述所说"重大案件"、"重大犯罪嫌疑人"、"重大罪行"的标准，一般是指犯罪嫌疑人、被告人可能被判处无期徒刑以上刑罚，或者案件在本省、自治区、直辖市或者在全国范围内有较大影响等情况。

（四）立功罪犯的处罚

根据《刑法》第 68 条的规定，对于有立功表现的犯罪分子应按以下不同情形分别予以从宽处罚：

1.犯罪分子有一般立功表现的，可以从轻或者减轻处罚；

2.犯罪分子有重大立功表现的，可以减轻或者免除处罚；

3.犯罪分子犯罪后自首又有重大立功表现的，应当减轻或者免除处罚。

## 第五节　数罪并罚

### 一、数罪并罚的概念

数罪并罚，是指人民法院对于行为人所犯数罪分别定罪量刑后，按照法定的并罚原则及刑期计算方法决定其应执行的刑罚的制度。依照我国刑法的规定，数罪并罚具有以下三个特征：

（一）必须是一个行为人犯有数罪

数罪并罚的前提是一人犯有数罪，如果一个人的行为不构成数罪，则不能为了对其加重处罚而适用数罪并罚。此处的数罪，是指实质上的数罪或独立的数罪。也就是说，一行为人犯有一罪或犯有形式上的数罪，或者非共犯的数行为人犯有数罪，即各个行为人分别犯有一罪，也不发生数罪并罚的问题。

（二）一行为人所犯数罪，必须发生在法定的时间界限之内

根据我国刑法的规定，并非任何时候的实质数罪都需并罚，而是限于以下三种

情况的数罪适用数罪并罚，即：

1. 判决宣告以前一人犯数罪。数罪既可以是故意犯罪，也可以是过失犯罪；既可以单独犯形式，也可以共犯形式；既可以表现为犯罪的完成形态(犯罪既遂)，也可以表现为犯罪的未完成形态(犯罪预备、未遂、中止)。

2. 刑罚执行过程中发现被判刑的犯罪分子在判决宣告以前还有其他罪没有判决。

3. 判决宣告以后，刑罚执行完毕以前，被判刑的犯罪分子又犯新罪。

司法实践中，在处理被告人刑满释放后又犯罪的案件时，发现他在前罪判决宣告以前，或者在前罪判处的刑罚执行期间，犯有其他罪行，未经过处理，并且依照刑法的规定应当追诉的，如果漏罪与新罪属于不同种的罪行，即应对漏罪与刑满释放后又犯的新罪分别量刑，并依照刑法第 69 条的规定，实行数罪并罚。如果漏罪与新罪属于同一种罪，可以判处一罪从重处罚，不必实行数罪并罚。[①]

### (三)必须在对数罪分别定罪量刑的基础上，依照法定的并罚原则、范围与方法，决定执行的刑罚

数罪并罚不是对数罪所判刑罚的简单相加，而是对犯罪分子所犯数罪，依照刑法分则的相关规定，一个罪一个罪地确定其罪名，量定刑罚，然后根据数罪并罚所应遵循的法定原则，决定执行的刑罚。在审判实践中，对于数罪中有一罪或者数罪应当判处无期徒刑或死刑(含死缓)的案件，同样应当对各罪分别量刑，然后决定执行其中最高的刑罚。对附加刑也应当分别量刑，这样才能看出附加刑是针对何罪适用的。只有数罪中有判处附加刑的，才能在决定执行的刑罚中有附加刑。

## 二、数罪并罚制度的意义

在我国刑法中确立数罪并罚制度，具有重大的意义：

### (一)数罪并罚制度是对罪刑相适应原则的贯彻

利用刑罚惩罚犯罪的依据在于行为人实施了犯罪行为，而惩罚必须考虑犯罪行为的社会危害性和犯罪人的人身危险性。一人犯一罪和一人犯数罪，无论在社会危害性和人身危险性方面都很不相同。所以，根据行为人犯数罪的不同情况，并按照刑法所规定的数罪并罚原则对犯罪人合并处罚，可以保证对犯罪人准确地量定刑罚，从而保障罪刑相适应原则的实现。

### (二)数罪并罚是维护被告人合法权益的需要

刑事程序法的基本要求是被告人享有辩护权和上诉、申诉权。如果被告人或

---

① 高铭暄、马克昌：《刑法学》，北京大学出版社 2005 年版，第 319 页。

者犯罪人不了解审判机关是怎样对其定罪量刑的，无从提出上诉、申诉的意见和具体的辩护理由，这难免在一定程度上使其诉讼权利受到限制。实行数罪并罚，就宣告刑来说，可以清楚地看出审判机关对一人所犯各罪是怎样定罪量刑的，所定罪名和所判刑罚是否正确、适当；就执行刑来说，可以清楚地看出审判机关决定执行刑罚是依据什么原则。如果被告人对一审判决不服，可以有针对性地提出上诉；如果犯罪人对终审判决不服，也可以有针对性地进行申诉。

## 三、数罪并罚的原则

所谓数罪并罚的原则，是指对一人所犯数罪合并处罚所依据的原则。简单地说，就是对数罪如何实行并罚。各国刑法基于不同的刑事政策规定了不同的数罪并罚原则，大致可归纳为以下几种：

### （一）并科原则

并科原则，是指将一人所犯数罪分别宣告的各罪刑罚绝对相加、合并执行的合并处罚原则。并科原则在某种程度上是报应论刑罚思想的产物，形似公允且持之有故，但该原则实际弊端很多，既难以执行，又使刑罚显得过于严酷，有悖于现代法制国家刑罚制度的基本精神。因此，世界上单纯采纳并科原则的国家并不多见。

### （二）吸收原则

吸收原则，是指在对数罪分别宣告的刑罚中，选择其中最重的刑罚为执行的刑罚，其余较轻的刑罚被最重的刑罚所吸收而不予执行的合并处罚原则。吸收原则虽然对于死刑、无期徒刑等刑种的并罚较为适宜，且适用颇为便利，但若适用于其他刑种，如有期徒刑、财产刑等，则弊端较为明显。

### （三）限制加重原则

限制加重原则，是指以一人所犯数罪中法定或已被判处的最重刑罚为基础，再在一定的限度之内对其予以加重作为执行刑罚的合并处罚原则。

限制加重原则的特点是：克服了并科原则和吸收原则或失之过于严酷且不便于具体适用，或失之过于宽泛而不足以惩罚犯罪的弊端；既使得数罪并罚制度贯彻了有罪必罚和罪刑相适应的原则，又采取了较为灵活、合乎情理的合并处理方式。

### （四）折中原则

上述三项原则，各有利弊。目前除少数国家单独采用某一原则外，世界上大多数国家的刑法典都兼采用折中原则。折中原则，即根据不同情况以某一并罚原则为主，兼采其他并罚原则。我国刑法亦采用折中原则。

## 四、我国数罪并罚的原则

我国《刑法》在第69条从总体上确立了限制加重原则，同时兼顾考虑了并科原则和吸收原则，具体来说：

### （一）对判决宣告的数个主刑为有期徒刑、拘役或管制的，采取限制加重原则

有期徒刑、拘役和管制本身都有一定的期限，因此，在数刑的综合刑期以下、数刑中最高刑期以上酌情决定执行的刑期是比较恰当的。但是，如果总和刑期过高，决定执行的刑罚就可能过长，因而我国刑法对最高刑期加以限制，即管制最高不能超过3年，拘役最高不能超过1年，有期徒刑最高不能超过20年。例如，某甲先后犯有抢劫、故意伤害、集资诈骗等罪行，分别被判处15年、10年、5年有期徒刑，三个罪的总和刑期为30年，数刑中最高刑为15年，本来可以在15年以上30年以下的范围内决定执行的刑期，但因有期徒刑数罪并罚时最高不得超过20年，所以，只能在15年以上20年以下的幅度内酌情决定执行的刑期。

### （二）对判处死刑或无期徒刑的，采取吸收原则

数罪中宣告几个死刑或最重刑为死刑的，仅应决定执行一个死刑，而不得决定执行两个以上的死刑或其他主刑。因为，死刑是剥夺生命的刑罚，生命对于一个人只有一次，既然已经执行了死刑，其他刑罚如徒刑、拘役、管制等就不可能再执行。如果在其他主刑执行完毕后再执行死刑，既有悖于我国刑罚的目的，也不利于及时打击危害特别严重的犯罪。数罪中宣告几个无期徒刑或最重为无期徒刑的，执行一个无期徒刑，不执行其他刑罚。因为无期徒刑是剥夺终身自由的刑罚。一个人的终身自由被剥夺后事实上已不可能再执行其他刑罚。同时，作为数罪并罚的原则，也不允许将两个无期徒刑合并升格为死刑。因为无期徒刑是剥夺自由的刑罚，死刑是剥夺生命的刑罚，两者的性质是截然不同的。

### （三）对判有附加刑的，一般采取并科原则，附加刑仍须执行

数罪中主刑不论是死刑、无期徒刑、有期徒刑、拘役或者管制，如有判处附加刑的，附加刑仍须执行，因为附加刑与主刑的性质不同，不妨碍并科。即并科原则只适用于附加刑。

## 五、数罪并罚的适用

根据《刑法》第69条、第70条、第71条的规定，适用数罪并罚有以下三种情况：

### （一）判决宣告以前一人犯数罪的并罚

《刑法》第 69 条规定，判决宣告以前一人犯数罪的，除判处死刑和无期徒刑的以外，应当在总和刑期以下、数刑中最高刑期以上，酌情决定执行的刑期。但是管制最高不能超过 3 年，拘役最高不能超过 1 年，有期徒刑最高不能超过 20 年。如果数罪中有判处附加刑的，附加刑仍须执行。

必须注意，如果判决宣告以前发现的数罪为同种数罪时，是否应当并罚？对此，立法上并未作出明确规定，通行的见解是，对于判决宣告以前发现的同种数罪，原则上无须并罚，只要在特定犯罪的法定刑范围内作为一罪从重处罚即可以实现罪刑相适应的原则。但是，当特定犯罪的法定刑过轻，且非并罚即难以使处罚结果与罪刑相适应原则符合时，在法律未明文禁止时，也可以有限制地对同种数罪实行并罚。[①]

### （二）判决宣告后发现漏罪的并罚

《刑法》第 70 条规定，判决宣告以后，刑罚执行完毕以前，发现被判刑的犯罪分子在判决宣告以前还有其他罪没有判决的，应当对新发现的罪作出判处，把前后两个判决所判处的刑罚，依照本法第 69 条的规定，决定执行的刑罚。已经执行的刑期，应当计算在新判决决定的刑期以内。依照该条规定，对新发现的漏罪的合并处罚具有以下几个特点：

1. 必须在判决宣告以后，刑罚执行完毕以前发现漏罪，且漏罪是指被判刑的犯罪分子在判决宣告以前实施的并未被判决的罪。其中，“判决宣告以后”，具体是指判决业已宣告并发生法律效力之后。如果漏罪被发现的时间不是在判决宣告以后至刑罚执行完毕以前的期限内，而是在刑罚执行完毕之后，或者所发现的罪刑不是在判决宣告之前实施的，而是在刑罚执行期间实施的，则不得适用第 70 条进行合并处罚。

2. 对于新发现的漏罪，不论与前罪的性质是否相同，也即无论是异种数罪还是同种数罪，都应当单独作出判处。

3. 应当把前后两个判决所判处的刑罚，即前罪所判处的刑罚与漏罪所判处的刑罚，按照相应的数罪并罚原则，决定执行的刑罚。

4. 在计算刑期时，应当将已经执行的刑期，计算在新判决决定的刑期之内，也就是说，前一判决已经执行的刑期，应当从前后两个判决所判处的刑罚合并而决定执行的刑期中扣除。这种刑期计算方法，称为“先并后减”。例如，某甲犯贪污罪判处有期徒刑 12 年，在刑罚执行 5 年以后，发现他在判决宣告以前，还犯有受贿罪没有处理。这时应当对新发现的受贿罪作出判决，如果可判处有期徒刑 7 年，则应在

① 陈兴良：《刑法总论》，人民法院出版社 2003 年版，第 115 页。

12年以上19年以下决定执行的刑期。假设决定执行的刑期为16年,应将已经执行的5年计算在16年之内。也就是说,某甲只需再执行11年刑期就届满。

### (三)判决宣告后又犯新罪的并罚

《刑法》第71条规定:判决宣告以后,刑罚执行完毕以前,被判刑的犯罪分子又犯罪的,应当对新犯的罪作出判处,把前罪没有执行的刑罚和后罪所判处的刑罚,依照本法第69条的规定,决定执行的刑罚。

依照该条规定,对判决宣告后又犯新罪的合并处罚具有以下特点:

1.必须在判决宣告以后,刑罚执行完毕以前,被判刑的犯罪分子又犯新罪,即在刑罚执行期间犯罪分子又实施了新的犯罪。其中,"判决宣告以后"具体应指判决已经宣告并发生法律效力之后。

2.对于犯罪分子所实施的新罪,不论与前罪的性质是否相同,也即无论是异种数罪还是同种数罪,都应当单独作出判决。

3.应当把前罪没有执行的刑罚和后罪所判处的刑罚,依照刑法规定的相应原则,决定执行的刑罚。也就是说,首先应从前罪判决决定执行的刑罚中减去已经执行的刑罚,然后将前罪未执行的刑罚与后罪所判处的刑罚并罚,决定执行的刑罚。此种计算刑期的方法称为"先减后并"。例如,某甲犯抢劫罪被判处有期徒刑12年,在服刑5年后,又犯了强奸罪,应被判处有期徒刑8年。裁量刑罚时要将某甲抢劫罪没有执行完毕的刑罚7年有期徒刑同强奸罪所判的刑罚8年有期徒刑合并,总和刑期是15年,并罚时应在8年以上15年以下决定应执行的刑期。假定决定执行有期徒刑12年,由于前罪刑罚已执行5年不计算在新判决决定的刑期内,因此,该罪犯实际上可能会被执行有期徒刑17年。

对新罪的"先减后并法"与发现漏罪的"先并后减法"有重大的区别,具体表现在:采用"先减后并法"的犯罪分子在服刑期间不思悔改,继续作恶,又犯新罪,表明其难以改造,人身危险性较大,所以对其应当贯彻从严惩处的精神,这就导致了其决定执行刑期的最低期限高,而且实际执行的刑期有的可能超过法定的数罪并罚最高期限。例如,甲犯有抢劫罪,被判有期徒刑12年,刑罚执行8年后,在监狱里又犯故意伤害罪,应判15年有期徒刑,按数罪并罚的"先减后并法"应当在15年以上19年以下决定执行的刑期,假设决定执行18年,那么,犯罪分子实际总共被执行的刑期是26年,超过了数罪并罚时有期徒刑最高不得超过20年的限制。而采用"先并后减法"时的考虑重点则有所不同:司法机关尽管在对犯罪分子执行刑罚期间发现其有漏罪,犯罪人也试图隐瞒部分犯罪,但是漏罪毕竟是既往的犯罪事实,属于"旧账",所以对前罪判决宣告前发生的犯罪的处理应当贯彻相对从宽的刑事政策,那么,犯罪分子实际被执行的刑期与判决宣告以前一人犯数罪时所应受到的处罚并无差别。

值得注意的是,对于同种有期自由刑的合并处罚,刑法第69条作出了明确规定，所以在理论上、实践上没有不同认识。但对于不同种有期自由刑如何合并处罚决定执行的刑期，刑法未作明确规定，因而有不同的看法，主要有四种观点：吸收说、分别执行说、折抵说、比例并罚说。吸收说主张对不同种有期自由刑，采用重刑吸收轻刑的规则决定应当执行的刑罚，以有期徒刑吸收拘役和管制，只执行有期徒刑；以拘役吸收管制，只执行拘役。分别执行说主张对不同种有期自由刑，先执行较重的刑种，再执行较轻的刑种。折抵说主张对不同种有期自由刑折抵为一种较重的刑种，即将拘役和管制折抵为有期徒刑，再按照限制加重原则进行并罚，具体作法是：管制刑一日折抵拘役刑或有期徒刑一日，拘役刑折抵有期徒刑一日。比例并罚说主张对不同种有期自由刑，从重到轻，分别执行一定比例的部分刑期，不同刑种在并罚时的执行比例由刑法规定。

目前，尚不能就此问题提出一个完善的解决方案，较多的学者理论上倾向于折抵说。但折抵说有将轻刑上升为重刑之嫌，不符合刑罚人道主义的刑罚法治理念。①

## 第六节　缓　刑

### 一、缓刑的概念

缓刑，是指对判处一定刑罚的犯罪人，在一定时间内暂缓执行刑罚的制度。

缓刑的基本特点是：判处刑罚，同时宣告暂缓执行，但又在一定期限内保持执行的可能性。缓刑只适用于罪行较轻、社会危害性和人身危险性较小，具有悔罪表现，暂缓执行刑罚不致再危害社会的犯罪分子。原判刑罚的不予执行是以犯罪分子在缓刑考验期内没有再犯新罪，或者未被发现漏罪，或者没有违反法律、法规或者有关规定为条件的。

#### （一）缓刑与死缓的区别

缓刑与“死缓”有原则的区别，主要表现在：

1.适用的前提不同。适用缓刑是以犯罪分子被判处拘役、3年以下有期徒刑，具有悔改表现，不致再危害社会为前提的，适用死缓则以犯罪分子被判处死刑但不需立即执行为前提。

2.执行的方法不同。对于被宣告缓刑的犯罪分子不予关押，而是由公安机关考察，所在单位或者基层组织予以配合。对于被宣告死缓的罪犯必须予以关押，并

① 高铭暄、马克昌：《刑法学》，北京大学出版社2005年版，第315～316页。

强迫劳动改造

3. 考验期限不同。缓刑的考验期限，必须依所判刑种和刑期而确定，所判刑种和刑期的差别决定了其具有不同的法定考验期。死缓的法定考验期限为 2 年。

4. 法律后果不同。缓刑是根据犯罪分子在考验期限内的不同表现，或不执行原判刑罚，或撤销缓刑，把前罪和后罪所判处的刑罚，按照数罪并罚的原则处理，或撤销缓刑，收监执行原判刑罚。死缓期限届满时，根据犯罪分子在缓期 2 年执行期间的表现，或减刑，或执行死刑，在缓刑执行期间也可因犯罪人违反法定条件而执行死刑。

### (二)缓刑与监外执行

缓刑与监外执行有原则的区别，主要表现在：

1. 监外执行适用于被判处有期徒刑和拘役的罪犯；缓刑的适用范围小于后者。

2. 监外执行以有碍关押执行的法定情况(即有严重疾病需要保外就医的，怀孕或者正在哺乳自己婴儿的妇女)的出现为适用条件，而缓刑则是以不致再危害社会为适用条件。

3. 监外执行是在判决确定以后才适用的变通执行方法，在判决宣告和刑罚执行期间均可适用，并不要求考验期；而缓刑则是附条件地不执行原判刑罚的制度，在判处刑罚的同时即可宣告。

4. 适用监外执行的条件一经消失，即应收监执行；而缓刑只有在考验期限内再犯新罪或者被发现漏罪，或者违反法律、法规或者有关规定的，才能撤销缓刑，收监执行刑罚，除此以外，不再执行原判刑罚。

### (三)缓刑与免予刑事处分

缓刑与免予刑事处分不同，两者成立的前提，都是行为已构成犯罪。区别在于各自宣告的条件不同：免予刑事处分是由于具备法定免除刑罚条件而没有判处刑罚，自然也就不存在刑罚的执行；缓刑则依附于原判刑罚，在考验期内如果再犯新罪或者被发现有漏罪，或者违反法律、法规或者有关规定，仍须执行原判刑罚。

我国刑法除规定了一般缓刑制度外，还规定了特殊缓刑制度，即战时缓刑制度。根据刑法第 449 条的规定，战时缓刑是指在战时，对被判处 3 年以下有期徒刑但没有现实危险宣告缓刑的犯罪军人，允许其戴罪立功，确有立功表现时，可以撤销原判刑罚，不以犯罪论处的制度。战时缓刑制度适用于特定时间和特定对象，其法律效果与一般缓刑制度也有所不同：即可以撤销原判刑罚，不以犯罪论处。

## 二、缓刑的意义

我国的缓刑制度具有重要的意义。具体表现在以下方面：

1. 缓刑制度充分体现了我国实行的是惩办与宽大相结合、惩罚与教育改造相结合的刑事政策

犯罪人所犯之罪虽然必须判处一定刑罚，但因其情节较轻，并且又具有悔改表现，暂不执行所判刑罚也不会危害社会，故对其适用缓刑以实现刑罚的社会化。由此既可通过判刑对犯罪分子表示惩戒，又可暂不执行以示从宽，这会使受刑人深感宽恕之恩而激励其改过自新，同时也可减少关押人数，贯彻少捕、少关政策，减少其亲属精神上的痛苦和生活上的困难，避免因实际执行刑罚而给其家庭带来的不利影响，有利于社会的安定。

2. 适用缓刑有助于罪犯的改造，并可以节约司法成本

适用缓刑有助于避免短期自由刑的弊端，可以防止因执行短期自由刑而产生的罪犯交叉感染，也可以减少司法机关的人力、物力负担，以最经济的方法实现刑罚的惩罚、威慑、教育和改造的功能，使刑罚执行制度与刑罚经济的思想相符合。

3. 适用缓刑有助于更好地实现刑罚目的

刑罚的目的之一在于实现特殊预防，即预防犯罪人重新犯罪。对大量的犯罪人执行刑罚，是实现特殊预防的根本方法。但是，基于刑罚个别化原则，对某些符合法定条件的犯罪人，在判处刑罚并保留执行可能性的条件下，暂缓刑罚的执行，可以使特殊预防的刑罚目的在社会生活中通过一种特殊的方式得到实现。

## 三、缓刑的适用条件

根据《刑法》第 72 条、第 74 条的规定，适用一般缓刑必须具备以下条件：

### (一)犯罪分子被判处拘役或者 3 年以下有期徒刑

缓刑的特点是附条件地不执行原判刑罚，这就决定了其对象只能是罪行较轻、社会危害性较小的犯罪分子。相反，如果是被判处 3 年以上有期徒刑或更重刑罚的犯罪分子，因其罪行较重，社会危害性较大，就不能列为缓刑适用的对象。至于被判处管制的犯罪分子，罪行相对更轻，但由于管制刑本身对犯罪人不予关押，仅限制其一定自由，故并无适用缓刑的必要。

根据审判实践经验，缓刑一般适用于交通肇事、责任事故、重婚、虐待、伤害、妨害公务、销赃等较为轻微的犯罪。对于强奸、抢劫等严重刑事犯罪，一般不宜适用缓刑。

### (二)根据犯罪分子的犯罪情节和悔罪表现，适用缓刑确实不致再危害社会

这是适用缓刑的实质性的条件。也就是说，有些犯罪分子虽然被判处拘役或 3 年以下有期徒刑，但犯罪情节恶劣，没有悔罪表现，不予关押可能会再危害社会，

也不能宣告缓刑。只有确认犯罪分子留在社会上不致再危害社会,才能适用缓刑。至于如何确认犯罪分子不致再危害社会,则应着重考虑以下两个方面:

1. 犯罪情节的轻重。这可从犯罪动机、目的是否卑鄙,手段是否恶劣,危害后果是否严重等加以考察。也就是说,从主观恶性和客观危害两个方面统一评价罪行的社会危害性大小。

2. 犯罪人是否有悔罪表现。这可从犯罪后是否真诚认罪悔过,是否如实坦白交代自己的全部罪行,是否积极退赃,是否检举揭发同伙的罪行等加以考察。也就是说,从犯罪人的罪后各种表现衡量犯罪人的人身危险性即再犯可能的大小。只有社会危害性和人身危险性都较小的犯罪分子,才可以适用缓刑。

### (三)犯罪分子不是累犯

累犯屡教不改,主观恶性深,人身危险性大,适用缓刑难以防止其再犯新罪。这是运用缓刑的禁止条件。

## 四、缓刑的考验期

缓刑考验期,是指对被宣告缓刑的犯罪分子进行考察的一定期间。《刑法》第 73 条规定,拘役的缓刑考验期限为原判刑期以上 1 年以下,但是不能少于 2 个月;有期徒刑的缓刑考验期限为原判刑期以上 5 年以下,但是不能少于 1 年。

根据《刑法》第 73 条第 3 款的规定,缓刑考验期限,从判决确定之日起计算。所谓"判决确定之日",是指判决发生法律效力之日。根据刑事诉讼法的规定,从接到第一审人民法院判决书的第 2 日起 10 日内,被告人没有提出上诉,人民检察院没有提出抗诉的,该判决即发生法律效力。对于已提出上诉或抗诉的案件,如果第二审法院维持原判,则应从二审法院的判决或裁定确定之日起计算。判决前先行羁押的日期,不予折抵缓刑考验期,因为羁押期与缓刑考验期的性质不同。

## 五、缓刑的考察

### (一) 缓刑考察的主体

《刑法》第 76 条规定,被宣告缓刑的犯罪分子,在缓刑考验期限内,由公安机关考察,所在单位或者基层组织予以配合。据此,缓刑的考察机关是公安机关,被宣告缓刑的犯罪分子所在单位或者基层组织对公安机关的缓刑考察工作予以配合。

### （二）缓刑考察的内容

缓刑考察的内容，就是考察被宣告缓刑的犯罪分子在缓刑考验期限内，是否具有《刑法》第 77 条规定的情形，即是否再犯新罪或者被发现漏罪，以及是否违反法律、行政法规或国务院公安部门有关缓刑的监督管理规定，且情节严重。这里说的"再犯新罪"与"被发现漏罪"，不受犯罪性质的限制，既指故意犯罪，也指过失犯罪；既包括同种罪，也包括不同种罪；既可以是较重的罪，也可以是较轻的罪；也不受所犯之罪或被发现漏罪应当判处的刑种、刑期的限制。对缓刑犯的考察不同于管制，对其活动自由，不应作不适当的规定。

### （三）被宣告缓刑者应当遵守的规定

根据《刑法》第 75 条的规定，被宣告缓刑的犯罪分子应当遵守下列规定：

1. 遵守法律、行政法规，服从监督；
2. 按照考察机关的规定报告自己的活动情况；
3. 遵守考察机关关于会客的规定；
4. 离开所居住的市、县或者迁居，应当报经考察机关批准。

## 六、缓刑的撤销

根据《刑法》第 77 条第 1 款的规定，被宣告缓刑的犯罪分子，在缓刑考验期限内犯新罪或者发现判决宣告以前还有其他罪没有判决的，应当撤销缓刑，对新犯的罪或者新发现的罪作出判决，把前罪和后罪所判处的刑罚，依照本法第 69 条的规定，决定执行的刑罚。

根据《刑泆》第 77 条第 2 款的规定，被宣告缓刑的犯罪分子，在缓刑考验期限内，违反法律、行政法规或者国务院公安部门有关缓刑的监督管理规定，情节严重的，应当撤销缓刑，执行原判刑罚。

## 司法考试真题链接

1. 关于累犯，下列哪一选项是正确的？（2009 年司法考试真题）

A. 甲因故意伤害罪被判 7 年有期徒刑，刑期自 1990 年 8 月 30 日至 1997 年 8 月 29 日止。甲于 1995 年 5 月 20 日被假释，于 1996 年 8 月 25 日犯交通肇事罪。甲构成累犯

B. 乙因盗窃罪被判 3 年有期徒刑，2002 年 3 月 25 日刑满释放，2007 年 3 月 20 日因犯盗窃罪被判有期徒刑 4 年，乙构成累犯

C. 丙因危害国家安全罪被判处5年有期徒刑，1996年4月21日刑满释放，2006年再犯同罪。丙不构成累犯

D. 丁因失火罪被判处3年有期徒刑，刑期自1995年5月15日至1998年5月14日。丁于1998年5月15日在出狱回家途中犯故意伤害罪。丁构成累犯

2. 关于自首中的"如实供述"，下列哪些选项是错误的？(2009年司法考试真题)

A. 甲自动投案后，如实交代自己的杀人行为，但拒绝说明凶器藏匿地点的，不成立自首

B. 乙犯有故意伤害罪、抢夺罪，自动投案后，仅如实供述抢夺行为，对伤害行为一直主张自己是正当防卫的，仍然可以成立自首

C. 丙虽未自动投案，但办案机关所掌握线索针对的贪污事实不成立，在此范围外丙交代贪污行为的，应当成立自首

D. 丁自动投案后并如实供述自己的罪行后又翻供，但在二审判决前又如实供述的，应当认定为自首

3. 关于数罪并罚，下列哪一选项是错误的？(2007年司法考试真题)

A. 甲在刑罚执行完毕以前发现漏罪的，应当按照"先并后减"的原则实行数罪并罚

B. 乙在刑罚执行完毕以前再犯新罪的，应当按照"先减后并"的原则实行数罪并罚

C. 丙在刑罚执行完毕以前再犯新罪，同时又发现漏罪的，应当先将漏罪与原判决的罪实行"先并后减"；再对新罪与前一并罚后尚未执行完毕的刑期实行"先减后并"

D. "先减后并"在一般情况下使犯罪人受到的实际处罚比"先并后减"轻

# 第十八章　刑罚的执行

## 第一节　刑罚执行概述

### 一、刑罚执行的概念和特征

刑罚执行，是指法定的司法机关将人民法院已经发生法律效力的判决所确定的刑罚付诸实施的刑事司法活动。

刑罚执行具有以下特征：

#### （一）刑罚执行的终局性

刑罚执行是刑法的制定与法院量刑作出刑事判决的自然延伸，它必须受制于刑罚的制定，尤其是量刑及其刑事判决的结果，所以刑罚执行是国家刑事司法活动的最后一个阶段，是一种具有终局性特征的刑事司法活动。当然，也必须看到，刑罚执行对刑事立法、司法活动也有能动的反作用。国家制定刑法设定刑种和人民法院裁量刑罚作出刑事判决时都必须考虑到所创制或裁量的刑罚能否得到实际执行的问题，甚至还应考虑执行刑罚所产生的社会效果。从这一意义上讲，刑罚的执行对刑罚的制定、刑事案件的审判都具有制约作用。此外，就刑罚执行对刑罚目的、效果的实现而言，它同刑事立法、司法活动具有同等重要的意义。因为只有通过刑罚的执行，才能使已生效的刑事审判和裁定付诸实施，刑罚的一般预防和特殊预防作用才能得到应有发挥。

#### （二）刑罚执行主体的专门性

根据刑法以及刑事诉讼法的相关规定，被判处死刑缓期 2 年执行、无期徒刑、有期徒刑的罪犯，在监狱内执行刑罚；对于被判处管制、剥夺政治权利的罪犯，由公安机关执行；没收财产的判决，无论附加适用或者独立适用，都由人民法院执行，在必要的时候，可以会同公安机关执行。这些都说明，只有专门的刑事司法机关才是刑罚执行的主体，其他任何机关、团体和个人都无权执行刑罚。

(三)刑罚执行内容的特定性

刑罚执行的内容是将人民法院刑事判决或裁定所确定的刑罚付诸实施,这就是刑罚执行不同于其他刑事司法活动的主要特点。

刑罚执行的前提是必须存在已经发生法律效力的法院判决,即只有在判决和裁定发生法律效力之后,有关刑事司法机关才能对犯罪人执行刑罚,判决或裁定尚未发生法律效力,谈不上执行刑罚的问题。根据《刑事诉讼法》第 208 条的规定,下列判决和裁定是发生法律效力的判决和裁定,也就是刑罚执行的特定内容:(1)已过法定期限没有上诉、抗诉的判决和裁定;(2)终审的判决和裁定;(3)最高人民法院核准的死刑的判决和高级人民法院核准的死刑缓期 2 年执行的判决。

## 二、刑罚执行的基本原则

刑罚执行的基本原则,是指刑罚执行活动应遵循的基本准则。由于不同国家、不同历史时期的行刑背景和行刑目的不同,其刑罚执行的基本原则也各不相同。根据我国刑法理论和刑事司法实践,在我国,刑罚执行的基本原则主要有教育性原则、个别化原则、社会化原则、人道主义原则、合法性原则等。

(一)教育性原则

刑罚的目的是预防犯罪,而不是惩罚犯罪分子,因此,教育、改造犯罪分子就是刑罚执行的基本目的。我国监狱法规定,应当根据罪犯的需要,组织罪犯从事劳动,对罪犯实行思想教育、文化教育和技术教育。当然,教育的目的必须与劳动的手段相结合,改造的目的必须与惩罚的手段相结合。离开了劳动的手段,改造的目的无从谈起;离开了惩罚的手段,教育的目的无从谈起。但是,如果不是为了教育、改造,惩罚与劳动便无任何意义。

(二)个别化原则

行刑个别化原则是刑罚个别化原则的基本要求。在刑罚执行阶段,刑罚个别化原则有着重要的意义。刑罚个别化原则要求刑罚执行机关应当在行为人犯罪事实的基础上充分考虑罪犯的人身危险性和其他个人情况,而不能只考虑行为人的犯罪事实、性质、情节和危害社会的程度。具体地说,刑罚执行机关在执行刑罚时,应当根据罪犯的犯罪性质、情节、对社会的危害程度、年龄、性别、性格特征、生活经历、生理状况以及其他个人情况,给予不同的处遇和教育方式。

(三)社会化原则

刑罚执行的社会化原则,是指刑罚的执行应当充分地依靠和利用社会力量对罪犯进行帮助和教育，培养罪犯适应社会生活的能力和社会责任感，促使罪犯早日重返社会。刑罚执行中“三个延伸”的刑事政策，就是社会化原则的充分体现。所谓“三个延伸”，是指教育改造工作要向前、向外、向后延伸。[①] 具体地说，在教育改造的时间上，以服刑为中心向前延伸，在揭露证实违法犯罪的过程中动员社会各方面的力量对罪犯进行教育和帮助；在改造工作的空间上，以执行场所为中心向外延伸，改变封闭的教育改造方式，缩小受刑人与社会的隔绝，实行开放、半开放的教育改造方式；在刑罚执行完毕后，还应以此为中心向后延伸，搞好受刑人出狱后的安置和帮教工作。

### （四）人道主义原则

罪犯是行刑的对象，但并非刑事司法的客体和奴隶。罪犯仍然是人，依然享有作为人的基本权利，人道主义原则的基本内容，就是要将罪犯当作人看待，充分尊重罪犯的基本人权，禁止使用残酷的、不人道的以及其他侮辱罪犯人格的刑罚手段。

### （五）合法性原则

合法性原则，是指刑罚的执行必须依法进行，必须依据法院的判决执行；必须依据刑法规定的执行制度、刑事诉讼法规定的执行程序、监狱法规定的执行方式、未成年人保护法规定的对未成年犯罪人的特别执行程序与方式以及其他有关刑罚执行的法律、法规、规章制度等进行执行。刑罚执行的合法性原则是罪刑法定原则的必然要求。

## 三、刑罚具体刑种的执行

管制、拘役、有期徒刑、无期徒刑的执行在刑罚种类一章中已经作了介绍，这里不再赘述。下面只介绍死缓和死刑的执行情况。

### （一）死缓的执行

我国《监狱法》第 2 条第 2 款规定，被判处死刑缓期 2 年执行、无期徒刑、有期徒刑的罪犯，在监狱内执行刑罚。《刑法》第 46 条规定，被判处有期徒刑、无期徒刑的犯罪分子，在监狱或者其他执行场所执行；凡有劳动能力的，都应参加劳动，接受教育和改造。

依据刑法的规定，对于判处死刑缓期 2 年执行的罪犯，在监狱通过 2 年的考察以决定死缓执行的变更：在死刑缓期执行期间如果没有故意犯罪，2 年期满后，减

---

① 高铭暄、马克昌：《刑法学》，北京大学出版社 2005 年版，第 330 页。

为无期徒刑;在死刑缓期执行期间如果确有重大立功表现,2 年期满后,减为 15 年以上 20 年以下有期徒刑。减刑应由执行机关提出书面意见,报请高级人民法院裁定;如果故意犯罪,查证属实的,由最高人民法院核准,执行死刑。

(二)死刑的执行

根据我国《刑事诉讼法》第 210 条、第 211 条、第 212 条的规定,死刑立即执行,应当依照如下程序进行:

1. 签发执行死刑的命令

由最高人民法院判处和核准的,或者由高级人民法院根据授权核准的死刑立即执行的判决、裁定,应当分别由最高人民法院院长或者高级人民法院院长签发执行死刑的命令。

2. 准备执行死刑

最高人民法院和高级人民法院签发的执行死刑命令,均由高级人民法院交付原审人民法院执行。中级人民法院在接到死刑执行命令后,在 7 日内应作好执行的准备,包括:确定执行的具体日期和刑场;执行的指挥人员、参与人员和具体的执行人员;通知同级人民检察院派员临场监督;通知公安机关派员进行刑场警戒;起草、印制执行死刑的布告等。

3. 验明正身,讯问有无遗言、信札

4. 押赴刑场,执行枪决或者注射

5. 制作笔录,上报死刑执行情况

## 第二节　减　刑

### 一、减刑的概念

减刑,是指对于被判处管制、拘役、有期徒刑和无期徒刑的犯罪分子,在刑罚执行期间,由于确有悔改或者立功表现,因而将其原判刑罚予以适当减轻的一种刑罚执行制度。

此处,“减轻原判刑罚”,一是将原判较重的刑种减为较轻的刑种,如把无期徒刑减为有期徒刑,但有期徒刑不能减为拘役或者管制;二是将原判较长的刑期减为较短的刑期,即将有期徒刑、拘役、管制的刑期缩短。

减刑不同于改判。改判是对错判的纠正,即原判决在认定事实或适用法律上确有错误,依照二审程序、复核程序或者审判监督程序将原判决撤销,经重新审理所作出的判决。减刑则是在原判决正确的基础上,综合考虑犯罪人在刑罚执行期间的具体表现,按照减刑的条件和程序将原判刑罚适当减轻。

减刑也不同于减轻处罚。减轻处罚是在判决宣告前，对具有减轻情节的犯罪人，在法定最低刑以下判处刑罚的量刑方法，这与减刑制度是完全不同的。

刑法确立减刑制度具有重要意义，该制度体现了我国惩办与宽大相结合、惩罚与教育相结合的刑事政策，对犯罪人的改造、教育，具有非常积极的作用。

## 二、减刑的适用条件

根据《刑法》第78条的规定，减刑分为可以减刑、应当减刑两种。适用减刑必须符合下列条件：

### (一)对象条件

减刑适用于被判处管制、拘役、有期徒刑、无期徒刑的犯罪分子。只要是被判处上述四种刑罚之一的犯罪分子，无论其犯罪行为是故意还是过失，是重罪还是轻罪，是危害国家安全罪还是其他刑事犯罪，只要具备了法定的减刑条件都可以减刑。

### (二)实质条件

减刑的实质条件，因减刑的种类不同而有所区别。

1.“可以”减刑的实质条件

“可以”减刑的实质条件，是犯罪分子在刑罚执行期间认真遵守监规，接受教育和改造，确有悔改表现或者有立功表现。对于什么是确有悔改表现或者有立功表现，刑法没有明确规定。根据1997年10月29日最高人民法院《关于办理减刑、假释案件具体应用法律若干问题的规定》(以下简称《规定》)，“确有悔改表现”，是指同时具备以下四个方面情形：(1)认罪伏法；(2)认真遵守监规，接受教育改造；(3)积极参加政治、文化、技术学习；(4)积极参加劳动，完成劳动任务。

犯罪分子具有下列情形之一的，应当认为是具有“立功表现”：

(1)揭发、检举监内外犯罪活动，或者提供重要的破案线索，经查证属实的；(2)阻止他人犯罪活动的；(3)在生产、科研进行技术革新，成绩突出的；(4)在抢险救灾或者排除重大事故中表现积极的；(5)有其他有利于国家和社会的突出事迹的。

2.“应当”减刑的实质条件

“应当”减刑的实质条件，是犯罪分子在刑罚执行期间有重大立功表现。根据《刑法》第78条的规定，犯罪分子在刑罚执行期间有下列情形之一的，属于重大立功：

(1)阻止他人重大犯罪活动的；(2)检举监狱内外重大犯罪活动，经查证属实的；(3)有发明创造或者重大技术革新的；(4)在日常生产、生活中舍己救人的；(5)

在抗御自然灾害或者排除重大事故中，有突出表现的；(6)对国家和社会有其他重大贡献的。

（三）限度条件

减刑是在原判刑罚的基础上，根据犯罪分子的悔改或者立功表现，将其原判刑罚予以适当减轻。无论是刑种的减轻，还是刑期的减轻，都必须减得适当，必须有一定的限度。如果减得过多，违背了罪刑相适应的刑法基本原则；如果减刑的幅度过小，对于犯罪分子而言，难以起到鼓励、鞭策作用，减刑制度的积极作用也难以发挥。

根据《刑法》第 78 条的规定，减刑的限度为：减刑以后实际执行的刑期，判处管制、拘役、有期徒刑的，不能少于原判刑期的 1/2；判处无期徒刑的，不能少于 10 年。所谓"实际执行的刑期"，是指判决执行后犯罪分子实际服刑的时间。如果判决前先行羁押的，羁押期限应当计入实际执行的刑期之内。

上述《规定》对于被判处无期徒刑和有期徒刑的犯罪分子的减刑起始时间、间隔和幅度等问题作出了如下具体规定：

1. 无期徒刑犯在执行期间，如果确有悔改或者立功表现的，服刑 2 年以后，可以减刑。为使无期徒刑犯的减刑，与死缓犯、有期徒刑犯的减刑幅度相适应，对确有悔改或者立功表现的，一般可以减为 18 年以上 20 年以下有期徒刑。对确有悔改并有立功表现的，可以减为 13 年以上 18 年以下有期徒刑。

2. 被判处 5 年以上有期徒刑的罪犯，一般在执行 1 年半以上方可减刑，两次减刑之间一般以间隔 1 年以上为宜。被判处 10 年以上有期徒刑的罪犯，一次减 2 年或者 3 年有期徒刑之后，再减刑时，其间隔的时间一般不得少于 2 年。被判处不满 5 年有期徒刑的罪犯，可以比照上述规定的时间适当缩短。对有立功表现的，可以不受上述的时间限制。在有期徒刑犯减刑时，对附加剥夺政治权利的刑期可以酌减，但酌减后的剥夺政治权利的期限，最短不得少于 1 年。

## 三、减刑的程序

根据《刑法》第 79 条的规定，对于犯罪分子的减刑，由执行机关向中级以上人民法院提出减刑建议书，人民法院应当组成合议庭进行审理，对确有悔改或者立功事实的，裁定予以减刑。非经法定程序不得减刑。

## 第三节 假 释

### 一、假释的概念

假释，是对被判处有期徒刑、无期徒刑的犯罪分子，在执行一定刑期之后，因其认真遵守监规，接受教育和改造，确有悔改表现，不致再危害社会，而附条件地将其予以提前释放的制度。假释是我国刑法中一项重要的刑罚执行制度，正确地适用假释，可以有效地鼓励犯罪分子服从教育和改造，使之早日复归社会。

正确理解假释制度，必须把假释与减刑、缓刑、监外执行区别开来。

（一）假释与减刑

假释与减刑不同，两者虽然都是刑罚执行制度，且适用的基本条件都含犯罪分子在刑罚执行期间认真遵守监规，接受教育改造，确有悔改表现的内容，但在许多方面仍存在区别：

1. 假释只适用于被判处有期徒刑、无期徒刑的犯罪分子，减刑适用于被判处管制、拘役、有期徒刑、无期徒刑的犯罪分子；假释必须在执行一部分刑罚之后才能适用，减刑则只要犯罪分子确有悔改或者立功表现在任何时候都可以实行减刑；

2. 假释有一定的考验期限，而减刑没有考验期限。

（二）假释与缓刑

假释与缓刑也不相同，两者虽然都是有条件地不执行原判刑罚，都有一定的考验期限。二者区别是：

1. 假释适用于被判处有期徒刑、无期徒刑的犯罪分子，缓刑则适用于被判处拘役、3年以下有期徒刑的犯罪分子；

2. 适用假释的根据是犯罪分子在刑罚执行期间认真遵守监规、接受教育改造、确有悔改表现，适用缓刑的根据则是犯罪分子的犯罪情节和悔罪表现；

3. 假释是在犯罪分子执行刑罚的过程中根据犯罪分子的表现作出的，缓刑则是在判处刑罚的同时就宣告的；

4. 假释必须先执行一定的刑期，而对尚未执行完的刑期附条件地不执行；缓刑则是对原判决的全部刑期有条件地不执行。

（三）假释与监外执行

假释也不同于监外执行，监外执行在适用条件上，必须是罪犯患有严重疾病需要保外就医、怀孕及哺乳婴儿的妇女，但如果上述情形消失后，刑罚尚未执行完毕的，仍要收监执行；被假释的罪犯，如果在考验期内没有再犯新罪，或者没有发现未判决的漏罪，或者没有违反法律、行政法规及有关假释管理规定的，就认为原判刑罚已经执行完毕，而不再执行原判刑罚。

## 二、假释的适用条件

根据《刑法》第 81 条的规定，适用假释必须遵守下列条件：

### （一）对象条件

假释只适用于被判处有期徒刑或无期徒刑的犯罪分子，但对累犯以及因杀人、爆炸、抢劫、强奸、绑架等暴力性犯罪被判处 10 年以上有期徒刑、无期徒刑的犯罪分子除外。

### （二）实质条件

犯罪分子认真遵守监规，接受教育改造，确有悔改表现，假释后不致再危害社会，这是适用假释的实质条件或者关键条件。根据 1997 年 10 月 29 日最高人民法院《关于办理减刑、假释案件具体应用法律若干问题的规定》（以下简称《规定》），"确有悔改表现"，是指同时具备以下四个方面情形：(1)认罪伏法；(2)认真遵守监规，接受教育改造；(3)积极参加政治、文化、技术学习；(4)积极参加劳动，完成劳动任务。

"不致再危害社会"，依据《规定》，是指罪犯在刑罚执行期间一贯表现好，确已具备上述确有悔改表现的四种情形，不致违法、重新犯罪的，或者老年、身体有残疾（不含自伤致残），并丧失作案能力的。

根据上述《规定》，在把握假释的实质条件时，还必须注意以下三个问题：(1)对犯罪时未成年的罪犯的假释，在掌握标准上可以比照成年罪犯依法适度放宽；(2)对老年和身体有残疾（不含自伤致残）的罪犯的假释，应当主要注意悔罪的实际表现；(3)对死刑缓期执行罪犯减为无期徒刑或者有期徒刑后，符合刑法第 81 条第 1 款和经过一次或几次减刑后，实际执行刑期不少于 12 年的（不含死刑缓期执行的 2 年），可以假释。

### （三）时限条件

假释只适用于已经执行一部分刑罚的犯罪分子，根据《刑法》第 81 条及有关司法解释，被判处无期徒刑的犯罪分子，实际执行 10 年以上，才可以适用假释；对无期徒刑减为有期徒刑的罪犯，仍应按原判无期徒刑实际执行 10 年以上，才可以适用假释。

为了使假释制度的运用有必要的灵活性，《刑法》第 81 条规定，如果有特殊情况，经最高人民法院核准，可以不受上述执行刑期的限制。所谓“特殊情况”，刑法未作出明确规定，根据上述《规定》，是指具有国家政治、国防、外交等方面特殊需要的情况。

## 三、假释的考验

### （一）假释犯的考验期限

根据《刑法》第85条的规定，被假释的犯罪分子，在假释考验期内，由公安机关予以监督。犯罪分子的假释考验期限因原判刑罚及执行的不同而有所不同。根据《刑法》第83条的规定，被判处有期徒刑的犯罪分子，其假释的考验期为原判刑罚没有执行完毕的刑期，即在宣告假释时原判刑罚的剩余时期；被判处无期徒刑的犯罪分子的假释考验期限为10年。假释考验期限，从假释之日起计算。

### （二）假释犯应遵守的规定

根据《刑法》第84条的规定，被宣告假释的犯罪分子，应当遵守下列规定：

1.遵守法律、行政法规，服从监督；

2.按照监督机关的规定报告自己的活动情况；

3.遵守监督机关关于会客的规定；

4.离开所居住的市、县或者迁居，应当报经监督机关批准。

### （三）假释的考察内容

根据《刑法》第85条的规定，对于假释犯考察，主要是考察其在假释考验期限内是否具有《刑法》第86条规定的情形，即是否再犯新罪或者发现漏罪，以及是否违反法律、行政法规或者国务院公安部门有关假释的监督管理规定。如果没有《刑法》第86条规定的情形，假释考验期满，就认为原判刑罚已经执行完毕，并公开予以宣告；发生刑法第86条规定情形的，则撤销假释实行数罪并罚，或者收监执行未执行完毕的刑罚。

## 四、假释的程序

根据《刑法》第82条、第79条的规定，对于犯罪分子的假释，应当遵守下列程序：

1.由执行机关向中级以上人民法院提出假释建议；

2.中级以上人民法院收到假释建议书后，应当组成合议庭对假释案件进行审理；

3. 对符合法定假释条件的，裁定予以假释。

## 五、假释的法律后果

根据《刑法》第 85 条、第 86 条的规定，假释的法律后果如下：

1. 被假释的犯罪分子，在假释考验期内没有发生《刑法》第 86 条规定的情形，即没有再犯新罪、未发现漏罪、未违反法律、行政法规或者国务院公安部门有关假释的规定，假释考验期满，原判刑罚不再执行。

2. 被假释的犯罪分子，在假释考验期限内再犯新罪或者发现其在判决宣告以前还有其他罪行没有判决，应当撤销假释，依照刑法第 70 条、第 71 条的规定实行数罪并罚。

3. 被假释的犯罪分子，在假释考验期限内，违反法律、行政法规或者国务院公安部门有关假释的规定，尚未构成新的犯罪，应当依照法定程序撤销假释，收监执行未执行完毕的刑罚。

4. 对被假释的犯罪分子，在假释考验期满后，发现其在假释考验期限内又犯新罪，只要没有超过追诉时效期限的，应当依照刑法第 86 条的规定撤销假释，把前罪没有执行的刑罚和后罪所判处的刑罚，按照刑法第 69 条的规定处理。

## 司法考试真题链接

1. 关于假释，下列哪一选项是错误的？（2009 年司法考试真题）

A. 甲系被假释的犯罪分子，即便其在假释考验期内再犯新罪，也不构成累犯

B. 乙系危害国家安全的犯罪分子，对乙不能假释

C. 丙因犯罪被判处有期徒刑 2 年，缓刑 3 年。缓刑考验期满后，发现丙在缓刑考验期内的第 7 个月犯有抢劫罪，应当判处有期徒刑 8 年，数罪并罚决定执行 9 年。丙服刑 6 年时，因有悔罪表现而被裁定假释

D. 丁犯抢劫罪被判有期徒刑 9 年，犯寻衅滋事罪被判有期徒刑 5 年，数罪并罚后，决定执行有期徒刑 13 年，对丁可以假释

2. 徐某因犯故意伤害罪，于 2007 年 11 月 21 日被法院判处有期徒刑 1 年，缓期 2 年执行。在缓刑考验期限内，徐某伙同他人无故殴打学生傅某，致傅某轻微伤。当地公安局于 2008 年 4 月 3 日决定对徐某行政拘留 15 日，并于当日开始执行该行政拘留决定。行政拘留结束后，法院撤销对徐某的缓刑，决定收监执行。关于本案，下列哪一选项是正确的？（2008 年司法考试真题）

A. 徐某被行政拘留的 15 天可以折抵刑期

B. 徐某被行政拘留的 15 天不应当折抵刑期

C. 应当将 1 年有期徒刑与 15 天的拘留按照限制加重原则实行并罚

D. 15 天的行政拘留应当被 1 年有期徒刑吸收

3. 1980 年初，张某强奸某妇女并将其杀害。1996 年末，张某因酒后驾车致人重伤。两案在 2007 年初被发现。关于张某的犯罪行为，下列哪些选项是错误的？(2009 年司法考试真题)

A. 应当以强奸罪、故意杀人罪和交通肇事罪追究其刑事责任，数罪并罚

B. 应当以强奸罪追究其刑事责任

C. 应当以故意杀人罪追究其刑事责任

D. 不应当追究任何刑事责任

4. 关于假释，下列哪些选项是错误的？(2008 年司法考试真题)

A. 被判处有期徒刑的犯罪分子，执行原判刑期的 1/2，如果符合假释条件的，可以假释；如果有特殊情况，经高级人民法院核准，可以不受上述执行刑期的限制

B. 被假释的犯罪分子，在假释考验期内，遵守了各种相关规定，没有再犯新罪，也没有发现以前还有其他罪没有判决的，假释考验期满，剩余刑罚就不再执行

C. 被假释的犯罪分子，在假释考验期限内犯新罪的，应当撤销假释，按照先并后减的方法实行数罪并罚

D. 对于因杀人、绑架等暴力性犯罪判处 10 年以上有期徒刑的犯罪分子，不得假释；即使他们被减刑后，剩余刑期低于 10 年有期徒刑，也不得假释

# 第十九章 刑罚的消灭

## 第一节 刑罚消灭概述

### 一、刑罚消灭的概念

刑罚消灭，是指由于法定事由或者事实的原因，致使国家对犯罪人的刑罚权归于消灭。对犯罪人而言，刑罚消灭意味着刑事责任的终结；对国家而言，刑罚消灭则是指求刑权、量刑权和行刑权的消灭。

### 二、刑罚消灭制度的特征

刑罚消灭具有以下三个特征：

#### （一）刑罚消灭以行为人的行为构成犯罪为前提

刑罚消灭必须以应当或者已经适用刑罚为前提条件，如果不存在这个前提条件，刑罚消灭就无从谈起。而无论是应当适用刑罚还是已经适用刑罚，都以犯罪的存在为前提，所以，行为构成犯罪是刑罚消灭的必要前提。

#### （二）刑罚消灭归结为国家对犯罪人刑罚权的消灭

刑罚消灭的主体是国家，刑罚权消灭的范围，包括刑罚请求权的消灭、刑罚裁量权的消灭和刑罚执行权的消灭。因此，刑罚消灭实质上是国家对犯罪人的刑罚权的消灭。

#### （三）刑罚消灭是由于法定的或者事实的原因引起的

刑罚消灭是一种结果，这种结果必然由一定的原因或事由引起，引起刑罚消灭的原因，有的是法律明确规定的，称为法定原因，如不起诉、免除刑罚、赦免、减刑、时效期满等；有的是客观发生的事实使刑罚自然不存在，称为事实原因，如犯罪人死亡、刑罚执行完毕等。

## 第二节　时　效

### 一、时效的概念

刑法上的时效，是指刑事法律规定的国家对犯罪人行使刑事追诉权和刑罚执行权的有效期限。在有效期限内，国家如果不行使刑事追诉权和刑罚执行权，这些权力即归于消灭，对犯罪人就不能再追诉或者执行刑罚。

时效制度的根据和意义在于：

1. 一个人犯罪后，经过一定期限虽未被追诉或未被执行刑罚，但没有再犯新罪，据此可推断其已悔改，不致再危害社会。在这种情况下，对该犯罪人不再具有追诉或行刑的意义。

2. 在犯罪人经过一定期限未犯新罪的情况下，如果再追究其刑事责任，既起不到特殊预防的作用，也起不到警戒社会上不稳定分子和教育群众的作用，反而会使犯罪人抗拒审判和改造。

3. 犯罪案件发生后，经过一定期限没有审理和追诉，由于证据等原因，使侦查、起诉、审判难以顺利进行，既不符合经济原则，又不利于司法审判机关集中精力处理现行案件。

4. 犯罪后经过一定的时期，因犯罪破坏的某一社会秩序以及失衡的公众心理已经得到恢复，如再重新追究旧案，重提积怨，容易引发新的不安定因素，不利于社会稳定。

总之，时效制度的设立，符合适用刑罚的目的，有利于司法机关开展工作和稳定社会秩序。但是为了防止少数犯罪分子利用时效制度逃避法律制裁，刑法在规定时效的同时，也规定了时效的中断、延长等制度。

### 二、时效的种类

根据我国刑法规定，时效分为追诉时效和行刑时效。

追诉时效，是指我国刑法规定的对犯罪分子追究刑事责任的有效期限。超过法定追诉期限，司法机关或有告诉权的人不得再对犯罪人进行追诉。已经追诉的，应撤销案件或不起诉，或终止审判。

行刑时效，是指刑事法律规定的、对被判刑的人执行刑罚的有效期限。犯罪人被科处刑罚后，只有在行刑时效期内，刑罚执行机关才有权对犯罪人执行所判处的刑罚。行刑时效期间内所判处的刑罚未执行，超过行刑的时效，便不能再对犯罪人执行所判处的刑罚。我国刑法只规定了追诉时效，未规定行刑时效。

## 三、追诉时效期限

我国刑法根据罪刑相适应原则，以犯罪的法定最高刑为标准，规定了四个档次的追诉时效。刑法第87条的规定，犯罪经过下列期限不再追诉：

1. 法定最高刑不满5年有期徒刑的，经过5年；
2. 法定最高刑为5年以上不满10年有期徒刑的，经过10年；
3. 法定最高刑为10年以上有期徒刑的，经过15年；
4. 法定最高刑为无期徒刑、死刑的，经过20年。如果20年以后认为必须追诉的，须报请最高人民检察院核准。

应当指出，犯罪的法定最高刑不能简单地理解为犯罪人所触犯之罪名的法定最高刑，而是要根据刑法对具体犯罪所规定的法定刑的具体情况以及犯罪人犯罪时的具体情况来确定。如果犯罪人所犯罪行的刑罚，分别由几条或几款规定时，犯罪的法定最高刑应是指按其罪行应当适用的条或款的最高刑；如果犯罪人所犯罪行的同条或者同款中有几个量刑幅度时，犯罪的法定最高刑应是指按其罪行应当适用的量刑幅度的最高刑；如果条文只规定了单一的量刑幅度，犯罪的法定最高刑就是该条的最高刑。总之，在确定具体犯罪的追诉时效期限时，应当根据犯罪的性质、情节，分别适用刑法分则规定的相应条款或量刑幅度，按其法定最高刑计算追诉时效期限。

## 四、追诉时效的计算

根据《刑法》第89条的规定，追诉时效的计算分为两种情况：

### （一）即成犯追诉时效的计算

即成犯追诉期限是“从犯罪之日起计算”，犯罪之日指犯罪成立之日。由于刑法对不同种类和形态的犯罪所规定的构成要件不同，因而其犯罪成立之日的计算标准亦相应不同：

1. 行为犯或以某种危害结果的发生为既遂构成所必需的犯罪，应从犯罪行为实施之日起计算；
2. 危险犯应从实施危险行为之日起计算；
3. 预备犯应从预备犯罪之日起计算；
4. 中止犯应当分别情况予以确定：如果是在着手实行犯罪后中止犯罪，应从犯罪行为实施之日起计算；如果在预备阶段中止犯罪，则应从犯罪中止成立之日起计算。

5. 未遂犯应从犯罪未遂成立之日起计算；

6. 共同犯罪以整体共同犯罪行为得以实施之日起计算；

7. 结果犯应从犯罪结果发生之日起计算。结果加重犯应从加重结果发生之日起计算；

8. 犯罪行为发生在我国境外，而犯罪结果发生在我国境内的犯罪，也应从犯罪结果发生之日起计算。[①]

### （二）连续犯和继续犯追诉期限的计算

根据《刑法》第 89 条的规定，犯罪行为有连续或者继续状态的，追诉时效从犯罪行为终了之日起计算，连续犯和继续犯追诉期限的计算标准是“犯罪行为终了之日”。

由于连续犯和继续犯的具体特征不同，各自的“犯罪行为终了之日”也不同。连续犯以连续实施数个相同行为为目的，每一个行为都可单独构成犯罪，所以连续犯的犯罪行为终了之日，就是指最后一个犯罪行为成立之日；继续犯是指一个犯罪行为在一定时间内处于持续状态，因此继续犯的犯罪行为终了之日就是持续状态结束之日。

## 五、追诉时效的中断和延长

### （一）追诉时效的中断

追诉时效中断，是指在追诉时效进行期间，因发生法律规定的事由，使已经经过的时效期间归于失效，追诉期限从法律规定事由发生之日起重新开始计算。追诉时效中断制度是为了防止犯罪人利用时效制度逃避罪责，继续犯罪而设立的。

我国《刑法》第 89 条第 2 款规定，在追诉期限内又犯罪的，前罪追诉的期限从犯后罪之日起计算。这一规定表明，我国追诉时效中断是以犯罪人在追诉期限内又犯罪为条件的，但不论新罪的性质和刑罚轻重。根据刑法的这一规定，追诉时效中断后时效起算的时间为“犯后罪之日”，即犯后罪之日。

### （二）追诉时效延长

追诉时效延长，是指在追诉时效进行期间，由于发生了法律规定的事由，致使追诉期限延伸的制度。根据《刑法》第 88 条的规定，追诉时效延长分为两种情况：

1. 在人民检察院、公安机关、国家安全机关立案侦查或在人民法院受理案件以后，犯罪人逃避侦查或者审判的，不受追诉期限的限制。在法定期限内，只要对犯

① 陈兴良：《刑法总论》，人民法院出版社 2003 年版，第 135 页。

罪案件开始立案、侦查或者受理起诉后，不论犯罪人逃避侦查或起诉的时间、状态持续多久，都可以对其进行追究。

2. 被害人在追诉期限内提出控告，人民法院、人民检察院、公安机关应当立案而不予立案的，不受追诉期限的限制。

这里的"被害人"包括受到犯罪侵害的公民个人和法人。控告可以是书面的，也可以是口头的。但控告必须是被害人在自己的人身、财产权利遭受不法侵害并且已经发现犯罪嫌疑人而向司法机关所作的告发。如果被害人在不知道犯罪嫌疑人是谁的情况下报案，则不能适用时效延长的规定。

## 第三节 赦免

### 一、赦免的概念和种类

赦免，是指国家以政令的形式，免除或者减轻犯罪人的罪责或者刑罚的一种制度。

赦免制度通常由宪法加以规定，一般不在刑法中规定。在我国，赦免的具体时间、赦免的对象，由国家元首或最高国家权力机关以政令形式颁布，由最高人民法院执行。赦免虽不是一项刑罚制度，但是赦免的对象是犯罪人，其结果是免除或减轻罪与刑，导致追诉权和行刑权的消灭，而且赦免又由司法机关执行，所以，各国刑法都把它纳入刑罚消灭理论加以研究。

赦免通常分为大赦和特赦两种：

大赦是指国家元首或者国家最高权力机关，对某一范围内的罪犯一律予以赦免的制度。大赦具有很强的法律效力，它不仅免除刑罚的执行，而且使犯罪也归于消灭。经过大赦之人，其刑事责任完全归于消灭。尚未追诉的，不再追诉；已经追诉的，撤销追诉；已宣告罪刑的，宣告不再执行。

特赦是指国家元首或者最高国家权力机关对已经被宣告罪刑的特定犯罪人免除其全部或部分刑罚的制度。特赦与大赦的主要区别在于：特赦的对象是特定的，而大赦对象是不特定的。特赦仅赦刑而不赦罪，大赦既赦刑又赦罪；特赦后再犯罪则有可能构成累犯，而大赦后行为人再犯罪没有累犯问题；特赦往往公布被赦人的名单，大赦一般不公布被赦人的名单。

我国 1954 年宪法曾有大赦和特赦的规定，但大赦没有实行过。后来的几部宪法没有再规定大赦，都只规定了特赦。因此，我国《刑法》第 65 条、第 66 条所说的"赦免"，应当是指特赦。

## 二、我国的特赦制度及其特点

我国1954年宪法规定了大赦和特赦，并将大赦决定权赋予全国人民代表大会，特赦的决定权赋予了全国人大常委会，大赦令和特赦令由国家主席发布。1975年、1978年和现行宪法都只有特赦的规定，这表明我国实际上已经取消了大赦制度。根据《宪法》第67条、第80条的规定，特赦经全国人大常委会决定，由国家主席发布特赦令。

新中国成立以来，我国共实行了七次特赦：第一次是1959年在中华人民共和国成立10周年庆典前夕，对在押的确已改恶从善的蒋介石集团和伪满洲国战争罪犯、反革命犯和普通刑事犯实行特赦；第二次、第三次特赦分别于1960年、1961年实行，都是对蒋介石集团和伪满洲国罪犯确有改恶从善表现的进行特赦；第四次、第五次、第六次分别于1963年、1964年、1966年实行，与前两次相比，只是在特赦对象上增加了伪蒙疆自治政府的战争罪犯，其他方面完全相同；第七次是1975年，对全部在押战争罪犯实行特赦释放，给予公民权。

从已实行的七次特赦中，可以看出我国特赦制度有以下几个特点：

1.特赦对象，除第一次包括反革命罪犯和普通刑事罪犯外，都是战争罪犯；

2.特赦的范围，仅限于全国各地某类犯罪中的一部分人，而不是对某类罪犯全部实行特赦，更不是对个人实行；

3.特赦的条件，是罪犯经过服刑改造，确已改恶从善的。对尚未宣告刑罚或者刑罚虽已宣告但尚未开始执行的罪犯，不赦免；

4.特赦的效力，只及于刑罚，不及于罪行；

5.特赦的程序，一般由党中央或国务院提出建议，经全国人大常委会审议决定，由国家主席发布特赦令，并授权最高人民法院和高级人民法院执行。

**图书在版编目(CIP)数据**

刑法总论/陈晓明主编．—2版．—厦门：厦门大学出版社，2011

(高等学校法学精品教材系列/朱崇实总主编)

ISBN 978-7-5615-2793-1

Ⅰ．①刑… Ⅱ．①陈… Ⅲ．①刑法-中国-高等学校-教材 Ⅳ．①D924

中国版本图书馆 CIP 数据核字(2011)第 054664 号

厦门大学出版社出版发行

(地址：厦门大学 邮编：361005)

http://www.xmupress.com

xmup @ public.xm.fj.cn

沙县方圆印刷有限公司印刷

2011 年 4 月第 2 版 2011 年 4 月第 1 次印刷

开本：787×1092 1/16 印张：24.25 插页：2

字数：486 千字 印数：0001～3000 册

定价：34.00 元